사이버커뮤니케이션

소셜 미디어, AI 미디어 시대의 사이버커뮤니케이션 이론과 실천

사이버커뮤니케이션

권상희 지음

컴원미디어

머리말

Preface

시대를 구분하는 기준이 문화이고 이를 구성하는 것이 커뮤니케이션이다. 오늘의 시대를 사이버커뮤니케이션으로 규정하는 데 이의를 제기할 사람은 없다. 온라인, 사이버, 포털, 소셜 미디어, 메타버스(Metaverse), 생성형AI, SNS, 3D, AR/VR, MR, IoT, 빅데이터(Big Data)로 이어진다. 사이버의 다양한 커뮤니케이션 양식(mode)은 새로운 생성형 AI, 그리고 디지털 기술이 커뮤니케이션에 적용되면서 스토리텔링(storytelling)에서 미디어(media telling)로 소통양식의 다양한 변화를 겪고 있고 커뮤니케이션 양식과 방식이 바뀌면서 사회, 경제, 문화의 변화를 만들어내고 있다. 하바마스는 저서『의사소통 행위이론』에서 시대의 진화에 따라 이상적인 커뮤니케이션 시스템의 변화를 이야기하며, 시대마다 다른 '의사 소통'을 의미하고 이는 그 시대의 대표적인 문화양식이 된다고 한다.

이처럼 사이버미디어는 새로운 커뮤니케이션을 도입하면서 새로운 학문의 영역을 넓혔다. 이는 우리의 문화 사회, 정치 자본과 사고방식, 소통방식 그리고 미디어 생태환경을 변화시킨다. 사이버미디어는 AI 시대 21세기의 우리를 둘러싼 제2의 자연환경이 되었다.

소셜 미디어, 스마트 미디어의 등장은 사이버커뮤니케이션 현상과 이로 인한 효과, 이론, 응용 등에 관한 학술적인 탐구가 필요한 시기이다. 특히 뉴스, 저널리즘, 사회·소통 장의 변화는 커뮤니케이션 연구 패러다임 변화를 가져왔다. 맥루한(Marshall McLuhan)의 Media is mass age, mess age와 Extend Mind Thesis 시대에 들어서면서 적절한 관련 논문을 정리하여 교육과 연구에 적용하고자 제본된 형태의 교재로 사용하고자 한다.

사이버와 현실의 융합으로 나타나는 현상을 측정하고 기술하고 설명하며, 다가올 현상을 예측하는 것은 학문의 시작이고 기본이다. 빅데이터와 AI의 핵심은 이전의 비정형 데이터를 측정하고 현실을 설명하고 예측하는 데 있다.

본 사이버커뮤니케이션 과목을 통해 기본 키워드(keyword)인 융합, 상호작용, 사회적 상호작용, 사회적인 변화, 그리고 소셜 미디어(웹, SNS, 유튜브, 인스타그램) 등이 가져온 미디어텔링(mediatelling), 메타버스, 인공지능(AI) 그리고 전통 미디어와 연결된 커뮤니케이션 현상들을 이해하는 것이다. 커뮤니케이션 이론인 휴먼커뮤니케이션 이론(정보원의 신뢰도, 불확실성 감소이론, 상호지향성, 컴모형이론) 그리고 매스커뮤니케이션이론(이용과 충족, 의제설정, 문화계발, 제3자 효과, 침묵의 나선이론, 프레임, 프라임이론), 나아가 텔레커뮤니케이션이론(혁신의 확산, 미디어 의존이론, 정보와 지식격차이론, 미디어 정책모형), 심리, 지리, 사회, 경제이론의 적용을 통한 현상의 이해를 위해 편집된 것이다.

이를 바탕으로 새롭게 나타나는 커뮤니케이션 현상으로 대두되는 커뮤니케이션 이론을 구성(construct)하는 것이다. 본 『사이버커뮤니케이션』은 저자가 커뮤니케이션 현상을 기술, 설명하고 예측하는 연구 과정에서 정리한 연구 논문(journals)과 발표한 강의 저서 장(chapters)을 강의용으로 재구성한 것이다. 본 저서는 강의 편의성을 위하여 편집 및 정리한 장들로 저작권과 저널의 재구성에서 사전 허락과 조율을 구했으며, 학술 목적으로 사용할 수 있는 부분으로 정리하였다. 저자가 발표한 국내외《사이버커뮤니케이션학보》《방송학보》와 같은 저자가 연구한 저널과 발표원고를 재구성한 것이다.

편집과 재구성 디자인에 노력을 해준 컴원미디어 편집부에 감사하고 강의 학습용으로 편집해 준 것에 대해 감사드린다.

2024년 7월

권 상 희

차례

제3장 상호작용 Interactivity

제4장　사회적 상호작용 Social Action

제5장　텍스트/하이퍼텍스트 Text Analytics

소셜 미디어와 뉴스 Network Analytics

소셜 미디어와 방송 Twitter buzz

제8장 광고/온라인 상호작용 Advertising

제9장

미디어 간 의제설정 Intermedia Agenda Setting

 제10장

하이퍼링크 HyperLink

제11장

지상파 유튜브

제12장 이미지 영상 - 인스타그램/유튜브

제13장 사이버 미디어텔링 Media Telling

제14장 네트워크 아젠다 세팅 Network Agenda Setting

1

사이버와
커뮤니케이션 생태학

소셜 미디어시대 소셜 맥루한(Social McLuhan) 이론

1. 들어가기

1) 스마트와 소셜 미디어

사이버(cyber)와 커뮤니케이션(communication)은 휴먼, 매스, 텔레커뮤니케이션과 대비하여 기계, 즉 미디어에 의한 커뮤니케이션을 중점에 둔 것이다. 사이버커뮤니케이션에 포함되는 소셜 미디어(social media)도 기계, 소프트웨어 중심의 커뮤니케이션을 강조한 것이다.

소셜 미디어란 사람들이 의견, 생각, 경험, 관점 등을 서로 공유하기 위해 사용하는 온라인 툴과 플랫폼을 뜻한다(social software). 이러한 소셜 미디어는 텍스트, 이미지, 오디오, 비디오 등의 다양한 형태를 가지고 있다(social graph). 또한 기존의 웹 2.0의 패러다임을 토대로 참여, 공개, 대화, 커뮤니티, 연결을 주된 특징으로 한다. 참여, 공개, 대화, 커뮤니티, 연결의 특징을 가진 소셜 미디어는 웹 2.0이라는 트렌드를 잘 반영하고 있다(social object). 기술 중심, 정보 전달의 효율성을 추구한 웹 1.0에 비해 웹 2.0은 참여, 공유, 인간의 집단적 지성을 이용한 다양성을 추구함으로써 정보 제작자는 웹 1.0 시대에 전문가, 프로그래머, 포털과 같은 전문 기업에서 웹 2.0 시대에는 개인이 중심이 되는 모든 네트워크 사용자로 확대되었다. 이러한 개인화의 극대화는 '소통의 극대화'를 낳았고, 소통의 극대화는 가히 혁명적일 정도로 우리가 살아가는 세상과 산업 전반을 순식간에 뒤흔들고 있으며, 타인과의 만남이 쉬우면 쉬울수록 그 크기와 다양성은 상상할 수 없을 만큼 커지고 있다.

2. 맥루한의 소셜 정의 및 관련 개념

소셜 미디어의 등장은 새로운 소셜 표현과 전통적인 방식, 즉 매스미디어의 표준화된 방식의 소통이 아니라, 포스트 모던한 메시지를 생산해 내는 것이다. 스마트와 소셜 네트워크 서비스(SNS)의 등장은 그의 명제를 확인시키고 있다. 소셜 미디어는 다양한 형태로 이전의 사회적인 관계 방식을 새롭게 확장시킨다. 소셜과 인터넷의 콘텐츠는 정보 및 사회관계의 의견 교환이 주를 이루고 새로운 소셜 방식을 제공한다.

마샬 맥루한(Marshall McLuhan)은 가고 소셜 맥루한(Social McLuhan)이 그 뒤를 이어 새로운 커뮤니케이션 이론을 요구하고 있다. 맥루한의 명제는 '미디어는 메시지다(Medium is mess-age)'이다. 미디어가 메시지를 결정한다는 은유에 관한 새로운 해석은, 새로운 미디어의 등장은 전통과 일상 삶의 소통, 가치, 권위, 상징을 엉망(mess)으로 만든다는 것이다. 스마트와 소셜 네트워크 서비스의 등장은 그의 명제를 확인시키고 있다. 기존의 소통, 상호적인 관계, 방송, 뉴스의 흐름을 새롭게 정리하고 있다. 소통과 삶의 방식을 송두리째 바꾸고 있다. 파푸아 뉴기니의 원시 부족이 선교사에 의해 돌도끼를 대신하는 철(鐵) 도끼를 전수받자, 부족이 가지고 있던 부족장의 권위와 원시사회의 샤머니즘적인 주술가치, 가부장권의 상징이 일순간에 엉망(mess)이 되는 경험과 같다.

3. 소셜 맥루한과 소셜 미디어 효과

소셜 미디어는 스마트와 소셜 미디어에 관한 새로운 커뮤니케이션 현상과 이에 따른 새로운 사회적인 관계를 소셜 소프트웨어 → 소셜 그래프(social graph)[1] → 소셜 주체(social object)[2] → 새로운 커뮤니케이션 형성[3] 과정을 거쳐 진화한다. 즉 사회적인 관계(sociality)의 소프트웨어(software)화 과정을 거친다는 것이다.

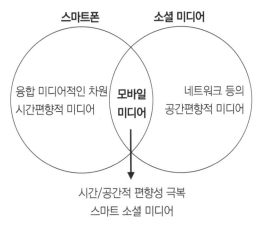

〈그림 1〉 스마트 소셜 미디어의 정의

---

1   Social Graph란 SNS 사이트 내의 인적 네트워크를 이미지로 표현한 것으로, 친구나 사업상의 인간관계 등 현실 사회에 있는 인간관계의 연결이라고 볼 수도 있다. Social Graph가 가지는 중요성은 바로 SNS 사이트 내의 이용자 간 네트워크를 도식화하여 상품 광고 및 판매에 있어 효과적인 채널을 제공해 주는 동시에 사용자 간의 관계에서 발생하는 needs를 제공해 주는 데 있다. 스마트와 SNS는 이 둘 간의 융합으로 융합적인 적소 소셜 미디어가 등장한다(예: 카카오톡, LBS기반 AR 커뮤니케이션 등).

2   내가 존재하고, 내가 맺고 있는 다양한 관계의 타입들 – 예를 들면, 친구, 가족, 동료 – 이 있을 것이고, 이러한 관계들의 (수많은 네트워크들 사이에서의) 아이덴티티가 있어야 할 것이다. 사람들은 다른 사람들과 just 연결되지 않으며, 'a shared object'를 통해서 연결된다고 이야기하고 있다. 단순히 이야기하면 정보, 자본, 결속, 신뢰, 마케팅 등의 목적이다. 이는 커뮤니케이션방식을 결정하고, 사회적인 자본형성에 결정적인 요인이 된다. 광고의 기능, 사회적으로 목적을 이루기 위한 도구로 사용하는 것으로 정의될 수 있다. 사회적으로 등장하는 다양한 소셜 미디어 중 대상화(objectification)는 미디어를 특정 도구로 사용하는 것으로 사회적인 구성주의의 결과로 나타난다, 정보화, e-biz, 소셜 커뮤니티화 등이 여기에 해당한다.

3   'shared object'를 통해 사람들 간의 연결이 표현되고 이러한 연결이 social graph의 확장을 통해 사회적 자본이 형성된다.

다양한 유형의 스마트와 소셜 미디어는 정체성, 존재감, 관계, 대화, 평판, 공유, 그룹이라는 7가지 특성으로 나타나며 개별 특성은 스마트 소셜 그래프(smart & social graph)나 소셜 소프트웨어의 특성에 따라 달라진다. 이러한 특성은 SNS가 소셜 주체(social object)를 구성하는 요인이 된다.

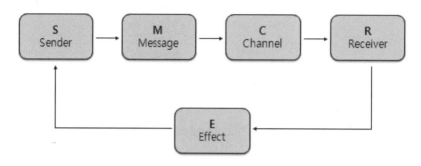

〈그림 2〉 전통적인 매스 커뮤니케이션 메시지 효과이론 모델

미국의 기존 커뮤니케이션학은 S-R 공식이 상징적으로 보여주듯, 미디어가 담아내는 메시지의 효과에 주목한다. 매스미디어 효과 연구가 대효과(great effect)에서 제한효과(limited effect)로, 그리고 중간효과(moderate effect)를 거쳐서 다시 대효과(great effect)의 분석 틀로 옮아 왔다는 것이 하나의 예다.

소셜 미디어는 더 이상 메시지의 효과에만 머무르지 않는 다. 소셜 엔지니어링 자체가 미디어 효과로 등장하여, 커뮤니케이션 자체의 효과를 터치하는 방식이 인지에 미치는 영향, 전달 과정에서 사회체계의 변화를 가져오는 환경과 개인의 전체 인지 영향을 미치는 과정으로 나타난다.

4. 과잉관계 미디어 생태계

소셜 미디어가 인간 감각의 확장을 불러 일으켰다는 것에 대해 부정하기는 힘들다. 맥루한에 따르면, 소셜 미디어는 인간의 신체 및 감각기관의 기능을 확장하는 우리의 능력

을 확장한다. 이들 미디어들은 사람들의 특별한 감각을 확대하며 인간은 미디어의 원인
이자(스마트 미디어 개발) 동시에 미디어 효과(소셜의 주체)의 대상이 된다.

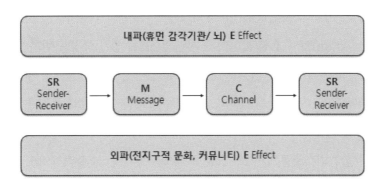

〈그림 3〉 혁신적인 스마트 소셜 커뮤니케이션 효과이론 모델

스마트와 소셜은 복합적 커뮤니케이션 기능을 수행할 수 있는 매체로 진화하고 사화
와 문화의 맥락을 규정하고 있다. 미디어가 인간의 인지능력을 뛰어 넘은상태를 우리는
'미디어 과잉'이라고 한다.

미디어의 과잉은 우리의 모든 생활이 이제 미디어로 연결되고 미디어로 확인이 된다.
니콜라스 카(Nicholas Carr)는 스마트와 소셜 미디어는 인간의 휴먼사유와 사려 깊음
을 스마트에게 전이하고 사회적인 관계를 SNS에 이전하고 있다고 한다. 마샬 맥루한은
과잉된 미디어 환경이 인간의 뇌에 근본적인 변화를 초래한다고 설명하고 있다.

내파(implosion), 임플로젼(implosion), 즉 '내파(內破)'라고 하는 것은 '익스플로젼
(explosion)'이라고 하는 '외파(外破)'에 반대되는 개념으로, 동양철학에서 보게 되면
내파는 '음(陰)'의 영역에 속하는 함축하는 에너지이다(현실의 대상이 가상공간으로 모
두 몰입되는 현상, 반대로 외파는 양의 상태, 즉 함축된 이미지가 외부로 확장되는 상태
를 가리킨다). 일반적으로 이 내파라고 하는 용어는 우주 천체 이론학에서 '맥동성
(Supernova, Quasar, 또는 Pulsar)'이나 '블랙홀(Black Hole)'의 중앙에 존재하는 물
질의 질량이 외부의 물질보다 상대적으로 너무 높아서 끌려들어 가거나 붕괴되는 현상
을 표현하거나, 전구와 같이 내압이 외압보다 낮은 상황에서 내압과 외압이 평형을 이루

기 위해 그 차이를 깰 때 일어나는 현상을 통칭한다.

소셜 미디어의 내파(implosion)는 전통적인 공동체는 내부의 동질성이 강하기 때문에 새로운 소셜 미디어가 등장하면 공동체 바깥의 경계들을 해체(확장)해 버린다. 소셜 미디어는 바깥으로 외파(explosion)가 되고 동시에 내부의 차이들을 지워버리게 된다. 즉 내파(implosion)로서 소셜 미디어가 개인의 사고, 정치 상징을 변화시킨다. 소셜 미디어는 구술문화가 갖고 있는 장점들, 민주주의, 양방향성들이 있는가 하면 모든 것을 하나의 지구촌(village)으로 만들어버리고 제국주의적인 동질성의 폭력을 행사하는 파괴적인 측면도 있다. 소셜과 스마트 미디어가 가 단순한 정보전달의 수단을 넘어서 인간의 인식 패러다임과 의사소통의 구조, 그리고 사회구조 전반의 성격까지도 재편하는 것이라고 주장이다. 즉 매체를 인식론, 존재론적 차원에서 심도 있게 다루어야 할 필요성이 대두한 것이다.

개인주의와 전문화를 부추겼던 근대의 인쇄시대를 넘어 오감을 되찾은 재부족화를 통해 진정한 지구촌을 형성하게 될 것이라고 맥루한은 새롭게 전망을 제시하고 있다. 그 시대는 "미디어가 메시지다."라는 과거를 설명하는 명제보다는 "미디어는 마사지다."라는 현실 적용, 즉 실제의 행동, 신체적인 반복적인 행위 양식의 명제가 더 적합한 시대로, 미디어가 인간의 감각과 적극적으로 교류하여 인간의 능력을 구체적으로 확장해 주는 시대이다.

맥루한은 "미디어가 사회구조의 거시적 변동을 낳는다."는 명제를 통해 시대적이고 문화변동의 거대한 사회구조 변동을 창조한다는 것이다. 교통과 통신의 발달은 시간과 공간의 경계를 허물고(외파), 그 경계 안에 보존되던 차이들을 사라지게 하여(내파) 사회적, 문화적, 동질화와 소통행위 양식의 새로운 일관성을 만들어낸다는 것이다(내파).

소셜 맥루한 시대에는 소셜과 사이버의 모사가 현실 세상의 대상을 대체하는 내파의 확장으로 나타난다. 내파는 실제 대상(레퍼런트)과 기표와의 경계가 흐려지거나 무너뜨리는 폭발로, 급기야 소셜 세상의 기표가 실제 대상물(레퍼런트)을 대체하는 새로운 커뮤니티와 대상을 만든다. 외파는 정보가 폭발적으로 늘어나는 상황을 뜻하는데, 엄청나게 늘어나는 정보로 인해 기의를 갖지 못하고 기표로 떠도는 정보가 결국 내파하여 레퍼런트를 대신하게 된다. 이렇게 내파한 이미지(현실에 존재하지 않는, 텅 빈 기호)는 과잉

현실로 나타나는 경향을 지니고, 급기야 실제 대상을 대체한 이미지가 오로지 이미지 스스로 있게 된다. 인터넷 미디어 세상의 이미지, 소통의 대상이 내파와 외파를 거치면서 실제화되고, SNS와 현실이 한 곳으로 융합하게 되는 것이다.

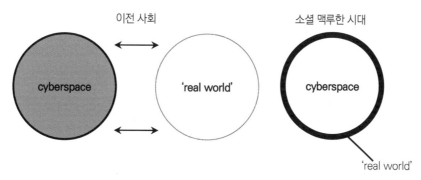

〈그림 4〉 사이버 사회의 내파·외파 관계

5. 스마트와 인간의 인지능력의 진화

맥루한의 또 다른 명제 "미디어는 마사지(massage, 안마)다."가 있다. 이는 오늘날 미디어가 우리를 잡아두고 거칠게 주무르고 있고 특정한 행위를 과대(mass)하게 만든다는 것이다. SNS 유형 중 사회관계형, 방송형, 신문형, 게임형 등으로 나누어 사회적인 주체를 형성하며 진화하고 있다. 진화 심리론에 따르면 인지 감각 중 환경적응에 적절한 감각은 더욱 발달하고, 필요 없는 기능은 퇴화한다는 것이다. 우리는 특정한 행위만 하느라 계산능력, 추리력, 사람 간의 감성 교류는 줄고 기계적 대면의 증가로 사람을 대하는 일에는 서툴러지고 대면하는 방식이 스마트 미디어에 의존하는 후기인류(post-human) 시대로 접어드는 것이 아닌가 한다. 스마트 미디어에 우리의 세상 인지능력을 맡기고, 소셜 미디어에 우리의 사회적인 유대관계를 맡기면서, 좋은 삶을 살고 있다고 착각하며 살고 있다. 기계 인간으로 몸과 영혼이 분리되는 미디어 종속과 편식이 불러온 비극의 시작인지 모른다.

인간 중추신경의 확장이라고 이야기할 수 있는 소셜과 스마트 미디어의 등장으로 인간은 극적인 감각 확장을 경험하게 되고 감성적이고 촉각적이며 특히 우리의 두뇌 활동에 영향을 미친다. 맥루한은 "미디어는 단순한 정보의 유통 수단에 그치지 않는다. 미디어는 생각을 전달할 뿐만 아니라 생각의 과정도 형성한다."라고 말했다. 인터넷은 사람들의 이목을 집중시킬 뿐만 아니라 사람들의 집중력을 흩뜨리기도 한다. 사람들은 웹을 더 많이 이용할수록 긴 글에 집중하기 위해 더 큰 어려움을 겪게 되었다. 2008년 조사컨설팅 회사인 엔제네라는 인터넷 사용이 젊은이들에게 미치는 영향에 대한 연구 결과를 발표했다. 이 연구는 약 6,000여 명의 청소년을 인터뷰를 통해 인터넷에 대한 몰입은 청소년들이 정보를 습득하는 방식에까지 영향을 주었다고 말한다. 그들은 한 페이지를 읽을 때 왼쪽에서 오른쪽으로, 위에서 아래로 읽는 방식만을 취하지 않는다. 대신 이리저리 건너뛰며 관심 있는 정보만 훑는다. 이 연구 결과에 나타난 청소년들의 습득 습관은 바로 새로운 사고방식이다. 이런 방식은 이전의 사려 깊고, 조용하고 집중적이면서도 산만하지 않은 선형적 사고방식과 달리 간결하고 해체된, 때로는 보다 신속하고 축약된 정보의 흡수를 원하고 필요로 하는 사고방식이다. 이는 우리의 뇌는 굶주려 있는 상태로 만들고, 인터넷 기술에 대한 욕망이 점점 더 커지고 인터넷이 제공하는 방식으로 정보가 제공되기를 바라고, 더 많은 정보가 주어질수록 더 허기를 느끼게 된 것이다. 이런 일은 이전에 인간의 뇌 영역이었으나, 이제는 인터넷이 우리의 뇌를 대신해 주게 되었다. 이 때문에 우리는 현실과 이성의 뇌를 잃어버린 것이다.

6. 인터넷 발달과 미디어 이론

인터넷은 1969년 9월 구축한 ARPANET에서, 1970년 들어 ARPANET가 현재 보편적으로 사용하고 있는 TCP/IP를 채용하게 되면서 본격적인 네트워크로 구성된다. 군사용은 MILNET으로 비군사 목적용으로 만든 연구용 네트워크인 ARPANET으로 남는다. 이 네트워크들이 합류하면서 오늘날의 인터넷이 만들어졌다.

1969 ARPANET 군사용　　　1970 확장　　　1980 NSFNET 과학 학술

1980년대 들어와서 미국과학연구기금(NSF: National Science Foundation)이 정부와 대학연구기관의 연구를 목적으로 미국 전역에 걸쳐 4대의 슈퍼컴퓨터센터를 중심으로 연결하면서 NSFNET가 구축된다. 그리고 1990년대부터는 상업적인 인터넷으로 진화한다.

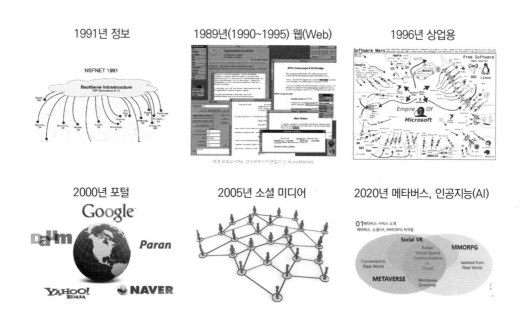

1991년 정보　　　1989년(1990~1995) 웹(Web)　　　1996년 상업용

2000년 포털　　　2005년 소셜 미디어　　　2020년 메타버스, 인공지능(AI)

이후 인터넷은 오늘날의 사회적인 상호작용을 거치면서 인공지능과 메타버스의 시대로 진화한다. 이미지는 인터넷 기술 및 응용의 주요 발전 단계를 연대순으로 보여준다. 초기 정보공유 단계부터 최근 메타버스와 인공지능(AI)의 발전까지를 포함하고 있다. 온라인 기술의 진화와 AI에 중점을 두고 이 발전 과정을 학문적으로 설명하겠다.

1) 온라인 기술의 진화

1991: 정보 미디어 ___ 이미지에 묘사된 NSFNET 백본 인프라는 초기 인터넷 단계로, 학문 및 연구 기관 간의 정보 교환을 위한 네트워크 구축에 초점을 맞추고 있다. 이 시기는 인터넷의 기초적인 개발 단계로, 상호 연결된 네트워크가 데이터를 공유하고 자원을 사용할 수 있게 한 시기이다.

1989~1995: 웹 미디어___ 1989년 팀 버너스 리가 발명한 월드 와이드 웹은 온라인 정보 접근 방식을 혁신했다. 웹은 하이퍼텍스트 문서를 통해 인터넷을 통해 연결되었으며, 이는 정보의 사용성과 접근성을 크게 향상시켰다. 이 시기에는 웹 브라우저도 도입되어 사용자가 인터넷을 더 쉽게 탐색할 수 있게 되었다.

1996: 상업용 미디어___ 1990년대 중반부터 인터넷은 연구 중심 네트워크에서 상업적 플랫폼으로 전환되었다. 기업들은 웹을 전자 상거래, 마케팅, 온라인 서비스에 사용할 잠재력을 인식하기 시작했다. 이는 '마이크로소프트의 제국' 개념으로 묘사되며, 주요 기술 회사들의 부상과 인터넷의 상업화를 강조한다.

2000: 포털 미디어___ 2000년대 초반에는 구글, 야후, 네이버와 같은 인터넷 포털이 등장했다. 이러한 포털은 검색 엔진, 이메일, 뉴스 등 다양한 서비스를 제공하며 인터넷의 관문 역할을 했다. 이들은 방대한 양의 정보를 조직화하고 사용자에게 접근할 수 있게 하는 데 중요한 역할을 했다.

2005: 소셜 미디어___ 페이스북, 트위터, 링크드인과 같은 소셜 미디어 플랫폼은 인터넷을 사용자들이 상호작용하고 콘텐츠를 공유하며, 커뮤니티를 형성할 수 있는 사회적 공간으로 탈바꿈시켰다. 이 시기는 사용자 생성 콘텐츠의 부상과 더 상호작용적이고 참여적인 웹으로의 전환을 특징으로 한다.

2020: 메타버스와 인공지능(AI) 미디어___ 가장 최근의 발전은 가상현실(VR), 증강현실(AR) 및 인공지능(AI)의 통합에 초점을 맞추고 있다. 메타버스는 가상으로 강화된 물리적 현실과 물리적으로 지속적인 가상공간이 융합된 집합적 가상 공유 공간을 의미하며, 모든 가상 세계, 증강 현실 및 인터넷을 포함한다.

AI 기술은 크게 발전하여 더 스마트하고 반응적인 온라인 경험을 가능하게 했다. AI

응용 프로그램은 챗봇 및 가상 비서에서 고급 데이터 분석 및 개인화된 콘텐츠 제공에 이르기까지 다양하다. AI는 또한 메타버스 개발의 핵심 요소로, 지능형 상호작용 및 적응 시스템으로 가상 환경을 향상시킨다.

2) 온라인과 AI 통합에 대한 학문적 관점

온라인 플랫폼에 AI를 통합하는 것은 컴퓨터 과학, 사회학, 비즈니스 등 다양한 분야에 깊은 영향을 미친다. 컴퓨터 과학적 관점에서 머신 러닝, 자연어 처리, 신경망의 발전은 AI 능력을 강화하여 기계가 인간의 상호작용을 더 효과적으로 이해하고 학습하며, 응답할 수 있게 했다.

사회학적으로 소셜 미디어와 AI의 부상은 인간의 상호작용, 커뮤니티 형성, 정보 확산 방식을 변혁시켰다. AI 알고리즘은 우리가 보는 콘텐츠를 형성하여 의견과 행동에 영향을 미친다. 이는 프라이버시, 데이터 보안, 알고리즘 편향과 같은 중요한 윤리적 고려사항을 제기한다. 비즈니스 관점에서 AI와 온라인 기술은 혁신과 효율성의 새로운 길을 열었다. 기업은 고객 서비스, 개인화 마케팅, 데이터 기반 의사 결정에 AI를 활용하여 고객 경험과 운영 효율성을 향상시키고 있다.

결론적으로, 정보 공유의 기초에서 AI와 메타버스의 정교한 통합에 이르기까지 온라인 기술의 진화는 인터넷의 역동적이고 변혁적인 본질을 강조한다. 앞으로 나아가면서 AI와 온라인 플랫폼의 지속적인 융합은 디지털 상호작용과 경험의 미래를 형성할 것이다.

인터넷 테크놀로지 발달 이론

인터넷 발달 관련 이론으로는 무어(Moor)의 법칙, 길더(Gilder)의 법칙, 멧캘프(Metcalf)의 법칙이 있다. 인터넷 미디어를 구성하는 기본 단위는 커뮤니케이션, 매개, 컴퓨터이다.

1차 법칙: 무어의 법칙(Moor's Law)

마이크로프로세서의 성능은 매 18개월마다 두 배씩 향상된다.

이는 컴퓨터 속도와 메모리에 관련되며, CMC(Computer-Mediated Communication)가 소통하고 정보를 저장하는 기본적인 공간을 제공하는 능력을 의미한다. 기술에서 미디어로의 진화를 설명하는 1차적인 법칙이다.

2차 법칙: 멧캘프의 법칙(Metcalf's Law)

네트워크에 연결된 사람의 수가 n명일 때, 네트워크의 가치는 n의 제곱이 된다.

예를 들어, 연결된 사람이 두 배가 되면 네트워크의 파워는 네 배, 세 배가 되면 9배가 된다.

이는 인터넷이 사회, 비즈니스, 일상에 적용되는 모델을 정립하는 기초가 되며, 소셜 및 인터넷 기업들이 가입자 확보에 집중하는 이유를 설명해준다.

3차 법칙: 길더의 법칙(Gilder's Law)

대역폭 확장은 매 12개월마다 두 배로 증가한다. 대역폭(즉, 통신의 도로)은 전송 속도와 비례하는데 통신 속도도 매년 두 배씩 증가하며 이는 CMC의 동시성을 가능케 하는 원리이다.

(출처: 구글아카데미, 저자 재구성, 2024)

헤롤드 이니스의 미디어 이론:
커뮤니케이션의 편향(Bias of communication)

헤롤드 이니스(Harold Innis)는 캐나다 출신의 경제학자이자 커뮤니케이션 이론가로, 미디어와 커뮤니케이션의 역할이 사회와 문화에 미치는 영향을 연구했다. 이니스는 어렸을 때 역 근처에서 살면서 전국의 산물들이 집결해 수송되는 과정을 보고 유통과 소통의 중요성을 깨달았다. 그는 생산의 패러다임이 아니라 유통과 소통의 패러다임에서 정치 경제 문제에 접근하였으며, 그의 이론은 후에 마샬 맥루한(Marshall McLuhan)에게 큰 영향을 끼쳤다.

이니스의 미디어 이론

이니스는 커뮤니케이션의 매체들이 단지 사고나 생각, 정보를 전달하는 도구가 아니라 인간의 정신을 구조화하고, 그것을 바탕으로 생성된 문화의 성격을 좌우한다고 주장했다. 그는 미디어 자체가 그것을 사용하는 문화의 성격을 규정한다고 보았다. 이니스는 미디어를 두 가지로 구분했다.

1) 시간편향 미디어(Time Biased Media)

특징: 내구성이 있는 매체들(돌, 암벽에 새긴 글자, 오벨리스크, 스핑크스 등).

문화적 성격: 시간적으로 오래 지속되지만 공간적으로 확산되기 어려움. 이러한 매체를 사용하는 문화에서는 지식이 영원불멸하고 변화에 종속되지 않는 특성을 가지며, 전통적이고 보수적인 경향이 강하다.

예시: 이집트 문명. 왕조의 지속을 위해 돌에 기록을 남기거나 미라를 제작, 지식이 종교적 성격을 가짐.

결과: 전통과 권위를 중시하며, 엘리트 집단이 지식을 독점하는 사회 구조.

2) 공간편향 미디어(Space Biased Media)

특징: 가볍고 공간적으로 확산이 쉬운 매체(종이 등).

문화적 성격: 널리 퍼질 수 있지만 오래 지속되지는 않음. 지식이 가볍고 시뮬라크르적 성격이 강하며, 진보적이거나 변화하는 특성을 지님.

예시: 로마 제국. 종이를 통해 행정과 법을 중시, 다양한 문화를 받아들이고 커뮤니케이션을 통해 팽창.

결과: 군사적, 제국주의적 성격이 강하며, 행정과 법이 중요해지는 사회 구조.

3) 맥루한의 연결

마샬 맥루한은 이니스의 영향을 받아 미디어가 메시지 그 자체임을 강조했다. 맥루한의 유명한 주장, "미디어는 메시지다(The medium is the message)."는 미디어의 특성이 커뮤니케이션의 내용보다 더 큰 영향을 미친다는 이니스를 계승한 이론이다. 맥루한은 미디어가 인간의 감각을 확장하고, 사회적 및 문화적 환경을 변화시킨다고 보았다.

맥루한의 미디어 구분: 맥루한은 미디어를 뜨거운 미디어(Hot Media)와 차가운 미디어(Cool Media)로 구분했다.

뜨거운 미디어: 고정밀 정보 제공(라디오, 영화 등). 수용자의 참여가 적음.

차가운 미디어: 낮은 정밀도의 정보 제공(전화, 텔레비전 등). 수용자의 높은 참여 요구한다.

이로써 이니스의 '커뮤니케이션의 편향' 이론과 맥루언의 '미디어는 메시지다' 이론은 미디어가 단순한 정보 전달 도구가 아니라, 사회와 문화에 깊은 영향을 미치는 요소임을 보여준다.

(출처: 구글아카데미, 저자 재구성, 2024)

참고 문헌

권상희(2011). 『사이버커뮤니케이션 2.0』, 서울: 성균관대출판부.

김인성(2011). 『한국 IT산업의 멸망』, 서울: 북하우스.

김성철 외(2015). 『미디어 경영론』, 서울: 한울 아카데미.

김영주·정재민(2014. 4.). 『소셜 뉴스 유통 플랫폼 : SNS와 뉴스소비』, 한국언론재단, 커뮤니케이션북스.

김영석(2002). 『디지털미디어와사회』, 서울: 나남출판사.

김진우(2005). 『Human Computer Interaction 개론: 사람과 컴퓨터의 어울림』, 서울: 안그라픽스.

라도삼(1999). 『비트문명의 네트사회』, 서울: 커뮤니케이션스북스

오택섭 외(2003). 『미디어와 정보사회』, 서울: 나남출판사

원우현 외(2002). 『인터넷 커뮤니케이션』, 서울: 박영사.

유재천 외(2004). 『디지털 컨버전스』, 서울:

윤준수(1998). 『인터넷과 커뮤니케이션 패러다임의 대전환』, 서울: 커뮤니케이션 북스.

정보통신정책연구원(KISDI)(2011). 「KISDI정책자료 11-08, 컨버전스 미디어지형 동향 분석 (II): 동영상 플랫폼의 국가 간 비교 연구」, 커뮤니케이션 북스.

최 영(2000). 「인터넷방송의 매체적 특성에 관한 연구」, 『한국언론학보』.

_____(2011). 서울디지털포럼 2011: 초(超) 연결사회. 서울: SBS.

방송통신진흥본부 미디어산업진흥부(2014). 렌드 포커스: 웹드라마, 한국형 동영상 콘텐츠로 부상. 서울: KCA

한국방송진흥원(2000). 『국내 인터넷방송 컨텐츠 연구』, 서울: 한국방송진흥원.

한국언론정보학회(2000). 『현대사회와 매스커뮤니케이션』, 서울: 한울 아카데미.

허진(역)(2013). 『우리는 어떻게 포스트 휴먼이 되었는가: 사이버네틱스와 문학, 정보 과학의 신체들』, 서울:플래닛.

Barbara K. Kaye & Norman J. Medoff (1999). *The World Wide Web*, London: Mayfiel Publishing Company.

Barnes, Susan (2003). *Computer-Mediated Communication: Human-to-human communication across the Internet*, Boston, MA: Allyn & Bacon.

Biagi, Shirley (2004). *Media Impact: An Introduction Mass Media*, New York: Thomson, Wadsworth.

Campbell, Richard (2002). *Media & Culture: An Introduction to Mass Communication*, New York: Bedford St. Martins.

Fidler, R. (1997). *Media morphosis: Understanding new media*. Thousand Oaks, CA: Pine Forge Press.

FKII. (2008). 「소셜 미디어(Social Media)란 무엇인가?. IT 이슈 리포트」, 『정보산업』 242호, pp.52-55.

Fidler, R. (1997). *Mediamorphosis : Understanding New Media*, Thousand Oak, CA: Pine Forge.

Hayles, N.K. (1999). *How we become posthuman: Virtual Bodies in Cybernetics, Literature, and Informatics*. Chicago: The University of Chicago Press.

Hayles, N. K. (1999). *How we became posthuman: Virtual bodies in cybernetics, literature, and informatics*. Chicago:UniversityofChicagoPress..

Heim, Michael (1993). *The Metaphysics of Virtual Reality*, Ch3. "Hypertext Heaven", Oxford University Press, 1993.

Innis, Harold (1951). *The Bias of Communication*, Toronto: University of Toronto Press.

Harold Innis (1951). *The Bias of Communication*, Toronto: University of Toronto Press.

Jenkins (2004). Convergence. 김정희원·김동신 역(2008). 『컨버전스 컬처』, 서울: 비즈엔 비즈.

Kuhn, T. (1970). *The structure of scientific revolution*, (2nd ed). Chicago: University of Chicago Press.

Mayer, P. (1999). *Computer media and communication: A reader*, New York: Oxford University Press, pp.160-187.

Morris, M., & Ogan, C. (1996). "The Internet as Mass Medium", *Journal of Communication*, 46(1), pp.39-50.

Nelson, Theodor H. (1965). A File Structure for the Complex: The Changing and the Indeterminate. ACM 20th National Conference.

Nass, C., Steuer, J., & Tauber, E. R. (1994). Computers Are Social Actors. Human Factors in Computing Systems, CHI '94 (1994), pp.72-78.

Pavlik, J. V. (1997). "The future of online journalism: Bonanza or black hole?", *Columbia Journ alism Review*, 36(2) [On-line]. Available http://www.cjr.org/year/97/4/online.asp(2003, April 1).

Pavlik, J. V. (2003). The Multimedia Framework: Requirements from journalism, [On-line]. Available: http://mpeg.telecomitalialab.com/events/mpeg-21/Pavlik/ppframe.htm (20016, Jan 1).

Rafaeli, Sheizaf (1988). Interactivity: From New Media to Communication, in Advanced Communication Science: Merging Mass and Interpersonal Processes, R.P. Hawkins, J. M. Wieman, and S. Pingree, eds., Newbury Park, CA: Sage, pp.110-111.

Rafaeli, S., & Sudweek, F. (1997). Networked Interactivity. Journal of Computer Mediated Co mmunication [Online], 2:4 http://www.ascusc.org/jmc/vol12/issue4/rafaeli.sudweeks. html.

Saffo, P. (1992). Paul Saffo and the 30-year rule. Design World. 24:18.

Schultz. T. (1999). Mass media and concept of interactivity: Anexploratory study of online foru ms and reader e-mail. Media, Culture & Society, 22: 205-221.

Straubhaar, J., & LaRose, R. (1997). Communications media in information society(Updated ed.). Belmont, CA: Wadsworth.

Ward, M. (2002). Journalism online. Woburn, MA: Focal Press.

1

사이버와 커뮤니케이션 생태학
실습(Tutorial1)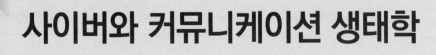

실습내용

실습교재 참고

2

융합
Convergence

1. 소셜 미디어의 진화와 미디어 생태환경

1) 전통 미디어와의 융합

새로운 미디어가 인간을 둘러싸고 있는 환경을 끊임없이 변화시키고 있다. 특히 소셜 엔지니어(social engineering)는 사회적으로 필요한 커뮤니케이션 기술을 개발하고, 기술자체가 진화하여 소셜 미디어 생태계의 변화를 유발하는 독립적인 변인으로 자리 잡고 있다. 전 세계적인 새로운 형태의 소셜 미디어 확산은 정보 확산, 유통 생태환경에 커다란 변화를 가져오고 있다. 새로운 SNS는 뉴스, 선거, 소비 활동, 기존 미디어에 상호 영향을 주고 우리의 삶의 방식, 즉 인간 생태환경에 커다란 영향을 주고 있다. 나아가 소셜 미디어는 우리 인간의 삶에 커다란 영향을 미치는 2차 환경이 될 것으로 파악된다. 이 논의의 핵심은, 소셜 미디어가 그 자체로서 인간을 둘러싸고 있는 환경으로서 인간 커뮤니케이션, 매스커뮤니케이션의 대부분을 매개하고 변화하는 독립변인이 되고 있다는 것이다.

본 장에서의 인간과 미디어 생태계의 변화는 소통방식의 변화를 의미하며, 개인의 감정 표현방식에서 사회성(sociability) 방식을 규정하는 변인으로 정의한다. 니스트롬(Nystrom, 1973)은 인간과 미디어 환경이란 감정, 인식과 행위의 방식을 정하는 미디어 체계로서, 소셜 미디어를 통해 사회적으로 사고하고 사회현상을 인지하며, 사회적 소통과 행동하는 것을 구성하는 것으로 정의한다. 소셜 미디어는 소통하는 방식, 표현하는 방법, 정보통제 기법, 뉴스 수집, 전파 체계 등을 포함한다. 소셜 미디어 생태 속에는 소통 기술뿐만 아니라 인간감각 중 특정한 행위를 과잉 반복을 요구하며, '인간 행위양식을 새롭게 등장시키거나 소멸시키는 과정'으로 정의하고 본 장을 구성하고자 한다.

'미디어와 인간 환경으로서 미디어'에 대한 포스트만, 맥루한 등 미디어 생태론자들의 다양한 연구에 나타난 관점은 세 가지로 정리될 수 있다(이동후, 1999, pp.9~11, 김성벽 재인용). 첫째, 미디어의 사회적인 구조 자체에 관심을 갖는 것과, 둘째, 개별 소셜 미디어가 나름대로 독특하게 정보를 제공하고 인간의 인지와 뇌 활동 영역에 편향된 자극을 구조화 하고 있다고 본다. 셋째, 소셜 미디어는 독특한 문화 편향성이 내재되어 특정한 문화적 시스템을 생성시키고, 소셜 문화를 생성한다는 것이다. 소셜 미디어는 기존의 지성, 감성, 정의, 신념 등에 관한 새로운 개념을 창조한다는 것이다.

2) 융합이 커뮤니케이션 행위에 미치는 영향 이론

융합(컨버전스, convergence)의 발생 조건으로서 기술의 혁신은 크게 네 가지의 구체적인 동인으로 제시될 수 있다(디지털융합연구원 편, 2005). 첫째, 두 제품이 융합될 수 있는 물질로 구성되어 있을 때이다. 디지털 컨버전스는 영상, 음성, 텍스트 정보가 모두 융합되기 쉬운 디지털로 통일되면서 가능해진 것이다. 둘째, 제품의 축소 및 집적 기술의 개발이다. 기기 간의 디지털 컨버전스에서 제품의 집적 가능성과 휴대성이 그 발전을 가능하는 중요한 잣대가 되고 있다. 셋째, 융복합된 제품 간에 자원 및 부품이 공유될수록 컨버전스의 기술적 실현 가능성이 높아진다. 자원 및 부품의 공유가 제품의 축소 및 집적화를 가능하게 하며, 경제적으로도 저렴하게 된다. 넷째, 단순한 결합기술이 아닌, 기존 두 제품을 모두 대체할 수 있는 신제품의 탄생이다. 즉, 신제품이 기존 제품들의 기능을 모두 보유함으로써 자연히 컨버전스의 기능을 갖는 것이다. 이러한 기술 혁신 관점에서의 컨버전스는 대인 뉴미디어의 발전에도 상당한 설명력을 지닌다고 볼 수 있다.

이러한 컨버전스에 대하여 디지털융합연구원(2005, 314~318쪽)은 다음과 같은 유형으로 구분하고 있다(〈그림 1〉 참조).

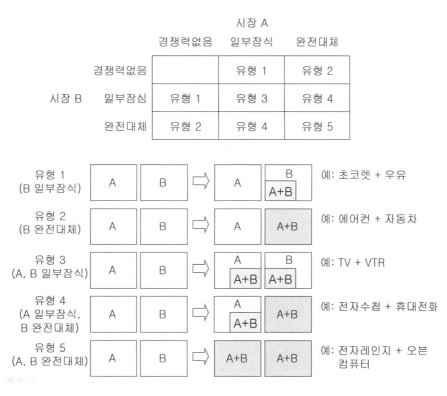

〈그림 1〉 컨버전스의 유형

출처: 『디지털 컨버전스 전략: 체제혁신을 통한 가치혁명』,
디지털융합연구원 편, 2005, 서울: 교보문고, 315쪽, 일부 변경.

컨버전스 유형 1은 A와 B의 융·복합 제품이 A, B 두 개의 시장 중 한 시장 내에서만 일부 경쟁력을 가지고 시장을 잠식하는 경우이다. 초코우유의 예가 그렇다. 초코우유는 복합제품으로 주제품인 우유와 부수적 제품인 초콜릿으로 구분할 수 있다. 그런데 부수적 제품인 초콜릿은 주제품인 우유를 단순히 차별화하는 역할을 하여 우유 시장에서 경쟁력을 가지고 시장을 잠식하는 데 일조한다.

컨버전스 유형 2는 한 개의 시장에서만 경쟁한다는 점에서는 유형 1과 비슷하나, 그 시장에서 일부 시장을 잠식하는 정도의 경쟁력이 아니라 기존 제품을 완전히 대체할 정도의 경쟁력을 가지고 있다는 점에서 차이가 난다. 예를 들어 에어컨 달린 자동차는 대세가 되어 요즘에는 에어컨 없는 자동차를 보기 어려울 정도로 기존 자동차를 대체했다고 볼 수 있다. 여기서 주목할 점은 이 제품이 자동차 시장이라는 단일 시장에서만 경쟁한다는 점이다.

컨버전스 유형 3은 두 개의 시장에서 모두 어느 정도의 경쟁력을 갖고 시장의 일부만 잠식하는 경우이다. TV와 VTR의 복합제품도 TV 시장에서는 TV와 VTR 시장에서는 VTR과 경쟁한다. 이러한 유형의 제품들은 어느 시장에서나 완전히 기존 제품을 대체할 정도의 경쟁력을 가지고 있지는 않다.

컨버전스 유형 4는 한 시장에서는 일부 잠식, 다른 시장에서는 완전 대체의 경쟁력을 가진 제품이다. 예들 들어 전화번호부 기능이 달린 휴대전화의 경우이다. 요즘 휴대전화에는 모두 전화번호부 기능이 있으므로 이 융·복합 제품이 과거 이 기능이 없던 휴대전화 시장을 완전히 대체했다고 볼 수 있다. 하지만 이 제품이 있다고 해서 기존의 전자수첩이 시장에서 완전히 잠식 당해 소멸된 것은 아니다.

컨버전스 유형 5는 두 시장 모두를 거의 대체할 수 있을 정도의 강력한 경쟁력을 가진 경우이다. 두 시장을 모두 대체할 정도의 컨버전스 제품은 기존의 제품과는 획기적으로 다른 제품이다. 예를 들어 전자레인지와 오븐이 결합된 제품이다. 그리고 컴퓨터를 예로 들 수 있는데, 컴퓨터의 출현은 계산기와 타자기의 기능을 복합적으로 가지고 있으면서 이들 시장을 거의 완벽히 대체했다.

이러한 컨버전스의 유형을 본 연구의 적소우위 관계를 근거로 대인 뉴미디어에 적용해 보면 다음과 같다. 먼저, 휴대전화는 단문 메시지 서비스 시장을 완전히 대체하여, 컨버전스 유형 2에 해당한다고 볼 수 있다. 즉, 현재 모든 휴대전화에 단문 메시지 기능이 있어 대인 커뮤니케이션 환경에서는 휴대전화와 단문 메시지 서비스 이용에 의한 충족을 거의 구분할 수 없다.

다음으로, 이메일과 인스턴트 메신저는 기능상 인스턴트 메신저가 이메일을 거의 모든 완전히 대체하고 있지만, 이메일의 이용이 매우 활발하다는 점에서 컨버전스 유형 4에 해당한다고 볼 수 있다.

마지막으로, 미니홈피·블로그는 대인 커뮤니케이션 환경에서 영향력을 점점 높여가고 있다는 측면에서 다른 대인 뉴미디어를 일부 잠식했다고 판단된다. 따라서 컨버전스 유형 1에 해당된다고 볼 수 있겠다. 하지만 미니홈피·블로그의 발전과 다른 대인 미디어의 융합에 따라, 편의성을 제외한 충족 요인에서는 컨버전스 유형 4나 유형 5로 발전할 것으로 예상된다.

3) 소셜 미디어와 컨버전스

소셜 미디어 특히 SNS는 융합을 통한 의사소통행위 양식의 변화를 가져오고, 특히 맥루한의 명제 "미디어는 메시지다(Medium is mess-age)"는 미디어가 메시지를 결정한다는 은유에 관한 새로운 해석이 가능한 시대를 맞이하고 있다. 즉 새로운 SNS는 전통과 일상 삶의 소통, 가치, 권위, 상징을 엉망(mess)으로 만든다는 것이다. 스마트와 소셜 네트워크 서비스(SNS)의 등장은 그의 명제를 확인 시키고 있다. SNS를 통한 커뮤니케이션은 사회관계적인 기능과 뉴스전달 기능과 같이 커뮤니케이션 양식의 혼종성(hybridity)은 커뮤니케이션의 포스트모더니즘(postmodernism)적인 생태환경으로 나타나고 있다. 소셜 미디어는 온라인 인맥 확대라는 사회적 자본의 증가를 가져오는 동시에 이 자본을 통한 새로운 비즈니스와 광고 영역이 대두되고 있다. 페이스북의 소셜 애드(social ads)는 프로파일을 이용한 특정인 광고가 가능하는 등 개인의 구매정보, 특정 메시지 행위 등이 가능해졌다.

소셜 미디어 생태환경 변화는 사람들 간 상호작용의 실제 경험의 변화이다. 맥루한의 또 다른 명제로 "미디어는 마사지(massage, 안마)다."가 있다. 이는 오늘날 미디어가 우리를 미디어 안에 잡아두고 거칠게 행동양식을 강요하고, 특정한 행위를 과대(mass) 하게 만든다는 것이다. 소셜 미디어는 생각, 경험, 관점들의 소통방식을 특정한 방향으로 과대하게 반복하도록 만들어 주고 있다는 것이다. 진화 심리론에 따르면 인지 감각

중 환경 적응에 적절한 감각은 더욱 발달하고, 필요 없는 기능은 퇴화한다는 것이다. 소셜 미디어의 마사지는 인간들 사이의 생동감 있는 능동적인 상호작용적 경험을 소멸시키고, SNS를 통한 간접 소통을 강요하고 있다. 이는 실제 인간에 대한 소통과, 사랑, 감정을 어렵게 하고, 경험의 SNS화로 가고 있다. 또한 사회적인 활동과 소통을 소셜 미디어에 의존하는 후기인류(post-human) 시대로 접어들게 하는 것이다. 이전에 하던 행위를 대체하거나 새로운 커뮤니케이션 행위의 등장으로 우리의 감각과 행위를 새롭게 만들고 있다.

본 장은 이러한 미디어 생태환경을 기술하는 변인 방식으로 SNS의 등장으로 인한 개인의 의사소통 방식의 변화, 이로 인한 개인의 인지 및 사고의 변화, 사회적인 소통과 공론장인 신문과 방송, 그리고 오락으로서 게임 환경의 변화들을 생태환경 변화로 규정하고 정리하고자 한다.

2. 소셜 미디어의 소통 생태: SNS로 변해가는 사람들의 소통 생태의 틀

인간은 창조하고 개발하는 동물이다. 때문에 '새로운' 것은 끊임없이 생겨나고 있다. 그러나 새로운 것의 등장은 이미 존재하는 것에 대해 언제나 '경쟁자'로서 도전의 자세를 취하게 된다. 새로운 것과 기존의 것은 도전과 경쟁의 관계에서 점차 대체와 보완의 관계로 질서를 찾게 된다. 소셜 미디어의 경우, 'SNS'가 처음부터 '소셜 미디어'이지 않았고, 사회적인 목적에 맞추어 진화하고 있다.

1) 스마트와 SNS에 의한 미디어 패키지화

소셜 미디어 진화의 1차원은 디지털 등장과 융합이다. 즉, 스마트폰과 소셜 미디어의 융합은 우리의 행동 양식의 변화에서 디지털과 아날로그 공간의 융합으로 '디지로그'현상을 만들어 낸다. 더불어 스마트폰은 1차적으로 기술 중심의 융합 미디어 진화이며, 기술 중심주의 기술이다. 이는 사회 전반의 확산을 가져왔고, 반면 소셜 미디어로 불리는 SNS는 사회구성주의, 즉 소셜 미디어의 이용자들의 소셜 미디어 대상화(objectification)에 의해 미디어의 목적과 형태가 구성되고 2차 확산으로 이용자의 능력과 개인의 특성으로 인한 채택과 확산을 가져오고 있다.

SNS와 미디어 융합 분야의 진화에서 사례로는 ① 교차 미디어 간 융합(예시) 스마트플랫폼(아이폰 4, 갤럭시 S, 갤럭시 Note, 베가스, 옵티머스 Z)과 SNS(트위터, 페이스북, 미투데이, 요즘 등)의 장점을 융합한 스마트 미디어 ② SNS와 전통 미디어의 융합(예시) : SNS 적용한 게임, 전통 미디어와 SNS의 융합, SNG(social network game) ③ SNS 간 융합(예시) 유튜브와 세컨드라이프(Second Life) 등이 있다.

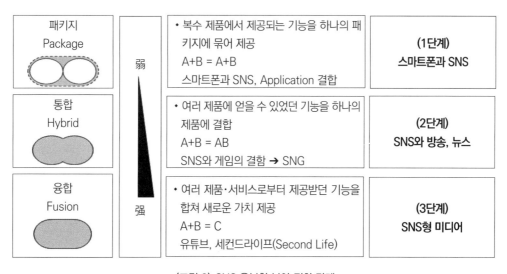

〈그림 2〉 SNS 융복합 분야 진화 단계

한편, SNS 산업 측면에서의 융합은 전통 미디어와 사용자의 요구를 만족시킬 수 있는 유사성을 갖게 되면서 형성되는 것으로 크게 방송과 융합과 저널리즘 차원의 융합으로 구별된다. SNS 내 융합은 기존의 SNS 콘텐츠와 새로운 유형의 SNS가 융합되어 만들어진 개념으로 소셜 융합형 미디어라고 한다.

〈표 1〉 SNS의 융합형 콘텐츠와 미디어

융합형 콘텐츠 산업 유형		개념	예시
사회관계 소통 융합	스마트폰+SNS	기존 콘텐츠 산업에 SNS가 접목되어 효율성 및 가치가 제고되고 제품 및 서비스 품질이 강화되는 경우	스마트폰+SNS 스마트폰+카카오톡
	인터넷+SNS	인터넷 기반의 콘텐츠 산업에 SNS가 접목되어 인터넷 내의 새로운 서비스에서 벗어나 새로운 사업 영역을 개척한 경우	인터넷, 스마트 디바이스 융합(모바일 or 인터넷)+SNS (IPTV, SNS, 양방향 등) 온라인 게임+SNS 아바타+SNS (아바타 기반 VW)
전통 미디어 간 융합	방송+SNS	콘텐츠 산업에 SNS가 접목되어 전통적 콘텐츠 제품 및 서비스에서 벗어나 새로운 사업 영역을 개척한 경우	방송통신 융합 (방송 o+SNS 드라마+SNS 라디오진행+SNS)
	콘텐츠산업+SNS	콘텐츠 산업과 SNS 융합에 따른 새로운 콘텐츠 산업등장으로 행위의 변화	교육+SNS(u-learning) 의료+SNS(건강관리콘텐츠) u-러닝 디지털 VW 사이버러이프+SN(메타베스) 아바타+SNS(아바타 기반 VW)가상현실콘텐츠
	새로운 산업+SNS	SNS와 결합의 과정에서 전혀 새로운 콘텐츠 산업이 새롭게 등장으로 행위의 새로운 등장	(가상의료, 체험형관광, 시뮬레이션 등) 영화+SNS 에듀테인먼트
	뉴스 +SNS	저널리즘 행위+SNS	오픈소스저널리즘

자료: ETRI, 콘텐츠 산업의 융합 사례 및 전망(2010), Insight Plus 재구성

2) 소셜 미디어의 융합 특성

소셜 미디어는 기존의 인터넷 미디어 특성에 모바일과의 결합, 전통 미디어와의 융합, 사회의 소통과 커뮤니티적인 사회 활동, 그리고 참여자들과의 연결망 구축이 더해진다. 따라서 소셜 미디어는 생활과 문화, 시간, 공간을 관통하는 융합적인 미디어로 공진화를

통해 적절한 관계와 소통의 기능들을 제공하고 이용자들은 몇 가지의 특징적인 성향들을 추구하고 인지한다. 이는 앞으로 등장할 수 있는 소셜 미디어의 방향성을 제시하기도 한다. 매체의 변화와 발전은 여러 가지 형태를 띤다.

피들러(Fidler, 1997)에 의하면 소셜과 융합 매체의 진화 원리는 여섯 가지로 요약할 수 있다. 첫째는 공진화와 공존(coevolution and coexistence)으로서, 새로운 형태의 미디어가 기존의 다른 미디어와 상호 작용을 하면서 공존하고 공진화한다는 것이다. 두 번째는 변형(metamorphosis)으로서, 새로운 미디어는 기존의 미디어의 변형 형태로부터 점진적으로 진화해 간다는 것이다. 세 번째는 확장(propagation)으로서 새로운 형태의 미디어는 기존의 미디어 형태가 지니고 있는 지배적인 특성을 확장해 나간다. 그 외에도 생존(survival), 기회와 필요(opportunity and need), 채택의 지연(delayed adoption) 등의 진화 원리가 있다.

이러한 융합적인 특성은 새로운 미디어적인 특성으로 나타난다. 즉 소셜 미디어는 1) 시간: 신속성, 지속성 2) 대상: 다수성과 다양성 3) 비용: 경제성, 그리고 4) 관계: 친근성과 신뢰성의 특성을 가지고 있다(박주연, 전범수, 2011).

넷째, 네트워크에 대한 자유로운 접속을 통해 언제라도 커뮤니케이션을 가능케 하므로 시간상의 제약에서 자유로운 즉시성(immediacy)의 특징을 가진다. 다섯째, 이용자 1인이 휴대하면서 사용하는 방식에 의해 개별성(individuality)의 특징을 가진다. 여섯째, 상호작용을 기반으로 하는 네트워크에 기반을 두어 커뮤니케이션 하므로 다양한 형태의 커뮤니케이션이 가능하게 하는 멀티미디어성(multimedia)의 특징을 가진다.

3) 소셜 미디어와 기존 미디어의 공진화

소셜 네트워크는 사회적인 소통과 기존 미디어의 공진화를 가져오고 관계를 복잡화하게 할 것으로 보이나 여기에도 특정한 법칙과 경향(trend)이 존재한다. 인간은 기본적으로 상호관계를 맺으며 공동체를 이루며 살아가는데, 이러한 관계를 이루는 미디어를 소셜 미디어로 통칭한다.

소셜 미디어는 사회의 공론장의 변화뿐만 아니라, 기존의 미디어를 동시에 대체 보완을 통한 공진화를 추구한다. 피들러(Fidler, 1997)는 공존과 공진화의 개념으로 사회시스템에 상호 의존하는 것으로 "미디어 형태는 확장과 복잡한 적응 시스템 안에서 공진, 공존하며 새로운 형태가 나타나고 발전함에 따라 오랜 시간에 걸쳐 다양한 모습으로 다른 존재의 형태에 영향을 미치는 것"(Fidler, 1997)이라고 말했다. 피들러(Fiddler, 1997)에 의하면, 소셜 커뮤니케이션 미디어의 기술적인 진화, 변화와 발전은 미디어가 서로 의존하는 시스템 안에서 일어난다고 한다. 즉 새로운 미디어는 자연발생적, 독립적으로 생겨나는 것이 아니라 기존의 미디어와 상호 작용을 하면서 사회적인 주체로 자리 잡는다는 것이다. 한편 피들러는 미디어의 변형(media morphosis)에 대한 통찰력 있는 관점 속에서 공존과 공진화의 개념을 제시하고 있다(Fidler, 1997). 공존과 공진화란 "모든 커뮤니케이션 형태는 확장과 복잡한 적응 시스템 안에서 공진, 공존한다. 새로운 형태가 나타나고 발전함에 따라 오랜 시간에 걸쳐 여러 가지 모습으로 다른 존재의 형태에 영향을 미친다."고 말한다(Fidler, 조용철 역. 1999). 이러한 소셜 미디어의 등장에서 경쟁과 공존하는 과정에 이를 사용하는 사용자들은 SNS를 사회관계성 미디어, 방송, 저널리즘 장르로 연동하여 미디어적인 목적으로 이용과 충족의 목적을 추구하고 있다.

4) 소셜 미디어의 진화

소셜 미디어란 사람들이 의견, 생각, 경험, 관점 등을 서로 공유하기 위해 사용하는 온라인 툴과 플랫폼을 뜻한다. 이러한 소셜 미디어는 텍스트, 이미지, 오디오, 비디오 등의 다양한 형태를 가지고 있는데 가장 대표적인 **소셜 미디어**로는 블로그(Blogs), 소셜 네트워크(Social Networks), 메시지 보드(Message Boards), 팟캐스트(Podcasts), 위키스(Wikis), 비디오블로그(vlog) 등이 있다. 일반적으로 소셜 미디어(블로그, 미투데이, 트위터, 페이스북, 온라인 커뮤니티, 싸이월드)와 광의 소셜 미디어로 분류하거나 전통 소셜 미디어(블로그, 온라인 커뮤니티, 싸이월드), 최신 소셜 미디어(미투데이, 트위터, 페이스북)로 나누기도 한다.[4]

---

4   소셜 미디어와 SNS의 조작적 분리를 한다면, 소셜 미디어는 거의 모든 미디어는 소셜 미디어이고 전통 방송, 신문 잡지는 파라소셜 미디어이고, 온라인은 양방향적인 소셜 미디어이다. 그리고 SNS는 Social Networking

(1) 최신의 SNS로 인해 영향을 미치는 기본적인 메시지 효과는 정보와 의견이 실시간으로 전파되어 눈덩이 효과(snowball effect)를 극대화 하고 있다. 즉 이슈에 대한 링크, 리트윗을 통해 전파 확산이다.

(2) 실시간으로 나타나는 정보와 뉴스를 빠르게 정리 판단할 수 있는 기능이 있다.

(3) 강력한 파레토 법칙(Pareto Law)에 따른 여론 형성과 쏠림이 나타난다.

SNS는 시공간의 제약을 벗어난 온라인 인맥이라는 사회적 자본(social capital)을 끊임없이 확대 재생산한다. SNS를 통한 사회적 관계망의 확대는 친구의 친구(friend of friend)로 점점 확대 되는 경향이 있어 보인다. 스마트에 이어 등장하는 미디어 생태환경은 소셜(social)이다.

		전통적 웹	블로그	SNS	위키	UCC	마이크로블로그
사용목적		정보전달	정보 공유	• 관계 형성 • 엔터테인먼트	• 정보 공유 • 협업에 의한 지식 창조	엔터테인먼트	• 관계 형성 • 정보 공유
주체 對 대상		1:N	1:N	• 1:1 • 1:N	N:N	1:N	• 1:1 • 1:N
사용 환경	채널 다양성	인터넷 의존적	인터넷 의존적	• 인터넷 환경 • 이동통신환경	인터넷 의존적	인터넷 의존적	• 인터넷 환경 • 이동통신환경
	즉시성	• 사후 기록 • 인터넷 연결 시에만 정보 전달	• 사후 기록 • 인터넷 연결 시에만 정보 공유	• 사후 기록 • 현재 시점 기록 • 인터넷/이동통신 연결 시 정보 공유	• 사후 기록 • 인터넷 연결 시 창작/공유	• 사후 제작 • 인터넷 연결 시 콘텐츠 공유	• 실시간 기록 • 인터넷/이동통신 연결 시 공유
콘텐츠	주요 콘텐츠	• 고객질문, 불만사항 등 • 공지사항, FAQ 등	• 특정 주제에 대한 주관적 논평 • 신변잡기 정보	신변잡기 정보	• 협업에 의해 창조된 지식 • 지속적/역동적 업데이트	특정주제에 대한 동영상	• 현재 상태, 개인적 감정 (문자수 제한)
	신뢰성	정보 왜곡 가능성 낮음 (공식적 커뮤니케이션 특성)	• 주관적 해석/비판 • 악의적 왜곡 가능성 낮음 (블로거 평판 훼손 우려)	악의적 왜곡 가능성 낮음 (실명기반네트워킹)	• 주관적 해석/비판 • 악의적 왜곡 가능성 낮음(IP주소 추적가능)	• 주관적 해석/창의성에 의한 원 콘텐츠의 회화화 등 왜곡 가능성 존재	정보 왜곡 위험성 존재 (콘텐츠 생성 주체의 익명성)
대표 사례		기업 홈페이지	개인 블로그	• Facebook • MySpace • 싸이월드	Wikipedia	YouTube	• Twitter • 미투데이

출처 : 동아비즈니리뷰 No. 40호 시간과 공간, 超세분화하라 참고

〈그림 3〉 소셜 미디어 진화

미래 커뮤니케이션 전망을 바꾸는 기폭제는 스마트폰이다. '손 안의 PC'로 불리는 스마트폰은 1년 만에 700만 대가 넘게 팔리며 대중화 단계에 들어섰다. 2010년에는 휴대

Media, 또는 Social Network Media로 나누어 전자는 이미 알고 있는 사람을 결합(bonding)하는 것이며 후자는 새로운 사람을 알아가는 연결(bridging)하는 온라인 미디어로 구분하고 있다.

전화 2대 중 1대가 스마트폰으로 전환되었다. 2009년 말 이후 폭발적인 이용자 증가 추세: 2010년 말 700만 명, 스마트폰 700만 명(1.1년): 인터넷 이용자(4.5년), CDMA 가입자(3년) 휴대폰 의무가입이 경과하는 2011년 이후 이용자 증가속도는 더욱 가파른 전환을 가져왔다. 2024년에는 스마트폰 사용자 수가 세계적으로 많기 때문에 이 산업은 지속적으로 확대되고 발전할 것으로 보인다.

하나의 소셜 미디어는 이용자와 사회적 요구와 이용에 모든 충족을 제공하기는 불가능하다. 방송 기능적, 뉴스 기능적, 사회관계적인 기능적인 우위를 바탕으로 적절한 적소기능을 담당한다.

소셜 미디어인 위키리키스, 위키나 웹 블로그, 카페 등은 뉴스와 정보적인 기능에, 페이스북, 트위터, 마이스페이스, 미투데이 등은 소셜 네트워킹 서비스에 기여하고 있음을 확인하였다. 위키피디아에 관한 한 연구에 따르면, 이용자들은 자율성과 다른 이용자들에 대한 자신의 일의 중요성, 필요 요건, 다른 이용자들로부터의 피드백과 같은 동기 요인들로 웹 2.0상에서 기여하는 것으로 나타났다.

스미스(Smith, 2007)는 '소셜 소프트웨어(Social Software)'의 관점에서 이러한 특성들을 정의하였다. 'Social Software'는 'Social'과 'Software'의 합성어로, 개인이나 그룹 간 상호작용을 지원하는 소프트웨어들을 통칭하는 말이다. 그는 소셜 미디어를 정체성, 존재감, 관계, 대화, 평판, 공유, 그룹이라는 7가지 특성으로 구분하였다. 이를 사회적인 그래프(social graph)로 정의하며, 이를 바탕으로 사회적인 주체(social object)를 구성하고, 개별 소셜 미디어는 미디어가 연결하고자 하는 '주제'를 가진다.

소셜 미디어는 특성에 따라 스마트한 미디어로서 한쪽은 방송 미디어로, 한쪽은 정보 전달 신문모델로 발달해 오고 있다. 그 다음으로 게임과 연동된 오락, 음악이 그것이다. 사회적 공동의 목적(object)이 분명하지 않는 소셜 미디어는 미래에 사라지게 될 것이지만, 목적이 분명한 경우 직업, 직장, 취미, 교육 등 공통된 목적과 관심사를 중심으로 사람들을 연결해 주는 소셜 네트워크의 경우 전망이 밝은 것으로 분석한다.

페이스북은 싸이월드와 비교해 지인 관계의 확장이 용이하며, 개방을 통해 사용자의 소셜 콘텐츠가 지속적으로 생성될 수 있는 기반을 제공한다. 페이스북은 관계 확장을 위한 플랫폼 성격 강(强)한 반면 싸이월드는 사적 공간으로 강한 유대(Strong tie)에 한정된 서비스로 볼 수 있다.

따라서 개방적이고 광범위한 연결망을 가지고 있는 소셜 미디어가 광고 플랫폼으로서의 가치를 지니고 있다. 따라서 페이스북이 광고 적소 우위를 가지고 있다고 볼 수 있다. 트위터, 페이스북 등의 SNS는 스마트폰과 만나 융합적 힘이 현실 네트워크의 힘으로 발휘되었다. 기존의 커뮤니케이션 서비스들은 주로 개인용 컴퓨터를 통해서만 즐기는 것이 가능했으나, 스마트폰은 실시간 소셜 미디어의 기능이 가능하게 하였으며, 언제 어디서나 즐길 수 있다. 또한 스마트폰의 사진 촬영 기능과 동영상 촬영 기능을 활용하여 사진과 동영상을 스마트폰에서 직접 편집하고 이를 SNS에 올릴 수 있게 되면서 사용자들은 더욱 생생한 '지금 현실'을 나누는 것이 가능하게 되었다.

〈표 2〉 페이스북과 싸이월드의 비교

구분	페이스북	싸이월드
관계 특성	• 친구, 지인 중심이나 개방적 (Weak-tie형)	• 일촌, 친밀한 사람 위주 (Strong-tie형)
관계 확장성	• 확장에 용이 (평균 친구 수 약 130명)	• 확장에 제한적 (평균 일촌 수 약 40명)
서비스 특징	• 활동 내역이 친구에게 전달 (친구 관계, 댓글, 추천 등) • 'Facebook connect' 공개로 외부 사이트와 연동 • 약 55만 개의 애플리케이션	• 일촌의 미니홈피 방문 필요 (글, 사진, 동영상 등 열람) • 외부 사이트 연동 미지원 했으나 '09년 API 개방 • 추가 애플리케이션 미제공
수익모델	• 광고	• 아이템 판매 (미니홈피, 스킨, BGM 등)
가입자수	• 5억 8,200만 명	• 2,900만 명

자료: comScore

3. 소셜 미디어 출현에 의한 행동의 지도

소셜 미디어는 우리 생태환경의 변화를 주도하고 이는 소통행위 양식의 대체, 출현, 상실, 유지라는 형태로 생태적인 적용을 이끌어 내고 있다. 이러한 네 가지 변화 중 미래의 새로운 환경인 '스마트와 SNS 미디어'와 관련된 것은 '행동의 출현'과 '행동의 대체'로 볼 수 있다.

<표 3> 행동의 지도

행동의 대체	행동의 출현
• 이전에 하던 행동을 다른 방식으로 하게 됨 (은행에 가지 않고 인터넷으로 송금) 일반우편대신 e-mail, e-card)	• 이전에 하지 않던 행동을 하게 됨 (아바타로 자기표현, 아이템 거래)
행동의 상실	행동의 유지
• 기존에 하던 행동들이 무의미해지거나 혐오감을 주어 그 행동을 그만두게 됨	• 별다르게 새로울 것이 없는 익숙하고 필요한 행동들의 경우, 기존의 행동이 계속 유지됨

소셜 미디어는 우리의 행위(생각, 태도, 기억, 감정, 뉴스소비)의 공진화를 가져오는 소위 생태환경의 변화로 개인의 인지능력, 사회의 권력구조, 문화적 가치체계의 변화를 가져온다는 생태학적인 역학 관계를 주목하는 것이 필요해 보인다.

소셜 미디어에 의한 생태환경 변화는 행동지도(Behavior Map)를 작성함으로써, 특정 환경 속에서 특정행동이 어떻게 나타날 것인지를 확인할 수 있다.

1) 감정과 신체의 신(新)융합

소셜 미디어가 매개환경의 생태는 인간의 감정, 사고, 인지 방식의 변화뿐만 아니라, 뉴스, 저널리즘 행위양식, 방송과 사회적 관계 양식의 변화와 엔터테인먼트, 게임의 존재방식과 목적의 변화를 가져왔다. 이는 이전의 개인 vs. 개인, 개인 vs. 사회의 관계 소통과 미디어 환경이 크게 바뀌었다는 것이다. 이처럼 소통 미디어 기술은 인간의 감각을 시간과 공간적으로 확장함으로써 인간 사회에 근본적인 변화를 가져왔다(Carey, 1975; 류춘열, 2008). 특히 SNS의 빠른 확산과 적응은 가상현실이라는 새로운 커뮤니케이션 공간의 중요성과 의미를 더욱 크게 만들고 있다. SNS를 정보전달과 사회관계의 도구나 중립적 회로(conduit)가 아닌 인간의 소셜(social) 상호작용 과정을 특정한 방식으로 구성하는 환경으로 보면서 인간 행위의 변화에 미치는 소셜 미디어 환경과 수용자와 SNS의 유기적 관계와 과정에 나타나는 변화 요인을 설명해내는 것이다. 본 장은 SNS 미디어생태학적 시각에서 소셜 미디어 환경을 살펴보고 융합적인 SNS가 인간 행동양식에 어떻게 영향을 미치고 새로운 행위양식이 형성되고 있는지를 살펴본다.

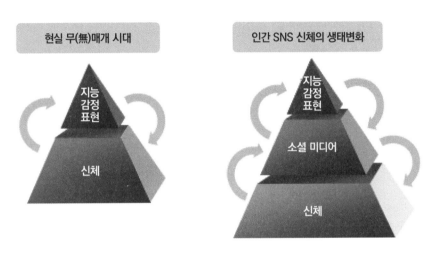

〈그림 4〉 소셜 미디어가 매개된 생태 환경

4. 현실공간과 가상공간의 융합

1) 소셜 미디어와 포스트 모던 온라인 자본 생태

소셜 미디어로 인한 생태환경 변화는 소셜 미디어로 인한 포스트 모던 행위양식의 등장이다. 그리고 새로운 사회문화적인 미디어 생태환경의 변화이다. 소셜 미디어의 등장은 콘텐츠생산의 평등화를 정보접근의 민주화를 이루었다고 할 수 있다. 과거 전통 미디어 시대 방송과 신문 등에 관련된 콘텐츠를 제작하기 위해서는 시설과 인프라로 인해 소수 집단이나 개인이 불가능하여 '전통 미디어'로 불리었다. 소셜 소프트와 소셜 엔지니어링은 정보와 소통에서 누구나 가능하게 만드는 소셜 미디어로 가능하게 되었다. 제작이 가능해지면서 유통도 가능해졌고, 사회구성원들은 기존의 행동 양식들의 변화를 가져왔다.

O2O(Online to Offline) 세상을 기반으로 한, 초연결지능사회인 제4차 산업혁명 시대가 시작됐다. 제3차 산업혁명에서 제4차 산업혁명으로 넘어가면서 발생할 일자리의 문제점을 분석한다. 전통경제 사회에 O2O 융합경제라는 새로운 경제모델이 등장하며 최근 몇 년 사이 법과 규제를 포함한 다양한 충돌이 발생했다. O2O는 선택은 온라인에서 하고 오프라인에서 거래하는 단순한 '커머스' 형태였지만, 제4차 산업혁명에서는 빅데이터·클라우드·인공지능기술 등이 결합하며 실시간으로 소비자에게 최적화된 편의를 제공하는 '서비스' 형태로 진화하고 있다.

제4차 산업혁명에 대한 연구는 이제 시작 단계다. 본 연구에서는 제4차 산업혁명이 본격화되면서 펼쳐질 세상을 분석, 전망하고 가장 큰 위협요소로 꼽히는 일자리에 미칠 영향을 집중적으로 진단한다. 문헌연구로 살펴보면 역사상 기술혁신이 일자리를 줄인 적은 없다. 그러나 제4차 산업혁명은 다르다는 주장도 제기되고 있다. 이 글에서는 제4차 산업혁명 시대 인공지능과 O2O가 미충족된 인간의 욕구인 개인의 자기표현, 자아실현, 행복 욕구를 만족시켜줄 가능성을 검토하고자 한다. 개인에게 최적화된 새로운 수요를 원할 것이라는 것을 분석 및 전문가 인터뷰를 통해 검증한다. 물질 소비에서 경험 형태의 정신적 행복, 자아실현 욕구를 충족해주는 새로운 일자리가 발생할 것이다(안상희·이민화(2016), 「제4차 산업혁명이 일자리에 미치는 영향」, 『한국경영학회 통합학술발표논문집』, Vol. 2016, No.8.).

생태환경 변화의 잣대는 SNS로 인한 인간 행위의 지도를 통해 기술하는 것이 지름길이 될 수 있다. SNS를 통해 새로운 감정표현이나, 인간관계를 유지하는 방식의 행위이다.

〈표 4〉 소셜 미디어 출현에 의한 행동 지도

High Novelty	
행동 대체(Old 행동 → New 행동)	**행동 출현(無 → 新)**
• 이전에 하던 행동이 새로운 행동으로 전환되는 현상 – 감정표현을 SNS를 통한행동 – SNS를 이용하여 소셜 비지니스 – 웹 광고에서 스마트 앱 광고 – SNS 이용 뉴스 리포팅	• 특정 환경에서 이전에 하지 않았거나 혹은 없던 행동을 하는 사람들이 하게 되는 현상 – 아바타 이용 – 카카오톡을 통해 메시지를 주고받는 행동 – SNS와 게임→SNG등장 – 소셜 저널리즘, 소셜 아트(Art)
행동 유지(Old 행동 → Old 행동)	**행동 상실(Old 행동 → 無)**
• 이전에 해왔던 행동을 아무 생각 없이 계속하는 경우	• 이전에는 잘하던 행동을 더 이상 하지 않게 되는 현상 • 공인인증서로 도장을 사용하지 않는 행위
Low Novelty	

(Low Strength는 표 왼쪽, High Strength는 표 오른쪽에 표기됨)

(1) 새로운 행위의 등장(무에서 새로운 행동의 등장)이다. 예를 들면 소셜 네트워크서비스(SNS)를 기반으로 소통, 공유, 협력을 시각화한 '소셜 아트(social art)'의 등장이다. 소셜 아트는 미술가들이 자신의 작업과 아이디어를 온·오프라인 관람객과 나누며 소통과 양방향 창작을 시도하는 새로운 미술 장르다. 또 다른 예는 소셜 미디어인 유튜브를 이용하고 개별적인 연주, 각 지역에서 연주된 것을 하나의 오케스트라로 묶어내는 방식의 소셜 예술방식을 구현해내는 것이다.

(2) 기존 행동의 대체이다. 이는 이전의 광고, 뉴스, 이야기 방식을 새로운 방식으로 제공하는 행위이다. 현실공간의 이야기나, 정의, 감정 표현을 소셜 미디어로 대체하는 방식이다.

(3) 이전에 하던 미디어 소비나, 정치행위를 그대로 답습하는 방식이다.

(4) SNS로 인한 행동 상식은 또 다른 인간 생태환경의 변화를 보여주고 있다. 카카오톡 문자를 사용하면서 더 이상 통화나 SMS를 사용하지 않는 행위들이다.

2) 인간관계 생태자본의 변화

SNS는 관계 강화, 유지, 형성시키는 인간관계 플랫폼이다. SNS는 인간관계에 있어 어떤 역할을 하는 것일까? 과반수 이상의 SNS 이용자들은 가족이나 친구들과 연락을 주고받을 때, 기존의 인맥을 계속 유지하고 싶을 때, 새로운 친구를 사귀고 싶을 때 SNS가 유용하다고 한다. SNS은 기존의 끈끈한 유대 관계를 한층 강화시켜 주며 잊혀진, 그리고 잊혀질 수도 있는 인맥을 복원, 유지시켜 주기도 하고, 새로운 사람들과의 관계를 형성시켜 주기도 하는 등의 역할을 하고 있다.

개인의 유대 관계정도에 따라 $X_1, X_2, \cdots, X_9$ 와 같이 표현할 때, 위의 3개 SNS 연결 특성을 측정하는 요인으로 강한 유대($F(x)$), 약한 유대(f_{x2}), 잠정 유대(fx_3) 등과 3개 유형과 관계 정도를 나타낼 수 있다.

$$강한유대 = x_1 + x_2 + x_3$$
$$약한유대 = x_4 + x_5 + x_{n1}$$
$$잠정유대 = x_6 + x_7 + x_{n2}$$

개인에 따라 천차만별이며, 똑같은 행동 관계지도는 없다.

(1) 사회적 행위의 확장

SNS를 이용하여 새로운 사회관계의 변화가 나타난다. 소셜 미디어를 이용해 사회적 행위의 확장을 가져오는 새로운 사회생태환경을 맞이하고 있다. 누군가는 SNS를 통해 기존 관계를 더욱 강화하기도 하고, 누군가는 SNS를 이용해 새로운 인맥을 확장하기도 한다. 관계집단의 수, 집단 내 강한 유대와 약한 유대의 인원 분포 등 각각의 조합은 개인마다 천차만별인 것이다. 개인에 따라 SNS를 적절히 활용하여 온라인과 오프라인 관계에 있던 사람들을 적절히 조합해서 자기중심의 네트워크, 지금까지와는 전혀 다른 새로운 유형의 관계망을 각자 만들어가고 있다. 이제 어디서 만나는지, 온라인이 오프라인 관계를 대체하는 등이 중요한 것이 아니라 그 관계를 주체적으로 조합해서 새로운 네트워크를 생성해 내는 개인이 중요해지고 있는 것이다(SK 마케팅 앤 컴퍼니(2012)).

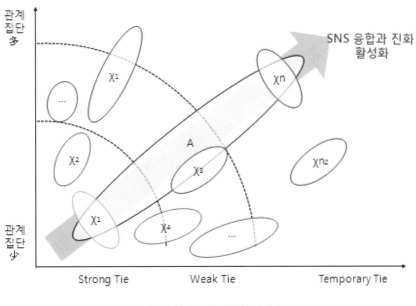

〈그림 5〉 개인별 다양한 관계지도

소셜 미디어를 ① social networking service ② social network service로 구분하고 있다. 개별 소셜 미디어의 사용 경향에 따라 그 분류를 하고 있는 것으로 나타나고 있다. social networking service는 관심사를 바탕으로 새롭게 찾고 만난 사람 및 그 관계로 주로 가교형(bridge) 커뮤니케이션을 바탕으로 하는 반면, social network service는 이미 알고 있는 사람들과 관계를 유지하는 공간으로 오프라인 인맥으로 반영하는 결속형(bond) 커뮤니케이션을 강조한다.[5]

5   유대유형에 따라 강한 연대(strong tie), 약한 연대(weak tie), 잠정 유대(temporary tie)로 나누고 있다. (1) 강한 연대(strong tie)는 기존관계의 강화 같이 가족, 친구들과 연락하고 싶을 때나 유대하고자 할 때 나타나는 소셜 미디어 활동이다. 이는 협력을 추구하는 커뮤니케이션 방식으로 기존관계를 중심으로 이미 알고 있는 사람들과 관계를 유지하는 공간으로 오프라인 인맥을 반영한다고 할 수 있다. 기존 관계 유지는 인맥으로 계속 유지하고 싶을 때 나타나는 소셜 활동이다. (2) 약한 연대(weak tie)는 관심분야에 대한 관계를 더 강화하기 위한 자발적인 노력으로 새롭게 찾고 만난 사람과 사회적 관계이다. (3) 잠정유대(temporary tie)는 이슈에 따라 이합집산이나, 특정한 관심사가 나타날 때 등장했다 사라지는 유형이 그것이다.

이는 전통 미디어 이용과 연결에서도 유사하게 나타난다. 즉 기존미디어 콘텐츠에 관련한 사회적인 유대를 위하여 이용하는 반면, 소셜 미디어를 이용하여 새로운 유형의 콘텐츠를 확장하려는 유형으로 나타날 수 있다. SNS 이용 여부가 사회적, 대인적인 유대와 소통에 영향을 미치는 것이 아니라 SNS를 얼마나 다양한 생활 속에서 유용하게 쓰고 있는가, 특히 메시지의 유형이 관계향상과 유지의 능력지수로 나타나고 있다.

(2) 현실공간의 삶과 소셜 미디어와 연결

SNS를 통해 강화, 유지, 형성되는 실제 삶(Real Life Social Network)에서는 소셜 미디어를 통한 현실공간의 삶과 연결하고자 하는 형태로 나타난다. 소셜 미디어와 현실 공간의 삶에서 SNS을 통해 강한 유대는 더욱 강화되고, 약한 유대는 복원/유지되며, 일시적 유대는 새로이 형성된다. 이처럼 현실생활의 관계가 확장되어 감에 따라 네트워크 관리의 편의성, 집단 내 프라이버시 유지 등을 위해 SNS 이용 초기 단계에 느끼지 못했던 관계 집단의 구분이 필요하게 된다. 그렇다면 SNS를 통해 변화되고 있는 실제 한 개인의 관계지도는 어떤 모습일까?

실례로, 27세 여성 직장인 손해영이라는 개인을 중심으로 관계의 강도(r, 원의 중심에서 가장자리로 갈수록 강도 낮음)와 관계 집단의 분포(θ, 관계집단이 많을수록 각이 커짐)에 따라 관계지도를 그려보면 〈그림 6〉과 같다. 그녀는 몇 개의 관계집단 중 12명으로 구성된 직장동료 집단을 하나 가지고 있는데, 전체 12명의 직장동료 중 3명과는 강한 유대 관계를, 나머지 9명과는 약한 유대 관계를 맺고 있다. 그리고 사안에 따라 필요에 의해 맺어진 일시적 유대 관계의 사람들이 다수 있다(SK 마케팅 앤 컴퍼니(2012)).

사회관계 자본에는 두 가지의 전형적인 타입이 있다. 먼저 '가교형(bridging) 사회 관계 자본'은 지위나 속성을 뛰어넘어 다양한 사람들이 관계를 유지하는 데 유용한 사회관계자본이다. 일반화된 호혜성(generalized reciprocity)은 규범이 유지되고, 일반적 신뢰가 배양된다. 일반화된 호혜성은 언젠가는 자신도 어디선가 누군가의 신세를 질지 모른다는 것을 예상하고 타인에게 좋은 일을 하는 것을 의미한다.[6]

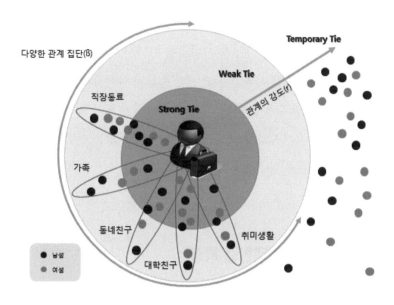

〈그림 6〉 SNS와 사회적인 유대관계 유형

　동질성이 강한 사람들을 잇고 있는 '결속형(bonding) 네트워크'에서는 집단 내에서 어떤 도움을 준 특정 사람들에게 보답을 한다는 특정적 호혜성(specific reciprocity)과 개인적인 경험에서 얻은 '두터운 신뢰(thick trust)'가 유지된다. 이를 '결속형 사회자본'이라고 부른다. 결속형 사회 자본은 관계 내부의 결속과 신뢰가 강하고, 협력 행동을 향상시키는 역할을 하며, 곤란한 상황에 처했을 때에는 그 상황을 해결하는데 유용한 사회 관계 자본이다.

　가교형과 결속형 이 두 타입의 사회관계 자본은 명확히 구별되는 대립적, 배타적인 것이 아니라 연속성과 정도의 차이만 있을 뿐이다. 소셜 미디어에서 커뮤니케이션에서는 결속형 사회관계 자본이 보다 강하게 형성되는 경우가 있고, 가교형 사회관계 자본이 보다 더 많이 형성되는 경우도 있다(SK 마케팅 앤 컴퍼니(2012)).

6　　예를 들어 이웃 정원에 떨어진 낙엽을 청소하는 행위는 그 이웃으로부터 곧바로 어떤 보수를 기대하는 것이 아니라 돌고 돌아 결국에는 자기 자신을 위한 일이 된다는 일반화된 호혜성의 규범에 대한 기대를 근거로 행해진다. 지역 커뮤니티 전체가 일반적인 호혜성의 이념을 따르게 되면, 거기에는 '얇은 신뢰(thin trust: 일반적 신뢰가 이에 해당된다)'가 배양된다. 그 결과 교섭 비용이 낮아져 결국 전체적인 이익으로 이어지게 된다. 이처럼 비용 절약의 측면에서 집합의 문제 해결 또는 민주주의의 발현에 있어서 가교형 사회자본이 필요한 이유이다.

SNS를 통한 새로운 행태의 양식은 사회 구성원들과의 관계 방식과 정보획득 행위에서도 공진화로 나타난다. SNS는 새로운 사람들을 만나고, 관계를 유지하고, 관계를 강화시키는 매개체다. SNS를 통해 사람들은 다양한 종류의 사람들과 연결되고, 그러한 관계 연결망을 기반으로 다양한 활동을 한다. SNS 활용범위가 넓을수록 관계 형성 유지 능력도 커진다. 다양한 상황에서 SNS를 폭넓게 활용함으로써 많은 사람들을 만나고, 관계를 맺을 기회가 더 많기 때문이다.

5. 소셜 미디어로 인한 생태환경 특성

소셜 미디어의 등장은 기존 사회 환경과 새로운 상호작용을 통하여 스스로 적응할 뿐만 아니라 새로운 사회 질서와 현상이 나타난다. 이는 인간 인지능력뿐만 아니라 소통행위양식, 소비방식, 소통과 유통방식의 패러다임 변화로 나타난다.

1) SNS로 인한 시(時)·공간(空間)의 변화와 경험

SNS는 시간과 공간 구축의 한계를 넘어 새로운 소통공간과 즉각적인 소통이 가능하게 되었다. 새로운 소통양식의 경험은 인간의 경험에 있어서 시간과 공간이라는 기본적인 범주를 넘어서는 포스트 모든 양식들이다. 소셜 미디어는 끊임없이 공유와 개방 형태로 진화 발전해 갈 것으로 보여진다.

SNS는 경험은 두 가지 차원의 능력의 확대를 가져왔다. 개인이 살고 있는 자신에 대한 환경 지식을 획득하고 두 번째는 자기를 둘러싸고 있는 환경에 대해 상호작용하는 능력을 형성한다. SNS는 사회적인 정보를 획기적으로 획득할 수 있으며, 후자는 다양한 형태의 사회적인 커뮤니티를 형성, 유지해 나아갈 수 있게 하였다.

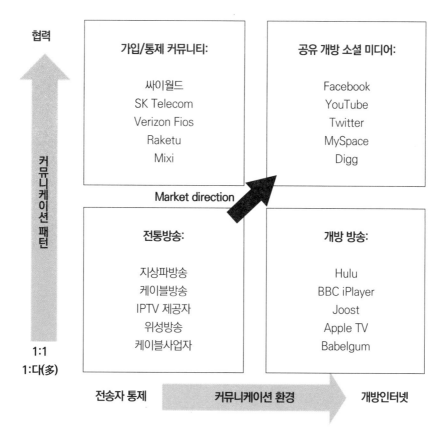

〈그림 7〉 미디어 생태환경의 변화

2) SNS를 통한 사회적 삶의 과정의 이동

SNS에서는 정보의 결과가 아닌 과정을 즐긴다. 사람들은 다양한 상황에서 SNS를 통해 궁금한 점을 묻고 대답하며, 필요한 정보를 공유한다. 그런데 왜 인터넷 포털 사이트에서 1초면 검색할 수 있는 정보까지도 SNS를 통해 얻고자 하는 것일까? 우리는 어떤 질문에 대해서는 빠르고 정확한 답을 얻기 원하기도 하고, 때론 정보의 결과가 얼마나 빨리 나오는가가 그 정보의 가치를 결정하기도 한다. 하지만 SNS에서 사람들은 정보의 '결과'에 주목하지 않는다. 단지 사람들 사이에서 어떤 이슈가 제기되고, 소통되며, 몇 가지의 의견으로 수렴되는 '과정' 그 자체를 즐긴다.

미디어 이용과 사회자본, 사회참여 연구가 시작된 20세기 초부터 사회 과학자들은 미디어 이용이 지역커뮤니티와 정치 효용성, 그리고 사회 자본적 지역사회 참여와 커뮤니티 형성에 긍정적인 형성에 향을 미친다고 생각해 왔다. 이러한 가정 하에 자노위치(Janowitz, 1952)는 커뮤니티 신문을 지역사회에 통합되는 과정에서 개인이 이용할 수 있는 문화적 도구로 개념화했다. 즉 개인이 신문을 읽으면서 지역사회 구성원이 돼간다는 논리이다. 급속도로 산업화해 가는 이웃에서 정체성을 잃어가는 인간에게 소셜 미디어는 사회적으로 의미 있는 커뮤니케이션, 정보, 놀이를 전달하는 역할을 수행한다.

소셜 미디어는 웹 1.0, 2.0 그리고 3.0이라는 패러다임 변화 과정에서 참여, 공유, 개방이라는 삶의 공유에 관한 사회적인 삶의 과정으로서 웹 3.0으로의 변화를 가져오고 있다.

3) SNS를 통한 감정공유의 행위 등장

SNS로 '정보검색·커뮤니케이션·엔터테인먼트'를 즐긴다. SNS에 대한 의존도가 2010년에 비해 전반적으로 높아졌다. 2011년 의존도가 가장 높은 활동으로 꼽힌 '정보검색'에 대한 의존도는 65%로, 2010년 가장 높은 의존도를 보였던 '카페/커뮤니티 활동'의 의존도가 30%였던 것과 비교하면 주목할 만한 결과다. 더불어 '뉴스읽기'와 '정보검색' 등의 의존도 역시 월등히 높아진 것이 특징적이다.

이렇듯 미디어로서의 SNS 기능이 강화된 것은 리트윗(트위터), 공유하기(페이스북), 소문내기(미투데이) 등을 통해 유통되는 정보의 파급력 때문인 것으로 보인다. 이 외에 '게임'에 대한 의존도가 높아진 것 등을 통해 현재 SNS가 관계와 미디어로서의 역할뿐 아니라 엔터테인먼트 기능까지 함께 아우르고 있음을 확인할 수 있다.

소셜 미디어로 인해 새로이 도래하는, 어쩌면 이미 도래한 '사회'의 미래 모습은, 사회 네트워크 양식의 변화이다. 전근대적 사회 네트워크 양식인 중앙 집중적 사회에서 작은 규모의 사회로 그리고 다중적인 형태의 사회로 진화해 가는 것이다(Pescosolido & Rubin, 2000).

4) 새로운 형태의 소셜 콘텐츠 소비

사적이고 공감을 끌어내는 콘텐츠의 특성이 소비자 파워를 증대 시킨다. 또한 정형화된 글로공적인 대화를 나누는 것이 아니라 SNS 내에서 '사적 대화'를 나누며, 자신이 쓴 글에 대해 여러 사람으로부터 받는 '공감의 힘'이 소비자들로 하여금 개인이 아닌, 소비자 집단으로서의 파워를 느끼게 만들고 있다. '소셜 쇼핑'이란 새로운 쇼핑 방식을 전파하는 방식으로 그루폰(Groupon)이 하나의 예가 된다. 그루폰은 그룹(group)과 쿠폰(coupon)의 합성어로 온라인 고객에게 같은 지역의 공동구매 형태나 새로운 방식의 공감 소비 방식이다.

SNS는 복잡한 환경의 정보를 필요한 원하는 정보를 제공할 수 있는 소셜 콘텐츠 형태로 제공해준다. 소위 시맨틱 웹이라고 불리는 정보 제공 방식이다. 소셜 미디어가 정보의 의미를 분석하여 이해하고 그 관계 속에서 자료 검색 및 처리하여 의미적 자료를 추출하여 보여줄 수 있는 지능형 웹정보 제공방식이다. SNS를 통하여 나를 둘러싸고 있는 환경의 모든 정보를 나를 대신하여 제공해주는 비오톱(biotop) 소셜 정보이다.

'정보를 원하는 사람들이 존재하는 장소'를 비오톱(biotop)이라고 부른다. 그리스어로 생명을 의미하는 비오스(bios)와 장소를 뜻하는 토포스(topos)를 합친 말로 '유기적으로 결합되고 다양한 종의 생물로 구성된 생식(生息·살아 숨쉬는)공간'이라는 뜻이다. 매스미디어 시대에 비오톱은 하나의 커다란 공간이었으나 인터넷이 출현하면서 산산조각이 나고 디지털 공간 안과 밖으로 무한대로 뻗어나가게 됐다.

5) 소셜 미디어로 인한 새로운 충돌

트위터와 페이스북으로 대표되는 SNS의 잠재력은 '소통'과 '다양성'의 확대에 있다. 하지만 SNS 안에서 동질적인 의견이 더욱 확산되어 SNS 네트워크를 군집화한다는 것에 몇몇 학자들은 우려를 나타내고 있다. 사회의 통합을 위해서는 서로 다른 사람들 간의 만남과 서로 다른 의견들의 소통이 이루어져야 하는데 SNS에서는 나와 같은 의견만 나누고, 마음에 맞는 사람들만 만나려고 하는 현상이 두드러진다는 것이다. 이는 사회 양극화를 심화하여 중도 의견에 대한 포용이 부족한 사회를 만들 것이라는 우려를 확산시키고 있다. SNS 내에서 의견이 다른 집단들을 연결시켜줄 수 있는 다리 역할이 무엇일지 고민해봐야 할 때다.

1990년대와 2000년대 영화와 음악계는 엄청난 콘텐츠 버블과 쇠퇴를 경험했다. 비디오테이프, CD플레이어, DVD플레이어와 같은 새로운 플랫폼의 탄생으로 대량생산, 대량소비의 콘텐츠 유통구조가 생겨났던 것이다. 그러나 세분된 정보유통 구조를 가진 인터넷이 등장하자 음악, 영화 산업의 대량소비 모델은 급격히 거품이 꺼졌다. 이와 같이 새로운 형태의 소셜 미디어는 사회적인 충돌과 예기치 못한 역기능이 나타나고 있다. 소셜 미디어는 기존의 생태환경과 충돌하면서 새로운 상징과 가치를 창의하고 있다.

매스미디어로 대표되는 사회적인 연결은 일방향성에서 오는 의사 사회 상호작용(para-social interaction)이 그 바탕으로 이루어 왔다. 매스미디어에서 SNS로 진화하면서 파라소셜에서 소셜(social)시대 사회적인 상호작용으로 변화하게 된 것이다. 이로 인한 미래의 사회적인 소통의 역기능과 현실공간의 대화와 감정 표현이 소셜로 이동하면서 나타나는 사회 행위의 등장과 대체는 갈등의 대체와 등장을 의미하기도 한다.

6. 소셜 미디어의 진화와 미디어 생태환경 정리

1) 본 장의 정리

소셜 미디어의 등장은 우리의 의사소통 양식의 진화를 가져왔고, 이는 커뮤니케이션 생태 환경에 크게 변화시켰다. 이로 인한 행동지도가 다르게 나타나고 있다. 즉 새로운 행위의 등장, 변형, 강화, 유지의 형태로 나타났다. SNS의 사회적인 확산은 개인의 인지, 사회적인 소통구조, 오락 방식, 감정 전달 방식, 그리고 비즈니스 행위에 새로운 패러다임을 제시하고 있다. 소셜 미디어는 새로운 생태환경을 가져온 것이다.

소셜 미디어는 미디어가 가지는 다중성(multiplicity)과 멀티플랫포밍(multiplatforming)성으로 인하여 사회적인 관계와 전통 미디어 콘텐츠의 상호연계성(intermediality)

으로 커뮤니케이션 양식의 포스트모더니즘 양식으로 나타나고 있다. 이는 개인과 사회문화의 새로운 생태환경으로의 진입을 요구하고 있다.

소셜 미디어는 사회적인 목적을 가지고 끊임없이 진화 발전을 하면서 전통 미디어와 기존 사회적인 소통미디어와 융합하고 연결하고 있다. 이는 크게 방송미디어와의 결합, 뉴스, 저널리즘과의 융합, 그리고 오락 음악 게임등과 융합하면서 진화하고 있다. 개별 SNS가 가져온 소통 방식과 미디어 양식은 기능의 대체와 사회적인 행위의 새로운 등장을 가져왔다.

이로 인한 소셜 미디어와 전통 미디어는 새로운 미디어 생태환경을 만들고 이는 우리의 행위양식을 만들어 내고 소셜이라는 새로운 문화 패러다임을 전개하고 있다. 새로운 미디어 양식은 의식과 사회의 구조방식, 뇌의 활동 방식에 영향을 미치고 있다. 소셜 미디어는 "미디어는 메시지다(Medium is mess-age)"라는 명제로 우리의 일상 삶의 소통, 공유의 의미, 사회적인 유대 방식을 새로이 정립한 것이다. 스마트와 소셜 네트워크 서비스의 등장은 미디어 이용, 관계 방식에 새로운 패러다임을 만들고 있다. 나아가 미디어는 마사지(massage, 안마) 행동을 유발하고 있다. 즉 소셜 미디어는 생각, 경험, 관점들의 소통방식을 특정한 방향으로 과장되게 하고 집단극화와 새로운 시공간, 자아형성, 다중집단화를 만들어준다. 소셜 미디어는 실로 새로운 미디어 생태 환경과 삶의 방식에서 후기인류(post-human) 시대로 이끌어 오고 갈 것이다.

2) 생각해 볼 문제

(1) 소셜 미디어로 인해 나타난 우리의 새로운 행동(사고방식, 사회적인 의견표시, 여론, 정치, 저널리즘 행위) 지도를 그려보자.

(2) SNS와 전통 미디어와 융합한 미디어 유형을 분류하여 보자.

(3) 소셜 미디어의 종류를 분류하고 유형화를 통해 SNS의 변화과정과 개인과 사회의 변화를 정리해 보자.

참고 문헌

김성벽(2004). 미디어 생태학의 연구경향과 의의에 대한 고찰. 스피치와 커뮤니케이션 3, pp.218-243.

김성벽(2003). 웹미디어 경험과 자아, 커뮤니티에 대한 생태학적 연구. 언론정보학회 발표논문.

류춘렬(2008). 「현실과 가상공간에서 청소년의 교유관계 인식의 차이: 변증법적 대립 개념을 중심으로」, 『사이버커뮤니케이션학보』 제25권 2호, pp.35-70.

박주연, 전범수(2011). 「방송의 소셜 미디어 콘텐츠 활용유형에 관한 탐색적인 연구」, 『인문콘텐츠 연구』 제23호, pp.263-285.

박종진(2007). 『미디어 2.0, 새로운 공간과 시간의 가능성』. 서울: 커뮤니케이션북스.

방송통신위원회(2010). 스마트폰이용실태조사. 『제1차 인터넷이슈 기획조사』.

배영(2005). 「사이버 공간의 사회적 관계; 개인미디어를 이용한 관계의 형성과 유지를 중심으로」, 『한국사회학』 제39집 5호, pp.55-82.

설진아(2009). 「소셜 미디어(Social Media)의 진화양상과 사회적 영향」, 『한국언론정보학보』 Vol.2009, No.12, pp.35-57.

삼성경제연구소(2011). '스마트폰이 열어가는 미래', 서울: 삼성경제연구소.

이동후(1999). 「기술중심적 미디어론에 대한 연구: 맥루한, 옹, 포스트만을 중심으로」, 『언론과 사회』 제24호.

이재현(2012). 「글쓰기 공간으로서의 SNS: 재매개, 환유, 에크프라시스」, 『커뮤니케이션이론』 제8집 1호, pp.323-351.

이재현(2006). 「멀티플랫포밍, 모바일 미디어, 그리고 모바일콘텐츠」, 한국언론학회 세미나 모바일 콘텐츠 활성화를 위한 대토론회 발제문.

이혜미·강민지(2011). 「터치+스크린」, 『미디어, 젠더 & 문화』, 서울: 한국여성 커뮤니케이션 학회.

송경재(2011). 「디지털디바이드에서 다층적 스마트 디바이드 사회로: 한국 네티즌 조사를 중심으로」, 『Internet & Society Issue』 제3권, 서울: Net Focus, pp.5-24

황유선(2010). 「소셜 미디어와 휴머니즘의 발전」. 한국언론학회 발제문.

황재선(2008). 『소비자 플랫폼: 소셜 네트워크 서비스의 새로운 진화』, 서울: 한국소프트웨어진흥원 정책연구센터, pp.38-52.

황유선·이재현(2011). 「트위터에서 뉴스 생산과 재생산: 8개 언론사와 일반인의 트윗 및 전파 행태에 관한 연구」. 서울: 한국언론진흥재단.

최민재(2009).「소셜 미디어의 확산과 미디어 콘텐츠에 대한 수용자 인식연구」,『한국언론정보학보』제12호, pp.5-31.

SK 마케팅 앤 컴퍼니(2012). 뉴미디어 시대: 나, 그리고 우리, 서울: SK M&C Trend Train Vol. 2.

SK 경영경제영구소(2011). Social Network 확산에 따른 패러다임의 변화 방향. 12월.

Biocca, F. (1997). "The Cyborg's dilemma: Progressive embodiment in virtual environments", *Journal of Computer-Mediated Communication*, 3(2).

Biocca, F., Harms, C., & Gregg, J. (2001). The Networked Minds Measure of Social Presence: Pilot Test of the Factor Structure and Concurrent Validity. Paper presented at the Presence 2001 Conference, Philadelphia, PA.

Biocca, F., Harms, C., & Burgoon, J. (2003). "Toward a more robust theory and measure of social presence: Review and suggested criteria", *Presence, Teleoperators, and Virtual Environments*, 12(5), pp.456-480.

Fidler, R. (1997). *Mediamorphosis: Understanding new media*. Thousand Oaks. CA: Pine Forge Press.

FKII(2008). 소셜 미디어(Social Media)란 무엇인가?. IT 이슈 리포트.

Pescosolido, B. A. & Rubin, B. A. "The web of group affiliations revisited: social life, postmodernism, and sociology", *American Sociological Review*, 65(1), 2000. pp.52-76.

Smith, G. (2007). Social software building blocks. Retrieved April 4, Available from http://nform.ca/publications/social-software-building-block.

Smith, G. (2007). Social software building blocks. Retrieved April 4, Available from http://nform.ca/publications/social-software-building-block.

Water-Cooler Effect: Internet Can Be TV's Friend on New York Times by BRIAN STELTER.

Convergence
실습(Tutorial2) ————

실습내용

실습교재 참고

3

상호작용
Interactivity

제1절. 인터넷 미디어의 상호작용성(Interactivity) 차원 연구:
미디어 양식별 이용자의 인식 특성에 따른 차이 분석 중심으로[*]

본 연구는 사이버 공간 내의 다양한 커뮤니케이션 양식을 기준으로 사용자가 인식하는 상호작용성 차원에 관한 연구이다. 이를 위해 본 연구는 인터넷 사용자가 인식(사용행위, 효용인식)하는 상호작용성 차원을 측정하는 연구디자인을 하였다. 상호작용차원 측정을 위해 597명의 응답자를 분석하였다. 연구설계에 따라 인터넷 커뮤니티, 포털사이

---

[*]   권상희(2007), 「인터넷 미디어의 상호작용성(Interactivity) 차원 연구: 미디어 양식별 이용자의 인식 특성에 따른 차이 분석 중심으로(Interactivity Dimension Study in the Internet Media – A Study of User's Recognition Differences of Interactivity Characteristics by Internet Media Genre)」, 한국방송학보 21(2), p. 46~97.

트, 온라인 뉴스, 미니홈피, 블로그, 이메일, 인스턴트 메신저로 장르를 나누고 이에 따른 상호작용성에 관한 측정한 결과 사용자들은 각 인터넷 미디어를 사용하는 정도에 따라 다른 사용상호작용성(usage interactivity)과 효용상호작용성(utility interactivity)을 가지고 있는 것으로 나타났다. 본 연구는 인터넷 사용자들이 커뮤니케이션요인(CMC)과 미디어요인(HCI)에 따라 상호작용차원의 사용과 인식을 다르게 한다는 것을 실증적으로 증명하였다. 연구 결과는 크게 커뮤니케이션 관련 장르(이메일, 인스턴트메신저, 미니홈피)의 상호작용과 미디어적 장르(뉴스, 포털, 커뮤니티) 관련한 사용자의 상호작용 인식이 다른 유형으로 나타났다. 이 중 커뮤니티, 미니홈피, 블로그는 커뮤니케이션과 미디어적인 상호작용을 동시에 혼용(hybrid)하는 경향이 있는 것으로 나타났다.

키워드: 상호작용, 미디어장르, CMC, HCI, 다차원적 인식, 블로그, 인스턴트 메신저, 커뮤니티

1. 문제 제기

인터넷 미디어는 전통 미디어 양식, 휴먼커뮤니케이션, 신문방송과 매스미디어의 제작 전달 방식의 표준을 바꾸어 놓았다. 인터넷 매체는 다양한 측면에서 새로운 미디어일 뿐만 아니라 디지털 커뮤니케이션의 대표 양식이기도 하다. 인터넷 미디어는 우선 ① 재(再)매개미디어(Re-mediated Media) ② 융합미디어(Convergence) ③ 하이퍼미디어(Hyper Media)이다. 인터넷은 융합적인 특성으로 인하여 시작하는 단계에서 변형된 다양한 형태의 플랫폼(platform)을 통해 새로운 커뮤니케이션 특성을 가지고 있다(Bolter & Grusin, 1999; Fidler, 1997). 이는 인터넷 미디어가 가지는 ① 상호작용성과 ② 하이퍼미디어성이 커뮤니케이션 방식에 변화를 가져온 결과이다. 이 중 상호작용성이 하이퍼텍스트 기능을 결정한다는 측면에서 상호작용성은 미디어 양식과 인식에 영향을 주는 중요한 기제이다. 따라서 상호작용성의 사용 정도, 인식 정도, 효용 정도를 측정하는 것은 미디어 연구에 있어 필요한 분야이다.

뉴하겐(Newhagen, Cordes, & Levy, 1995) 그리고 라파엘리(Rafaeli, 1988)는 인

터넷이 전통 매스미디어와 다른 새로운 커뮤니케이션 특성을 지니고 있다고 한다.[7]

고세와 듀(Ghose & Dou,1998) 그리고 윤준수(1998)는 인터넷의 커뮤니케이션 매체로서의 주요 특성을 상호작용성과 양방향성, 하이퍼텍스트 및 하이퍼미디어, 디지털화, 저장 및 광역성, 표준화의 5가지로 규정하고 이에 따라 수동적인 수용자(receiver)에서 적극적인 사용자(user)로 수용자 개념이 전환되었으며, 정보의 흐름이 선형(linear)에서 비선형(non-linear) 하이퍼텍스트로 바뀌어 인터넷 사용자는 자기 나름대로 정보를 조합하여 새로운 의미를 창출하게 되는 등 커뮤니케이션 패러다임이 전환되고 있다고 주장하였다.[8]

〈표 1〉에서 보는 바와 같이 인터넷을 이용한 커뮤니케이션은 대면 커뮤니케이션에서 실현이 불가능했던 상호작용성이 높게 나타나고 있는데, 인터넷에서 높게 나타나는 상호작용성은 대면 커뮤니케이션의 인간 상호작용이 아니라 기계 상호작용이다. 인터넷을

---

[7]   새로운 커뮤니케이션 특성으로 첫째, 인터넷은 텍스트, 이미지, 사운드, 애니메이션, 비디오 신호가 하나로 합쳐진 멀티미디어 기술을 통해 다른 어떤 매체보다 뛰어난 감각적 소구를 할 수 있다. 둘째, 관련 항목이나 문서로 즉시 이동할 수 있도록 연결시켜 주는 하이퍼텍스트 기능을 통해 TV의 한 장면을 본 다음에야 다음 장면을 볼 수 있는 것과 같은 기존 매체의 단선적인 커뮤니케이션의 제약에서 벗어나게 되었다. 셋째, 정보를 동시다발적으로 주고받을 수 있는 패킷교환(packet switching)방식을 통해 커뮤니케이션 단계별로 기자나 편집자 등의 게이트키퍼(gatekeeper)들에 의해 정보가 취사선택되는 매스컴의 게이트키핑이나 한 사람의 말이 끝난 다음에야 상대가 말을 할 수 있는 대인 커뮤니케이션의 대화순서(turn taking)같은 교환의 원칙에서 벗어났다. 넷째, TV나 라디오와 같은 전파 매체는 방송되는 시간과 동시에 커뮤니케이션을 하지 않으면 안 되고, 신문이나 잡지와 같은 인쇄 매체는 동시에 커뮤니케이션 할 수 없지만 인터넷은 채팅과 같이 동시에 커뮤니케이션을 할 수도 있고 혹은 이메일을 통해서 지체(비(非)동시, asynchronous)해서 커뮤니케이션 할 수도 있다. 웹마스터에게 이메일을 보낼 수 있도록 링크시켜 놓는 것처럼 의도적으로 상호작용을 계획할 수도 있고 불필요한 이메일에 답변을 하지 않는 것처럼 무시할 수도 있다(권상희, 2004; 김위근, 2006).

[8]   인터넷 특성을 이두희·구지은(1997), 최환진(2000) 베이커와 처칠(Baker & Churchill, 1977) 등은 인터넷 광고의 장점으로 고객과의 쌍방향 커뮤니케이션을 할 수 있고, 타깃에만 선별적인 광고가 가능하며, 전 세계에 산재해있는 고객을 대상으로 할 수 있고, 정보 제공을 무제한적으로 할 수 있으며, 24시간 지속 운행할 수 있고, 멀티미디어적 요소로 다양한 크리에이티브 창출이 가능하며, 광고를 구매로까지 연결할 수 있고, 정보의 갱신이 용이하고 신속하며, 제작·매체비용이 상대적으로 저렴하고, 주 사용자고 구매력이 있는 여론 지도층이나 젊은층이고, 첨단 기업으로서 기업 이미지 향상에 기여할 수 있고, 효과측정이 용이하여 과학적인 광고가 가능하며, 사용자의 의도적 노출로 효율성이 높다는 점 등을 들고 있다.

통한 커뮤니케이션이 매스 커뮤니케이션과 가장 다른 점은 상호작용성이라고 할 수 있다. 이러한 상효작용성은 미디어 효과와 인터넷 커뮤니케이션의 효과 과정을 다르게 만드는 중요한 요인이라고 할 수 있다.

<표 1> 대면 커뮤니케이션, 매스 커뮤니케이션, 인터넷 커뮤니케이션의 특성 비교

구분	커뮤니케이션 모델	대칭적 피드백	상호작용성	연결된 source/ 주의를 끌기위해 경쟁하는 source	대역폭 (bandwidth)
대면 커뮤니케이션	일대일 one-to-one	○	높다 (person interactivity)	적다	무제한
매스 커뮤니케이션 (TV)	일 대 다수 one-to-many	×	없다	많다	높다 (dynamic content)
인터넷 커뮤니케이션	다수 대 다수 many-to-many	○	높다/중간 (machine & person interactivity)	매우 많다	제한적

출처: *Advertising on the WWW*(p. 27), by C. Barker & P. Gronne, 1996, Unpublished Master's Thesis, Copenhagen Business school/ Coyle, J. R., & Thorson, E.(2001). The effects of progressive levels of interactivity and vividness in Web marketing sites. *Journal of Advertising, 30*(3), 13-28.

상호작용은 제한된 감각경험(cue filtered out)을 가지는 사이버 공간에서 현존감(net-presence)을 향상시키는 중요한 기제이다. 이러한 커뮤니케이션 양식의 기본이 되는 상호작용은 다양기능의 유형과 사용자 인지 방식에 따라 분류되고 정의되고 측정되어질 수 있다.

나날이 발전하고 있는 디지털기술과 통신기술은 사람들이 이용할 수 있는 미디어의 기능을 무한히 발달시키고 있다. 이로 인해 인터넷과 디지털 미디어는 기존의 커뮤니케이션을 변화 및 진화시키고 있다. 미디어는 테크놀로지 자체만으로 변화하거나 발전하기 어렵다. 미디어의 변화 및 발전은 미디어와 이용자 간의 연관성의 변화를 통해 살펴볼 수 있다. 특히, '상호작용성(interactivity)'이라는 개념은 미디어의 변화 및 발달에 이용자의 채택과 사용이 핵심 요인(key factor)이 된다.

<표 2> 디지털 콘텐츠의 상호작용성 유형

상호작용 유형			내용
미디어 콘텐츠의 검색 및 선택가능성			이용자가 자신의 관심도와 필요에 따라 콘텐츠를 취사선택할 수 있고 콘텐츠가 제시되는 시간의 길이나 순서를 조절할 수 있는 등 이용자가 어떤 내용을 언제, 어떻게 전달 받을지에 대해 능동적으로 선택하고 결정할 수 있는 가능성
미디어 내용에 대한 조작 및 통제 가능성	하이퍼텍스트 유형 서사에서의 상호작용		서사의 전개 과정에서 이용자에게 이야기의 분기점을 통해 일련의 선택들을 제공함으로써 이야기의 내용을 통제할 수 있는 가능성
	가상현실 유형 서사에서의 상호작용	이용자-미디어 간 상호작용에 한하는 경우	미디어를 통해 조성된 가상현실에서 이용자가 매개된 환경을 조작하고 변화를 가함으로써 허구적 세계를 구성할 수 있는 가능성
		이용자 간 상호작용이 추가되는 경우	이용자-미디어 간 상호작용과 함께 이용자 간의 상호교류를 통해 이야기를 구성할 수 있는 가능성(이용자들이 동등한 관계로 양방향적인 교류를 할 수 있으며, 이용자 간의 상호연결성의 의미도 포함)

출처: 본 연구 목적을 위하여 기존 연구(전경란 McMillan, Wu)를 바탕으로 연구자가 정리

본 연구는 이와 같이 상호작용성에 영향을 미치는 이용자의 상호작용 인식이 인터넷 내의 다양한 유형의 장르에 따라 사용자의 체험과 효능감 인식 차원을 측정하는 데 초점을 맞추고자 한다. 기본적으로 인간의 심리학적 특성은 커뮤니케이션 방식에 개인적인 인식이 반영돼 있다. 인터넷 미디어 이용자들이 다양한 미디어 장르 속에서 커뮤니케이션 과정을 사용하고 체험하는 상호작용성을 어떻게 인식하는가를 살펴보는 것이 본 연구의 목적 중 하나이다. 더 나아가 본 연구 목적은 이러한 이용자의 상호작용적인 특성을 인터넷의 다양한 유형의 장르 속에서 인식하는 상호작용의 차원에는 어떻게 분류될 수 있는지 살펴보는 것이다. 즉, 본 연구는 인터넷 미디어의 콘텐츠, 기술적인 특성에 의해 나타나는 상호작용성 기제들의 특성이 실제사용자들이 인식하는 상호작용의 차원을 실제적으로 적용시켜 살펴보고자 한다.

2. 이론적 논의

1) 상호작용성 개념

상호작용성(interactivity) 개념이 미디어 영역에서 본격적으로 연구된 것은 웹 등의 뉴미디어가 등장하면서부터이다. 이 개념은 학문의 여러 영역에서 현재도 논의되고 있다. 따라서 웹미디어의 핵심적 특성인 상호작용성의 개념은 아직 명확하게 정립되어 있지 않다(〈표 2〉 참조).

위의 뉴하겐(Newhagen et. al., 1995: 164-175) 등의 연구는 상호작용성 인식정도(level)가 이용자들의 사용 동기와 지각에 따라 상호작용성의 정도가 결정된다고 보는 사용자(user) 중심적인 시각이 있는 반면, 또 다른 학자들은 상호작용성의 수준이 기술적 속성을 변화시킴에 의해서만 변화될 수 있다고 주장하는 기술(technology) 중심적인 시각이 존재한다. 여기에 한 걸음 더 나아가 선택 메시지(message) 중심주의가 등장하고 있다. 상호작용성의 개념이 정의하기 어려운 이유는 이 개념이 너무 범용적일 뿐만 아니라 쌍방향 커뮤니케이션과 혼용해서 사용하기 때문이다. 일반적으로 미디어가 상호작용적이라고 했을 때, 커뮤니케이션 과정에서 기술, 사용자, 메시지 사이에서 어느 수준이 상호작용적인지 그리고 무엇(기술, 사용자, 메시지)과 무엇의 상호작용인지에 대한 논의인지 불(不)분명하게 혼용하는 경우가 대부분이다.[9] 표에서 보듯이, 상호작용성에 대한

---

9   아래 표는 각각의 범주에 따른 주요 연구자들의 간략한 개념정의이다.

〈관점에 따른 상호작용성의 정의(안명규 2003, 재인용)〉

테크놀로지(technology)	커뮤니케이션 상황 (communication setting)	수용자 지각(perceiver)
Steuer "Mapping"	Wiener	Newhagen 등
Durlak	"시간적 유연성	"지각된 상호작용성"
"감각-풍부성(sensory-richness)"	(timing flexibility)"	Wu "지각된 상호작용성"
Jensen "이용자에게 영향을	Williams 등	Ha & James
촉진하는 시스템의 능력"	"상호적 담론(Mutual discourse)"	"연결성(connectedness)"
Heeter "선택의 복잡성"	Berez "3rd-order dependency"	Downs와 McMillan
Downs & McMillan	Rafaeli "3rd-order dependency"	"커뮤니케이션이 지각된 목적"
"시간적 유연성(timing flexibility)"	Heeter "응답성(responsiveness)"	

출처: Kiousis, S.(2002: 366 수정 인용)/안명규(2003, 재인용)

접근방법에는 인간이 가상공간(virtual space)에서 느끼는 감각을 현실화시키는 요소로 접근하는 방법과, 커뮤니케이션을 하는 당사자 간의 교환활동상에서 일어나는 일련의 과정(process-related construct)으로 접근하는 방법으로 대별할 수 있다(이두희·구지은, 2001, p.116; Rafaeli, 1988). 쌍방향성(two-way, 예로는 편지, 전화)과 상호작용(interactivity, 예: MUD 게임, 정보 검색)은 많은 부분 의미공유를 하고 있으나 디지털, 멀티미디어, 사이버 미디어와 연관된 경우 상호작용성으로 사용하고 있다.

2) 상호작용의 다차원성

손과 이(Sohn & Lee, 2005) 그리고 라파엘리(Rafaeli, 1988) 등 기존 연구자들의 상당수가 상호작용성에 영향을 미치는 요소가 다차원적이라는 사실을 도외시했다고 비판하고 있다. 즉 그 동안의 연구들은 상호작용성이 서로 다른 차원들로 구성되어 있다고 하면서도 막상 이들을 통계적으로 분석할 때는 단일 차원으로 취급하는 경향이 많았다는 것이다. 그렇게 하다 보니까 상호작용성에 내재된 차원들 간의 차이를 발견하는 데 실패했다. 인식된 상호작용성의 차원을 개념적으로만 논의했을 뿐 정작 실증적 연구의 주제로 다루는 경우는 드물었다. 따라서 상호작용성을 기능적인 차원에서만 구분할 것이 아니라, 인터넷을 사용하는 이용자(user)가 인식하는 상호작용성은 인터넷 미디어 내에 다양하게 존재하는 장르(genre) 내에서 어떻게 인식하는가를 측정하는 것은 매우 유용할 뿐만 아니라 필요한 연구이다.

기존 연구들을 종합하여 상호작용성에 영향을 미치는 변인으로 통제(control), 반응성(responsiveness), 상호작용 효능(interaction efficacy)이라는 세 가지 차원을 제시했다. 이들을 종속 변인으로 놓고 다양한 사회, 심리적 요인들과의 상관관계를 조사한 결과 통제성 측면에서는 인지 욕구만 통계적으로 유의미한 관계가 있을 뿐 사회적 관계, 인터넷 사용 시간, 연령 등은 유의미한 관계를 발견할 수 없었다.

(1) 텍스트 장르유형에 따른 상호작용성

텍스트선택 상호작용성은 HCI(human-computer-interaction)에 해당하는 인터넷상 뉴스소비, 포털에서의 정보검색, 커뮤니티 정보활동 등에 나타나는 선택과 반응에서 나타나는 상호작용을 포함한다. 손과 이(Sohn & Lee, 2005)는 그들의 상호작용 연구에서 텍스트 사용의 상호작용을 추가했다. 인터넷은 하이퍼텍스트라는 독특한 방법으로 다양한 정보를 조직하고 또 구축하기 때문에 자신들이 원하는 정보를 찾기 위해서는 이 같은 콘텐츠 구조에 대한 일정 정도의 친밀도나 지식을 갖고 있어야 한다는 판단 때문이다. 따라서 정보 처리 능력과 동기가 우월한 사람들이 그렇지 못한 사람들에 비해 인터넷을 사용할 때 훨씬 더 상호작용적이라고 인식할 것이다. 손과 이(Sohn & Lee, 2005)는 이를 토대로 개인들이 웹을 사용할 때 느끼는 통제성의 정도는 그 미디어의 기술적 특성뿐 아니라 심리적 특성과 더불어 텍스트 장르의 영향을 함께 받는다고 주장했다.

반응성 정도 인식에서는 인지 욕구뿐 아니라 사회적인 요소들의 영향도 함께 받는 것으로 나타났다. 이는 뉴미디어가 분리된 개인에게 주어진 것이 아니라 사회적 관계를 계속하고 있는 개인들에게 소개되었기 때문이다. 그렇기 때문에 웹 같은 미디어를 인식할 때는 사회적 구조 속에서 조건 지어진 이전의 지식과 경험으로부터 많은 영향을 받게 된다는 것이다. 특히 메시지를 많이 보내는 능동적인 커뮤니케이터들이 주로 메시지를 받는 편인 수동적 커뮤니케이터에 비해 웹의 반응성 정도를 더 높게 평가하는 것으로 나타났다.

반면 상호작용 효용성 측면에서는 인지 욕구와 인터넷 사용 시간의 영향을 많이 받는 것으로 나타났다. 즉, 인식 욕구가 높고 인터넷 사용 시간이 긴 사람일수록 온라인상에서 다른 사람과 상호작용하는 것을 편안하게 느낀다고 응답했다.

특히 손과 이(Sohn & Lee, 2005)의 상호작용성 차원에 관한 연구 결과, 인지 욕구가 중요한 역할을 하는 것을 밝혔다는 점에서 의미가 있는 것으로 분석된다. 즉, 인터넷 사용 시간과 사회적 요인들은 일부 요인들에만 영향을 미치는 반면, 인지욕구는 통제, 반응성, 상호작용 편의성 등에 모두 중요한 척도로 작용했다. 따라서 이들의 연구에 따르면 심리적인 요인이 사회적 요인에 비해 상호작용성 인식에서 더 많은 영향을 미친다는 추론도 가능하다.

(2) 메시지 교환으로 상호작용

라파엘리(Rafaeli, 1988)는 상호작용성을 과정지향적인 개념(process oriented concept)으로 좁게 이해했다. 즉, 메시지들 간의 연속적인 관계의 정도를 나타내는 것으로 파악한 것이다. 이런 단편적인 관점으로 접근할 경우에 상호작용성은 순차적인 메시지들이 서로 관계된 정도, 특히 뒤의 메시지가 이전 메시지에 반응하는 정도를 의미하게 된다.

반면 상호작용성을 좀 더 폭넓고 다면적인 개념으로 접근하는 연구자들도 있다. 기능성 측면에서 접근했던 스튜어(Steuer, 1992)와 키오시스(Kiousis, 2002)는 상호작용성을 빈도(frequency), 범위(range), 중요도(significance) 등의 세 가지 차원에 기반을 둔 개념으로 정의했다. 스튜어(Steuer, 1992)는 상호작용성을 속도(speed), 범위(range), 방향함수(mapping)라는 세 가지 요소에 기초해 개념화했다. 선다(Sundar, 2003)는 함수, 속도, 사용자 통제를 상호작용성의 중요한 요소로 파악했다. 더불어 비슷한 차원에서 맥밀런과 황(McMillan & Hwang, 2002)은 커뮤니케이션 방향, 사용자 통제, 시간을 상호작용성의 중요한 요소로 봤다.

(3) 사용자의 인식으로 상호작용성

상호작용 미디어가 개인들에게 미치는 영향을 연구하는 데 없어서는 안 되는 것이 바로 사람들이 상호작용성을 어떻게 인식하는가 하는 문제이다. 상호작용성을 평가하는 유일한 척도는 바로 사람들이 어떤 매체를 실제로 상호작용적으로 인식하느냐 하는 것이다. 인식론적 관점으로 접근했던 우와 베크텔(Wu & Bechtel, 2002)은 상호작용성을 인식된 통제, 인식된 응답, 인식된 개인화 등의 세 가지 요소를 바탕에 깔고 있는 것으로 파악했다. 이런 이유로 일부 연구자들(McMillan & Hwang, 2002; Wu, & Bechtel, 2002)은 사람들의 상호작용성 인식 정도를 측정하는 도구를 개발하려고 시도했다

(Sohn & Lee, 2005). 하지만 그동안의 연구는 상호작용성이 서로 다른 차원들로 구성되어 있다고 개념화하면서도 이들을 통계적으로 분석할 때는 단일 차원으로 취급했다. 그렇게 하다 보니까 상호작용성에 내재된 차원들 간의 차이를 발견하는 데 실패했다. 인식된 상호작용성의 차원을 개념적으로만 논의했을 뿐 정작 실증적 연구의 주제로 다루는 경우는 드물었다.

본 연구는 상호작용 측정을 기술 수준과 메시지 구현 방식을 장르 개념으로 분류한 후 이를 사용자의 이용 정도에 따라 인식하는 정도를 실증적으로 측정하는 연구디자인을 하였다. 따라서 본 연구는 키오시스(Kiousis, 2000: 373-381)가 정의하는 상호작용성을 그 조작적 정의에 초점을 두고자 한다. 그는 상호작용성을 테크놀로지 정도, 커뮤니케이션 상황, 수용자 지각으로 범주화하고 있다.

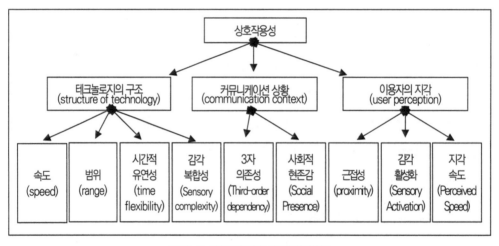

〈그림 1〉 상호작용성의 조작적 개념화

출처 : Kiousis(2002: 378)/안명규(2003, 재인용).

그의 상호작용성 개념은 선다(Sundar et. al., 2003: 30-35) 등이 분류하는 두 가지의 상호작용성인 ① 기능적 관점(Functional view)으로 이는 주로 매체의 기술적 기능이 미치는 특성으로(기술의 속도, 전달범위, 동시-비동시, 텍스트-동영상), 이러한 기능적인 관점에 따른 분류로 이메일, 메신저, 블로그, 댓글, 채팅룸, IM, 커뮤니티, UCC, 인터넷방송, 온라인 영화 같은 인터넷의 기술적 측면에서 상호작용성을 정의하고 있다. 기능적 측면에서 상호작용차원은 테크놀로지적인 차원의 기능들이 많으면 많을수록 상호작용성이 높다는 것을 가정하며 실증적으로 입증하고 있다. 그 다음 ② 조건적 관점(contingency view)에는 이러한 기술적인 기능에다 메시지와 콘텐츠의 풍부성을 추가하거나 사용자의 경험, 동기, 인식 등을 추가한 것으로 정의한다. 이는 아무리 뛰어난 기능을 가진 기능적인 메커니즘이라도 사용자가 복잡하게 느끼고 상호작용을 인식하지 못하는 것은 내용이나 사용에 현장감을 인식하지 못하는 경우 또는 세대 차이에 따른 커뮤니케이션지각이 지연(generation lag)이 상호작용을 인지하지 못하는 경우를 대비한 것이다(안명규, 2003; 김위근, 2006).

따라서 본 연구에서는 이용자-미디어기술-메시지의 세 요인에 맥락 관계를 포함하는 과정으로 상호작용성을 정의한다. 더불어 이 세 요인을 감안하여 크게 두 개의 장르를 분류하였다. 첫 번째가 인터넷이 매개 역할을 하는 CMC(computer mediated communication)로 이는 인터넷상에서 상호작용성이 구현되기 위해서 상호 교환적(interchangeable)이어야 할 필요가 있으며, 사용자가 서로에게 응답해야 한다는 것이다. 두 번째는 인터넷이 메시지를 생산 전달하는 미디어로서 상대행위자가 필요치 않은 HCI(human-computer-interaction)로, 이는 상호작용성을 대인커뮤니케이션 행위의 영역에서 미디어와 메시지와의 상호작용으로 이동시키고 메시지와 행위자의 연결성(contingency)[10]을 강조하고 있다. 이를 라파엘리(Rafaeli, 1988) 연구는 상호작용을 미디어 그 자체의 구성요소로 보았던 전통적인 관점과 달리 메시지 사이의 관계로 인식하는 것으로, 즉 상호작용성을 미디어 차원의 속성으로 이해하기보다는 사용자가 상호작용하는 메시지의 내용에 따라 상호작용이 달라지는 개념으로 이해하고 있다.

본 연구에서는 사이버 공간 안에서 컴퓨터를 매개로 의사소통을 하는 컴퓨터 매개 커뮤니케이션(CMC: computer mediated communication) 그리고 컴퓨터가 만들어 낸 다양한 정보를 읽고 사이버 공간을 문서의 공간으로 휘젓고 다니는 HCI(human computer interaction)을 하는 상호작용이라는 두 가지 큰 개념을 적용하고자 한다.

---

10 하이퍼텍스트/하이퍼미디어와 같이 비선형 또는 선형적인 메시지와 메시지의 관련이 있는 정도이다.

〈표 3〉 CMC와 HCI에 근거한 인터넷의 상호작용

구분		콘텐츠 상호작용(HCI)	
		저	고
대인간 상호작용(CMC)	저	-단순 개인 웹사이트 -이메일	-포털 -뉴스홈피
	고	-메신저	-미니홈피 -블로그 -인터넷 커뮤니티

출처: 본 연구 목적을 위하여 기존 연구를 바탕으로 연구자가 정리

이 두 관점을 인터넷상에 존재하는 장르 유형에 따른 사용자들의 상호작용성을 인식하는 정도와 유형이 어떻게 다르게 나타나는가를 측정하는 데 중점을 두었다. 이러한 다차원적인 관점에 따라 상호작용성을 조사한 몇몇 연구 결과들은 상호작용성의 증가가 미디어 이용과 충족 그리고 자기 효능감, 메시지 기억 향상에 효능이 있다는 연구들이 있다(Rafaeli, 1988).

3) 인터넷 미디어의 장르 분류

본 연구를 위해서 인터넷 내에 유형화되어 나타나는 플랫폼과 장르를 유형화하여 조작적으로 정의하고 그 유형에 따른 사용자의 인식을 측정하는 데 그 목적이 있다. 인터넷은 디지털미디어로 장르가 융합된 대표적인 미디어이다. 인터넷은 커뮤니케이션과 미디어적인 양식 유형에 따라 유사한 커뮤니케이션의 주제, 이용 경향, 형식, 구조 등에 따라 장르(사용 유형)를 구성하고 있다. 이러한 장르에 대한 논의가 인터넷 연구에서 이루어지고 있으며(Miller, 1984) 재매개와 융합 과정에 나타난 커뮤니티, 블로그, 포털, 메신저 등이 새로운 장르 연구의 영역으로 주목받고 있다(Dillon & Gushrowski, 2000; Miller & Shepherd, 2003; Wolf, 2001).

장르[11]는 유사한 커뮤니케이션 형태(communication categories)를 이르는 것으로

---

11   장르(Genre)는 우리말로 형식, 유형 정도로 번역할 수 있다. 커뮤니케이션학에서 일반적으로 장르(Genre)의

예이츠와 오리코우스키(Yates & Orlikowski)의 조직이나 단체에서의 이메일 사용에 관한 분석에서 최초로 언급되었다. 예츠와 오릴코우스키(Yates& Orlikowski, 1994)의 연구 그리고 다른 연구 결과로 수사학에서 전통적인 장르 모델을 만들어 냈다. 또한 밀러(Miller, 2004)는 장르를 "연속적인 상황을 전제로 하여 일어나는 전형화된 수사학적 행동"이라고 정의하고 있다. 모든 미디어는 그 발달 과정에서 기술적 발달과 미디어 사용자 특성이 반영되는 사회구성주의(social construction) 기능을 가지고 있다. 따라서 인터넷 장르는 유사한 사용행위와 유사한 커뮤니케이션 양식을 분류한 것으로 볼 수 있다.

이는 웹(Web)이 주도하는 디지털 사회에서 커뮤니케이션 장르 다양성과 사회의 다양성 상관성 이슈에서처럼 커뮤니케이션 기술과 디지털 표현 방식 그리고 커뮤니케이션 유형 목적 등에 따라 커뮤니케이션 장르 분류 연구는 인터넷 진화 연구에서 중요하다(Miller, 1984; 전경란, 2004). 더불어 인터넷 장르를 이메일, 토론자그룹, 게시판, 인스턴트메시지, MUD, 웹 등 6개의 장르로 나누어 구분하고 있다(Barnes, 2003). 인터넷 미디어는 커뮤니케이션과 매체양식 모두에 혁신을 기반으로 진화해 나간다. 인터넷은 대인 커뮤니케이션의 다양한 형태와 전통 매스미디어의 양식을 융합하여 새로운 다양한 장르 양식을 발달시키고 있다. 이러한 새로운 커뮤니케이션 형태를 바꾸는 것을 볼터와 그루신(Bolter & Grusin, 1999)은 '재매개화(remediation)'라고 설명하고 있다. 이메일, 커뮤니티, 온라인저널리즘 블로그(blog), 메신저 등이 기존 미디어의 커뮤니케이션 방식을 재매개화하고 있다. 이는 새로운 방식의 미디어가 전통 미디어를 개선(improve)하거나 개조(remedy)하고 있다는 것을 의미한다(Bolter, 2001, p. 69).

본 연구는 인터넷상에서 나타나는 커뮤니케이션 분류 중 하나이고 새롭게 조합되고 이름이 지어지고 나아가 일반적인 구조와 구성을 반영한다는 점에서, 웹은 장르 현상을 분석하기에 알맞아 보인다(Miller, 1984; 전경란, 2004). 사용방식에 따라 유사한 커뮤

정의는 커뮤니케이션의 스타일(style), 주제(theme), 구조(structure), 형식(form)등 다양한 요소를 바탕으로 해서 동일한 영역으로 분류한 것이라고 정의 하고 있다(Susan, 2003). 인터넷에서는 장르는 콘텐츠 유형에 따른 플랫폼으로 이해할 수 있다. 인터넷 미디어는 크게 기술, 콘텐츠, 사용자에 따라 그 장르 유형을 구분할 수 있다. 따라서 장르는 "공통된 커뮤니케이션 목적, 유사한 구조·형식·콘텐츠·의도된 청중"을 가진 "커뮤니케이션 행위들의 한 분류"이다. 나아가 장르는 그 문화에 속해 있는 구성원들에 의해 이름 지어지고 지각된다.

니케이션 양식을 이루고 진화해 나가기 때문이다. 예를 들면 최근에 등장하는 새로운 커뮤니케이션 유형으로 블로그(blog), UCC(user created content)등은 새로운 형태의 유형으로 분류할 수 있다.

본 연구에서 정의하는 웹상의 장르 구분은 플랫폼, 사용 목적, 콘텐츠 등에 따라 인터넷 커뮤니티, 포털사이트, 온라인 뉴스, 미니홈피, 블로그, 이메일, 인스턴트 메신저로 나누고 이에 따른 상호작용성에 관한 측정을 하기로 한다.

〈표 4〉 인터넷 미디어 장르별 정의

인터넷 미디어 장르	정의
인터넷 커뮤니티	관심, 취미 및 정보에 대한 공유 혹은 친목도모를 위해 만들어진 인터넷 상의 모임. 일반적으로 카페, 클럽, 또는 커뮤니티라고 불림.
포털 사이트	소비자들이 인터넷을 이용할 때 관문 역할을 하는 사이트로 검색엔진, 쇼핑, 커뮤니티, 블로그 등의 다양한 서비스를 제공하는 사이트로 주로 플랫폼, 게이트 기능, 쇼핑 기능을 여기에 측정 단위로 한다. (예: 다음, 네이버, 엠파스, 파란 등)
온라인 뉴스 사이트	기존 언론사의 웹사이트로서 뉴스를 제공하는 사이트. (예: chosun.com, joins.com, donga.com 등)
블로그	자신의 관심사에 따라 자유롭게 글과 사진 등을 올릴 수 있는 개인 사이트 (예: 네이버블로그, 엠파스블로그, 파란블로그, 개인블로그 등).
미니홈피	싸이월드(cyworld.com) 및 몇몇 사이트에서 제공하는 서비스로서 개인이 자유롭게 글과 사진 등을 올리는 블로그와 유사한 서비스.
이메일	웹에서 제공하는 비동시적인 대인 간 커뮤니케이션 방식.
인스턴트 메신저	웹상에서 채팅 기능을 가진 동시적인 커뮤니케이션 방식. (예: MSN 메신저, 네이트온 등)

3. 연구문제 및 연구방법

1) 연구문제

인터넷 장르와 사용자의 인식에 따른 상호작용의 다차원 측정을 위하여 본 연구의 연구문제는 다음과 같다.

[연구문제 1] 인터넷 미디어 장르유형에 따른 상용자가 체험적으로 인식하는 상호작용성 차원에는 차이가 있는가?

〈연구문제 1-1〉 인터넷 발달은 기능적, 콘텐츠적, 사용 유형적으로 시간의 흐름에 따른 다른 장르유형 발달을 가져오고 있다, 이에 따른 장르별 이용기간 및 이용 시간에는 차이가 있는가?

〈연구문제 1-2〉 인터넷 미디어 이용자가 인식하는 인터넷 미디어의 장르에 따른 상호작용성 인식에는 차이가 있는가?

〈연구문제 1-3〉 인터넷 미디어 기술적 특성(CMC와 HCI) 요소들은 인터넷 미디어 장르에 따른 상호작용성과의 관계는 어떠한 모형으로 형성되는가?

[연구문제 2] 전체 인터넷 미디어 이용자가 인식하고 있는 인터넷 사용행위 상호작용성의 특성은 무엇인가?

〈연구문제 2-1〉 인터넷 미디어 이용자가 인식하고 있는 인터넷 사용행위 상호작용성의 차원(정보, 활동, 기록, 이동)은 무엇인가?

〈연구문제 2-2〉 인터넷 미디어 이용자가 인식하고 있는 인터넷 상호작용성의 효용체감의 차원(정보 선택, 내비게이션)은 무엇인가?

[연구문제 3] 인터넷 미디어 장르별 사용자에 사용 따른 상호작용 인식의 상관관계는 어떤 차이가 있는가?

〈연구문제 3-1〉 인터넷 미디어 장르별 이용자가 사용 중 인식하는 상호작용성의 차원(정보, 활동, 이동)의 상관관계는 어떠한가?

2) 연구방법

(1) 연구방법 및 연구대상

본 연구는 문헌연구, 서베이(survey)를 통해서 연구문제를 측정하기 위해 자료를 수집하였다. 문헌연구는 기본적인 변인들을 추출해 내고 이들의 관계를 검토하기 위해서 사용되었다. 서베이는 인터넷 미디어 이용자의 이용 행태와 사용자가 인식하고 있는 상호작용성의 특성 등을 측정하기 위한 구조화된 질문지를 사용하여 실시하였다. 본 연구에서는 인터넷 미디어를 주로 이용하는 사용자가 인식하는 상호작용성에 관한 것으로 주 연구대상이 고교생과 대학생이다. 이들은 주로 디지털과 인터넷의 모든 유형 장르를 경험하고 상호작용 인식을 하기 때문에 다양한 유형의 인터넷 장르상에 나타나는 상호작용성을 평가할 수 있으므로 표본으로 선정하였다.

(2) 질문문항

질문문항은 다음과 같이 구성되었다. 먼저, 일반적인 인터넷 미디어 이용에 대한 질문들이다. 여기에는 이용하는 인터넷 미디어에 따른 이용 시간, 이용 시기, 이용 기간 등을 측정 문항에 포함하였다.

다음으로, 상호작용성을 측정하기 위한 질문들이다. 여기에서는 McMillan & Hwang(2002); Wu, & Bechtel(2002)의 연구에서 사용된 13개의 진술문을 응용하였다. 이 진술문은 반응성, 내비게이션 정도, 통제성, 커뮤니케이션 방향성 차원이 포함되어 있다. 그리고 인터넷 미디어 이용자의 사회경제적 지위를 측정하기 위한 문항들이다. 여기에는 통신비 사용 수준, 소득 수준, 직업 등 일반적인 사회경제적 지위를 측정하는 변인들이 포함되었다. 마지막은 이용자의 기본적인 인구통계학적 특성을 살펴보는 문항들로 성, 연령, 거주지 등을 포함하였다.

이러한 질문문항의 구성을 정리해 보면 다음과 같다.

<표 5> 인터넷 미디어의 상호작용 차원 연구를 위한 질문문항

측정차원	변인	문항
개별 장르의 사용 정도 측정	이용 기간	최초 이용 시점
	이용 시간	
개별 장르의 상호작용 인식 측정	HCI적 상호작용성	커뮤니케이션 주제/토픽
	CMC적 상호작용성	주제
측정차원 4: 이용자의 사회경제적 지위	사회경제적 지위	교육 수준, 소득 수준, 직업 등
측정차원 4: 이용자의 일반적 특성	일반적 특성	성, 연령, 거주지 등

(3) 응답자의 특성

본 연구의 응답자 특성은 다음 〈표 6〉과 같다. 성별로는 남자가 50.6%(302명), 여자가 49.1%(293명)이었다. 연령별로는 20세 이상 24세 이하가 46.1%(275명), 19세 이하가 25.8%(154명), 25세 이상 29세 이하가 20.8%(124명), 30대 이상이 7.0%(42명)이었다. 매월 평균적으로 지출하는 통신 관련 비용별로는 6만 원 이상 10만 원 이하가 46.4%(277명)로 가장 많았고, 그 다음으로 5만 원 이하가 33.0%(197명), 11만 원 이상 15만 원 이하가 10.1%(60명), 16만 원 이상 20만 원 이하가 4.4%(26명), 21만 원 이상이 2.2%(13명)이었다. 월 평균 가구 소득별로는 200만 원 이상 399만 원 이하가 41.0%(245명)로 가장 많았고, 그 다음으로 400만 원 이상 599만 원 이하가 24.3%(145명), 199만 원 이하가 16.2%(97명), 600만 원 이상 799만 원 이하가 8.2%(49명), 800만 원 이상 7.0%(42명)이었다.

구분		빈도(명)	비율(%)
성별	남자	302	50.6
	여자	293	49.1
	무응답	2	0.3
연령별	19세 이하	154	25.8
	20세 이상 24세 이하	275	46.1
	25세 이상 29세 이하	124	20.8
	30세 이상	42	7.0
	무응답	2	0.3
월 지출 통신비	5만 원 이하	197	33.0
	6만 원 이상 10만 원 이하	277	46.4
	11만 원 이상 15만 원 이하	60	10.1
	16만 원 이상 20만 원 이하	26	4.4
	21만 원 이상	13	2.2
	무응답	24	4.0
월 평균 가구 소득	199만 원 이하	97	16.2
	200만 원 이상 399만 원 이하	245	41.0
	400만 원 이상 599만 원 이하	145	24.3
	600만 원 이상 799만 원 이하	49	8.2
	800만 원 이상	42	7.0
	무응답	19	3.2
	합계	597	100.0

4. 연구 결과

1) 인터넷 장르별 이용 기간 및 이용 시간

인터넷 이용자의 장르별 이용 기간과 이용 시간을 살펴본 결과는 다음 〈표 7〉과 같다. 이용기간의 경우, 이메일이 평균 6.8년으로 가장 길었다. 그 다음으로 포털사이트가 5.6년, 인스턴트 메신저가 5.0년, 커뮤니티가 4.8년, 뉴스사이트가 4.4년, 블로그 및 미니홈피가 3.6년의 순이었다.

한편 1일 이용 시간의 경우, 포털사이트가 평균 248분으로 가장 길었다. 그 다음으로 인스턴트 메신저가 215분, 커뮤니티가 206분, 블로그 및 미니홈피가 85분, 뉴스사이트가 72분, 이메일이 64분의 순이었다. 이처럼 포털사이트의 이용이 다른 인터넷 장르에 비해 월등히 높은 이용 시간을 보인 것은 인터넷의 이용에 있어서 포털사이트의 집중화를 반영하고 있는 것이라 볼 수 있다. 특히 커뮤니티, 이메일 등이 기본적으로 포털사이트에서 제공하는 서비스라는 점을 감안한다면 이러한 집중화 경향은 더욱 두드러진다고 판단할 수 있겠다.

〈표 7〉 인터넷 장르별 이용 기간 및 이용 시간

인터넷 장르	이용 기간			이용 시간		
	사례수(명)	평균(년)	표준편차	사례수(명)	평균(분)	표준편차
포털사이트	588	5.65	2.02	512	248.13	762.67
뉴스사이트	521	4.38	2.03	467	72.37	357.09
커뮤니티	583	4.80	2.16	515	205.86	593.94
블로그 및 미니홈피*	468	3.64	1.25	438	84.75	78.99
이메일	587	6.85	2.14	490	64.09	342.91
인스턴트 메신저	517	5.03	2.07	476	215.28	644.84

* 블로그 및 미니홈피 이용 시간은 자신의 블로그 및 미니홈피 운영시간과 타인의 블로그 및 미니홈피 방문시간의 합임. 운영시간의 평균은 41.62분(표준편차 45.67), 방문시간의 평균은 40.41분(표준편차 44.64)임.

2) 인터넷 장르별 상호작용성

본 연구에서는 인터넷 장르별 상호작용성을 입체적으로 확인해 보기 위해, 두 가지 차원의 상호작용성을 상정하였다. 하나는 사용자가 다양한 인터넷 서비스를 사용하는 상호작용성이다. 이는 각 인터넷 장르를 이용할 때 행하게 되는 상호작용 활동(메일 보내기, 댓글, 정보검색, 쇼핑)으로 이를 사용행위(使用行爲) 상호작용성이라고 한다. 다른 하나는 이용 중 체험 또는 감성적으로 느끼는 상호작용성이다. 이는 각 인터넷 장르를 이용하는 중에 발생하게 되는 상호작용성에 대한 효용체감(效用體感)인 것이다.

(1) 이용행위 상호작용성

가. 포털사이트

　포털사이트에서 실제 이용행위(利用行爲) 상호작용성을 기술통계와 요인분석을 통해 살펴본 결과는 다음 〈표 8〉과 같다. 요인분석을 통하여 각 인터넷 장르 유형이 가지고 있는 상호작용성을 축약적으로 설명, 기술할 수 있다. 먼저 기술통계 결과, 이용자가 평가하는 포털사이트에서 이용 활동 중 가장 상호작용성이 높은 활동은 '검색(찾기)'(평균 5.57점)이었다. 그 다음으로 '게시물 읽기'(평균 5.21점), '자료 및 정보 다운받기'(평균 4.85점), '댓글 읽기'(평균 4.49점) 등의 순이었다. 반면에, 이용자가 평가하는 포털사이트에서의 활동 중 가장 상호작용성이 낮은 활동은 '채팅/쪽지 보내기'(평균 3.55점)인 것으로 확인되었다.

　한편 요인분석 결과, 요인 1에는 '게시물에 댓글 달기', '댓글 읽기', '글쓰기/사진 올리기', '채팅/쪽지 보내기', '자료 및 정보 올리기'가 포함되었다. 요인 2에는 '관련 카페/커뮤니티 만들기', '카페/커뮤니티 관리운영하기', '특정 주제로 토론하기', '자료나 정보를 미니홈피/블로그에 옮기기'가 포함되었다. 요인 3에는 '검색(찾기)', '게시물 읽기', '자료 및 정보 다운받기', '회원 가입하기'가 포함되었다. 여기에서 요인 1은 '커뮤니케이션(communication)' 요인, 요인 2는 '커뮤니티(community)' 요인, 요인 3은 '정보(information)' 요인으로 명명할 수 있다.

〈표 8〉 포털사이트의 이용 활동의 상호작용성의 기술통계 및 요인분석

구분	기술통계			요인분석*		
	사례수 (명)	평균 (점)	표준 편차	요인1 커뮤니케이션	요인2 커뮤니티	요인3 정보
게시물에 댓글 달기	594	4.27	1.57	0.83	0.24	0.04
댓글 읽기	596	4.49	1.50	0.79	0.05	0.19
글쓰기/사진 올리기	596	3.94	1.54	0.77	0.38	0.04
채팅/쪽지 보내기	594	3.55	1.65	0.64	0.46	−0.12
자료 및 정보 올리기	594	3.92	1.67	0.58	0.54	0.12

관련 카페/커뮤니티 만들기	594	3.86	1.66	0.26	0.84	0.03
카페/커뮤니티 관리운영하기	596	3.63	1.66	0.27	0.82	-0.01
특정 주제로 토론하기	595	3.89	1.63	0.38	0.67	-0.07
자료나 정보를 미니홈피/블로그에 옮기기	594	4.41	1.53	0.38	0.44	0.38
검색(찾기)	596	5.57	1.33	-0.11	-0.15	0.82
게시물 읽기	595	5.21	1.26	0.25	-0.17	0.78
자료 및 정보 다운받기	596	4.85	1.48	0.10	0.30	0.62
회원 가입하기	595	4.39	1.54	-0.05	0.45	0.47
아이겐 값	–	–	–	3.18	3.07	2.03
설명 분산(%)	–	–	–	24.44	23.64	16.07
누적 분산(%)	–	–	–	24.44	48.08	64.15
요인별 평균(표준편차)	–	–	–	4.03 (1.29)	3.95 (1.31)	5.01 (0.97)

* 주성분 분석, 배리맥스 회전, 아이겐 값 〉 1

나. 뉴스사이트

　뉴스사이트에서 이용 활동의 상호작용성을 기술통계와 요인분석을 통해 살펴본 결과는 다음 〈표 9〉와 같다. 먼저 기술통계 결과, 이용자가 평가하는 뉴스사이트에서의 활동 중 가장 상호작용성이 높은 활동은 '시작 화면에서 표출된 기사 읽기'(평균 5.24점)였다. 그 다음으로 '기사 읽기'(평균 5.17점), '섹션 분류 이용해 기사 읽기'(평균 4.92점), '검색 통해 기사 읽기'(평균 4.90점) 등의 순이었다. 반면에, 이용자가 평가하는 뉴스사이트에서의 활동 중 가장 상호작용성이 낮은 활동은 '블로그 운영하기'(평균 3.11점)이었다.

　한편 요인분석 결과, 요인 1에는 '기사 읽기', '검색 통해 기사 읽기', '섹션 분류 이용해 기사 읽기', '시작 화면에 표출된 기사 읽기'가 포함되었다. 요인 2에는 '기사에 댓글 쓰기', '기사 댓글 읽기', '댓글 공간에서 다른 사람들과 토론하기', '기사 제보/항의 메일 보내기'가 포함되었다. 요인 3에는 '데이터베이스(DB) 이용하기', '동영상 서비스 이용하기', '블로그 운영하기', '기자 블로그 읽기', '토론마당/카페 이용하기', '회원 가입하기'가 포함되었다. 여기에서 요인 1은 '정보'(information) 요인, 요인 2는 '커뮤니티'(community) 요인, 요인 3은 '정보와 커뮤니티의 복합'(complexity with information and community) 요인으로 명명할 수 있다.

<표 9> 뉴스사이트의 이용 활동의 상호작용성 요인분석

구분	기술통계			요인분석*		
	사례수 (명)	평균 (점)	표준 편차	요인1 정보	요인2 커뮤니티	요인3 정보와 커뮤니티
기사 읽기	540	5.17	1.36	0.84	−0.10	−0.05
검색 통해 기사 읽기	537	4.90	1.29	0.81	0.02	0.12
섹션 분류 이용해 기사 읽기	539	4.92	1.31	0.80	0.07	0.11
시작 화면에 표출된 기사 읽기	540	5.24	1.44	0.80	−0.04	−0.08
기사에 댓글 쓰기	540	3.86	1.62	−0.01	0.86	0.15
기사 댓글 읽기	540	4.26	1.58	0.25	0.80	0.04
댓글 공간에서 다른 사람들과 토론하기	540	3.67	1.68	−0.08	0.78	0.32
기사 제보/항의 메일 보내기	539	3.38	1.62	−0.28	0.63	0.50
데이터베이스(DB) 이용하기	538	3.50	1.54	0.01	0.14	0.76
동영상 서비스 이용하기	539	4.01	1.52	0.29	0.03	0.70
블로그 운영하기	540	3.11	1.63	−0.25	0.48	0.65
기자 블로그 읽기	538	3.52	1.59	−0.09	0.40	0.61
토론마당/카페 이용하기	539	3.55	1.57	−0.02	0.48	0.55
회원 가입하기	540	3.94	1.61	0.42	0.08	0.53
아이겐 값	−	−	−	3.11	3.04	2.83
설명 분산(%)	−	−	−	22.21	21.70	20.23
누적 분산(%)	−	−	−	22.21	43.91	64.14
요인별 평균(표준편차)	−	−	−	5.06 (1.10)	3.79 (1.33)	3.61 (1.10)

* 주성분 분석, 배리맥스 회전, 아이겐 값 〉 1

다. 커뮤니티

커뮤니티에서 이용 활동의 상호작용성을 기술통계와 요인분석을 통해 살펴본 결과는 다음 〈표 10〉과 같다. 먼저 기술통계 결과, 이용자가 평가하는 커뮤니티에서의 활동 중 가장 상호작용성이 높은 활동은 '게시물 읽기'(평균 5.15점)였다. 그 다음으로 '게시물에 댓글 달기'(평균 4.93점), '글쓰기/사진 올리기'(평균 4.90점), '자료 및 정보 다운받기' (평균 4.84점) 등의 순이었다. 반면에, 이용자가 평가하는 커뮤니티에서의 활동 중 가장 상호작용성이 낮은 활동은 '악플, 도배하기'(평균 3.40점)이었다.

한편 요인분석 결과, 요인 1에는 '관련 카페/커뮤니티 만들기', '카페/커뮤니티 관리운영하기', '물건을 사고팔기', '악플, 도배하기', '주제를 가지고 토론하기', '채팅/쪽지 보내기', '자신의 신상정보 공개하기'가 포함되었다. 요인 2에는 '글쓰기/사진 올리기', '게시물에 댓글 달기', '자료 및 정보 올리기', '게시물 읽기', '자료나 정보를 미니홈피/블로그에 옮기기'가 포함되었다. 여기에서 요인 1은 대체적으로 '커뮤니티'(community) 요인, 요인 2는 '정보'(information) 요인으로 명명할 수 있다.

〈표 10〉 커뮤니티의 이용 활동의 상호작용성의 기술통계 및 요인분석

구분	기술통계			요인분석*		
	사례수 (명)	평균 (점)	표준 편차	요인1 커뮤니티	요인2 정보	요인3**
관련 카페/커뮤니티 만들기	586	4.09	1.78	0.77	0.27	0.06
카페/커뮤니티 관리운영하기	585	3.93	1.76	0.72	0.28	-0.12
물건을 사고팔기	585	3.45	1.91	0.71	-0.11	0.43
악플, 도배하기	581	3.40	1.80	0.62	0.06	0.04
주제를 가지고 토론하기	585	3.93	1.68	0.58	0.23	0.11
채팅/쪽지 보내기	585	4.41	1.64	0.51	0.41	-0.18
자신의 신상정보 공개하기	586	3.61	1.63	0.46	0.18	-0.30
글쓰기/사진 올리기	586	4.90	1.51	0.32	0.76	-0.13
게시물에 댓글 달기	586	4.93	1.53	0.19	0.72	-0.09
자료 및 정보 올리기	584	4.61	1.48	0.35	0.69	0.19
게시물 읽기	586	5.15	1.21	-0.26	0.69	0.32
자료나 정보를 미니홈피/블로그에 옮기기	585	4.59	1.61	0.29	0.57	0.06
검색(찾기)	586	4.36	1.48	0.02	-0.01	0.84
자료 및 정보 다운받기	585	4.84	1.44	0.12	0.48	0.60

				3.23	3.01	1.56
아이겐 값	–	–	–	3.23	3.01	1.56
설명 분산(%)	–	–	–	23.07	21.47	11.14
누적 분산(%)	–	–	–	23.07	44.54	55.68
요인별 평균(표준편차)	–	–	–	3.83 (1.15)	4.83 (1.06)	–

라. 블로그 및 미니홈피

블로그 및 미니홈피에서 이용 활동의 상호작용성을 기술통계와 요인분석을 통해 살펴본 결과는 다음 〈표 11〉과 같다. 먼저 기술통계 결과, 이용자가 평가하는 블로그 및 미니홈피에서의 활동 중 가장 상호작용성이 높은 활동은 '이웃 맺기'(평균 5.28점)였다. 그 다음으로 '게시물 읽기'(평균 5.27점), '게시물에 댓글 달기'(평균 5.24점), '댓글에 답하기'(평균 5.18점) 등의 순이었다. 반면에, 이용자가 평가하는 블로그 및 미니홈피에서의 활동 중 가장 상호작용성이 낮은 활동은 '주제를 가지고 토론하기'(평균 3.82점)였다.

한편 요인분석 결과, 요인 1에는 '게시물 읽기', '게시물에 댓글 달기', '게시물 올리기', '댓글에 답하기', '사진/음악/동영상 올리기'가 포함되었다. 요인 2에는 '자료 및 정보 다운받기', '자료 및 정보 올리기', '주제를 가지고 토론하기', '다른 곳에 있는 자료 가져오기', '채팅/쪽지 보내기'가 포함되었다. 요인 3에는 '관리하기(카테고리 분류, 레이아웃 변경 등)', '블로그 및 미니홈피 개설하기', '비슷한 취향 가진 사람 찾기', '이웃 맺기'가 포함되었다. 여기에서 요인 1은 대체적으로 '정보'(information) 요인, 요인 2는 '정보와 커뮤니티의 복합'(complexity with information and community) 요인, 요인 3은 '관리'(management) 요인으로 명명할 수 있다.

구분	기술통계			요인분석*		
	사례수 (명)	평균 (점)	표준 편차	요인1 정보	요인2 정보와 커뮤니티	요인3 관리
게시물 읽기	577	5.27	1.24	0.82	0.16	0.10
게시물에 댓글 달기	575	5.24	1.34	0.81	0.12	0.24
게시물 올리기	576	5.05	1.40	0.78	0.20	0.22
댓글에 답하기	576	5.18	1.45	0.77	0.18	0.39
사진/음악/동영상 올리기	575	5.00	1.43	0.63	0.33	0.38
자료 및 정보 다운받기	575	4.66	1.41	0.31	0.80	0.09
자료 및 정보 올리기	576	4.72	1.42	0.38	0.71	0.28
주제를 가지고 토론하기	577	3.82	1.67	−0.12	0.71	0.21
다른 곳에 있는 자료 가져오기	575	4.89	1.46	0.33	0.60	0.31
채팅/쪽지 보내기	576	4.71	1.47	0.43	0.54	0.16
관리하기(카테고리 분류, 레이아웃 변경 등)	577	4.59	1.61	0.29	0.19	0.80
블로그 및 미니홈피 개설하기	577	4.70	1.62	0.36	0.14	0.76
비슷한 취향 가진 사람 찾기	576	4.36	1.70	0.04	0.36	0.71
이웃 맺기	577	5.28	1.50	0.42	0.21	0.59
아이겐 값	–	–	–	3.85	2.75	2.69
설명 분산(%)	–	–	–	27.50	19.61	19.18
누적 분산(%)	–	–	–	27.50	47.11	66.29
요인별 평균(표준편차)	–	–	–	5.15 (1.15)	4.56 (1.12)	4.74 (1.29)

* 주성분 분석, 배리맥스 회전, 아이겐 값 〉 1

마. 이메일

이메일에서 이용 활동의 상호작용성을 기술통계와 요인분석을 통해 살펴본 결과는 다음 〈표 12〉와 같다. 먼저 기술통계 결과, 이용자가 평가하는 이메일에서의 활동 중 가장 상호작용성이 높은 활동은 '이메일 읽기'(평균 5.04점)였다. 그 다음으로 '상대편 이메일에 답하기'(평균 5.10점), '이메일 쓰기'(평균 4.85점), '자료 및 정보 보내기'(평균 4.69점) 등의 순이었다. 반면에, 이용자가 평가하는 이메일에서의 활동 중 가장 상호작용성이 낮은 활동은 '멀티메일 보내기'(평균 4.02점)이었다.

한편 요인분석 결과, 요인 1에는 '멀티메일 보내기', '사진/음악/동영상 보내기', '영상물 읽기', '친구에게 정기적으로 메일 보내기'가 포함되었다. 요인 2에는 '메일 지우기', '메일함 관리하기(카테고리 분류, 레이아웃 변경 등)', '정크메일 정리하기', '이메일 개설하기', '사무적인 메시지 보내기'가 포함되었다. 요인 3에는 '이메일 읽기', '이메일 쓰기', '상대편 이메일에 답하기'가 포함되었다. 여기에서 요인 1은 대체적으로 '정보'(information) 요인, 요인 2는 '관리'(management) 요인, 요인 3은 '커뮤니케이션'(communication) 요인으로 명명할 수 있다.

〈표 12〉 이메일의 이용 활동의 상호작용성의 요인분석

구분	기술통계			요인분석*			
	사례수 (명)	평균 (점)	표준 편차	요인1 정보	요인2 관리	요인3 커뮤니 케이션	요인4**
멀티메일 보내기	592	4.02	1.58	0.81	0.09	0.02	0.31
사진/음악/동영상 보내기	591	4.19	1.50	0.74	0.14	0.12	0.36
영상물 읽기	591	4.03	1.39	0.72	0.19	0.27	0.08
친구에게 정기적으로 메일 보내기	590	4.12	1.65	0.70	−0.05	0.32	0.04
메일 지우기	592	4.48	1.66	−0.14	0.81	0.16	0.34
메일함 관리하기(카테고리 분류, 레이아웃 변경 등)	592	4.13	1.56	0.27	0.78	0.16	0.01
정크메일 정리하기	592	4.30	1.70	−0.11	0.73	0.10	0.39
이메일 개설하기	590	4.04	1.57	0.42	0.70	0.16	−0.08
사무적인 메시지 보내기	592	4.17	1.55	0.26	0.39	0.19	0.37
이메일 읽기	592	5.04	1.41	0.12	0.27	0.86	0.19
이메일 쓰기	592	4.85	1.41	0.20	0.14	0.84	0.20
상대편이메일에 답하기	591	5.01	1.39	0.28	0.13	0.82	0.17
자료 및 정보 보내기	592	4.69	1.41	0.27	0.19	0.21	0.80
자료 및 정보 다운받기	592	4.53	1.45	0.26	0.17	0.27	0.77
아이겐 값	–	–	–	2.82	2.68	2.56	1.98
설명 분산(%)	–	–	–	20.16	19.14	18.25	14.14
누적 분산(%)	–	–	–	20.16	39.30	57.55	71.69

요인별 평균(표준편차)	–	–	–	4.09 (1.23)	4.23 (1.21)	4.97 (1.27)	–

* 주성분 분석, 배리맥스 회전, 아이겐 값 〉1
** 일반적으로 요인분석에서는 3개 이상의 문항이 하나의 요인으로 묶일 때, 의미 있는 요인으로 판단함.
따라서, 통계적으로 의미 있는 요인이 아님.

바. 인스턴트 메신저

인스턴트 메신저에서 이용 활동의 상호작용성을 기술통계와 요인분석을 통해 살펴본 결과는 다음 〈표 13〉과 같다. 먼저 기술통계 결과, 이용자가 평가하는 인스턴트 메신저에서의 활동 중 가장 상호작용성이 높은 활동은 '인스턴트 메신저 상대에게 답하기'(평균 5.61점)였다. 그 다음으로 '메시지 전달하기'(평균 5.45점), '인스턴트 메신저 읽기'(평균 5.39점), '채팅/쪽지 보내기'(평균 5.25점) 등의 순이었다. 반면에, 이용자가 평가하는 인스턴트 메신저에서의 활동 중 가장 상호작용성이 낮은 활동은 '비슷한 취향 가진 사람 찾기'(평균 3.87점)였다.

한편 요인분석 결과, 요인 1에는 '메시지 전달하기', '인스턴트 메신저 읽기', '인스턴트 메신저 상대에게 답하기', '채팅/쪽지 보내기', '정보에 답하기', '인스턴트 메신저로 친구 맺기'가 포함되었다. 요인 2에는 '인스턴트 메신저 자료 및 정보 올리기', '인스턴트 메신저로 자료 및 정보 다운받기', '사진/음악/동영상 올리기', '인스턴트 메신저로 주제를 가지고 토론하기'가 포함되었다. 요인 3에는 '인스턴트 메신저 관리하기(카테고리 분류, 레이아웃 변경 등)', '비슷한 취향 가진 사람 찾기', '인스턴트 메신저 개설하기'가 포함되었다. 여기에서 요인 1은 '커뮤니케이션'(communication) 요인, 요인 2는 '정보'(information) 요인, 요인 3은 '관리'(management) 요인으로 명명하였다.

〈표 13〉 인스턴트 메신저의 이용 활동의 상호작용성의 요인분석

구분	기술통계			요인분석*		
				요인1	요인2	요인3
	사례수 (명)	평균 (점)	표준 편차	커뮤니 케이션	정보	관리
메시지 전달하기	551	5.45	1.31	0.90	0.18	0.05
인스턴트 메신저 읽기	550	5.39	1.34	0.89	0.18	0.13
인스턴트 메신저 상대에게 답하기	549	5.61	1.32	0.89	0.19	0.12
채팅/쪽지 보내기	551	5.25	1.50	0.68	0.36	0.19
정보에 답하기	551	4.91	1.37	0.58	0.43	0.20
인스턴트 메신저로 친구 맺기	551	4.96	1.56	0.54	0.19	0.52
인스턴트 메신저 자료 및 정보 올리기	551	4.52	1.49	0.23	0.84	0.22
인스턴트 메신저로 자료 및 정보 다운받기	550	4.64	1.51	0.29	0.80	0.12
사진/음악/동영상 올리기	550	4.32	1.50	0.24	0.70	0.28
인스턴트 메신저로 주제를 가지고 토론하기	551	4.40	1.67	0.15	0.67	0.27
인스턴트 메신저 관리하기(카테고리 분류, 레이아웃 변경 등)	550	4.04	1.62	0.15	0.19	0.86
비슷한 취향 가진 사람 찾기	550	3.87	1.71	0.02	0.28	0.78
인스턴트 메신저 개설하기	550	4.16	1.64	0.19	0.20	0.74
아이겐 값	–	–	–	3.77	2.89	2.50
설명 분산(%)	–	–	–	29.02	22.25	19.19
누적 분산(%)	–	–	–	29.02	51.28	70.47
요인별 평균(표준편차)	–	–	–	5.26 (1.14)	4.47 (1.27)	4.02 (1.40)

* 주성분 분석, 배리맥스 회전, 아이겐 값 〉 1

사. 종합적 이용 활동의 상호작용성 특성

위와 같이 포털사이트, 뉴스사이트, 커뮤니티, 블로그 및 미니홈피, 이메일, 인스턴트 메신저의 이용 활동의 상호작용성을 요인 분석해 본 결과, 이러한 이용 활동의 상호작용 성은 커뮤니케이션 요인, 커뮤니티 요인, 정보와 커뮤니티의 복합 요인, 정보 요인, 관리 요인으로 구분되었다.

그런데 이러한 인터넷 장르별 이용 활동의 상호작용성 요인은 다시 두 가지로 대별할

수 있다. 먼저, CMC적 상호작용 활동이다. 이는 해당 인터넷 장르 내 다른 사람과의 커뮤니케이션과 관련이 있다. 이용 활동의 상호작용성 중 커뮤니케이션 요인, 커뮤니티 요인, 정보와 커뮤니티의 복합 요인이 여기에 해당된다. 다음으로 HCI적 상호작용 활동이다. 이는 해당 인터넷 장르 내 다른 사람과의 커뮤니케이션과 관련이 없는 활동이다. 이용 활동의 상호작용성 중 정보 요인과 관리 요인이 여기에 대항된다. 다음 〈표 14〉는 위의 인터넷 장르별 이용 활동의 상호작용성의 유형을 구분하고, CMC적 상호작용 활동과 HCI적 상호작용 활동의 평균을 제시하였다.

〈표 14〉 종합적 인터넷 장르별 실제이용 활동의 상호작용성

구분	CMC적 상호작용 활동				HCI적 상호작용 활동		
	커뮤니케이션	커뮤니티	정보와 커뮤니티의 복합	평균	정보	관리	평균
포털사이트	○	○		3.99	○		5.01
뉴스사이트		○	○	3.70	○		5.06
커뮤니티		○		3.83	○		4.83
블로그 및 미니홈피			○	4.56	○	○	4.95
이메일	○			4.97	○	○	4.16
인스턴트 메신저	○			5.26	○	○	4.25

주: 평균은 각 인터넷 장르에서 해당 개별 상호작용 활동의 합의 평균을 의미함.

그리고 다음 〈그림 2〉는 위의 표를 근거로, 각 인터넷 장르별 CMC적 상호작용 활동과 HCI적 상호작용 활동을 나타낸 것이다. 포털사이트, 뉴스사이트, 커뮤니티는 HCI적 상호작용 활동이 CMC적 상호작용 활동보다 높은 것으로 나타났다. 이는 이들 장르가 다른 사람과의 커뮤니케이션을 위한 활동보다는 장르 내의 정보를 이용하기 위한 활동을 더 많이 하고 있다는 것을 의미한다. 이에 반해, 이메일과 인스턴트 메신저는 CMC적 상호작용 활동이 HIC적 상호작용 활동보다 높았다. 이들 장르는 컴퓨터를 매개로 하는 개인 간의 커뮤니케이션 활동이 주를 이룬다. 한편, 블로그와 미니홈피는 CMC적 상호작용 활동과 HCI적 상호작용 활동이 거의 비슷한 것으로 확인할 수 있다.

전체적으로 커뮤니케이션적 활동인 CMC는 ① 커뮤니케이션, ② 커뮤니티, ③정 보와 커뮤니티 복합으로 주로 이메일과 IM에서 높은 상호작용 인식을 보이고 반면에 HCI는 ① 정보, ② 관리 위주로 주로 포털사이트와 뉴스사이트에서 높은 상호작용성을 인식하는 것으로 나타났다.

이러한 결과는 CMC와 HCI 공히 정보를 위한 상호작용이 공통요인이고, CMC는 커뮤니케이션적인 상호작용, HCI는 메시지 관련 관리 상호작용이 주요인으로 나타나는 것으로 보여주고 있다.

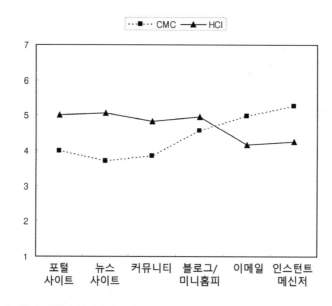

〈그림 2〉 종합적 인터넷 장르별 CMC적 상호작용 활동 및 HCI적 상호작용 활동

(2) 효용체감 상호작용성

연구대상 6개 인터넷 장르 전체(포털사이트, 뉴스사이트, 커뮤니티, 블로그 및 미니홈피, 이메일, 인스턴트 메신저)의 이용 효용체감(效用體感) 상호작용성에 대하여 요인분석을 실시한 결과는 다음 〈표 15〉와 같다. '링크된 정보를 선택하여 클릭할 수 있어서 기쁘다', '이 인터넷 장르에는 적당한 양의 정보가 있기 때문에, 유용한 정보를 얻을 수 있

다고 생각한다', '이 인터넷 장르를 이용하는 동안, 한 페이지에서 다른 페이지로 빠르게 이동할 수 있다', '이 인터넷 장르를 이용하는 동안, 시각적인 화면 구성은 지도와 같은 역할을 한다', '링크된 정보를 클릭하면, 즉각적으로 화면에 나타나는 것이 좋다', '의견 게시판이나 이메일 등을 통하여 즉각적으로 의견이나 감정을 표현할 수 있어서 만족한 다', '링크된 정보를 클릭하면, 관련성이 높은 정보가 나온다'는 모두 정보에 대한 상호작 용성과 관련이 있다. 따라서 이 요인을 '정보 상호작용성'으로 명명하였다. '이 인터넷 장 르를 이용하는 동안, 어디로 가고 있는지 언제나 알 수 있다', '이 인터넷 장르를 이용하 는 동안, 어디에 있는지 언제나 알 수 있다', '이 인터넷 장르를 이용하는 동안, 가고 있다 고 생각하는 곳에 언제나 갈 수 있다'는 모두 인터넷의 내비게이션과 관련이 있다. 따라 서 이 요인을 '내비게이션성'으로 명명하였다.

〈표 15〉 인터넷 장르 전체의 이용 중 체험인식 상호작용성의 요인분석*

구분	정보 상호작용성	네비게이션성
링크된 정보를 선택하여 클릭할 수 있어서 기쁘다.	0.86	0.19
이 인터넷 장르에는 적당한 양의 정보가 있기 때문에, 유용한 정보를 얻을 수 있다 고 생각한다.	0.82	0.24
이 인터넷 장르를 이용하는 동안, 한 페이지에서 다른 페이지로 빠르게 이동할 수 있다.	0.80	0.30
이 인터넷 장르를 이용하는 동안, 시각적인 화면 구성은 지도와 같은 역할을 한다.	0.78	0.90
링크된 정보를 클릭하면, 즉각적으로 화면에 나타나는 것이 좋다.	0.77	0.29
의견게시판이나 이메일 등을 통하여 즉각적으로 의견이나 감정을 표현할 수 있어 서 만족한다.	0.77	0.15
링크된 정보를 클릭하면, 관련성이 높은 정보가 나온다.	0.73	0.43
이 인터넷 장르를 이용하는 동안, 어디로 가고 있는지 언제나 알 수 있다.	0.26	0.94
이 인터넷 장르를 이용하는 동안, 어디에 있는지 언제나 알 수 있다.	0.25	0.92
이 인터넷 장르를 이용하는 동안, 가고 싶다고 생각하는 곳에 언제나 갈 수 있다.	0.32	0.88
아이겐 값	4.61	3.05
설명 분산(%)	46.13	30.53
누적 분산(%)	46.13	76.66

* 주성분 분석, 배리맥스 회전, 아이겐 값 〉 1

가. 정보 상호작용성

인터넷 장르 전체의 이용 중 상호작용성 중 정보 상호작용성에 대하여 각 인터넷 장르별로 살펴본 결과는 다음 〈표 16〉과 같다. 정보 상호작용성이 가장 높은 것은 포털사이트(평균 4.97점)로 나타났다. 그 다음으로 커뮤니티(평균 4.87점), 블로그 및 미니홈피(평균 4.71점), 뉴스사이트(평균 4.65점), 인스턴트 메신저(평균 4.42점), 이메일(평균 4.21점)의 순이었다.

나. 내비게이션성

인터넷 장르 전체의 이용 중 상호작용성 중 내비게이션성에 대하여 각 인터넷 장르별로 살펴본 결과는 다음 〈표 16〉과 같다. 내비게이션성이 가장 높은 것은 포털사이트(평균 4.74점)로 나타났다. 그 다음으로 블로그 및 미니홈피(평균 4.72점), 인스턴트 메신저(평균 4.58점), 커뮤니티(평균 4.56점), 이메일(평균 4.46점), 뉴스사이트(평균 4.40점)의 순이었다.

〈표 16〉 인터넷 장르별 이용 체험효용 상호작용성

인터넷 장르	정보 상호작용성			내비게이션성		
	사례수(명)	평균(점)	표준편차	사례수(명)	평균(점)	표준편차
포털사이트	589	4.97	0.86	594	4.74	1.03
뉴스사이트	534	4.65	0.89	539	4.40	1.05
커뮤니티	574	4.87	0.81	584	4.56	1.12
블로그 및 미니홈피	570	4.71	0.93	573	4.72	1.11
이메일	585	4.21	1.00	589	4.46	1.15
인스턴트 메신저	550	4.42	1.01	547	4.58	1.15

3) 사용행위 상호작용성, 체험효용 상호작용성, 이용 기간, 이용 시간의 상관관계

인터넷은 테크놀로지 진화에 따라 시기별로 다른 미디어장르가 나타난다. 이는 시간에 따라 이용자 경험이 상이하고 이는 인터넷 상호작용 인식에 영향을 미치는 요인인지에 관한 측정이 필요하여 보인다. 따라서 인터넷 장르별로 활용 상호작용성 및 이용 중 상호작용성과 이용 기간 및 이용 시간의 상관관계를 살펴본 결과들은 아래와 같다.

(1) 포털사이트

인터넷 장르 중 포털사이트의 이용 활동의 상호작용성 및 이용 중 상호작용성과 이용 기간 및 이용 시간의 상관관계를 분석해 본 결과는 다음 〈표 17〉과 같다. 많은 상관관계가 통계적으로 유의미한 정적 상관계수를 보인 가운데, 이용 활동의 상호작용성 중 커뮤니케이션 요인과 커뮤니티 요인은 이용 중 상호작용성 중 내비게이션성과 통계적으로 유의미한 상관관계가 없는 것으로 나타났다. 이용 기간에 대하여는 이용 활동의 상호작용성 중 요인 3만이 유일하게 통계적으로 유의미한 상관관계가 있었다. 이용 시간에 대해서는 이용 중 상호작용성 중 정보 상호작용성만이 유일하게 통계적으로 유의미한 상관관계가 있었다.

〈표 17〉 포털사이트의 상호작용성과 이용의 상관분석

구분		이용 활동의 상호작용성			이용 중 상호작용성		이용 기간
		커뮤니케이션	커뮤니티	정보	정보 상호작용성	내비게이션성	
이용 활동의 상호작용성	커뮤니티	0.69*** (588)	–	–	–	–	–
	정보	0.22*** (589)	0.24*** (592	–	–	–	–
이용 중 상호작용성	정보 상호작용성	0.21*** (583)	0.18*** (588)	0.44*** (587)	–	–	–
	내비게이션성	0.06 (588)	0.03 (591)	0.27*** (592)	0.46*** (588)	–	–
이용 기간		0.01 (582)	0.03 (585)	0.10* (586)	−0.02 (581)	0.01 (586)	–
이용 시간		−0.04 (507)	−0.08 (509)	−0.05 (510)	0.13** (506)	0.05 (511)	0.05 (505)

* p 〈 0.05, ** p 〈 0.01, *** p 〈 0.001

(2) 뉴스사이트

인터넷 장르 중 뉴스사이트의 이용 활동의 상호작용성 및 이용 중 상호작용성과 이용 기간 및 이용 시간의 상관관계를 분석해 본 결과는 다음 〈표 18〉과 같다. 많은 상관관계가 통계적으로 유의미한 정적 상관계수를 보인 가운데, 이용 활동의 상호작용성 중 정보 요인과 커뮤니티 요인은 통계적으로 유의미한 상관관계가 없는 것으로 나타났다. 이용 활동의 상호작용성 중 커뮤니티 요인은 이용 상호작용성 중 내비게이션성과 통계적으로 유의미한 상관관계가 없었다. 이용 기간과 이용 시간은 서로에게 유일하게 통계적으로 유의미한 상관관계를 보이고 있었다. 이는 뉴스사이트는 인터넷 발달에서 가장 일찍 발달한 미디어 장르로 뉴스 정보 이용에 커뮤니티성이나 내비게이션성의 상호작용이 크게 중요하게 인식되지 않는 것으로 보인다.

〈표 18〉 뉴스사이트의 상호작용성과 이용의 상관분석

구분		이용 활동의 상호작용성			이용 중 상호작용성		이용 기간
		정보	커뮤니티	정보와 커뮤니티	정보 상호작용성	내비게이션성	
이용 활동의 상호작용성	커뮤니티	-0.05 (535)	-	-	-	-	-
	정보와 커뮤니티	0.09* (532)	0.63*** (534)	-	-	-	-
이용 중 상호작용성	정보 상호작용성	0.43*** (531)	0.17*** (532)	0.30*** (530)	-	-	-
	내비게이션성	0.37*** (536)	0.04 (537)	0.09* (535)	0.49*** (533)	-	-
이용 기간		0.05 (517)	-0.01 (519)	0.03 (517)	-0.01 (515)	0.04 (520)	-
이용 시간		0.02 (459)	-0.00 (460)	0.02 (458)	0.06 (456)	0.01 (462)	0.10* (453)

* p 〈 0.05, ** p 〈 0.01, *** p 〈 0.001

(3) 커뮤니티

인터넷 장르 중 커뮤니티의 이용 활동의 상호작용성 및 이용 중 상호작용성과 이용 기간 및 이용 시간의 상관관계를 분석해 본 결과는 다음 〈표 19〉와 같다. 정보 관련하여서는 많은 상관관계가 통계적으로 유의미한 정적 상관계수를 보인 가운데, 이용 활동의 상호작용성 중 정보 요인은 이용 중 상호작용성의 내비게이션과 통계적으로 유의미한 상관관계가 없는 것으로 나타났다. 또한 정보 요인은 사회적 실재감과도 통계적으로 유의미한 상관관계가 없었다. 이용 활동의 상호작용성 중 커뮤니티 요인, 이용 중 상호작용성인 정보 상호작용성과 내비게이션성은 이용 기간과 통계적으로 유의미한 상관관계가 없었다. 특히 이용 활동의 상호작용성 중 정보 요인과 이용 기간, 사회적 실재감과 이용 기간은 통계적으로 유의미한 부적 상관관계를 보이고 있었다. 이용 시간은 이용 기간과만 통계적으로 유의미한 상관관계가 있었다. 이는 커뮤니티는 정보 관련 상호작용 인식이 높게 나타난 것으로 인식되고 있다.

〈표 19〉 커뮤니티의 상호작용성과 이용의 상관분석

구분		이용 활동의 상호작용성		이용 중 상호작용성		이용 기간
		커뮤니티	정보	정보 상호작용성	내비게이션	
이용 활동의 상호작용성	정보	0.51*** (575)	–	–	–	–
이용 중 상호작용성	정보 상호작용성	0.29*** (569)	0.42*** (571)	–	–	–
	내비게이션	0.13** (576)	0.24*** (581)	0.34*** (573)	–	–
이용 기간		−0.01 (575)	−0.17*** (580)	−0.08 (572)	−0.01 (582)	–
이용 시간		0.01 (508)	−0.01 (512)	0.07 (507)	0.06 (514)	0.10* (513)

* $p < 0.05$, ** $p < 0.01$, *** $p < 0.001$

(4) 블로그 및 미니홈피

인터넷 장르 중 블로그 및 미니홈피의 이용 활동의 상호작용성 및 이용 중 상호작용성과 이용 기간 및 이용 시간의 상관관계를 분석해 본 결과는 다음 〈표 20〉과 같다. 정보와 관리 관련하여 많은 상관관계가 통계적으로 유의미한 정적 상관계수를 보인 가운데, 이용 기간은 통계적으로 유의미한 상관관계를 전혀 보이지 않았다. 이용 시간은 다른 인터넷 장르와 다르게 이용 기간을 제외한 이용 활동의 상호작용성 중 정보 요인, 정보와 커뮤니티, 관리는 물론이고, 이용 중 상호작용성인 정보 상호작용성과 내비게이션 및 사회적 실재감과도 통계적으로 유의미한 상관관계가 있었다.

〈표 20〉 블로그 및 미니홈피의 상호작용성과 이용의 상관분석

구분		이용 활동의 상호작용성			이용 중 상호작용성		이용 기간
		정보	정보와 커뮤니티	관리	정보 상호작용성	내비게이션	
이용 활동의 상호작용성	정보와 커뮤니티	0.60*** (567)	–	–	–	–	–
	관리	0.64*** (572)	0.61*** (571)	–	–	–	–
이용 중 상호작용성	정보 상호작용성	0.48*** (566)	0.51*** (565)	0.55*** (569)	–	–	–
	네비게이션	0.45*** (568)	0.33*** (568)	0.37*** (572)	0.58*** (567)	–	–
이용 기간		−0.02 (465)	−0.01 (464)	−0.04 (467)	−0.06 (462)	0.01 (465)	–
이용 시간		0.26*** (432)	0.17** (431)	0.19*** (434)	0.15** (430)	0.14** (432)	0.01 (406)

* $p < 0.05$, ** $p < 0.01$, *** $p < 0.001$

(5) 이메일

인터넷 장르 중 이메일의 이용 활동의 상호작용성 및 이용 중 상호작용성과 이용 기간 및 이용 시간의 상관관계를 분석해 본 결과는 다음 〈표 21〉과 같다. 많은 상관관계가 통

계적으로 유의미한 정적 상관계수를 보인 가운데, 이용 기간은 이용 중 상호작용성 중 정보 상호작용성과 이용 시간만 통계적으로 유의미한 상관관계가 있었다. 이용 시간은 이용 기간뿐만 아니라, 이용 중 상호작용성에서 내비게이션과 통계적으로 유의미한 상관관계가 있었다.

〈표 21〉 이메일의 상호작용성과 이용의 상관분석

구분		이용 활동의 상호작용성			이용 중 상호작용성		이용 기간
		정보	관리	커뮤니케이션	정보 상호작용성	내비게이션	
이용 활동의 상호작용성	관리	0.37*** (586)	–	–	–	–	–
	커뮤니케이션	0.49*** (588)	0.46*** (589)	–	–	–	–
이용 중 상호작용성	정보 상호작용성	0.34*** (582)	0.36*** (583)	0.34*** (585)	–	–	–
	내비게이션	0.22*** (585)	0.32*** (587)	0.45*** (588)	0.56*** (583)	–	–
이용 기간		−0.05 (583)	0.07 (585)	0.01 (586)	0.12** (581)	0.05 (584)	–
이용 시간		−0.08 (486)	0.07 (488)	0.06 (489)	0.08 (483)	0.10* (488)	0.11* (487)

* $p < 0.05$, ** $p < 0.01$, *** $p < 0.001$

(6) 인스턴트 메신저

인터넷 장르 중 인스턴트 메신저의 이용 활동의 상호작용성 및 이용 중 상호작용성과 이용 기간 및 이용 시간의 상관관계를 분석해 본 결과는 다음 〈표 22〉와 같다. 많은 상관관계가 통계적으로 유의미한 정적 상관계수를 보인 가운데, 이용 기간은 이용 활동의 상호작용성 중 커뮤니케이션 요인과 이용 중 상호작용성인 내비게이션 상과만 통계적으로 유의미한 상관관계가 있었다. 이용 시간은 통계적으로 유의미한 상관관계를 전혀 보이지 않았다.

<표 22> 인스턴트 메신저의 상호작용성과 이용의 상관분석

구분		이용 활동의 상호작용성			이용 중 상호작용성		이용 기간
		커뮤니케이션	정보	관리	정보 상호작용성	내비게이션	
이용 활동의 상호작용성	정보	0.60*** (546)	–	–	–	–	–
	관리	0.44*** (546)	0.53*** (546)	–	–	–	–
이용 중 상호작용성	정보 상호작용성	0.52*** (547)	0.49*** (548)	0.45*** (547)	–	–	–
	내비게이션	0.51*** (544)	0.30*** (545)	0.33*** (544)	0.59*** (547)	–	–
이용 기간		0.14** (514)	0.06 (515)	0.06 (514)	0.03 (516)	0.13** (514)	–
이용 시간		0.07 (466)	0.04 (466)	0.07 (465)	0.05 (467)	0.07 (464)	0.06 (452)

$* p < 0.05, ** p < 0.01, *** p < 0.001$

5. 결론 및 연구 함의

본 연구를 통해 인터넷 진화에 따라 새로운 유형의 커뮤니케이션 양식이 나타나고 커뮤니케이션 방식이 다양해지면서 나타나는 미디어 장르에 따라 다른 상호작용성을 실증적으로 측정하였다. 그 결과 크게 컴퓨터 매개 커뮤니케이션(CMC: computer mediated communication), 그리고 미디어적인 상호작용을 하는 HCI(human computer interaction)라는 두 상호작용성과 다른 내비게이션 특성이 통계적으로 다르게 나타났다. 이는 사용자가 인식하는 차원이 다르다는 것을 실증적으로 보여준 것이다. 이는 기존 연구자들의 연구(Rafaeli. 1988; Shon & Lee, 2005; McMillan & Hwang, 2000; Kiousis, 2002; 김위근, 2006)들을 종합 비교함과 동시에 인터넷 장르 유형별로 실제 사용자들이 사용하는 상호작용과 효용적으로 체감하는 상호작용을 실증적으로 정리하였다. 이를 통하여 인터넷 사용자들은 다양한 차원의 상호작용을 인식하는 것으로 나타났다.

본 연구의 결과의 함의를 정리하면 다음과 같다. 첫째, 융합 환경 하에서 인터넷은 다양한 커뮤니케이션 유형의 장르와 플랫폼 형태로 발달하며, 앞으로 디지털 기술발달과 사용경향에 따라서 새로운 유형의 사이버커뮤니케이션이 등장할 것으로 보여 진다. 이들 사이에는 다양한 형태의 메시지 구성과 미디어의 기술적인 차이가 존재하며, 이들의 이용자들은 메시지 선택과 사용에 다양한 상호작용성의 인식이 존재한다는 것을 본 연구에서 측정하여 실증적으로 제시하고 있다. 둘째, 인터넷 사용 경향, 시간, 경험에 다라 다른 이용 충족, 적소 효용을 가지고 있다. 더불어 행위자들의 이용경향에 따라 다른 상호작용인식을 하는 것으로 나타났다. 셋째, 이용자들은 다른 상호작용을 경험한다. CMC와 HCI가 통합되는 경향이 있지만, 실제 이용에는 두 가지 유형으로 분류할 수 있으며, 이들을 '동시'와 '비-동시'로 구분할 때, 이둘 사이에 다른 차원의 상호작용성을 체감한다. 마지막으로 넷째, 본연구의 자료를 통해 인터넷 인턴페이스 디자인에 이용자와 인터넷의 상호작용성인식을 실제 인터넷의 법적규제의 기초자료 또는 운용에 유용하게 사용할 수 있다. 마지막으로 인터넷 상호작용에 따른 커뮤니케이션 이론정립에 기초자료로 제공될 수 있다. 이는 새로운 커뮤니케이션 양식에서 사용자들이 인식하는 사용과 효용 체감 상호작용을 CMC와 HCI로 실증적인 구분을 하였다.

본 연구를 통해 예상되는 학문적 기여도와 기대 효과 및 활용방안은 다음과 같다. 먼저 실제적인 상호작용성 개념과 차원에 대한 체계적 정리를 들 수 있다. 그동안 미디어의 상호작용성 개념과 차원에 대해서는 많은 연구가 이루어져 왔다. 특히 상호작용성이 미디어의 기본적인 특성들 중 하나를 이루고 있는 현대의 수많은 뉴미디어와 인터넷 미디어가 개발되고 발달됨에 따라, 상호작용성이라는 개념과 그 차원은 더욱 중요하게 되었다. 그러나 지금까지의 상호작용성의 개념과 차원은 학자마다, 그리고 미디어마다 다르게 논의되어 왔다. 이는 상호작용성의 중요성에도 불구하고 모든 미디어에 공통적으로 적용될 수 있는 실제적인 상호작용성의 개념과 차원에 대한 종합적 논의가 이루어지지 않았기 때문이다. 따라서 본 연구는 지금까지의 상호작용성에 대한 실증적인 연구들을 정리하여, 모든 미디어에 적용될 수 있는 상호작용성의 개념과 차원을 도출시키고자 한다. 이를 통하여 향후 상호작용성과 관련된 연구에서 광범위하게 사용할 수 있는 척도를 개발할 수 있을 것이다.

또한 본 연구에서는 융합된 환경 하에서 다양한 장르 내에서 다른 상호작용성이 구현되고 있다는 것을 실증적으로 측정하였다.

다음으로 상호작용성 개념의 일반화를 들 수 있다. 그동안 상호작용성이라는 개념은 디지털 미디어의 특성으로 간주되었을 뿐 개념의 일반화에 대한 성과는 미미하였다. 이러한 점을 사회과학 연구에서 흔히 적용되고 있는 사회경제적 지위와 연관시켜 살펴봄으로써, 상호작용성이 사회경제적 지위에도 영향을 받는 인간의 일반적 특성 중 하나라는 것을 밝혀낼 수 있을 것이다. 이를 통해 정보사회에서 인간의 일반적 특성으로서 상호작용성을 지속적으로 살펴볼 수 있는 계기를 마련할 수 있을 것이다.

마지막으로 실제 인터넷 미디어의 적용을 들 수 있다. 지금까지의 대부분의 기능-기술적인차원 상호작용성 연구가 주를 이루어왔다. 본 연구는 이용자의 인식적인 차원의 연구로 특히 사용과 효용 상호작용성을 이용하여 정보를 제공하고 이를 통해 이윤을 창출하는 인터넷 미디어에 연구 결과가 검증되고 적용하는 데 사용될 수 있다. 따라서 본 연구에서 검증되고 적용된 결과는 인터넷 미디어 이용자의 개별적 특성을 고려한 효과적인 커뮤니케이션을 기술하고 설명하는 데 기초를 제공한다고 보여진다.

참고 문헌

권상희(2004).「인터넷 뉴스 미디어 형식 연구: 온라인 저널리즘의 기사 구성방식 비교를 중심으로」, 『한국방송학보』 제18권 4호, 306-357.

권상희(2005).『미디어 공존과 경쟁』, 서울: 커뮤니케이션북스.

권상희·김위근(2004).「뉴스 메시지 처리에 있어서 온라인 미디어 수용자와 오프라인 미디어 수용자의 차이」, 『한국언론학보』 48권 3호, 168-194.

김관규(2002).「Computer-Mediated Communication을 통한 인간관계와 현실공간 인간관계의 비교」, 『한국방송학보』 제16권 1호, 73-109.

김병철(2004).「인터넷신문 댓글의 상호작용적 특성 분석」, 『사이버커뮤니케이션학보』 제14호, 147-180.

김성도(2003).『하이퍼미디어 시대의 인문학』, 서울: 생각의나무.

김신동(2001).「호모텔레포니쿠스의 등장: 이동전화 확산에 영향을 준 사회문화적 요인 연구」, 『한국언론학보』 제45권 2호, 62-85.

김신동(2004).「이동전화 이용행태에 관한 국가간 비교연구」, 『한국언론학보』 제48권 2호, 429-456.

김위근(2006).「웹 뉴스미디어의 이용에 영향을 미치는 요인 연구: 인터넷신문과 포털 뉴스서비스를 중심으로」, 성균관대 신문방송학과 박사학위논문.

김유정(1996).「사이버스페이스와 인간 커뮤니케이션: 대안적 커뮤니케이션 양식으로서의 컴퓨터 매개 커뮤니케이션」, 『언론사회문화』 제5호, 1-22.

김유정(2002).「미디어 선택과 이용에 따른 이용자의 미디어에 대한 태도분석: 이동전화 문자 메시지를 대상으로」, 『한국방송학보』 제16권 3호, 105-135.

김현주(2000).「전화의 사회문화적 영향에 관한 연구」, 『한국언론학보』 제44권 2호, 65-92.

나은영(2001).「이동전화 채택에 영향을 미치는 이동전화 커뮤니케이션의 매체적 속성에 관한 연구: 개인중심성, 즉시성 및 직접성을 중심으로」, 『한국언론학보』 제45권 4호, 189-424.

나은영(2002).「여성의 뉴미디어 이용과 가치관: 이동전화와 인터넷을 중심으로」, 『한국방송학보』 제16권 2호, 77-115.

류현주(2003).『컴퓨터 게임과 내러티브』, 서울: 현암사.

박광순·조명휘(2004).「인터넷 웹블로그(Web-blog) 이용동기와 만족도에 관한 연구: 대학생 집단을 중심으로」,『한국언론학보』제48권 5호, 270-294.

박종민(2003).「휴대전화, 인터넷, 텔레비전의 미디어속성차이와 이용동기 요인 연구」,『한국언론학보』제47권 2호, 221-249.

배진한(2003).「면대면 커뮤니케이션 환경이 새로운 대인 커뮤니케이션 매체 이용에 미치는 영향: 인터넷, 이동전화를 중심으로」,『한국언론정보학보』제23호, 47-78.

안동근(1999).「인터넷 시대의 수용자: 능동성 개념을 뛰어넘어」, 김정기·박동숙 외.『매스미디어 수용자』, 서울: 커뮤니케이션북스, 305-326.

윤준수(1998).『인터넷과 커뮤니케이션 패러다임의 대전환』, 서울: 커뮤니케이션북스.

윤태진·박현구·박경우(2004).『문자문화, 구술문화, 영상문화의 진화와 상호작용』, 서울: 정보통신정책연구원.

안명규(2003).「인터넷신문 뉴스형식(News Form)이 뉴스학습과 의제지각에 미치는 연향연구」, 성균관대 신문방송학과 박사학위논문.

이두희·구지은(2001).「인터넷 쇼핑몰에서의 상호작용성에 관한 연구: 척도개발 및 효과분석」,『마케팅 연구』제16권 2호, 115-140.

이수영(2003).「이동전화 이용에 관한 연구: 음성통화 서비스와 문자 서비스 간의 관계를 중심으로」,『한국언론학보』제47권 5호, 87-114.

이인화 외(2003).『디지털 스토리텔링』, 서울: 황금가지.

이재현(2004).『모바일미디어와 모바일사회』, 서울: 커뮤니케이션스북스.

전경란(2003).「디지털내러티브에 관한 연구: 상호작용성과 서사성의 충돌과 타협」, 이화여자대학교 박사학위 논문.

전경란(2004).「상호작용텍스트의 구체화 과정연구: MMORPG를 중심으로」,『한국언론학보』제48권 5호, 188-213.

최영·김병철(2000).「인터넷신문의 상호작용성에 관한 연구: 국내 인터넷신문이 상호작용 메커니즘에 대한 실증 분석」,『한국언론학보』제44권 4호, 172-200.

최영·김춘식·Barnett(2004). 온라인 시민 저널리즘 실천에 관한 한미 간 비교 연구.『한국언론학보』제48권 5호, 110-137.

최환진(2000).『인터넷 광고-이론과 전략』, 서울: 나남.

최혜실(2003).『디지털 시대의 영상문화』, 서울: 소명출판.

황용석·양승찬(2002).『온라인 저널리즘의 공공이슈보도: 상호작용적 기능의 활용을 중심으로』. 서울: 한국언론재단.

Barker, C., & Gronne, P. (1996). *Advertising on the WWW*(p. 27) Unpublished Master's Thesis, Copenhagen Business school.

Baker, M. J., & Churchill, Jr., G. A. (1977). The impact of physically attractive models on advertising evaluations. *Journal of Marketing Research, 14*(4), 538-555.

Barnes, S. (2003). *Computer-mediated communication: Human-to-human communication across the Internet.* Boston, MA: Allyn & Bacon.

Barnes, S (2001). *Online Connection: Internet interpersonal relationships.* 이동후·김은미 역 (2002). 『온라인 커넥션: 새로운 커뮤니케이션의 공간』. 서울: 한나래.

Bell, D. (2001). *An Introduction to Cyberculture.* NY: Routledge.

Bolter, J. (2001). *Writing Space: Computers, Hypertext, and the Remediation of Print.* Mahwah, NJ: Lawrence Erlbaum Associates.

Bolter, J., & Grusin, R. (1999). *Remediation: Understanding new media.* Cambridge, MA: The MIT press.

Bomie, A., & Pohlmann, K. (1998). *Writing for New Media: The Essential Guide to Writing For Interactive Media, CD-ROMs, and the Web.* NY: John Wiley & Sons.

Bretz, R. (1983). *Media for interactive communications.* Beverly Hills, CA: Sage.

Carolyn R. Miller & Dawn Shepherd. (2004). Blogging as Social Action: A Genre Analysis of the Weblog. http://hochan.net/archives/2004/04/02@01:41AM.html

Coyle, J. R., & Thorson, E.(2001). The effects of progressive levels of interactivity and vividness in Web marketing sites. *Journal of Advertising, 30*(3), 13-28.

Dahlgren, P. (1995). *Television and the public sphere.* London: Sage Publication.

Deuze, M. (2001). Online journalism: Modelling the first generation of news media on the World Wide Web. *Online journalist review, 6*(10) [On-line]. Available: http://www.firstmonday.dk/issues/issue6_10/deuze/index.html.

Dillon, A., & B. Gushrowski. (2000). Genres and the Web: Is the Personal Home Page the First Unique Digital Genre?. *Journal of the American Society for Information Society, 51*(2), 202-205.

Fidler, R. (1997). *Media morphosis: Understanding new media.* Thousand Oaks, CA: Pine Forge Press.

Ghose, S., & Dou, W. (1998). Interactive functions and impacts on the appeal of Internet presence sites. *Journal of Advertising Research, 38*(2), 29-43.

Gumbrecht, M. (2004). Blogs as "Protected Space." [On-line]. Available: http://www.blogpulse.com/papers/www2004gumbrecht.pdf.

Hall, J. (2001). *Online journalism: A critical primer*. London: Pluto Press.

Kawamoto, K. (2003). *Digital journalism: Emerging media and the changing horizons of journalism*. NY: Rowman & Littlefield Publishers.

Killan, C. (1999). *Writing for the web: Writer's edition*. Bellingham, WA: Self-Counsel Press.

Kiousis, S. (2002). Interactivity : A concept explication. *New media & Society, 4*(3).

Macias, W. (2003). A preliminary structural equation model of comprehension and persuasion of interactive advertising brand Web sites. *Journal of Interactive Advertising, 3* [On-line]. Available: http://www.jiad.org.

Manovich, L. (2002). *The language of new media*. Cambridge, MA: The MIT Press.

McMillan, S. J., & Hwang , J. S. (2000). Measure of perceived interactivity: an exploration of the role of direction of communication, user control, and time in shaping perception of interactivity. *Journal of Advertising, 31*(3), 29-42.

Miller, C. H. (2004). *Digital storytelling: a creator's guide to interactive entertainment*. Boston: Focal Press.

Miller, C. (1984). Genre as social action. *Quarterly Journal of Speech 70*, 151-167.

Miller, C., & Shepherd, D. (2003). Blogging as Social Action: A Genre Analysis of the Weblog. [On-line] Available:http://blog.lib.umn.edu/blogosphere/ blogging_as_social_action.html.

Murray, J. H. (1997). *Hamlet on the holodeck: The future of narrative in cyberspace*. Cambridge, MA: The MIT Press.

Newhagen, J. E., & Bucy, E. P. (2004). Routes to media access. In E. P. Bucy & J. E. Newhagen(Eds.), *Media access: Social and psychological dimensions of news technology use* (pp. 3-23). Mahwah, NJ: Lawrence Erlbaum Associates.

Newhagen, J.E., Cordes, J.W., & Levy, M.R. (1995). Nightly@nbc.com : Audience scope and the perception of interactivity in viewer mail on the internet. *Journal of communication, 45*(3).

Newhagen, J., & Reeves, B. (1996). Negative video as structure: Emotion, attention, capacity, and memory. *Journal of Broadcasting and Electronic Media, 40*, 460-477.

Pavlik, J. V. (2001). *Journalism and new media*. NY: Columbia University Press.

Poor, N. (2005). Mechanisms of an online public sphere: The website Slashdot. *Journal of Computer-mediated Communication* [On-line] Available: http://jcme.indiana.edu/vol10/issue2/poor.html.

Pryor, L. (2002). The third wave of online journalism. *Online journalism review* [On-line] Available: http://www.ojr.org/ojr/future/1019174689.php(2003, April 1).

Rafaeli, S. (1988). Interactivity: From new media to communication. In R. P. Hawkins, J. M. Wiemann & S. Pingree(Eds.), Advancing communication science: *Merging mass and interpersonal processes* (pp. 110-134). Newbury Park, CA: Sage.

Rheingold, H. (2000). *The Virtual community: Homesteading on the electronic frontier*. Cambridge, MA: The MIT Press.

Rheingold, H. (2002). *The smart mobs: The next social revolution*. 이운경 역(2003). 『참여군중』. 서울: 황금가지.

Samsel, J., & Wimberley, D. (1998). *Writing for the interactive media: The Complete Guide*. NY: Allworth Press.

Sohn, D., & Lee B. (2005). Dimensions of interactivity: Differential effects of social and psychological factors. *Journal of Computer-Mediated Communication, 10*(3), article 6. http://jcmc.indiana.edu/vol10/issue3/sohn.html.

Stansberry, D. (1998). *Labyrinths: The art of interactive writing and design*. Belmont, CA: Wadsworth Publishing.

Steuer, J. (1992). Defining virtual reality: Dimensions determining telepresence. *Journal of Communication, 42*(3), 73-93.

Sundar, S. S., Kalyanaraman, S., & J. Brown. (2003). Explicating website interactivity. *Communication research, 30*(1), Feb.

Turkle, S. (1997). *Life on the screen: Identity in the age of the Internet*. 최유식 역(2003). 『스크린 위의 삶: 인터넷과 컴퓨터 시대의 인간』. 서울: 민음사.

Wallace, P. (1999). *The Psychology of the Internet*. 황상민 역(2001). 『인터넷 심리학』. 서울: 에코리브르.

Walter, J. B. (1992). Interpersonal effects in computer-mediated interaction: A relational perspective. *Communication Research, 19*(1), 52-90.

Ward, M. (2002). *Journalism online*. Woburn, MA: Focal Press.

Whittaker, J. (2004). *The Cyberspace handbook*. NY: Routledge.

Williams, F., Rice, R. E., & Rogers, E. M. (1988). *Research method and the new media*. New York: Free Press.

Wolf, M. (2001). Genre and the video game. In Wolf, M. (ed.) *The Medium of the Video Game*, (pp. 113-134). Austin: University of Texas Press.

Wood, F., & Smith, M. (2005). *Online communication: Linking technology, identity, & culture*. Mahwah, NJ: Lawrence Erlbaum Associates.

Wu, H. D., & Bechtel, A. (2002). Web site use and news topic and type. *Journalism and Mass Communication Quarterly, 79*(1), 73-86.

Yates, J., & Orlikowski, W. J. (1992). Genres of organizational communication: A structurational approach to studying communication and media. *Academy of Management Review, 17*(2), 299-326.

Interactivity Dimension Study in the Internet Media:
A Study of User's Recognition Differences of Interactivity Characteristics by Internet Media Genre

Kweon, Sang-Hee

Associate Professor

Department of Journalism and Mass Communication, Sungkyunkwan University

This paper explores the Internet media's interactivity by different genres. This study is designed to measure the user's recognition of interactivity by different media genres including blog, min-homepage, community, portal, news sites, e-mail, and instant messenger. The data was collected by survey method and 597 data was analysed. A factor analysis shows that there are two interactivity: one is user's actual interactivity, the other is perception of interactivity utility. Moreover, the result shows that there are different interactivity recognition based on genre such as (1) CMC level(e-mail, instant messenger, blog) and (2)HCI level(community, portal, news site). The implication of this study is that Internet interactivity is closely related to the user's activities and web-genre's goals. In addition, there are hybrid interactivity both communication and media in many media activities such as community, mini-homepage, blog

Key Words: Interactivity, Genre, CMC, HCI, multi-interactivity, recognition, perception.

3 Interactivity
실습(Tutorial 3)——————

실습내용

실습교재 참고

4

사회적 상호작용
Social Action

**제1절. 미디어의 상호작용성(Interactivity)차원과
수용자의 시공간성(spatio-temporal)인식 비교 연구**

본 연구는 미디어 생태학적 관점에서 미디어의 고유한 양식에 따라 사용자가 인식하는 상호작용성이 미디어 시간과 공간 인식 차원에 미치는 영향을 탐구한다. 이 장에서는 이러한 연구의 이론적 배경과 개념적 틀을 중심으로, 미디어 생태와 양식, 상호작용성의 개념을 분석하고, 이를 바탕으로 시간과 공간 인식의 변화를 고찰한다. 이를 위해 본 연구는 미디어 수용자가 인식(상호작용, 시-공간인식)하는 미디어특성을 측정하기 위하여 연구디자인을 하였다. 상호작용차원과 시공간인식을 측정하기 위해 307명의 응답자를 분석하였다. 연구설계에 따라 전통 미디어와 사이버 미디어로 대분류를 한 후 다시 미디

어 장르별로 고정형/이동형과 음성/영상, 텍스트/이미지를 중심으로 미디어를 선정하였다. 연구설계에 따른 상호작용성에 관한 측정한 결과 사용자들은 개별미디어를 사용하는 정도에 따라 다른 상호작용성(interactivity) 인지가 다르게 나타났다. 시각적인 상호작용, 청각적인 상호작용, 시청각적인 상호작용 결과에 따라 개별미디어의 공간성(spatial)과 시간성(temporal)을 다르게 인지하였다. 연구 결과는 전통 미디어양식과 사이버 미디어의 상호작용차원이 시공간성(spatiotemporal)에 영향을 미치는 중요한 요인이라는 것을 실증적으로 측정하였다.

키워드: 상호작용, 시공간성(spatiotemporal), 미디어장르, 인식

1. 문제 제기

인간은 끊임없이 사회와 주위 환경과 상호작용을 하며, 시간과 공간의 극복을 위하여 노력해 왔다. 새로운 세기는 디지털 미디어를 통한 정보전달의 속도(speed)와 전달 양(amount)을 배가시키고 있다. 모던 이전 시기에(pre-modern)의 미디어 전달은 대개 사람이나 말, 배의 속도를 초과하지 못했으며 미디어 전달 공간 또한 대개의 경우 지리적으로 교통적인 제한을 벗어나지 못했다.

전자 미디어가 등장하기 이전에는 통상적으로 정보생산과 전달 그리고 소비가 정해진 시간(time)과 공간(space) 안에 머물렀다(Meyrowitz, 1985; 116). 안토니 기딘스(Anthony Giddens, 1990)가 이야기하는 시간(when)은 언제나 장소(where)와 연결되거나 대체적으로 인식이 정해져 있었다. 그러나 전자 미디어가 등장하면서 시간과 장소에 관한 연결은 끝났다. 특히 전자 미디어, 음성미디어인 전화와 라디오는 공간을 넘고 공간과 시간의 경계를 새롭게 재단하게 되었다. 디지털세기가 진행된 21세기에는 많은 미디어 이론과 연구가 이러한 시간(time), 공간(space), 그리고 장소(place)에 과한 인식의 변화에 관한 연구에 집중하고 있다.

시간과 공간에 관한 인식의 연구는 디지털, 상호작용 정보 미디어(ICT)의 등장으로 인

간의 미디어 인식 차원에 관한 연구가 더욱 활발해지고 있다. 시간과 공간에 관한 정의는 실제적인 시간(chronos)과 공간(topos)과 인간이 인식하는 공간(spatio)과 시간(temporal) 즉 장소적으로 정해진 시공간(chronostopic)과 상호작용과정에 나타난 시공간(spatiotemporal)은 다르다. 따라서 새로운 미디어와 상호작용은 시공간의 차원을 다르게 인식 시키고 있다. 일반적으로 사용해 오고 있던 장소, 시간, 공간 개념은 새롭게 정의 되고 있다. 뉴스, 오락, 드라마 프로그램을 어떤 방식으로 보는가에 따라 시공간의 인식을 달리하며, 동시에 상호 영향을 주는 연구들이 있다. 예를 들면 라스(Rath, 1989) 생방송과 수용자의 미디어 현실 인식과 양식이 있다 이는 TV의 중계방송은 지리적 (geographical)그리고 사회적 경계를 가로지른 원거리간 새로운 사회적 현실 공간을 제공해준다는 것이다. 이는 현실공간에 새로운 공간과 시간의 현상을 제공해 줄 뿐만 아니라, 미디어 자체 내에 새로운 현실적인 공간(space of the broadcasting media)을 제공해준다는 것이다(Rath 1989). 또한 메이로휘치(Meyrowitz, 1985)는 전자 미디어 가 장소감의 상실(placelessness)을 가져왔고, 무어(Moore, 2004)는 이중 장소 (doubling place)라는 개념으로 시간과 공간의 개념의 변화를 설명하고 있다.

개인의 의식과 행위 양식의 변화는 기본적으로 수용자들이 세상과 상호작용하는 차원이 종이미디어(신문, 잡지)에서, 전자 미디어(TV, CATV)를 거쳐 인터넷 미디어(포털, 블로그, 커뮤니티)로 진화 하면서 새로운 이용방식을 제공하면서 우리의 환경을 바꾸어 놓았다. 미디어 생태학(media ecology)에서 미디어의 내용도 중요시여기지만 어떤 방식의 미디어와 상호작용하는가는 효과, 문화, 사회시스템의 변화를 가져온다고 한다. 어떤 방식의 상호작용을 하는 가는 어떤 인식에 영향을 미치는가에 독립변인이 된다. 따라서 상호작용성차원(미디어와 콘텐츠)을 측정하는 것은 커뮤니케이션 인식연구에 있어 필요한 분야이다. 맥루한에 따르면 진정한 미디어효과는 미디어환경으로 이해하면서 비가시배경법칙(invisible ground rule)으로 내용(content)보다 미디어형태를 중요하게 보고 있다.

새로운 미디어는 새로운 방식의 상호작용을 제공한다. 상호작용방식에 따라 시간인식과 이용방식에 따른 구분으로 동시적이고, 비동시적인 미디어로 나누어지기도 한다. 이니스(Innis, 1951)는 이러한 커뮤니케이션 미디어는 시간 또는 공간의 편향성을 강조한다. 미디어의 커뮤니케이션 방식은 세상인식방식을 바꾸어 놓고 문화와 시공간에서의 의식과 행위 양식에 영향을 준다. 시간과 공간에 대한 새로운 이해는 커뮤니케이션의 이론적이고 실제적인 이해를 제공해준다.

미디어 기술의 발달은 새로운 방식의 커뮤니케이션 미디어를 제공하고, 새로운 상호작용방식은 동시적이면서 비동시적인 미디어 통제를 시간적으로 가능하게 하고 있다. 이에 본 연구는 미디어 사용방식인 상호작용차원을 통해 미디어 이용에 관한 '시간'과 '공간'에 관한 다차원적인 측정을 하고자 한다.

미디어를 소비하는 방식의 변화를 소위 미디어 생태시스템(media ecosystem)의 변화라고 한다. 어떤 방식의 미디어와 상징적인 상호작용을 하는가는 사회문화적으로 그리고 사회자본, 문화자본의 현성의 방식에 크게 영향을 미친다.

디지털 융합 환경이 진행되면서 미디어 특성에 관한 연구가 필요한 시점이다. 전통적으로 라스웰(Laswell, 1948)의 커뮤니케이션 모델인 S-M-C-R(who says what to whom in which channel with what effect)에서도 어떤 채널 즉 미디어를 이용하는가는 효과와 미디어 환경에 영향을 미친다. 따라서 매개미디어인 상호작용을 하는 방식의 미디어가 어떤 방식으로 작동을 하고 어떻게 수용자와 상호작용을 하는가는 매우 중요한 문제이다. 이로 인해 나타나는 공간 인식과 시간소비 인식은 매우 중요한 연구이다.

2. 이론적 논의

미디어 연구 학자들은 시간과 공간의 특성연구를 두 단계로 나누어 구분한다. 하나는 속도와 콘텐츠 전달량으로 현실공간의 이곳(here)과 저곳(there)의 구분이 사라지는 것으로서의 공간의 사라짐을 기술하는 문화적인 차원의 연구이고, 두 번째 차원은 미디어 자체가 만들어 내는 미디어 공간(space of media, space of broadcasting, cyberspace, media space)에 관한 연구이다.

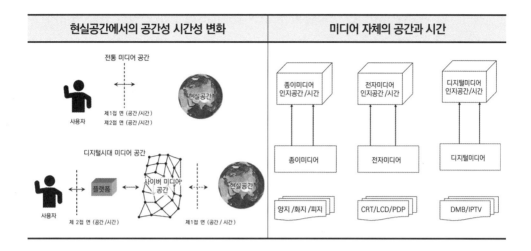

| 현실공간에서의 공간성 시간성 변화 | 미디어 자체의 공간과 시간 |

라스(Rath, 1987)의 연구에서 기술하듯이 TV는 새로운 형태의 커뮤니티를 제공하는 것으로 현실공간의 공유나 친밀성의 중요성이 떨어지는, 또는 느슨한 연대(weak-tie)의 텔레비전 커뮤니티 즉 공간이다. 시각적인 공유를 통해 TV-공간을 형성하는 것이다. 이 때의 TV이미지 현실은 현실의 이미지와 동등하거나 더 중요한 의미를 지닌다. 텔레비전 은 거기 또는 저쪽에 존재하는(being there) 감각적인 공간 이동성을 제공한다. 이는 사건은 지구 반대편에서 일어나더라도 수용자들은 상징적인 상호작용을 통한 공유의 공간 과 시간적인 공유를 함께한다. 이를 라스(1987)는 실사 아우라(live aura)라고 이야기한 다. 방송은 시간과 공간의 실제적인 아우라(aura)를 파괴하고 미디어의 아우라를 만들 어 낸다. 이는 시간과 공간에 대한 새로운 아우라를 제공하는 것이다. 즉 인터넷은 신문 과 방송이 만들 낸 2차 아우라를 재3의 시간과 공간 아우라를 수용자들에게 제공하는 것 이다.

실제 시간과 공간의 아우라의 파괴는 새로운 형태의 시간의 압축(compression of time)과 지리적 위치와 사회적 공간의 새로운 등장(dislocation or newly appear from geographic and social space by media technology). 라이브 아우라(live aura)는 오리지널 또는 실제 시간과 공간이 사라지고 미디어 자체의 공간을 제공한다. 이는 수용자 에게 새로운 역사적, 문화적, 그리고 정치적인 맥락을 새롭게 작동(re-activating) 하게 한다.

메이로비치(Myrowitz)는 장소감의 상실(No Sense of Place)에서 전자 미디어가 공적장소와 사적 장소에서 새로운 시간과 공간을제공한다고 기술하고 있다. 탈(脫)육화적인 상호작용과 커뮤니케이션은 이전과는 다른 방식으로 공간이 융합되고 재정의되고 있다. 프린트와 필기 커뮤니케이션은 설명적(discusive) 공간 표현 또는 시각적인 공간, 시간소비를 제공하는 반면, 전자 미디어는 표현(expressive), 제시적인 커뮤니케이션의 공간을 제공한다고 한다. 이는 전자 미디어는 장소와 시간의 특별성이 사라진다는 것이다. 이는 더불어 공적, 사적공간의 경계도 사라지게 하였다.

최근 공간의 복제(Moore, 2004; The Doubling of Space)는 공간과 시간의 복합화와 중복을 통해 이루어지며, 이는 인터넷 미디어의 다양한 장르와 장소들 간의 다층적 상호 연결성으로 새로운 공간과 시간을 형성한다. 인터넷은 새로운 형태의 온라인 활동과 사회적 상호연결성을 창출하며, 이로 인해 현실 공간의 물리적 장소와 사이버 공간이 서로 중첩되고 재인식된다.

인터넷은 새로운 형태의 온라인 활동과 사회적인 상호연결은 현실공간의 물리적인 공간은 사이버 공간에서 서로 중첩되고 새롭게 인식된다. 시간적으로 공간적으로 다른 장소는 사이버 공간에서 일상적인 공간으로 인식되어 뉴스를 보고, 쇼핑을 하고, 편지를 읽고, 상호 대화를 한다. 이는 무어(Moore, 2004)는 수용자들의 실제적인 공간이 되고 새로운 시간을 인식한다고 한다.

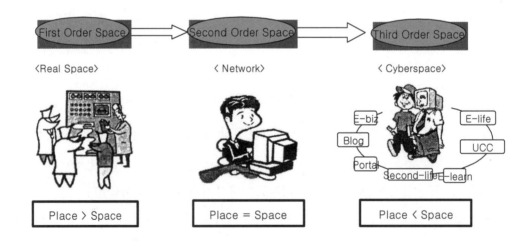

미니홈피, 포털, 마이스페이스(Myspace), 페이스북(Facebook) 그리고 사이월드, 블로그 등은 이전 미디어와는 다른 새로운 미디어 시간과 공간을 제공하고 이용자도 이를 인식한다. 이는 사회적인 프리젠스(social presence)를 만들어 공간의 의미를 새롭게 한다. 장소에 구속되지 않는 유목민(placeless nomads)은 새로운 환경 속에서 자연스럽게 적응하며 살아간다. 인터넷은 다양형태의 커뮤니케이션 방식과 이용에서 시간이용, 소비방식에 다양성이 존재한다. 이에 대한 측정이 필요해 보인다.

특히 21세기 디지털 혁명이 시작 된 이후로 디지털과 이와 관련한 문화적인 상호작용은 새로운 차원의 시간과 공간양식을 가져왔다. 본 연구는 전통미디와 대비되는 다양한 사이버 상의 미디어 장르들이 시간과 공간적인 차원의 상호작용과 이로 인한 '시간'과 '공간' 인식에 관한 측정을 위한 연구 디자인이다. 테크놀로지의 혁신적인 변화는 의식, 문화적인 혁명과 연관성을 가지고 있으며 이는 예술과 사상에 또한 영향을 미치고 있다.

1) 상호작용성과 미디어 인식

상호작용성(interactivity) 개념은 미드(Herbert Mead)가 이야기하는 상징적 상호작용(symbolic interaction)이 사회를 이해하고 타인의 의미를 이해하는 최초의 과정이며 어떤 미디어와 상호작용하는가를 적용하는 문제이다. 다양한 미디어 가운데 어떤 미디어와 상호작용을 하는가에 따라 세상을 인식하는 차원이 다르게 나타난다는 것이다.[12]

바이런 리브스와 클리포드 나스(Reeves and Clifford Nass, 1996)는 지난 수년간 '커뮤니케이션 테크놀로지에 대한 사회적 반응'이라는 제목의 연구를 통해 미디어와 사회현실과의 상호작용의 연관성을 연구해 왔다. 이 연구는 과거에 전통 미디어 인 텔레비전과 영화에 대한 시청자의 상호작용적인 반응과 사이버 미디어인 컴퓨터와 인터넷에 대한 사용자(user)의 상호작용성이라는 반응이라는 두 가지의 분리된 부분으로 나뉘어

---

12   TV를 많이 시청하거나, 일찍 TV에 노출되는 것은 어린이에게 아동성(children)세대를 상실한다는 연구가 그것이다. 미국의 어린이들이 아프리카 어린이들보다 아동기가 짧다는 연구 통계가 그것이다.

있던 연구의 영역을 비교 통합한 것으로 『미디어 방정식』(The Equation Media, 1996)은 장기간에 걸친 미디어 수용자의 상호작용적인 사회적인 반응에 과한 경향을 기술하고 있다. 방정식(equation)이라는 책 제목은 "미디어가 현실과 동일하다"는 의미로 미디어 진화에 따른 사회적 인식의 변화를 기술한 것으로, 연구 결론은 사람들이 인터넷, 컴퓨터, 텔레비전 등의 미디어를 일상적인 사회적 상호작용에서 만나는 사람들과 동일하게 대하고, 동일한 방식으로 상호작용 한다는 것이다. 즉 인터넷, 컴퓨터와 텔레비전은 사회적 행위자들로 인정되며, 사람들은 다른 사람들과의 일상적인 사회적 상호작용에 적용하던 법칙들을 미디어와의 상호작용에도 동일하게 적용한다는 것이다(Reeves & Nass, 1996).

융합시대 미디어의 상호작용을 교류적, 기능적, 관계적 상호작용으로 나누기도 한다(김신동, 2008). 교류적 상호작용은 관계형성에 주목하고 기능적 상호작용은 콘텐츠를 중심으로 한 내용적인 상호작용을 이야기한다. 마지막으로 관계적 상호작용은 사회적인 관계 안에서 형성되는 상호작용을 이야기한다. 이러한 유형에 따라 미디어를 사용하고 시공간인식이 다르게 나타난다.

상호작용성의 차원이 미디어영역과 콘텐츠영역, 그리고 인간과 기계, 인간과 인간에 관한 차원으로 연구되기 시작한 것은 오래전이며, 디지털 융합미디어가 등장하면서 다차원적으로 측정되고 방법론 또한 실험, 인식, 서베이방법 등이 적용되고 있다. 더불어 상호작용성의 개념은 세분화되고 정밀하게 측정되고 있으면 복합적인 차원으로 진화하고 있다(〈표 1〉 참조).

권상희(2007) 연구에서는 그 차원을 미디어차원과 이용자(user)가 인식하는 효용차원으로 구분하여 측정하고 있다. 이는 뉴하겐(Newhagen et. al., 1995: 164-175) 등의 연구가 지적하는 사용자(user)중심적인 시각(상호 작용성인식정도(level)가 이용자들의 사용동기와 지각에 따라 상호작용성의 정도가 결정된다고 보는)이 있는 반면, 또 다른 학자들은 기술(technology)중심적인 시각이 존재한다. 여기에 한걸음 더 나아가 선택 메시지(message) 중심주의(상호작용성의 수준이 기술적 속성을 변화시킴에 의해서만 변화될 수 있다고 주장)와 같은 맥을 가지고 있다.

〈표 1〉 대면 커뮤니케이션, 매스 커뮤니케이션, 인터넷 커뮤니케이션의 특성 비교

구분	커뮤니케이션 모델	대칭적 피드백	상호작용성	연결된 source/ 주의를 끌기위해 경쟁하는 source	대역폭 (bandwidth)
대면 커뮤니케이션	일대일 one-to-one	○	높다 (person interactivity)	적다	무제한
매스 커뮤니케이션 (TV)	일 대 다수 one-to-many	×	없다	많다	높다 (dynamic content)
인터넷(사이버) 커뮤니케이션	다수 대 다수 many-to-many	○	높다/중간 (machine & person interactivity)	매우 많다	제한적

출처: *Advertising on the WWW*(p. 27), by C. Barker & P. Gronne, 1996, Unpublished Master's Thesis, Copenhagen Business school/ Coyle, J. R., & Thorson, E.(2001). The effects of progressive levels of interactivity and vividness in Web marketing sites, *Journal of Advertising, 30*(3), 13-28.

상호작용성은 미디어의 기술적인 차원과 사용자의 사용환경이 상호작용차원을 결정하기도 하고, 이용에서의 시간(time)인식의 정도를 결정한다. 나아가 상호작용 과정에서 공간성을 인식하기도 하고 또 다른 시간성을 인식하게 한다. 예를 들면 몰입(immersion)이나 미디어공간인 가상공간(virtual space)을 만들어낸다. 이를 측정하는 방안으로는 상호작용차원에서 느끼는 감각을 현실화시키는 요소로 접근하는 방법과, 커뮤니케이션을 하는 당사자 간의 교환활동상에서 일어나는 일련의 과정(process-related construct)에서 상호작용 차원을 접근하는 방법으로 대별할 수 있다(이두희·구지은 2001: 116; Rafaeli, 1988). 쌍방향성(two-way, 예로는 CATV, 전화) 또는 상호작용(interactivity, 예 SMS, e-biz)을 통해 새로운 공간을 형성하고 이용상에서 동시적이고 비동시적인 시간적인 상호작용과 시간성의 인식을 다르게 인식한다.

2) 상호작용과 시공간성 인식

인간은 끊임없이 세상과 상호작용을 한다. 특히 미디어 발달과정에 미디어 자체와 미디

어가 담고 있는 내용(콘텐츠), 그리고 미디어를 통한 대인간 커뮤니케이션(interpersonal communication)과 상호작용을 한다. 전통 미디어든 뉴미디어든 이 상호작용과정에서 공간(space)과 시간(time)을 인식한다. 미디어는 그 시간과 공간의 인식과 측정 방식의 변화를 가져왔다. 공간 과 시간개념은 그것을 측정하는 방식에 영향을 받는다. 이때의 공간 인식과 시간인식은 다양한 형태로 나타나며, 커뮤니케이션 유형에 따라 공적 공간(public space), 사적 공간(private space)이 되고, 이 둘 사이의 역전현상(liminal space)이 나타난다. 본 연구는 이러한 미디어가 그려내는 공간인식과 시간인식을 측정하여 이들 간의 실증적인 차이를 파악하는데 그 목적을 두고 있다. Herold Innis(1951)의 The Bias of Communication에서 다른 미디어의 사용은 차원이 다른 텍스트 상호작용을 가져오고 이는 시간과 공간의 조정을 가져올 뿐만 아니라 새로운 형태의 공간과 시간을 창조한다고 했다.

3. 미디어와 시간

미디어와 시간의식에 관련한 이론은 인간의 자연관과 종교관, 사용하는 미디어와 매우 밀접한 연관성을 가지고 있다. 농경사회는 4계절에 따른 순환적시간관이, 그리고 유대인들은 더 좋은 미래에 관한 기대로 직선적인 시간관이 존재한다(이연, 2008).

미디어 관련한 시간에 관한 세 가지 양식 즉 과거, 현재, 미래는 우리가 그동안 인식해왔던 철학적이고 민코 위키(Minkowski)적인 인식이다(Kern, 1983). 이러한 인식에 혼합적인 인식이 등장하게 된 것은 전화, 전기, 스팀증기기관, 무전기, 영화 등이 등장하면서 변화가 등장하게 된다. 수용자들의 생활이 이러한 미디어와 연관성이 늘어나는 디지털 시대는 시간과 관련한 변화는 획기적으로 나타난다.

미디어는 그 태생적으로 시간소비와 연관이 되어있다. 시간이 지남에 따라 기술은 점점 더 발달하게 되고, 그 결과 우리는 이전과는 다른 전혀 새로운 미디어들의 탄생을 마주한다. 활자매체 시대 때의 라디오가 그랬고, 그 뒤를 이은 TV가 그러했으며, 서서히 우리 생활의 중심이 되고 있는 인터넷 역시 그 이전에는 상상도 하지 못했던 기능과 효용을 제공하는 혁신적이고 새로운 킬러앱(Killer App.)으로서의 미디어였다. 지속적으로 발전하는 미디어와 이를 사용하는 사람들에 있어서 세워진 경제학적인 이론이 바로 상대적 불변 이론이다. 이 이론이 말하고자 하는 바는 아주 간단하다. 사람들이 미디어에 지출하는 금액, 즉 미디어 시장은 경제규모에 관계없이 일정한 비율을 유지하며, 새로운 미디어는 같은 기능을 하는 기존의 미디어를 대체하게 된다는 것이다. 개별적인 인식 양식의 차이는 이용하는 미디어와 이를 바탕으로 이용하는 방식의 차이에서 기인한다. 상대적 불변이론(relative constant)은 미국의 스크립스 하워드 신문의 스크립스 회장이 최초로 주장하고 의제설정(agenda-setting)이론으로 유명한 맥컴(McCombs) 교수가 이론화시킨 개념이다(McCombs).

매스 미디어에 관한 시간소비와 유형과 소비지출에 관한 연구는 미디어간의 경쟁 관계를 파악하거나 뉴미디어 출현에 따른 일상생활구조의 변동 및 예측에 관한 연구 등 보다 세부적 수준의 연구에 기반을 제공하기 때문이다. 이러한 일상생활 패턴을 통해 문화를 읽고 경향을 파악할 수 있다는 것이다. 또한 풀러턴(Fullerton)의 지적에서도 보여 준 것같이, 매스미디어의 시간과 비용지출에 관한 연구는 매스미디어와 관련된 사회여가, 마케팅 및 정부의 공공정책에도 필수적이라는 점에서 매우 중요한 의미를 갖는다(Fullerton, 1988, p.75). 이런 측면에서 그동안 매스미디어 시간소비에서 시간의 인식이 어떻게 나타나는가, 즉 미디어유형에 따른 시간소비와 이용 중에 인식하는 시간소비와 시간의 개념에 대하여 측정하는 것은 중요한 의미를 지니고 있다.

1) 시간 인식

동시에 미디어를 이용하면서 나타나는 시간인식에 관한 문제이다. 청각, 시각, 선형, 비선형, 동시, 비동시, 그리고 대인과 매스미디어차원에 따라 사용시 시간인식이 다르게 나타난다는 것이다. 헤롤드 이니스가 이야기하는 시간편향 미디어(time biased media)와 공간편향 미디어(space biased media)도 결국은 상대적으로 인식되어지는 미디어의 경향성을 이야기하는 것이다.

해석 수준 이론(Construal level theory)에 따르면 사람들은 외부 대상이나 사건을 서로 다른 수준에서 해석하고 표상한다는 것으로 상위 수준의 해석은 목표나 결과 중심의 사고에 의해, 하위 수준의 해석은 세부적인 속성이나 과정 중심의 사고로 나타난다는 것이다. 즉 미디어 이용에서도 느끼는 시간적 거리감(temporal distance)에 따라서 가까운 미래의 사건은 구체적이고 세부적인 하위 수준의 정보에 의해서 대상을 평가하며, 먼 미래에 일어날 사건에 대해서는 상위 수준의 목표와 결과에 의해 판단하고 의사 결정을 내릴 것이다. 미디어 이용에서도 미디어 이용에 급박성을 이용할 것인지, 좀 더 먼 목표를 둔 이용인지에 따라 다양한 미디어 이용 시간인식이 나타난다(Liberman and Trope, 1998; Liberman, Trope, and Stephan, 2007).

〈표 2〉 시간 개념의 분류

1. 물리적 시간 (physical time)	측정 가능한 시간	직선적 시간(linear time) 기계적 시간(mechanical time)
2. 자연적 시간 (natural time)	시간을 자연의 일부로 인식	순환적 시간(circular time) 생물학적 시간(biological time) 생리적 시간(physiological time)
3. 심리적 시간 (psychological time)	인간의 경험과 문화가 시간 개념 속에 융화	역사적 시간(historical time) 종교적 시간(religious time) 사회적 시간(social time) 문화적 시간(cultural time)

〈출처: 채화영(2005), p.7〉

〈표 3〉 기존문헌에서 제시된 개인 시간 차원

차원(Dimension)	정의(Definition)
Time Orientation	Preference for focusing on the past, the present of the future 과거/현재/미래 중 어떤 시점을 보다 우선 중요시 하는가.
Time Span	Capacity to carry out tasks with varying time spans 다양한 시간 길이의 업무를 수행할 수 있는 능력. (다양한 시간 주기로 업무를 수행할 수 있는 능력)
Scheduling	Extent to which one sticks to schedules and meets deadlines 시간계획이나 데드라인을 고수하는(지키는) 정도.

Punctuality	Extent to which one is punctual and can tolerate unpunctuality in others 시간을 잘 지키는 정도, 다른 사람들이 시간을 잘 지키지 못하는 경우 용인하는 정도.
Time Boundaries	Extent to which one has clear boundaries between work and leisure 일과 여가 사이의 명백한 경계를 갖고 있는 정도.
Synchronization	Extent to which one can organize completion of one task alongside 일을 하면서 다른 사람들과 시간을 잘 조절할 수 있는 정도.
Coordination	Extent ot which one can organize the completion of one task in sequence with one or more others 하나의 업무를 다른 여러 개의 업무들과 연속적으로 (in sequence) 끝낼 수 있도록 조직화 할 수 있는 정도.
Time buffers	Extent to which one plans free slots into the day to allow scheduled events or to allow scheduled events or to allow scheduled events to take longer 예기치 않은 사건들을 위해 여유 시간을 두거나, 계획된 일을 배치할 때 여유 시간을 두는 정도.
Pace	External pace set by the task demands 업무에 따라 부가되는 속도.
Time Urgency	Internal pace imposed by the individual 개인에 의해 부가되는 내적인 속도.
Speed vs. accuracy	Extent to which accuracy is compromised to attain speed 속도를 높이기 위해 정확도를 타협하는 정도.
Polychronicity	Combining of activities simultaniously 여러 가지 활동들을 동시적으로 결합시키는 (동시에 조합하는) 정도.
Awareness of time use	Experience of time-in-passing 시간이 흐르는 것에 대한 지각.
Awareness of clock time	Awareness of actual clock time 실제 시간에 대한 인식(awareness)
Autonomy	Perception of control over time 시간에 대한 통제의 지각(perception)

출처: Francis-Smythe, J. A. & Robertson, I. T. (1999).
Time-related Individual Differences. *Francis-Smythe, Time & Society, 8*(2), 277

시간은 그 인식의 탄생 이후 측정방식과 미디어 진화에 따라 그 개념이 끊임없이 변화해오고 있다. 고전, 모던 그리고 포스트 모던을 거치면서 시간, 속도, 거리의 소멸, 공간의 역치 등을 겪고 있다. 개인과 조직, 그리고 사회는 그 시간의 인식을 달리하고 있고, 일의 능률과 미디어의 소비를 시간단위로 측정하고 있다. 개인별 세대별로 시간의 흐름을 다르게 인식을 한다. 예를 들면 나이가 들면 시간이 더 빠르게 지나간다거나 전원생활과 도시생활에서 시간의 흐름을 다르게 인식하는 것과 같다.

〈표 4〉 미디어들의 구조적 특징 비교

구조적 특성	인쇄(소설, 신문) 미디어	전자(방송) 미디어	융합 미디어
상징적 형태	수직적, 형상, 파편적	수평적, 배경, 전체론	복합적, 상황, 총체적
물리적 형태	순차적, 선형적, 비동시적	역동적, 비선형적, 동시적	역동적, 비선형적, 동시적
가용성과 접근성	낮음	중간	높음
정보 유통 속도/양	속도 느림, 양은 많음	속도 빠름, 양은 적음	속도 빠름, 양은 많음
정보 흐름의 방향	1:N 일방향	1:N 일방향	1:1 & 1:N 양방향

4. 미디어 상호작용과 공간성 인식

공간에 관한 인식은 미디어 발달이 진행되면서 현실공간과 그 공간에 관한 새로운 차원의 인식을 가져오기 시작 했다. 예를 들면 에스선(x-ray), 자동차, 비행기, 우주선은 공간에 대한 새로운 차원을 제공했다. 전통적인 지도는 공간의 형태, 거리, 방향을 제시해주고 있으나, 새로운 미디어 예를 들면 구글맵(Google map)이나 웹캠(webcam)은 공간에 관한 새로운 제시를 해주고 있으면, 세컨드라이프나, 화상회의 방식은 미디어 자체가 신(新)공간을 제시해준다. 특히 사이버 미디어는 공간에 과한 파괴와 창의가 빈번한 미디어 장르 이다.

디지털 시대 다양한 미디어 장르의 등장은 새로운 상호작용차원을 가져왔고 이는 시공간적으로 편향성을 가져오면서 미디어로 인한 시간편향(time-biased)과 공간 편향

(space-biased)으로 이분화 하고 다시 미디어별로 단일시간(mono-chronic)과 복합시간성(multi-chronic)으로의 인식, 청각, 시각, 촉각 미디어에 따라 청각적 공간(acoustic space)과 시각적 공간(visual space)을 구성하고 이는 다시 미디어와 사회의 상호작용 속에 문화와 사회관계, 상징의 교환방식을 가져온다. 청각적공간은 주로 구어를 중심으로 하는 상호작용, 시각적공간은 주로 문자를 중심으로 상호작용하는 미디어에 나타난다(Gow, 2001).

청각적 미디어는 주로 동시적인 상호작용(synchronous), 역동성(dynamics), 선형성(linearity) 차원이라면 시각 미디어는 비동시적(asynchronous), 모자이크(mosaic), 비선형적(non-linearity) 차원으로 구성되어 있다고 할 수 있다. 프린트 미디어와 영상미디어가 융합되어 나타나는 컨버전스 미디어(convergence media)의 등장은 사용하는 특성에 따라 다양한 공간인식으로 하는 것으로 나타난다.

공간은 지역(local), 국가(state) 국제(international) 차원과 지리적(geology), 행성적(astronomy), 그리고 우주적(cosmology) 차원으로 우선 구분할 수 있다. 인식적인 차원으로 실제공간(real space), 인식공간(cognitive space), 그리고 인지(perceptive space)로 구분할 수 있다.

1) 청각적인(소리) 공간 인식

시각적인 공간인식은 인간이 사회화, 인지화 과정에서 지극히 자연스럽게 인식하는 것이다. 반면 음악적인 자극이 공간인식에 미치는 과정을 파악하기는 쉽지 않다. 일차적으로 소리의 원근을 바탕으로 1차적인 공간의 원근을 파악한다. 그러나 인식적인 공간인식은 음악자체가 표현하는 공간의 특성을 인식하는 것이다. 음악의 배경, 보컬, 중간음의 특성을 통한 공간인식이 2차원적이다. 3차원적인 공간인식은 음악자체가 표현해내는 공간의 인식 즉 3차원적인 공간인식이다.

다양한 장르의 음악(클래식, 락, 모던, 포스트모던)은 다른 형태의 감정을 불러오고, 인식의 차원을 다르게 한다. 감성 커뮤니케이션에서 중요한 것은 잘 조화된 멜로디는 감성을 불러오기에 충분하다.

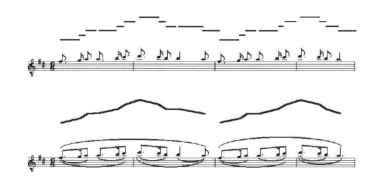

2) 감정 자극공간으로서 메시지로서 음악

모든 음악작곡과 연주는 감성과 느낌을 자극한다. 음악의 행위영향력은 감정을 자극하거나 커뮤니케이터로서 감성을 전달하기 위해서 존재한다. 청각에 자극되는 공간감각은 시각이 제공하는 공간개념과는 다른 차원의 인식공간을 제공한다. 인간의 뇌는 소리의 반응에 따라 실제적인 공간거리를 파악할 뿐만 아니라 음악의 특성에 따라 느낌과 감정에 따라 인식적인 공간(conceptual space)을 구성한다는 것이다. 이를 바탕으로 이니스(Innis, 1962)는 미디어를 두 가지 차원으로 구분한다.

(1) 시간편향 미디어(time biased media): 내구성이 있는 매체들, 돌, 이집트인들에 암벽에 새긴 글자들, 오벨리스크, 스핑크스, 시간적으로 내구성이 강하기 때문에 지금까지도 남아 있다. 시간적으로 오래 지속이 되긴 하지만 공간적으로 확산이 될 수는 없다.

(2) 공간편향 미디어(space biased media): 종이, 가볍고 공간적으로 확산은 쉬운 반면에 오래 지속되지는 않는다. 오래 가지 못한다는 것은 단지 매체가 금방 닳아 없어진다는 차원의 의미만이 아니라 지식의 성격 자체가 다르다는 것이다.

통상적으로 미디어는 생산과 소비, 그리고 사용 과정에서의 수용자의 인식에는 시간소비와 공간을 차지하고 동시에 이용 시 시간의 인식과 미디어내의 공간인식은 매체뿐만 아니라, 콘텐츠의 장르(유형)에 따라 다른 인식을 한다. 여기에 핵심적인 요인으로는

'상호작용' 방식은 미디어의 의 공간과 시간인식을 다르게 제공한다.

3) 시각적 공간 인식

미디어 생태학자들과 미디어 진화입장에서는 전통 매스미디어와 새로운 사이버 미디어 사이에서 시간과 공간 인식의 차이를 인식하고 분류해 왔다. 이를 실증적으로 그리고 실제적으로 측정하는 것이 필요해 보인다. 인터넷은 과연 놀라운 매체이며, 새로운 시간과 공간의 환경이다. 인터넷과 디지털은 시각적인 영상을 제공하면서 이를 바탕으로 다양한 형태의 공간을 제공한다. 이런 상황은 새로운 미디어의 도입과 더불어 나타날 수 시공간의 새로운 등장 현상이라고 할 수 있다. 이니스는 지금의 인터넷 상황을 이미 텔레비전 시대에 예견한 마셜 맥루한에게 많은 영향을 미친 사람이다. 그는 각 미디어가 지니고 있는 특정한 방향의 편향성을 시간편향적 미디어와 공간편향적 미디어로 구분해 설명하면서 미디어의 편향성이 그 문화의 특징을 결정하는데 중요한 요소라고 지적한다.

시간을 중요하게 여기게 하는 편향성을 지닌 미디어들의 문화는 전통과 권위를 중요하게 생각하며, 아무나 그 미디어에 접근하여 쉽게 사용할 수 없는 문화이다. 따라서 이런 미디어 사회는 극히 일부의 엘리트 집단들이 지식을 독점하게 되며 보통 사람들은 그들로부터 지식을 얻을 수밖에 없다. 반면 공간편향적인 미디어는 공간적인 확장과 이동을 중요시하고 쉽게 미디어에 접근할 수 있으며, 지식을 습득하는 것도 어렵지 않다. 이를테면 배우는데 오랜 시간과 숙련이 요구되어 아무나 알 수 없는 라틴어로 된 문화는 시간편향적이고, 쉽게 배울 수 있는 알파벳은 다분히 공간편향적인 미디어인 것이다. 공간편향적인 미디어의 등장은 시간편향적 미디어가 펼쳐놓은 지식 독점의 일상 문화 상황을 재편한다.

〈표 5〉 Regulation of Space Types

Type of Space	Examples	Level of Regulations
전통적 공적 공간 (Traditional Public Forum)	Road, Park, Square, Plaza (an open public space)	표현의 자유 인정, 전면규제 불가능, 필요불가결한 이익 존재 증명 때 규제 내용규제불가, 시간, 장소, 방법 규제
제한적 공적 공간 (Limited Public Forum)	Museum, Library, School	표현주제, 행위자에 따른 합리적인 규제가능
비공적 공간 (Non-Public Forum)	Office, Home, Air Port, Court	규제 불가-사적 표현 공간
융합 공간 (Convergence Public-Private Forum)	Department Store	적용의 혼선

〈표 6〉 스트레이트의 사이버 공간분류

2차 사이버스페이스 종합	사이버 미디어 공간 미학적 공간, 정보 또는 데이터 스페이스, 상호작용적 혹은 관계적 공간		
1차 사이버스페이스 기본요소	물리적 공간	개념적 공간	시각적 공간
0차 사이버스페이스 존재론	의사(para) 공간, 비(non) 공간	공간시간(spacetime)	

　　미디어는 다양한 형태로 진화 발전하면서 미디어가 표현해내는 방식 또한 융-복합화로 진행되면서 1차적으로 미디어가 만들어낼 수 있는 시공간적 상황을 창조하는 차원과 더불어 전달방식, 그리고 속도, 정보의 전달 범위가 만들어내는 기존의 시간-공간 문화의 재정의 이다. 여기에서 핵심이 되는 것은 수용자가 미디어를 통한 상징적인 상호작용 즉 사회적인 상호작용에 따른 개별매체의 시간성과 공간성을 기술 설명해내는 것이 필요하다.

　　이를 위해 본 연구는 기본적인 인식 가정을 1차원-시각/ 청각 미디어와 2차원 전통 미디어와 사이버 미디어를 독립변인으로 하고 3차원에서는 이들의 미디어 장르별 상호작용 정도를 파악하고 이들이 시간과 공간성 인지에 미치는 변인 상관성을 설명해내는 데 있다.

핵심적인 차원인 상호작용에서 시간 통제가능성에 따라 시간통제가 전달자나 미디어에 있으면 동시적인 시간(simultaneous) 동시적(synchronous)한 시간 사용과 인식이 존재한다. 시간소비가 수용자에 있거나 통제가 가능하면 비동시적인 시간과 비동시성(asynchronous)적이 된다. 디지털 융합 미디어 하에서 다양한 장르의 미디어를 시간, 공간적인 인식에 어떤 특성에 관한 실증적인 연구가 필요하다.

상호작용의 정도에 따라 사물의 인식정도를 생동감 있게 하는 차원이 다르게 나타난다. 예를 들면 도상적이고 영상적인 상호작용은 시각적인 공간(visual space) 인지 영상이 주를 이루는 TV나 그림이 여기에 해당한다. 청각적인 상호작용은 청각적인 공간(acoustic space)인지 그 예로 라디오, 방송이 여기에 해당한다.

전통적인 미디어(종이, 뉴스페이퍼)는 시각적인 공간 인식미디어로 라디오, 전화는 청각차원의 공간인식미디어로 그리고 영화 TV는 시각 청각 공간인식 미디어로 분류하고 있다. 통상적으로 미디어의 발달은 청각과 시각의 공유를 동시에 가져다주고 있다. 그러나 인터넷과 사이버 미디어는 융복합 미디어로 더불어 공간지향성 미디어(시각, 청각, 복합 공간인식) 동시에 동시 비동시적인 시간 통합/통제적인 미디어로 대단히 무정형적인매체이다. 따라서 이러한 역사적이고 실제적인 미디어 진화 현상 앞에서 미디어 현상을 실증적으로 어떤 공간과 시간 인식을 주로 하고 있는지에 관한 측정이 필요한시기이다. 따라서 연구 순차는 1차적으로 미디어 장르 분류(사용시간/ 기간) 2차적으로 미디어 장르 유형에 따른 사용자와 상호작용차원(HCI/CMC) 분류 3차적으로 미디어에 관한 (시간, 공간) 인식측정이다.

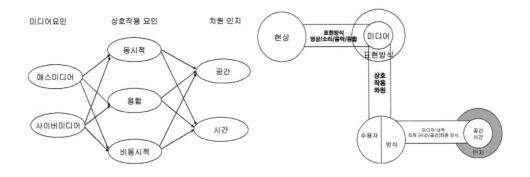

4) 연구 변인에 따른 분류

본 연구를 위하여 디지털 시대 수용자로서 대표적으로 미디어 환경으로 인식하는 미디어를 대분류 기준으로 삼고 1차원으로는 커뮤니케이션과 미디어 차원으로 2분류를 한 다음 2차원에서는 전통 미디어와 인터넷 미디어로 다시 나누어 그 내에 유형화되어 나타나는 플랫폼과 장르를 유형화하여 조작적으로 정의하였다. 그 유형에 따른 사용자의 상호작용 차원 인식과 시공간 인식차원을 측정하는 데 그 연구설계를 중심에 두었다. 전통적인 미디어는 그 플랫폼에 따라 그 유형이 구분이 따로 이루어져 있고 이용 시에도 사용 장소, 이용 시간이 구분되어 있는 반면 인터넷은 디지털미디어로 장르가 융합된 대표적인 미디어이다. 인터넷은 커뮤니케이션과 미디어의 양식 유형에 따라 유사한 커뮤니케이션 주제, 이용 경향, 형식, 구조 등을 바탕으로 다양한 장르(사용 유형)를 형성하고 있다. 이러한 장르에 대한 논의는 인터넷 연구에서 중요한 주제로 다뤄지고 있으며(Miller, 1984), 특히 재매개와 융합 과정에서 나타난 커뮤니티, 블로그, 포털, 메신저 등이 새로운 장르 연구의 영역으로 주목받고 있다(Dillon & Gushrowski, 2000; Miller & Shepherd, 2003; Wolf, 2001).

전통 미디어에는 그 미디어 유형을 분류하는 것은 그리 어려운 일은 아니나 융합미디어에서는 그 장를 분류하기가 혼란스럽거나 상호 연결되어 있는 경우와 혼용되는 경우가 있다. 디지털 사회에서 웹(Web)은 다양한 커뮤니케이션 장르와 사회적 다양성의 상관성 이슈를 다루며, 커뮤니케이션 기술, 디지털 표현 방식, 그리고 커뮤니케이션 목적에 따라 장르 분류 연구가 중요한 역할을 한다(Miller, 1984; 전경란, 2004). 특히 인터넷 장르는 이메일, 토론 그룹, 게시판, 인스턴트 메신저, MUD, 웹 등 6가지로 구분된다(Barnes, 2003). 인터넷 미디어는 대인 커뮤니케이션과 전통 매스미디어 양식을 융합하며, 새로운 장르를 발전시키고 있다. 볼터와 그루신(Bolter & Grusin, 1999)은 이러한 변화를 '재매개화(remediation)'로 설명하며, 이메일, 커뮤니티, 블로그, 메신저 등이 기존 미디어의 커뮤니케이션 방식을 재매개화한다고 본다. 이는 새로운 미디어가 전통 미디어를 개선하거나 개조하는 것을 의미한다(Bolter, 2001).

본 연구는 인터넷에서 나타나는 커뮤니케이션 장르 중 웹이 일반적인 구조와 구성을 반영하며, 장르 분석에 적합하다고 판단한다(Miller, 1984; 전경란, 2004). 웹은 사용 방식에 따라 유사한 커뮤니케이션 양식을 형성하고 진화하기 때문이다. 예를 들어, 최근의 블로그(blog)와 UCC(user created content) 등은 새로운 커뮤니케이션 유형으로 분류될 수 있다. 따라서 본 연구에서는 웹상의 장르를 플랫폼, 상용 목적, 콘텐츠 등에 따라 인터넷 커뮤니티, 포털사이트, 온라인 뉴스, 미니홈피, 블로그, 이메일, 인스턴트 메신저로 구분하고, 이에 따른 상호작용성을 측정하고자 한다.

〈표 7〉 미디어 생태환경내의 장르별 정의

인터넷 미디어 장르	정의
신문/잡지	전통적인 매스미디어로서 프린트물을 통한 뉴스, 콘텐츠 전달
TV	지상파 방송으로 국내 KBS, SBS, MBC, EBS 등을 지칭한다.
CATV	지상파 이외 케이블 사업자에 의해 방송되는 방송을 총칭한다.
IPTV	새로운 형태의 방송으로 인터넷 프로토콜을 바탕으로 하는 방송 KT, LG데이콤, 하나로 텔레콤이 IPTV 방송서비스를 하고 있다.
전화	유선전화로 가정, 사무실, 고정전화로 정의된다.
모바일	유대성, 유동성, 다기능 이동전화로 정의된다.
인터넷 커뮤니티	관심, 취미 및 정보에 대한 공유 혹은 친목도모를 위해 만들어진 인터넷 상의 모임. 일반적으로 카페, 클럽, 또는 커뮤니티라고 불림.
포털 사이트	소비자들이 인터넷을 이용할 때 관문역할을 하는 사이트로 검색엔진, 쇼핑, 커뮤니티, 블로그 등의 다양한 서비스를 제공하는 사이트로 주로 플랫폼, 게이트기능, 쇼핑기능을 여기에 측정단위로 한다. (예: 다음, 네이버 등)

온라인 뉴스 사이트	기존 언론사의 웹사이트로서 뉴스를 제공하는 사이트. (예: chosun.com, joins.com, donga.com 등)
블로그	자신의 관심사에 따라 자유롭게 글과 사진 등을 올릴 수 있는 개인 사이트 (예: 네이버블로그, 다음블로그, 개인블로그 등).
미니홈피	싸이월드(cyworld.com) 및 몇몇 사이트에서 제공하는 서비스로서 개인이 자유롭게 글과 사진 등을 올리는 블로그와 유사한 서비스.
이메일	웹에서 제공하는 비동시적인 대인간 커뮤니케이션 방식.
인스턴트 메신저	웹상에서 채팅기능을 가진 동시적인 커뮤니케이션 방식. (예: MSN메신저, 네이트온 등)

5. 연구문제

1) 연구문제

인터넷 장르와 사용자의 인식에 따른 사회적 상호작용정도가 이용자의 시공간성인식과의 연관성을 측정을 위하여 디자인 한 본 연구의 연구문제는 다음과 같다.

[연구문제 1] 전통 미디어와 인터넷 미디어 장르유형에 따른 상용자가 체험적으로 인식하는 상호작용성차원에는 차이가 있는가?
〈연구문제 1-1〉 전통 미디어와 인터넷 미디어의 장르별 이용기간 및 이용 시간에는 차이가 있는가?
〈연구문제 1-2〉 미디어 이용자가 인식하는 전통 미디어와 인터넷 미디어의 장르에 따른 상호작용성인식에는 차이가 있는가?
〈연구문제 1-3〉 시각, 청각, 복합텍스방식에 미디어 유형과 이에 따른 상호작용성과의 관계는 어떠한 모형으로 형성되는가?

[연구문제 2] 전체 전통 미디어와 인터넷 미디어 이용자가 인식하고 있는 이용시 상호작용성의 특성은 무엇인가?

〈연구문제 2-1〉 미디어 이용자가 인식하고 있는 사용행위 상호작용성의 차원(정보, 활동, 기록, 이동)은 무엇인가?

〈연구문제 2-2〉 미디어 이용자가 인식하고 있는 상호작용성의 효용체감의 차원(정보 선택, 네비게이션)은 무엇인가?

[연구문제 3] 전통과 인터넷 미디어장르별 사용자에 사용 따른 상호작용인식의 상관관계는 어떤 차이가 있는가?

〈연구문제 3-1〉 전통과 인터넷 미디어 장르별 이용자가 사용 중 인식하는 상호작용성의 차원(정보, 활동, 이동)의 상관관계는 어떠한가?

[연구문제 4] 전통 미디어와 인터넷 미디어의 공간성인식에는 어떤 특성이 있는가?

〈연구문제 4-1〉 미디어의 상호작용성의 차원(정보, 활동, 이동)과 미디어 시간성 공간성 인식의 상관관계는 어떠한가?

2) 연구방법

(1) 연구방법 및 연구대상

본 연구는 문헌연구, 서베이(survey)를 통해서 연구문제를 측정하기위해 자료를 수집하였다. 문헌연구는 기본적인 변인들을 추출해 내고 이들의 관계를 검토하기 위해서 사용되었다. 서베이는 인터넷 미디어 이용자의 이용 행태와 사용자가 인식하고 있는 미디어의 시간성과 공간성, 그리고 상호작용성의 특성 등을 측정하기 위한 구조화된 질문지를 사용하여 실시하였다. 본 연구에서는 인터넷 미디어를 주로 이용하는 사용자가 인식하는 상호작용성이 미디어 시가성과 공간성 인식에 미치는 상호연관성에 관한 것으로 주 연구대상이 20대인 대학생이다. 이들은 주로 디지털과 인터넷의 모든 유형 장르를 경험하고 상호작용인식을 하기 때문에 다양한 유형의 전통 미디어와 인터넷장르상에 나타나는 상호작용성과 시간성과 공간성을 평가 할 수 있기 때문에 표본으로 선정하였다.

(2) 질문문항

질문문항은 다음과 같이 구성되었다. 먼저, 일반적인 인터넷 미디어 이용에 대한 질문들이다. 여기에는 이용하는 인터넷 미디어에 따른 이용 시간, 이용 시기, 이용 기간 등이 측정 문항에 포함 하였다.

다음으로, 상호작용성을 측정하기 위한 질문들이다. 여기에서는 McMillan & Hwang, 2002; Wu, & Bechtel, 2002의 연구에서 사용된 13개의 진술문과 기존에 연구에 사용되었던 시간개념과 공간 개념에 관한 설문을 응용하였다. 이 진술문은 시간성, 공간성, 그리고 쌍방향성, 동시성, 비동시성, 시각성, 청각성, 네비게이션 정도, 통제성차원이 포함되어 있다. 그리고 전통과 인터넷 미디어 이용자의 사회경제적 지위를 측정하기 위한 문항들이다. 여기에는 통신비사용 수준, 소득 수준, 직업 등 일반적인 사회경제적 지위를 측정하는 변인들이 포함되었다. 마지막은 이용자의 기본적인 인구통계학적 특성을 살펴보는 문항들로, 성, 연령, 거주지 등이 포함하였다.

이러한 질문문항의 구성을 정리해 보면 다음과 같다 .

〈표 8〉 미디어의 상호작용 차원 연구를 위한 질문문항

측정차원	변인	문항
개별 장르의 사용정도측정	이용 기간	최초 이용 시점
	이용 시간	이용 범위/
1차원 개별 장르의 상호작용 인식측정	미디어차원 상호작용성	이터페이스/ HCI/CMC
	콘텐츠 차원 상호작용성	주제/내용/ 이용 시 상호작용
2차원 공간차원	공간인식	이용 공간 이용 시 인식하는 미디어 공간
3차원 시간차원	시간인식	이용 시간 이용 시 인식하는 미디어 시간
이용자의 사회경제적 지위	사회경제적 지위	교육 수준, 소득 수준, 직업 등
이용자의 일반적 특성	일반적 특성	성, 연령, 거주지 등

6. 연구 결과

1) 플랫폼별 1일 이용 빈도 및 이용 시간

플랫폼 이용자의 1일 이용 빈도와 이용 시간을 살펴본 결과는 다음 〈표 9〉와 같다. 1일 이용 빈도의 경우, 이동통신이 평균 24.52회로 가장 많았다. 그 다음으로 포털사이트가 6.67회, TV가 2.74회, 전화기가 2.54회, 이메일이 2.46회, 메신저가 2.41회, CATV가 2.05회, 온라인 뉴스사이트가 1.81회, 신문/잡지가 1.68회, IPTV가 1.48회, 전자상거래 사이트가 1.33회의 순이었다.

한편 1일 이용 시간의 경우, 블로그 및 미니홈피가 평균 84분으로 가장 길었다. 그 다음으로 TV가 82분, 메신저가 79분, CATV가 72분, IPTV가 69분, 포털사이트가 59분, 신문/잡지가 59분, 전자상거래 사이트가 43분, 온라인 뉴스사이트가 41분, 이동통신이 40분, 이메일이 22분, 전화기가 19분의 순이었다.

〈표 9〉 플랫폼별 이용 빈도 및 이용 시간

플랫폼	이용 빈도			이용 시간		
	사례수(명)	평균(회)	표준편차	사례수(명)	평균(분)	표준편차
신문/잡지	297	1.68	7.03	302	58.57	146.42
TV	299	2.74	2.69	299	82.31	53.74
CATV	289	2.05	2.02	288	71.57	53.55
IPTV	208	1.48	1.53	219	69.21	132.72
이동통신	291	24.52	29.88	290	39.90	112.09
전화기	236	2.54	4.23	242	19.02	55.70
포털사이트	303	6.67	6.60	299	59.46	76.07
전자상거래 사이트	245	1.33	1.11	282	42.65	39.56
온라인 뉴스사이트	250	1.81	1.76	260	41.38	138.63
블로그 및 미니홈피	–	–	–	202	84.35	85.92
이메일	286	2.46	2.35	288	21.74	63.35
메신저	264	2.41	2.03	260	78.90	92.81

* 블로그 및 미니홈피 이용 시간은 자신의 블로그 및 미니홈피 운영시간과 타인의 블로그 및 미니홈피 방문시간의 합임. 운영시간의 평균은 39.62분(표준편차 49.60), 방문시간의 평균은 41.88분(표준편차 59.80)임.

2) 플랫폼별 시간성 / 공간성 인식의 평균

플랫폼별 시간성 / 공간성에 관한 문항에 대한 응답자의 인식 차이를 보기 위해 각 플랫폼의 평균을 알아보았다. 그 결과는 다음 〈표 10〉과 같다.

〈표 10〉 플랫폼별 시간성 / 공간성 인식의 평균

구분		신문잡지	TV	CATV	IPTV	모바일	전화	포털사이트	전자상거래	온라인뉴스	블로그미니홈피	이메일	메신저
시간성인식	(1) 이 미디어는 언제나 원할 때 이용할 수 있다.	4.60 (7/B)	4.42 (9/E)	4.23 (10/D)	4.22 (11/D)	6.05 (1/A)	3.97 (12/B)	5.08 (2/E)	4.58 (8/C)	4.61 (6/B)	4.83 (4/F)	4.78 (5/B)	4.93 (3/D)
	(2) 이 미디어는 동시에 사용할 수 있다.	4.29 (10/D)	4.33 (9/H)	4.22 (11/E)	4.44 (8/B)	5.39 (1/D)	3.68 (12/E)	5.16 (2/C)	4.67 (5/B)	4.66 (6/A)	4.97 (4/D)	4.63 (7/C)	5.15 (3/B)
	(3) 이 미디어는 시간소비가 많다.	4.25 (9/G)	4.66 (4/C)	4.52 (6/B)	4.37 (8/C)	4.49 (7/G)	3.53 (12/G)	4.72 (3/H)	4.57 (5/D)	4.00 (10/G)	4.75 (2/G)	3.70 (11/H)	4.87 (1/F)
	(4) 이 미디어는 시간이 아깝다.	3.21 (12/J)	3.98 (5/I)	4.24 (2/C)	3.86 (6/H)	3.56 (8/J)	3.42 (11/H)	3.68 (7/J)	4.25 (1/E)	3.48 (9/J)	4.17 (4/I)	3.44 (10/J)	4.20 (3/I)
	(5) 이 미디어는 이동시간에 사용이 용이하다.	4.78 (2/A)	3.50 (7/J)	3.30 (10/J)	3.23 (11/J)	5.85 (1/B)	2.62 (12/J)	3.66 (4/J)	3.40 (9/J)	3.53 (6/I)	3.58 (5/J)	3.48 (8/I)	3.74 (3/J)
공간성인식	(1) 이 미디어를 통해 공동체 구성에 적합하다.	4.16 (7/H)	4.45 (6/D)	4.03 (10/H)	4.06 (9/F)	4.67 (4/E)	3.61 (12/F)	5.22 (2/A)	3.97 (11/G)	4.51 (5/D)	5.25 (1/B)	4.12 (8/D)	5.00 (3/C)
	(2) 이 미디어는 공적인 공간에 적합하다.	4.29 (4/D)	4.40 (3/F)	3.74 (11/I)	3.75 (10/I)	4.01 (7/I)	3.77 (9/D)	4.76 (1/G)	3.70 (12/H)	4.59 (2/C)	4.25 (6/H)	3.96 (8/F)	4.27 (5/H)
	(3) 이 미디어는 사적인 공간에 적합하다.	4.52 (10/C)	4.76 (7/A)	4.62 (9/A)	4.73 (8/A)	5.45 (1/C)	4.38 (11/A)	5.21 (4/B)	4.77 (6/A)	4.30 (12/F)	5.38 (2/A)	5.00 (5/A)	5.25 (3/A)
	(4) 이 미디어는 같은 공간 공유에 적합하다.	4.28 (7/F)	4.68 (4/B)	4.21 (8/F)	4.21 (8/E)	4.61 (5/F)	3.80 (12/C)	5.10 (1/D)	4.16 (10/F)	4.46 (6/E)	5.00 (2/C)	4.10 (11/E)	4.91 (3/E)
	(5) 이 미디어는 상상의 공간을 제공한다.	4.07 (7/I)	4.34 (4/G)	4.15 (6/G)	3.98 (8/G)	4.19 (5/H)	3.42 (12/H)	4.90 (1/F)	3.70 (11/H)	3.82 (10/H)	4.84 (2/E)	3.84 (9/G)	4.43 (3/G)

행(1~12) : 특정 문항에 대한 미디어 간의 순위
열(A~J) : 특정 미디어에 대한 문항 간의 순위

첫째, 시간성 인식에 관한 문항1(언제나 원할 때 이용할 수 있다)에서는 모바일의 평균(6.05)이 가장 높았다. 그 다음으로 포털사이트(5.08), 메신저(4.93), 블로그/미니홈피(4.83) 등의 순이었다. 그리고 전화의 평균(3.97)이 가장 낮은 것으로 나타났다.

둘째, 시간성 인식에 관한 문항2(동시에 사용할 수 있다)에서는 모바일의 평균(5.39)이 가장 높았다. 그 다음으로 포털사이트(5.16), 메신저(5.15), 블로그/미니홈피(4.97) 등의 순이었다. 그리고 전화의 평균(3.68)이 가장 낮은 것으로 나타났다.

셋째, 시간성 인식에 관한 문항3(시간 소비가 많다)에서는 메신저의 평균(4.87)이 가장 높았다. 그 다음으로 블로그/미니홈피(4.75), 포털사이트(4.72), TV(4.66) 등의 순이었다. 그리고 전화의 평균(3.53)이 가장 낮은 것으로 나타났다.

넷째, 시간성 인식에 관한 문항4(시간이 아깝다)에서는 전자상거래 사이트의 평균(4.25)이 가장 높았다. 그 다음으로 CATV(4.24), 메신저(4.20), 블로그/미니홈피(4.17) 등의 순이었다. 그리고 신문/잡지의 평균(3.21)이 가장 낮은 것으로 나타났다.

다섯째, 시간성 인식에 관한 문항5(이동시간에 사용이 용이하다)에서는 모바일의 평균(5.85)이 가장 높았다. 그 다음으로 신문/잡지(4.78), 메신저(3.74), 포털사이트(3.66) 등의 순이었다. 그리고 전화의 평균(2.62)이 가장 낮은 것으로 나타났다.

여섯째, 공간성 인식에 관한 문항1(공동체 구성에 적합하다)에서는 블로그/미니홈피의 평균(5.25)이 가장 높았다. 그 다음으로 포털사이트(5.22), 메신저(5.00), 모바일(4.67) 등의 순이었다. 그리고 전화의 평균(3.61)이 가장 낮은 것으로 나타났다.

일곱째, 공간성 인식에 관한 문항2(공적인 공간에 적합하다)에서는 포털사이트의 평균(4.76)이 가장 높았다. 그 다음으로 온라인 뉴스사이트(4.59), TV(4.40), 신문/잡지(4.29) 등의 순이었다. 그리고 전자상거래 사이트의 평균(3.70)이 가장 낮은 것으로 나타났다.

여덟째, 공간성 인식에 관한 문항3(사적인 공간에 적합하다)에서는 모바일의 평균(5.45)이 가장 높았다. 그 다음으로 블로그/미니홈피(5.38), 메신저(5.25), 포털사이트(5.21) 등의 순이었다. 그리고 온라인 뉴스사이트의 평균(4.30)이 가장 낮은 것으로 나타났다.

아홉째, 공간성 인식에 관한 문항4(같은 공간 공유에 적합하다)에서는 포털사이트의 평균(5.10)이 가장 높았다. 그 다음으로 블로그/미니홈피(5.00), 메신저(4.91), TV(4.68) 등의 순이었다. 그리고 전화의 평균(3.80)이 가장 낮은 것으로 나타났다.

열 번째, 공간성 인식에 관한 문항5(상상의 공간을 제공한다)에서는 포털사이트의 평균(4.90)이 가장 높았다. 그 다음으로 블로그/미니홈피(4.84), 메신저(4.43), TV(4.34) 등의 순이었다. 그리고 전화의 평균(3.42)이 가장 낮은 것으로 나타났다.

(1) 플랫폼별 시간성 평균 차이

플랫폼별 시간성에 관한 문항 1(언제나 원할 때 이용할 수 있다.)에 대한 응답자의 인식 차이를 보기 위해 각 매체 간 t검증을 실시하였다. 그 결과는 다음 〈표 11〉과 같다.

〈표 11〉 플랫폼별 시간성 평균 차이(문항 1): 언제나 원할 때 이용할 수 있다.

	신문잡지	TV	CATV	IPTV	모바일	전화	포털사이트	전자상거래	온라인뉴스	블로그미니홈피	이메일
TV	1.785										
CATV	3.115*	1.924									
IPTV	3.068*	2.180*	0.229								
모바일	-17.146**	-16.729**	-15.811**	-14.969**							
전화	5.805*	5.079**	2.259*	2.708*	18.164**						
포털사이트	-5.188**	-7.701**	-7.723**	-8.649**	11.628**	-11.071**					
전자상거래	0.190	-1.582	-2.951*	-3.604**	16.188**	-6.604**	7.280**				
온라인뉴스	0.253	-1.941	-3.209*	-3.592**	16.943**	-6.587**	8.339**	-0.059			
블로그미니홈피	-2.653*	-4.504**	-5.337**	-6.375**	14.575**	-9.018**	3.744**	-3.640**	-4.304**		
이메일	-1.915	-3.887**	-4.912**	-5.655**	15.460**	-7.824**	4.187**	-2.572*	-2.987*	0.563	
메신저	-1.033	-2.471*	-3.966**	-4.047**	16.237**	-6.856**	4.215**	-1.309	-0.991	1.687	1.141

*p〈.05, **p〈.001

전체적으로 대인커뮤니케이션(모바일, 전화 그리고 온라인 미디어)가 매스미디어보다 즉각적인 접근이용이한 상호작용을 하는 것으로 나타났으며, 접근가능성이 우수한 미디어로 인식되고 있다. 이는 미디어의 시간과 공간인식에도 영향을 미치는 것으로 나타난다.

신문/잡지(M=4.60)의 경우, TV, 전자상거래 사이트, 온라인 뉴스사이트, 이메일, 메신저를 제외한, 다른 플랫폼들과 통계적으로 유의미한 인식의 차이를 나타냈다. 특히, 모바일(M=6.05)과의 비교에서 가장 큰 차이(t=-17.146, df=1, p<.001)를 보이고 있었다. 그리고 블로그/미니홈피(M=4.83)와의 비교에서 가장 작은 차이(t=-2.653, df=1, p<.05)를 보이고 있었다.

TV(M=4.42)의 경우, 신문/잡지, CATV, 전자상거래 사이트, 온라인 뉴스사이트를 제외한, 다른 플랫폼들과 통계적으로 유의미한 인식의 차이를 나타냈다. 특히, 모바일(M=6.05)과의 비교에서 가장 큰 차이(t=-16.729, df=1, p<.001)를 보이고 있었다. 그리고 IPTV(M=4.22)와의 비교에서 가장 작은 차이(t=2.180, df=1, p<.05)를 보이고 있었다.

CATV(M=4.23)의 경우, TV, IPTV를 제외한 다른 플랫폼들과 통계적으로 유의미한 인식의 차이를 나타냈다. 특히, 모바일(M=6.05)과의 비교에서 가장 큰 차이(t=-15.811, df=1, p<.001)를 보이고 있었다. 그리고 전화(M=3.97)와의 비교에서 가장 작은 차이(t=2.259, df=1, p<.05)를 보이고 있었다.

IPTV(M=4.22)의 경우, CATV를 제외한 다른 플랫폼들과 통계적으로 유의미한 인식의 차이를 나타냈다. 특히, 모바일(M=6.05)과의 비교에서 가장 큰 차이(t=-14.969, df=1, p<.001)를 보이고 있었다. 그리고 TV(M=4.42)와의 비교에서 가장 작은 차이(t=2.180, df=1, p<.05)를 보이고 있었다.

모바일(M=6.05)의 경우, 다른 플랫폼들에 비해 통계적으로 유의미한 인식상의 우위를 나타냈다. 특히, 전화(M=3.97)와의 비교에서 가장 큰 차이(t=18.164, df=1, p<.001)를 보이고 있었다. 그리고 포털사이트(M=5.08)와의 비교에서 가장 작은 차이(t=11.628, df=1, p<.001)를 보이고 있었다.

전화(M=3.97)의 경우, 다른 플랫폼들과 통계적으로 유의미한 인식의 차이를 나타냈다. 전화는 다른 플랫폼들에 비해 상대적 인식이 낮았다. 특히, 모바일(M=6.05)과의 비교에서 가장 큰 차이(t=18.164, df=1, p<.001)를 보이고 있었다. 그리고 CATV(M=4.23)와의 비교에서 가장 작은 차이(t=2.259, df=1, p<.05)를 보이고 있었다.

포털사이트(M=5.08)의 경우, 다른 플랫폼들과 통계적으로 유의미한 인식의 차이를 나타냈다. 특히, 모바일(M=6.05)과의 비교에서 가장 큰 차이(t=11.628, df=1, p<.001)를 보이고 있었다. 그리고 블로그/미니홈피(M=4.83)와의 비교에서 가장 작은 차이(t=3.744, df=1, p<.001)를 보이고 있었다.

전자상거래 사이트(M=4.58)의 경우, 신문/잡지, TV, 온라인 뉴스사이트, 메신저를 제외한, 다른 플랫폼들과 통계적으로 유의미한 인식의 차이를 나타냈다. 특히, 모바일(M=6.05)과의 비교에서 가장 큰 차이(t=16.188, df=1, p<.001)를 보이고 있었다. 그리고 이메일(M=4.78)과의 비교에서 가장 작은 차이(t=-2.572,. df=1, p<.05)를 보이고 있었다.

온라인 뉴스사이트(M=4.61)의 경우, 신문/잡지, TV, 전자상거래 사이트, 메신저를 제외한, 다른 플랫폼들과 통계적으로 유의미한 인식의 차이를 나타냈다. 특히, 모바일(M=6.05)과의 비교에서 가장 큰 차이(t=16.943, df=1, p<.001)를 보이고 있었다. 그리고 이메일(M=4.78)과의 비교에서 가장 작은 차이(t=-2.987, df=1, p<.05)를 보이고 있었다.

블로그/미니홈피(M=4.83)의 경우, 이메일, 메신저를 제외한, 다른 플랫폼들과 통계적으로 유의미한 인식의 차이를 나타냈다. 특히, 모바일(M=6.05)과의 비교에서 가장 큰 차이(t=14.575, df=1, p<.001)를 보이고 있었다. 그리고 신문/잡지(M=4.60)와의 비교에서 가장 작은 차이(t=-2.653, df=1, p<.05)를 보이고 있었다.

이메일(M=4.78)의 경우, 신문/잡지, 블로그/미니홈피, 메신저를 제외한, 다른 플랫폼들과 통계적으로 유의미한 인식의 차이를 나타냈다. 특히, 모바일(M=6.05)과의 비교에서 가장 큰 차이(t=15.460, df=1, p<.001)를 보이고 있었다. 그리고 전자상거래 사이트(M=4.58)와의 비교에서 가장 작은 차이(t=-2.572, df=1, p<.05)를 보이고 있었다.

메신저(M=4.93)의 경우, 신문/잡지, 전자상거래 사이트, 온라인 뉴스사이트, 블로그/미니홈피, 이메일을 제외한, 다른 플랫폼들과 통계적으로 유의미한 인식의 차이를 나타냈다. 특히, 모바일(M=6.05)과의 비교에서 가장 큰 차이(t=16.237, df=1, p<.001)를 보이고 있었다. 그리고 TV(M=4.42)와의 비교에서 가장 작은 차이(t=-2.471, df=1, p<.05)를 보이고 있었다.

(2) 플랫폼별 공간성 평균 차이

플랫폼별 공간성에 관한 문항 1(공동체 구성에 적합하다.)에 대한 응답자의 인식 차이를 보기 위해 각 매체 간 t검증을 실시하였다. 그 결과는 다음 〈표 12〉과 같다.

〈표 12〉 플랫폼별 공간성 평균 차이(문항 1): 공동체 구성에 적합하다.

	신문잡지	TV	CATV	IPTV	모바일	전화	포털사이트	전자상거래	온라인뉴스	블로그미니홈피	이메일
TV	-3.902**										
CATV	1.807	5.091**									
IPTV	1.487	3.829**	0.000								
모바일	-5.285**	-2.297*	-6.650**	-5.455**							
전화	5.187**	8.518**	4.149**	4.383**	10.824**						
포털사이트	-11.318**	-8.431**	-13.117**	-11.522**	-6.002**	-14.691**					
전자상거래	2.189*	5.019**	0.833	1.051	8.506**	-3.137*	14.840**				
온라인뉴스	-3.364*	-0.788	-5.134**	-4.747**	1.506	-8.370**	8.603**	-6.304**			
블로그미니홈피	-11.004**	-8.931**	-12.525**	-11.227**	-5.965**	-15.648**	-0.178	-13.024**	-8.137**		
이메일	0.310	3.699**	-1.025	-0.247	5.778**	-5.142**	11.220**	-1.798	4.408**	12.448**	
메신저	-2.761*	-1.737	-3.207*	-2.735*	-0.794	-4.560**	1.214	-3.376*	-1.317	1.249	-2.896*

*p<.05, **p<.001

신문/잡지(M=4.16)의 경우, CATV, IPTV, 이메일을 제외한, 다른 플랫폼들과 통계적으로 유의미한 인식의 차이를 나타냈다. 특히, 포털사이트(M=5.22)와의 비교에서 가장 큰 차이(t=-11.318, df=1, p<.001)를 보이고 있었다. 그리고 메신저(M=5.00)와의

비교에서 가장 작은 차이(t=-2.761, df=1, p<.05)를 보이고 있었다.

　　TV(M=4.45)의 경우, 온라인 뉴스사이트, 메신저를 제외한, 다른 플랫폼들과 통계적으로 유의미한 인식의 차이를 나타냈다. 특히, 블로그/미니홈피(M=5.25)와의 비교에서 가장 큰 차이(t=-8.931, df=1, p<.001)를 보이고 있었다. 그리고 모바일(M=4.67)과의 비교에서 가장 작은 차이(t=-2.297, df=1, p<.05)를 보이고 있었다.

　　CATV(M=4.03)의 경우, 신문/잡지, IPTV, 전자상거래 사이트, 이메일을 제외한, 다른 플랫폼들과 통계적으로 유의미한 인식의 차이를 나타냈다. 특히, 포털사이트(M=5.22)와의 비교에서 가장 큰 차이(t=-13.117, df=1, p<.001)를 보이고 있었다. 그리고 메신저(M=5.00)와의 비교에서 가장 작은 차이(t=-3.207, df=1, p<.05)를 보이고 있었다.

　　IPTV(M=4.06)의 경우, 신문/잡지, CATV, 전자상거래 사이트, 이메일을 제외한, 다른 플랫폼들과 통계적으로 유의미한 인식의 차이를 나타냈다. 특히, 포털사이트(M=5.22)와의 비교에서 가장 큰 차이(t=-11.522, df=1, p<.001)를 보이고 있었다. 그리고 메신저(M=5.00)와의 비교에서 가장 작은 차이(t=-2.735, df=1, p<.05)를 보이고 있었다.

　　모바일(M=4.67)의 경우, 온라인 뉴스사이트, 메신저를 제외한, 다른 플랫폼들과 통계적으로 유의미한 인식의 차이를 나타냈다. 특히, 전화(M=3.61)와의 비교에서 가장 큰 차이(t=10.824, df=1, p<.001)를 보이고 있었다. 그리고 TV(M=4.45)와의 비교에서 가장 작은 차이(t=-2.297, df=1, p<.05)를 보이고 있었다.

　　전화(M=3.61)의 경우, 다른 플랫폼들과 통계적으로 유의미한 인식의 차이를 나타냈다. 전화는 다른 플랫폼들에 비해 상대적 인식이 낮았다. 특히, 블로그/미니홈피(M=5.25)와의 비교에서 가장 큰 차이(t=-15.648, df=1, p<.001)를 보이고 있었다. 그리고 전자상거래 사이트(M=3.97)와의 비교에서 가장 작은 차이(t=-3.137, df=1, p<.05)를 보이고 있었다.

　　포털사이트(M=5.22)의 경우, 블로그/미니홈피, 메신저를 제외한, 다른 플랫폼들에 비해 통계적으로 유의미한 인식상의 우위를 나타냈다. 특히, 전자상거래 사이트(M=3.97)와의 비교에서 가장 큰 차이(t=14.840, df=1, p<.001)를 보이고 있었다. 그리

고 모바일(M=4.67)과의 비교에서 가장 작은 차이(t=-6.002, df=1, p<.001)를 보이고 있었다.

전자상거래 사이트(M=3.97)의 경우, CATV, IPTV, 이메일을 제외한, 다른 플랫폼들과 통계적으로 유의미한 인식의 차이를 나타냈다. 특히, 포털사이트(M=5.22)와의 비교에서 가장 큰 차이(t=14.840, df=1, p<.001)를 보이고 있었다. 그리고 신문/잡지(M=4.16)와의 비교에서 가장 작은 차이(t=2.189, df=1, p<.05)를 보이고 있었다.

온라인 뉴스사이트(M=4.51)의 경우, TV, 모바일, 메신저를 제외한, 다른 플랫폼들과 통계적으로 유의미한 인식의 차이를 나타냈다. 특히, 포털사이트(M=5.22)와의 비교에서 가장 큰 차이(t=8.603, df=1, p<.001)를 보이고 있었다. 그리고 신문/잡지(M=4.16)와의 비교에서 가장 작은 차이(t=-3.364, df=1, p<.05)를 보이고 있었다.

블로그/미니홈피(M=5.25)의 경우, 포털사이트, 메신저를 제외한, 다른 플랫폼에 비해 통계적으로 유의미한 인식상의 우위를 나타냈다. 특히, 전화(M=3.61)와의 비교에서 가장 큰 차이(t=-15.648, df=1, p<.001)를 보이고 있었다. 그리고 모바일(M=4.67)과의 비교에서 가장 작은 차이(t=-5.965, df=1, p<.001)를 보이고 있었다.

이메일(M=4.12)의 경우, 신문/잡지, CATV, IPTV, 전자상거래 사이트를 제외한, 다른 플랫폼들과 통계적으로 유의미한 인식의 차이를 나타냈다. 특히, 블로그/미니홈피(M=5.25)와의 비교에서 가장 큰 차이(t=12.448, df=1, p<.001)를 보이고 있었다. 그리고 메신저(M=5.00)와의 비교에서 가장 작은 차이(t=-2.896, df=1, p<.05)를 보이고 있었다.

메신저(M=5.00)의 경우, TV, 모바일, 포털사이트, 온라인 뉴스사이트, 블로그/미니홈피를 제외한, 다른 플랫폼들에 비해 통계적으로 유의미한 인식상의 우위를 나타냈다. 특히, 전화(M=3.61)와의 비교에서 가장 큰 차이(t=-4.560, df=1, p<.001)를 보이고 있었다. 그리고 IPTV(M=4.06)와의 비교에서 가장 작은 차이(t=-2.735, df=1, p<.05)를 보이고 있었다.

7. 연구 결과 및 함의

미디어의 진화는 계속되고 이를 통한 수용자의 인식 또한 공진화를 하게 될 것이다. 세상과 통한다는 것은 이제 미디어와 상호작용을 한다는 것과 동일한 시대에 와있다. 다양한 미디어를 소비할 때 시간소비와 공간인식을 실증적으로 적용하여 그 차원을 파악하였다.

개별 미디어가 다양한 유형으로 상호작용하며, 이러한 상호작용이 미디어별 공간과 시간 인식에 영향을 미친다는 것이 밝혀졌다. 이를 바탕으로, 새로운 디지털 시대에는 인간과 미디어의 상호작용을 교류적, 기능적, 관계적 차원에서 재조명하고, 이로 인한 시간과 공간 인식 및 활동 차원을 다시 주목할 필요가 있다. 시간과 공간에 따른 교류적 상호작용은 관계형성에 주목하고 기능적 상호작용은 콘텐츠를 중심으로 한 새로운 차원의 공간과 내용적인 인식 연구가 필요하며. 다음으로 사회적인 상호작용은 사회적인 관계 안에서 형성되는 시간과 공간의 상호인식에 따른 인식연구가 필요하다. 이러한 상호작용 차원의 유형에 따라 미디어를 사용하고 시공간 인식이 다르게 나타나는 현상에 대해 철학적이면서, 실증적인 연구가 필요하다.

의사소통 양식과 기본 태도	언어행위 유형	주제	주제적 타당성 주장	현실의 영역	보편적 언어 기능
인지적: 객관화 태도	진술적 언행	명제의 내용	참됨	외재적 자연의 세계	사실의 표상
상호작용적: 규범확인적 태도	규범적 언행	대인적 관계	옳음, 적절함	"우리"의 사회 세계	정당한 대인관계의 설정
표현적: 표현적 태도	인정	화자의 의도	진정함	"나"의 내적 세계	화자의 주체성 노출

참고 문헌

권상희(2004). 「인터넷 뉴스 미디어 형식 연구: 온라인 저널리즘의 기사 구성방식 비교를 중심으로」, 『한국방송학보』 18(4), 306-357.

권상희(2005). 『미디어 공존과 경쟁』. 서울: 커뮤니케이션북스.

김신동(2008). 「컨버전스시대의 커뮤니케이션 변화: 쌍방향성, 세대, 호혜성을 중심으로」, 『한국 사회의 방송·통신 패러다임 변화심포지엄』. 정보통신정책연구원

김위근(2006). 「웹 뉴스미디어의 이용에 영향을 미치는 요인 연구: 인터넷신문과 포털 뉴스서비스를 중심으로」, 성균관대 신문방송학과 박사학위논문.

이 원(2009). 「TV 커뮤니케이션에서 시간의식의 역할」, 『방송학보』 46(여름호), 420-448.

윤태진·이창현·이호규(2003). 「새로운 미디어 테크놀로지의 도입과 '시/공간' 및 '공/사' 개념의 변화」, 『방송연구』 2003년 겨울호, 179-207.

이동후(2006). 「인터넷의 공간과 시간: 미디어 생태학적 접근을 중심으로」, 『커뮤니케이션 이론』 2(1), 1-34.

허은자(2008). 「다매체 환경에서의 시간의식과 매체 이용 다중성 사이의 관계에 대한 연구」, 서울대학교 언론정보학과 석사학위논문.

Adams, G. A., & Jex, S. M. (1997). Confirmatory factor analysis of the time management behaviour scale, *Psychological Reports, 80,* 225-6.

Adams, G. A., & Jex, S. M. (1999), Relationships between time management, control, work-family conflict, and strain, *Journal of Occupational Health Psychology, 1,* 72-7.

Ancona, D. G., Goodman, P. S., Lawrence, B. S., & Tushman, M.L. (2001). Time: a new research lens, *Academy of Management Review, 26,* 645-63.

Aiello, Rita & Sloboda, John (1994). *Musical Perceptions.* Oxford: Oxford University Press.

Barker, C., & Gronne, P. (1996). *Advertising on the WWW*(p. 27) Unpublished Master's Thesis. Copenhagen Business school.

Baker, M. J., & Churchill, Jr., G. A. (1977). The impact of physically attractive models on advertising evaluations. *Journal of Marketing Research, 14*(4), 538-555.

Barnes, S. (2003). *Computer-mediated communication: Human-to-human communication across the Internet*. Boston, MA: Allyn & Bacon.

Barnes, Susan (2008-need confirm). *Media ecology and symbolic interactionism*. google search.

Barnes, S (2001). *Online Connection: Internet interpersonal relationships*. 이동후·김은미 역 (2002). 『온라인 커넥션: 새로운 커뮤니케이션의 공간』. 서울: 한나래.

Bell, D. (2001). *An Introduction to Cyberculture*. NY: Routledge.

Blauert, Jens. (1983). *Spatial Hearing: The Psychophysics of Human Sound Location*. London: The MIT Press.

Blumer, Herbert (1969). *ymbolicInter-actionism:Perspectiveandmethod*. Berkeley:Universityof California Press.

Bolter, J. (2001). *Writing Space: Computers, Hypertext, and the Remediation of Print*. Mahwah, NJ: Lawrence Erlbaum Associates.

Bolter, J., & Grusin, R. (1999). *Remediation: Understanding new media*. Cambridge, MA: The MIT press.

Bomie, A., & Pohlmann, K. (1998). *Writing for New Media: The Essential Guide to Writing For Interactive Media, CD-ROMs, and the Web*. NY: John Wiley & Sons.

Bretz, R. (1983). *Media for interactive communications*. Beverly Hills, CA: Sage.

Carolyn R. Miller & Dawn Shepherd. (2004). Blogging as Social Action: A Genre Analysis of the Weblog. http://hochan.net/archives/2004/04/02@01:41AM.html

Coyle, J. R., & Thorson, E. (2001). The effects of progressive levels of interactivity and vividness in Web marketing sites. *Journal of Advertising, 30*(3), 13-28.

Dahlgren, P. (1995). *Television and the public sphere*. London: Sage Publication.

Deuze, M. (2001). Online journalism: Modelling the first generation of news media on the World Wide Web. *Online journalist review, 6*(10) [On-line]. Available: http://www.firstmonday. dk/issues/issue6_10/deuze/index.html.

Dillon, A., & B. Gushrowski (2000). Genres and the Web: Is the Personal Home Page the First Unique Digital Genre? *Journal of the American Society for Information Society, 51(*2), 202-205.

Epstein, William & Rogers Sheena (1995). *Perception of Space and Motion*. London: Academic Press.

Fidler, R. (1997). *Media morphosis: Understanding new media*. Thousand Oaks, CA: Pine

Forge Press.

Francis-Smythe, J. A., & Robertson, I.T. (1999b). Time-related individual differences, *Time & Society, 8,* 273-92.

Garhammer, M. (2002), Pace of life and enjoyment of life, *Journal of Happiness Studies, 3,* 217-56.

George, J. M., & Jones, G. R. (2000). The role of time in theory and theory building. *Journal of Management, Vol. 26*(4), 657-84.

Ghose, S., & Dou, W. (1998). Interactive functions and impacts on the appeal of Internet presence sites. *Journal of Advertising Research, 38*(2), 29-43.

Giddens, Anthony (1990). *The Consequences of Modernity*. Stanford: Polity.

Gow, G. (2001). Spatial Metaphor in the Work of Marshall McLuhan. *Canadian Journal of Communciation, 26*(4), 519-536.

Gumbrecht, M. (2004). Blogs as "Protected Space." [On-line]. Available: http://www.blogpulse. com/papers/www2004gumbrecht.pdf

Hall, J. (2001). *Online journalism: A critical primer*. London: Pluto Press.

Kawamoto, K(2003). *Digital journalism: Emerging media and the changing horizons of journalism*. NY: Rowman & Littlefield Publishers.

Kerman, Joseph. (1985). *ContemplatingMusic*. Cambridge: Harvard University Press.

Kern, Stephen. (1983). *The Culture of Time and Space: 1880-1918*. London: Weidenfeld and Nicolson.

Killan, C. (1999). *Writing for the web: Writer's edition. Bellingham*. WA: Self-Counsel Press.

Kiousis, S. (2002). Interactivity : A concept explication, *New media & Society, 4*(3).

Liberman, N., & Trope, Y. (1998). The role of feasibility and desirability considerations in near and distant future decisions: A test of temporal construal theory. *Journal of Personality and Social Psychology, 75*(1), 5-18.

Liberman, N., Trope, Y., & Stephan. E. (2007). Psychological distance. in *Social Psychology: Handbook of Basic Principles*, Vol. 2, Arie W. Kruglanski and E. Tory Higgins, eds. NewYork:GuilfordPress,353-383.

Liberman, N., Sagristano, M. D., & Trope, T. (2002). The effect of temporal distance on level of mental construal. *JournalofExperimentalSocialPsychology, 38*, 523-534.

Macias, W. (2003). A preliminary structural equation model of comprehension and persuasion of interactive advertising brand Web sites. *Journal of Interactive Advertising, 3* [On-line]. Available: http://www.jiad.org.

McKnight, C., Dillion, A., & Richardson, J. (1991). *Hypertext in Contetxt*. The Cambridge Series on Electronic Publishing.

McMillan, S. J., & Hwang, J. S. (2000). Measure of perceived interactivity: an exploration of the role of direction of communication, user control, and time in shaping perception of interactivity. *Journal of Advertising, 31*(3), 29-42.

Major, V.S., Klein, K.J., & Ehrhart, M.G. (2002). Work time, work interference with family, and psychological distress. *Journal of Applied Psychology, 87,* 427-36.

Manovich, L. (2002). *The language of new media*. Cambridge, MA: The MIT Press.

McLuhan, Marshall (1962). *Gutenberg Galaxy: The making of Typographic Man*. University of Toronto Press.

Mead, G. H. (1962). *Mind, Self, and Society*. The University of Chicago Press, Chicago.

Meyrowitz, Joshua (1986). *No Sense of Place: The Impact of Electronic Media on Social Behavior*. Oxford University Press, Oxford

Miller, C. H. (2004). *Digital storytelling: a creator's guide to interactive entertainment*. Boston: Focal Press.

Miller, C. (1984), Genre as social action. *Quarterly Journal of Speech 70*, 151-167.

Miller, C., & Shepherd, D. (2003), Blogging as Social Action: A Genre Analysis of the Weblog. [On-line] Available: http://blog.lib.umn.edu/blogosphere/blogging_as_social_action. html.

Mitchell, T. R., & James, L. R. (2001). Building better theory: time and the specification of when things happen. *Academy of Management Review, 26,* 530-47.

Moores, Shaun (2004). The Doubling of Place. *Mediaspace-Place, Scale and Culture in a Media Age*. Eds Couldry, Nick and Anna McCarthy. London: Routledge. 21-36.

Morely, D. (1994). Between the Public and the Private. In J. Cruz & J. Lewis (Eds.), *Viewing, Reading, Listening*. Westview Press, Boulder.

Mudrack, P. (1997). The structure of perceptions of time. *Educational and Psychological Measurement, Vol. 57,* 222-40.

Murray, J. H. (1997). *Hamlet on the holodeck: The future of narrative in cyberspace*. Cambridge, MA: The MIT Press.

Newhagen, J. E., & Bucy, E. P. (2004). Routes to media access. In E. P. Bucy & J. E. Newhagen (Eds.), *Media access: Social and psychological dimensions of news technology use*(pp. 3-23). Mahwah, NJ: Lawrence Erlbaum Associates.

Newhagen, J. E., Cordes, J. W., & Levy, M. R. (1995). Nightly@nbc.com : Audience scope and the perception of interactivity in viewer mail on the internet. *Journal of communication, 45*(3).

Newhagen, J., & Reeves, B. (1996), Negative video as structure: Emotion, attention, capacity, and memory. *Journal of Broadcasting and Electronic Media, 40*, 460-477.

Oakley, Todd & Hougaard, Anders (2008). *Mental Spaces in Discourse and Interaction*. Philadelpia: John Benjamins.

Ong, W. (1977). *Interface of the World: Studies in the Evolution of Consciousness and Culture*. Ithaca: Cornell University.

Orlikowsky, W. J., & Yates, J. (2002). Its about time: temporal structuring in organizations. *Organization Science, 13,* 684-700.

Parncutt, Richard & McPherson, Gary (2002). *The Science and Psychology of Music Performance: Creative Strategies for Teaching and Learning*. Oxford: Oxford University Press.

Pavlik, J. V. (2001). *Journalism and new media*. NY: Columbia University Press.

Peters, John D. (2003). Space, Time, and Communication Theory. *Canadian Journal of Communication, 28,* 397-411.

Poor, N. (2005). Mechanisms of an online public sphere: The website Slashdot. *Journal of Computer-mediated Communication* [On-line]. Available: http://jcme.indiana.edu/vol10/issue2/poor.html.

Pryor, L. (2002). The third wave of online journalism. *Online journalism review* [On-line]. Available: http://www.ojr.org/ojr/future/1019174689.php(2003, April 1).

Rafaeli, S. (1988). Interactivity: From new media to communication. In R. P. Hawkins, J. M. Wiemann & S. Pingree(Eds.), *Advancing communication science: Merging mass and interpersonal processes*(pp. 110-134). Newbury Park, CA: Sage.

Rath, Claus-Dieter. (1989). Live television and its audiences: Challenges of Media reality. *Remotr Control: Television, Audiences & Cultural Power*. London: Routledge. 79-95.

Reeves, B and Nass C.(1996). *The Media Equation: How People Treat Computers, Television and New Media Like Real People and Places*. CSLI/Cambridge University Press 김정현·조성민 역, 『미디어방정식』, 서울: 커뮤니케이션북스, 2001.

Reis, H.T., & Wheeler, L. (1991). Studying social interaction with the Rochester Interaction Record. *Advances in Social Psychology, 24*, 269-318.

Rheingold, H. (2000). *The Virtual community: Homesteading on the electronic frontier*. Cambridge, MA: The MIT Press.

Rheingold, H. (2002). *The smart mobs: The next social revolution*. 이운경 역(2003). 『참여군중』, 서울: 황금가지.

Samsel, J., & Wimberley, D.(1998). *Writing for the interactive media: The Complete Guide*. NY: Allworth Press.

Shapiro, S. (1998). Places and spaces: The historical interaction of technology, home, and privacy. *The Information Society, 14*, 275-284.

Slater, Patrick (1976). *The Measurement of Intrapersonal Space by Grid Technique (vol1)*. NewYork: John Wiley &Sons

Sohn, D., & Lee B. (2005). Dimensions of interactivity: Differential effects of social and psychological factors. *Journal of Computer-Mediated Communication, 10*(3), article 6. http://jcmc.indiana.edu/vol10/issue3/sohn.html

Stansberry, D. (1998). *Labyrinths: The art of interactive writing and design*. Belmont, CA: Wadsworth Publishing.

Steuer, J. (1992). Defining virtual reality: Dimensions determining telepresence. *Journal of Communication, 42*(3), 73-93.

Strate, L., & Lee, J.Y. (2002). Beginnings. *Explorations in Media Ecology. 1*(1), 1-3.

Strate, L. (2004). A media ecology review. *Communication Research Trends, 23*(2), 3-48.

Strate, L., Jacobson, R., & Gibson, S. (1996). *Communication and Cyberspace*. Cresskill, N.J.: Hampton Press.

Sudweeks, F., McLaughlin, M., & Rafaeli, S. (1998). *Network & Netplay: Virtual Groups on the Internet*. California: MIT Press.

Sundar, S., S., Kalyanaraman, S., & J. Brown. (2003), Explicating website interactivity. *Communication research, 30*(1), Feb.

Turkle, S. (1997). *Life on the screen: Identity in the age of the Internet.* 최유식 역(2003). 『스크린 위의 삶: 인터넷과 컴퓨터 시대의 인간』, 서울: 민음사.

Vodanovich, S. J., & Seib, H.M. (1997). Relationship between time structure and procrastination, *Psychological Reports, 80,* 211-5.

Wallace, P. (1999). *The Psychology of the Internet.* 황상민 역(2001). 『인터넷 심리학』, 서울: 에코리브르.

Walter, J. B. (1992). Interpersonal effects in computer-mediated interaction: A relational perspective. *Communication Research, 19*(1), 52-90.

Ward, M. (2002). *Journalism online.* Woburn, MA: Focal Press.

Whittaker, J. (2004). *The Cyberspace handbook.* NY: Routledge.

Williams, R.L., Verble, J.S., Price, D.E., Layne, B.H. (1995). Relationship between time management practices and personality indices and types. *Journal of Psychological Type, 34,* 36-42.

Williams, F., Rice, R. E., & Rogers, E. M. (1988). *Research method and the new media.* New York: Free Press.

Wolf, M. (2001). Genre and the video game. In Wolf, M.(ed.) *The Medium of the Video Game* (pp. 113-134). Austin: University of Texas Press.

Wood, John (1998). *The Virtual Embodied.* New York: Routledge.

Wood, F., & Smith, M. (2005). *Online communication: Linking technology, identity, & culture.* Mahwah, NJ: Lawrence Erlbaum Associates.

Wu, H. D., & Bechtel, A. (2002). Web site use and news topic and type. *Journalism and Mass Communication Quarterly, 79*(1), 73-86.

Yates, J., & Orlikowski, W. J. (1992). Genres of organizational communication: A structurational approach to studying communication and media. *Academy of Management Review, 17*(2), 299-326.

〈부록〉 미디어별 시간성과 공간성 다차원 척도 분석

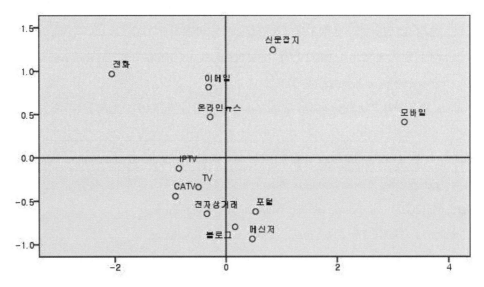

〈그림 1〉 시간성 문항 다차원 척도 분석

시간성 : stress = .07459 RSQ = .98653

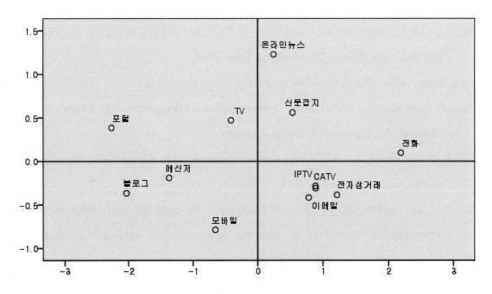

〈그림 2〉 공간성 문항 다차원 척도 분석

공간성 : stress = .06479 RSQ = .98767

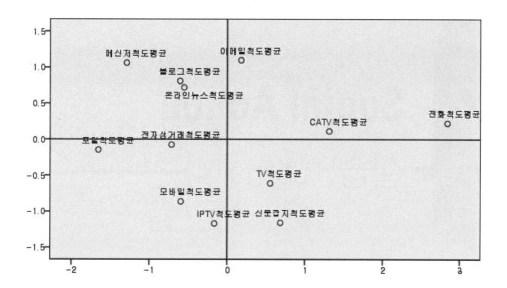

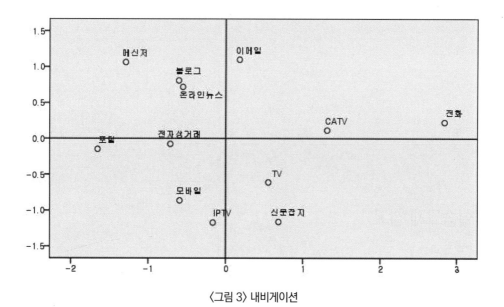

〈그림 3〉 내비게이션

4 Social Action
실습(Tutorial 4)——————

실습교재 참고

5

텍스트/하이퍼텍스트
Text Analytics

제1절. RACOI DB 이용과 적용

1. RACOI 들어가기

방송콘텐츠 가치정보 분석시스템(이하 RACOI)은 그 자체가 어마어마한 지표이다. 방송을 배우고 연구하고 대행하는 업(業)의 종사자들 모두는 이것을 이해하고 활용해야 하는 시기가 온다.

RACOI는 1차적으로 지금의 TV 시청률(정형 데이터)을 수집·분석하는 단계를 지나 2차적으로 사이버 공간의 버즈(비정형 데이터)를 분석하여 다양한 표준 지표 데이터를 제공하는 창의적(creative)이고 융합(convergence)한 DB이다. RACOI는 인터넷 버즈와 미디어 버즈로 ① 시청률 보완과 대체를 위한 통합적인 차원의 방송 상품을 평가하는 지표이다. ② 인터넷버즈와 종합DB, 그리고 해외 반응을 통해 국내 문화 지표와 해외 한류 문화 지표를 파악할 수 있다. ③ 종합반응 DB에서는 인터넷 버즈량, TV시청자수, 시청률, PC·스마트폰 시청자수 조회를 통해 미디어 간 새로운 차원의 지표를 확인할 수 있다.

이를 통해 업계와 학계 그리고 관련 정책 기관들은 이를 활용하여 이론과 정책적인 자료를 가공하고 활용하는 것이 필요해 보인다. RACOI 시스템을 통해 ① 방송의 가치 분석 방법을 다각화하고, ② 방송콘텐츠의 상품적 차원 문화적인 지표와 소비자의 감성, 시대의 트렌드(trend)를 기록하는 데이터로 활용해야 한다. ③ 뿐만 아니라 RACOI는 방송콘텐츠 창의성과 이를 소비하는 수용자, 사회 트렌드를 장기적으로 연구하고 통합적 (convergence)으로 연구하는 데 유용한 DB로 활용되도록 지속적인 연구와 개선이 필요하다.

RACOI 시스템에서 활용해본 경험을 공유한다. 우선 본 시스템의 구성을 소개하고 다음으로 RACOI 데이터로 실현 가능한 경험을 나열해 본다. 소셜TV, 문화 의제 네트워크, 한류지표, 그리고 융합연구에 관한 것이다. 이를 바탕으로 방송과 빅데이터에 관심이 많은 연구자들이 RACOI를 활용하고, 향후 새로운 진화가 이뤄지길 기대해 본다.

2. RACOI의 데이터 구성

RACOI 데이터의 주요 특징은 공공데이터로서 공개성과 지표의 다(多)차원성이다. RACOI는 산업계, 학계, 그리고 전문 연구기관 등 산학연 전문가 연구반을 활용을 통해 지표를 개발하고 검증을 한 반응지표들이다. 따라서 방송 비즈니스 차원의 거래지표가 가져야 할 공공성과 공개적이고 타당도와 신뢰도가 높은 지표로 평가된다. 이 RACOI시스템은 인터넷 반응지표, 종합 DB지표, 해외반응 DB지표로 구성되어 있고 다양한 검색 기능으로 구성되어 있다.

1) 인터넷 반응지표

방송콘텐츠에 대한 인터넷 반응을 시청자 버즈·미디어 버즈로 분류하고, 시청자 버즈는 게시글·댓글·동영상 조회로, 미디어 버즈는 뉴스기사·동영상 조회수 지표로 세분화하여 마이크로데이터 형태로 제공한다.

인터넷 버즈 DB는 방송 프로그램에 관한 한 주간의 인터넷 버즈량을 확인할 수 있다. '수집건수보기' 선택 시 수집된 버즈량 개수를, '점유율보기' 선택 시 조사 프로그램 중에서의 점유율을 확인할 수 있다. '프로그램별 상세보기'에는 프로그램명을 클릭하면 프로그램 기본 정보, 버즈 변화 추이 등을 확인할 수 있으며, 주요 쟁점 Top5 및 출연자 순위 클릭 시 원문으로 연결된다. 원문 링크에서 집계된 숫자를 클릭하면 원문 리스트를 확인할 수 있다. 조회된 데이터는 엑셀파일로 다운로드 가능하다. 또한 방송프로그램 출연진의 언급순위를 확인할 수 있다. 출연자 이름이 등장한 블로그/커뮤니티/트위터의 본문 게시글 수를 집계하여 수치가 높은 출연자 순으로 정하였다. 한 주간의 방송 프로그램 관련뉴스 게시글/동영상 중 반응이 뜨거웠던 Top20 등이 있다.

| 〈그림 1〉 인터넷 버즈 DB 화면 | 〈그림 2〉 출연자 반응 DB | 〈그림 3〉 주간 핫이슈 화면 |

2) 종합 DB지표

인터넷 반응의 정량적 수치뿐만 아니라 정성적 파악이 가능하도록 세부지표별로 원문을 볼 수 있는 링크를 제공한다. 인터넷 반응지표와 함께 시청지표(실시간·비실시간 TV

시청률·시청자수 및 PC·모바일 시청자수)를 제공함으로써 특정 방송콘텐츠가 인터넷 반응지표와 시청지표에서 차지하는 상대적 위치를 파악할 수 있도록 구성되어있다.

종합반응 DB에서 한 달간의 인터넷 버즈량, TV 시청자 수, 시청률, PC/스마트폰 시청자 수를 동시에 조회할 수 있다.

프로그램명	방송시작일	채널	요일	인터넷반응: 시청자버즈 게시글	댓글	동영상 조회 (k)	미디어버즈 뉴스	동영상	TV: 실시간 시청자수보기 (k) | 시청률보기 (%) 가구	개인	남성	여성	10대	20대	30대	40대	50대	VOD (k)	PC 실시간 (k)	VOD (k)	Mobile 실시간 (k)	VOD (k)
백일의 낭군님	2018.09.10	tvN	월화	19,834	206,960	12,174	5,549	310	2,042	2,541	996	1,545	146	166	300	752	678	-	-	-	-	-
쇼미더머니 트리플세븐	2018.09.07	Mnet	금	17,263	105,384	11,433	2,650	313	281	404	197	207	87	37	77	109	58	-	-	-	-	-
손 the guest	2018.09.12	OCN	수목	15,653	61,433	2,196	2,309	220	584	815	306	509	54	35	176	326	150	-	-	-	-	-
뷰티 인사이드	2018.10.01	JTBC	월화	13,116	87,088	12,850	5,193	487	708	1,003	328	675	107	89	171	332	188	-	-	-	-	-
* 백종원의 골목식당	2018.01.05	SBS	수	8,368	74,308	2,559	1,972	117	948	1,185	531	654	45	89	214	332	287	-	-	-	-	-
하늘에서 내리는 일억개...	2018.10.03	tvN	수목	6,703	39,337	1,569	3,114	218	571	676	216	460	53	39	112	195	154	-	-	-	-	-
여우각시별	2018.10.01	SBS	월화	6,266	26,389	2,134	3,977	215	1,386	1,502	579	923	90	99	107	372	417	-	-	-	-	-
내 뒤에 테리우스	2018.09.27	MBC	수목	5,499	22,777	1,475	3,490	175	1,540	1,864	727	1,137	102	108	176	614	479	-	-	-	-	-

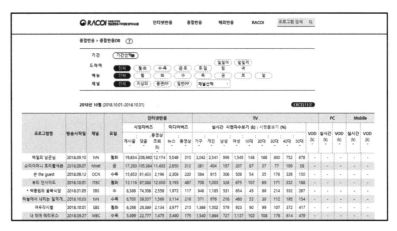

〈그림 4〉 종합반응 DB 화면

3) 해외반응 DB지표

해외반응 DB에서 중국, 일본, 베트남, 인도네시아, 인도 이렇게 5개 나라의 한류드라마 관련 해외 온라인 반응을 확인할 수 있다.

프로그램	채널	인터넷반응: 뉴스	네티즌반응	동영상조회	동영상
밥 잘 사주는 예쁜 누나	JTBC	41.5	52.1	37.2	34.4
나의 아저씨	tvN	17.0	14.6	8.3	11.8
슈츠	KBS2	9.1	0.7	1.8	1.7
위대한 유혹자	MBC	6.7	5.6	15.7	11.5
라이브(Live)	tvN	6.1	13.3	3.2	5.4
으라차차 와이키키	JTBC	5.2	2.2	6.6	8.1
미스트리스	OCN	2.7	0.4	2.2	0.8
스위치 - 세상을 바꿔라	SBS	2.4	0.7	1.4	3.0
추리의 여왕 시즌2	KBS2	2.1	0.8	1.4	1.2
우리가 만난 기적	KBS2	2.1	0.6	1.9	2.6

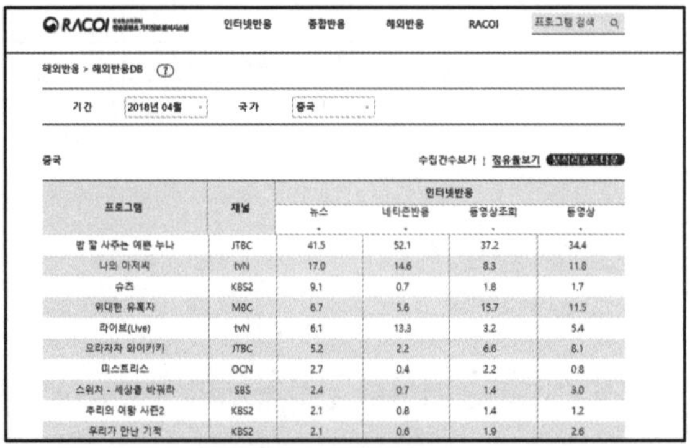

〈그림 5〉 해외반응 DB 화면

3. 연구에 활용하기

RACOI 데이터 목표는 방송프로그램과 관련한 국내외 웹사이트의 버즈 데이터를 객관적인 차원의 데이터로 수집하여 기존의 TV시청률 중심의 콘텐츠 평가를 보완하고 한류 콘텐츠 수출 활성화를 지원하는 것이다. 학술적인 차원에서 이를 활용하는 것이 필요하다. 이 자료를 통해 연구와 분석에 활용하는 차원은 통상 빅데이터, 텍스트 분석 그리고 이를 융합하는 시청률과 연관된 상관관계를 통해 새로운 이론과 현상을 연구하고 강의 사례로 사용할 수 있다.

RACOI에 기본적인 구성을 바탕으로 주로 연구하는 주제는 다음과 같다. △ 인터넷 소셜 미디어의 반응지표와 시청률과의 상관관계 지표에 관한 연구이다. △ 인터넷 반응지표와 인구통계학(세대, 직업, 학력, 수입)간의 상관관계 연구이다. △ 통합지표(실시간 방송, VOD, TV, PC, 모바일)와 TV 시청률과의 상관관계 연구를 이용하는 차원에서의 지상파 비지상파 이용형태와 버즈 상관관계 연구이다, △ 한류와 K-Wave Trend 연구이다. 나아가 RACOI의 공공데이터로서의 타당성과 신뢰성에 관한 지표연구이다.[13]

1) 시청률 보조수단으로 인터넷 반응지표 연구

RACOI 데이터를 바탕으로 버즈를 독립변인으로 시청률 종속변인으로 회귀관계나 상관관계 연구를 할 수 있다. 인터넷 반응이 시청률에 미치는 영향관계 또는 시청률이 버즈 반응의 상관관계를 측정할 수 있다. 일반적으로 높은 시청률은 많은 버즈를 유발하고, 감정적인 갈등이 높은 프로그램은 버즈 유발이 높은 상관관계를 측정할 수 있다. 5가지 인터넷 반응(게시글 수, 댓글 수, 동영상 조회 수, 뉴스 수, 동영상 수) 중 게시글 수와 동영상 조회 수가 시청률 상승에 긍정적인 영향이 있는지에 관한 측정을 할 수 있다. 뉴스

---

13   버즈(buzz)는 벌이 윙윙 거리는 거처럼 어떠한 이슈나 주제를 가지고 온라인(SNS, 각종 커뮤니티 등)에서 이야기 하는 것이다. 스마트기기 보급으로 방송매체 이용행태가 크게 변화하였다. 이에 따라 기존 TV시청률 중심의 콘텐츠 평가를 보완할 새로운 지표의 필요성이 대두되었고, 수동적인 '단순시청정보' 측정에서 나아가 능동적인 '반응정보' 측정에 대한 관심이 증가하였다.

수는 시청률 상승에 긍정적인 영향을, 그리고 댓글 수는 부정적 영향을 줄 가능성이 있다는 것도 발견하였다. 드라마 장르와 지상파 채널 프로그램일수록 더 높은 시청률을, 일반 PP 채널일수록 더 낮은 시청률 지표를 가진다. 그러나 개인화 프로그램이나 사적인 내용의 프로그램과 버즈와의 상관관계 연구 등을 할 수 있다.

2) 소셜TV 시청 연구

RACOI는 방송 프로그램과 관련한 국내외 웹사이트의 버즈를 수동적인 '단순시청정보' 측정에서 나아가 능동적인 '반응정보'를 수집한 버즈 데이터이다. 인터넷상의 언급은 콘텐츠에 대한 인식과 관심을 행동으로 입증하는 데이터로 평가한다. 이는 방송 평가 수용, 그리고 나아가 프로그램 제작·편성·수출과 광고 집행 의사결정에도 영향을 주고 있다.

RACOI 데이터를 통해 분석에 적용하는 이론적 배경의 연구는 인터넷상의 버즈와 현실의 시청률과의 관계를 연구하는 연구이다. 이를 바탕으로 온라인 버즈를 추가로 분석하여 소셜 미디어와 전통 미디어 간의 의제 상관관계 연구의 사례로 사용한다. 인터넷상의 버즈에 나타난 주요 단어(TF-IDF)[14] 파악을 통해 주요 단어와 프로그램에 등장하는 특징 키워드를 파악할 수 있다. 이를 바탕으로 토픽모델인 LDA[15], STM[16]을 통해 주요 토픽의 흐름과 문화적인 지표를 파악할 수 있다. RACOI가 제공하는 지표를 바탕으로 연구와 교육에서는 R과 Python을 이용하거나 외부 데이터 수집 툴(tool)을 이용하고,

---

14 TF-IDF(Term Frequency-Inverse Document Frequency)는 정보 검색과 텍스트 마이닝에서 이용하는 가중치로, 여러 문서로 이루어진 문서군이 있을 때 어떤 단어가 특정 문서 내에서 얼마나 중요한 것인지를 나타내는 통계적 수치이다.

15 잠재 디리클레 할당(Latent Dirichlet Allocation, LDA)은 토픽 모델링의 대표적인 알고리즘이다. 줄여서 LDA라고 한다. LDA는 문서들은 토픽들의 혼합으로 구성되어 있으며, 토픽들은 확률 분포에 기반하여 단어들을 생성한다고 가정한다.

16 STM(Structural Topic Modeling … Semantic Analysis), 구조적 토픽 모델링으로 토픽 모델링 분석 방법 중 하나이다.

이를 바탕으로 재가공하여 텍스트에 나타난 프레임과 네트워크 의제를 연구해 왔다.

3) 시청률과 반응 지표로 프로그램 분류 연구

RACOI의 DB는 새로운 확장된 시청률 확보와 인터넷 반응 지표로 보완하는 DB로 1차적인 연구에서 시청과 반응의 유형을 분류할 수 있다. 시청률과 반응 지표인 버즈량을 바탕으로 프로그램의 시청유형을 구분하면 4차원으로 세분화 할 수 있다. 이는 사회적인 버즈 반응 유형으로서 방송을 분류하는 것을 RACOI의 DB로 할 수 있다. 나아가 인터넷 상의 시청자 반응을 가늠할 수 있는 지표 제시이다. 이 지표는 수용자가 인식하는 가치와 반응을 다차원에서 측정한다. 여기에는 RACOI의 DB가 매우 유용하다. 그러나 심도 있는 연구를 위해서는 2차 버즈 수집과 빅데이터 기반 텍스트 분석이 필요하다.

참여 행위 중심 유형 시청률은 낮으나 참여 버즈 화제성이 높은 마니아층 프로그램	시청 참여 동반 유형 시청률과 참여 화제성이 모두 높은 인기 프로그램
무시청 무반응 유형 시청률과 화제성이 모두 낮은 비인기 프로그램	시청 행위 중심 유형 시청률은 높으나 화제성이 낮은 프로그램

시청률, 인터넷 반응 수, 미디어 반응 간의 의제간의 연관성을 연구하는 기초자료로 활용한다. 폭발적인 시청률과 인터넷 반응에는 출연하는 식당 주인들에 대한 공감 대신 관찰자 혹은 컨설턴트로서의 시선이 자리한다. 기자들이 쓴 뉴스 기사는 물론이고, 시청자들이 생산하는 게시글이나 댓글 역시 악역 출연진을 비판하는 모양새다.

4. 방송과 소셜 미디어 간 의제설정(Intermedia Agenda-setting) 연구

방송과 소셜 미디어 버즈 간의 의제설정에 관한 연구이다. 이는 의제 형성에서 매체 간 의제설정(Intermedia Agenda-setting) 이론으로 누가/무엇이 방송프로그램 미디어의 의제를 설정했는가에 초점을 맞춘다. 방송 내용에 관한 이야기가 구성되는 과정으로 보는 것이다. 즉, 방송 프로그램과 문화적인 의제로서 블로그와 인터넷 미디어의 버즈와 미디어 간 네트워크를 측정할 수 있다. 이를 소위 문화적 의제설정 이론(Cultural Agenda Setting Theory)으로 평가한다.

넬슨(Nelson, 1970)은 방송을 '경험재 상품(experience goods)'과 '탐색재 상품(search goods)'으로 분류할 수 있는데 '경험재 상품'이란 구매하고 경험한 후에만 정확하게 평가할 수 있는 상품이고 '탐색재 상품'은 구매 또는 소비 전에 평가할 수 있는 속성을 가지는 상품이다. 경험재, 특히 문화 상품과 같은 '경험재 상품'이 '탐색재 상품'과 다른 점은 소비자가 실제 구매하기 전에 쉽게 확인할 수 없는 특성이 있어서(Nelson, 1974) 소비자가 문화 상품을 구매하기 전에 사회적인 버즈가 수용과정에 크게 영향을 미친다는 것이다. 이는 방송프로그램의 구전 커뮤니케이션(WOM: Word of Mouth) 효과 연구와도 연관되어 나타난다. 방송 시청 결정에 미치는 WOM의 영향이 크다. 따라서 인터넷 상의 버즈 융합은 방송 추천과 시청 연구에 적용할 수 있다.

5. 연구를 위한 RACOI 개선 제언

RACOI 데이터의 지속가능한 발전을 위해서는 디지털 플랫폼에 따라 지속적인 개선이 필요하다. 우선 1) RACOI을 기본으로 하는 통합 DB 아카이브 구축이다. CJ ENM의 CPI(Contents Power Index), KBS의 KOCO PIE(Korea Contents & Program Index for Evaluation) 등과 연계하여 통합 아카이브 구성이다. 개별적으로 운영 중인 방송사의 외부 대행사 자료수집과의 연결 통합 DB를 만드는 것이 필요해 보인다.

2) 자체 분석이 가능한 인터페이스 개발이다. 다양한 그래픽 인터페이스로 그래픽 시각적

인 데이터베이스 역할을 위한 개선이 필요하다. 나아가 데이터로서 텍스트를 활용할 수 있도록 준비하는 것이 필요해 보인다.

3) 미디어가 풍부한(Media Rich) 새로운 기능의 필요이다. 소비자 행위의 통찰과 분석력을 갖추는 것으로. 수정 가능한 데이터의 형태로 첨가, 통합, 변형해 리포트 할 수 있을 뿐 아니라 원 자료를 기반으로 경험을 살린 새로운 알고리즘을 적용한 솔루션을 만들 수 있어야 한다. 출연자 파워(power)가 댓글 수와 시청률에 미치는 영향 등을 연구할 수 있는 플랫폼 구축이 필요하다.

4) RACOI 시스템은 시청률을 측정하는 시청 단말과 연계 통합 유형에 따른 버즈 유형(시청률을 측정하는 가구의 단말과 버즈 패턴을 측정하는 연계이다.)의 상관관계를 연구하는 것이 가능할 수 있는 DB가 필요하다.

참고 문헌

권상희·최윤정, 드라마에 대한 TV수용자의 트위터 반응 연구 - 드라마 '백년의 유산'을 중심으로. A Research of TV Audience Messages on Twitter : Focused on Semantic Network Analysis of <AHundred-Year Legacy>

박종구, TV방송콘텐츠에 대한 인터넷반응은 TV시청률의 보완지표인가, 대체지표인가? Exploratory Research on the Correlations between RACOI Internet Indicators(Internet Responses to TV Contents) and TV Ratings

RACOI: 방송콘텐츠 가치 정보 분석시스템, http://www.racoi.or.kr/kobaco/main.do

[네이버 지식백과] 미디어 융합(미디어 경영, 2013. 2. 25., 커뮤니케이션북스), https://terms.naver.com/entry.nhn?docId=1691696&cid=42238&categoryId=42240

[위키백과] 빅데이터, https://ko.wikipedia.org/wiki/%EB%B9%85_%EB%8D%B0%EC%9D%B4%ED%84%B0

5 Text Analytics
실습(Tutorial 5)──────

실습교재 참고

6

소셜 미디어와 뉴스
Network Analytics

제1절. 네트워크 의제 설정 분석

언론의 '창조경제'에 대한 의제설정의 의미연결망 분석

1. 문제 제기

박근혜 정부가 들어서면서 정부의 국정 철학이자 새로운 경제 패러다임으로 떠오른 창조경제는 21세기 전후 선진국을 중심으로 언급되기 시작, 2001년 존 호킨스(John Howkins)의 저서 『창조경제: 아이디어로부터 돈 버는 방법』이 발간되면서 더욱 활발히 논의되고 있다. 우리나라에서도 밀레니엄의 시작과 함께 언급되어 온 창조경제 이론은 2008년 유엔무역개발협의회(UNCTAD)의 「창조경제보고서(Creative Economy

Report)」가 발간되고 선진국의 창조경제 정책의 성과가 소개되면서 관심이 증가했고, 지방자치단체를 중심으로 창조경제를 도입한 창조도시 건설의 붐이 일어났다. 박근혜 정부의 출범 이후 국정 운영의 주요 방향으로 제시된 창조경제는 이후 매우 다양한 차원의 논의가 진행되고 있다. 창조경제에 대한 논의는 주로 경제 문제와 관련한 의제로 거론되고 있지만, 때로는 정치적 이슈로 문제화되기도 한다. 또한 이전보다 과학, IT, 문화예술 등의 분야가 경제 발전 문제에 더욱 긴밀한 연결 관계를 가지며 이 분야의 공공 지원의 근거로 창조경제가 제시되기도 하였다.

창조경제가 국가 중요 이슈로 등장하면서 우리 언론의 창조경제에 대한 언급도 늘어났다. 특히 2013년 박근혜 정부가 본격적으로 국정 운영을 시작하면서 창조경제에 대한 기사는 폭발적으로 증가하고 있으며, 지금도 창조경제 관련 기사가 매일 쏟아지고 있다. 각 언론의 다양한 정치적 성향과 편집방식에 따라 국민은 다양한 관점에서 창조경제에 대해 학습하고 비판한다. 또한 언론은 이렇게 형성된 국민의 여론과 상호영향을 주고받으며 창조경제에 대한 '사회적 의미화 과정'을 주도하고 있다. 언론이 창조경제에 대해 해석하고 편집하는 방식에 따라 우리 사회의 창조경제에 대한 수용 및 발전의 방향이 달라지는 것이다(Entman, 1993; Gamson & Lasch, 1989; Tuchman, 1978).

본 연구는 박근혜 정부가 창조경제라는 새로운 패러다임을 제시하고 실행한지 3년차에 들어선 현재, 과연 우리 사회와 언론은 창조경제를 어떻게 이해하고 의미화하고 있는지 고찰하고자 한다. 이를 위해 언론의 특정 의제 설정이 의제에 대한 담론 방향과 의미화를 해석하는 '의제설정 이론(agenda setting theory)'을 적용, 창조경제의 언론을 통한 의제설정 경향을 분석하고자 한다. 특히 특정 이슈에 대한 논리 전개를 위한 단어 선택, 단어 간 관계, 관계가 형성하는 전체 논리 구조 등을 연구하는 네트워크 분석을 적용, 창조경제에 대한 우리 사회의 인식을 구조적이고 입체적으로 분석하고자 한다.

이 연구는 창조경제라는 개념이 국내에서 소개된 이후 현재까지, 어떻게 우리 사회 속에서 의미화 되고 있는지 그 흐름을 이해할 수 있게 할 것이다. 또한 박근혜 정부가 향후 우리 미래 경제 패러다임으로 제시했던 개념이 어떻게 발전하고 있는지, 정부의 국정 홍보 현주소를 파악할 수 있는 계기가 될 것이다. 이를 통해 향후 박근혜 정부의 효과적인 창조경제 패러다임 실현을 위해 어떻게 국정 홍보 전략을 구축해야 할지 의미 있는 시사점을 제공할 수 있을 것으로 보인다.

2. 이론적 논의

1) 창조경제에 대한 선행연구 분석

20세기 후반부터 선진국을 중심으로 논의되기 시작한 '창조경제(creative economy)'는 세계 경제의 불황 극복과 정부 재정 문제 해결을 위한 타개책으로 제시된 개념이다. 일찍부터 창조경제 개념을 받아들인 영국은 1970년대 초반까지 호황을 누렸던 제조업의 쇠퇴와 중앙정부 재정 악화, 그리고 중앙의 지원 감소로 지방정부의 운영이 악화하며, 지금과는 다른 경제 구조로의 전환을 꾀했다. 1997년 토니 블레어의 노동당 정부가 집권하면서부터 창조경제는 본격적으로 진행되었다. 블레어 정부는 특히 문화, 예술, 디자인 등 개인의 창의성에 기반을 둔 창조산업(creative industry)을 영국 경제의 미래 성작 동력으로 보았고, 이를 중심으로 한 경제 패러다임 전환을 추진했다. 이후 미래학자 존 호킨스(John Howkins)가 2001년 발간한 책『창조경제: 아이디어로부터 돈 버는 방법』을 발간한 후 창조경제는 세계적 경제 이슈로 등극했으며, 2008년 유엔무역개발협의회(UNCTAD)가「창조경제보고서(Creative Economy Report)」를 발간하면서 유럽을 비롯한 세계 각국에 창조경제가 주요 화두로 떠올랐다(김왕동, 송위진, 성지은, 2013).

우리나라의 경우 21세기 초반부터 창조경제의 개념이 소개되기 시작했다고 할 수 있다. 그러나 초기에는 국정 운영 철학이기보다는 '지역 발전 전략'으로서 받아들여졌다(차두원, 2013). 창조경제의 개념을 적용한 '창조계급', '창조도시'의 개념을 서울을 비롯한 많은 지방자치단체가 받아들이기 시작했기 때문이다. 미국의 사회학자 리처드 플로리다(Richard Florida)와 찰스 랜드리(Charles Landry) 등이 주장한 이 개념들은 특히 인간의 창조적 역량이 발휘될 수 있는 '환경 구축' 부분을 강조한다. 플로리다는 창조계층을 많이 확보하는 도시가 갖추어야 할 요소로 '3T(Technology, Tolerance, Talent)'를 주장하였는데, 3T란 창조적인 역량을 발휘할 수 있는 기술적인 인프라

(Technology)와 혁신적인 아이디어가 위화감 없이 받아들여지며 다양한 문화를 인정하고 수용하는 분위기(Tolerance), 그리고 이로 인하여 도시로 모여드는 인재(Talent)를 일컫는다. 플로리다(Florida, 2002)에 따르면 개인의 창의성은 이러한 3T가 풍부하게 조성된 환경 안에서만 고취될 수 있으며, 미래의 도시는 창의성을 활용한 창조산업이 도시 경제를 이끌게 될 것이라고 주장했다. 이러한 창조계급, 창조도시론에 영향을 받은 우리나라의 많은 지방자치단체는 지역 주민의 창의력을 고취할 수 있는 문화예술에 대한 지원을 확대하였고 지역문화재단 건립 등을 통해 전략적으로 이를 실현하고자 하였다.

중앙 정부 차원에서도 창의력에 대한 강조가 꾸준히 진행되었다. 김대중 정부는 '문화예산 1% 달성'을 목표로 내세우며 문화산업 진흥을 추진했고, 노무현 정부는 『창의한국(Creative Korea)』라는 정책서를 발간, 모든 국민의 창의성 증진이 국가 미래와 깊은 관계가 있음을 주장했다(문화관광부, 2004). 이명박 정부 또한 「문화비전 2008-2012」에서 국민 창의력 증진을 통한 소프트파워가 강력한 대한민국을 제시했다. 중앙정부 차원에서도 창의성 증진과 창조산업 진흥을 꾸준히 강조해 온 것이다. 그러나 대부분 문화정책의 영역에서 제시된 개념이었으며, 국정 전반에 적용되지는 않았다고 할 수 있다(문화체육관광부, 2008).

이후 박근혜 정부가 들어서면서 창조경제는 국정 운영 기본 방향이자 미래 사회 패러다임으로 개념이 대폭 확대된다. 2013년 6월 4일, 정부는 관계부처 합동으로 「창조경제 실현계획(안): 창조경제 생태계 조성 방안」을 발표하였는데, 신흥 개발도상국으로서의 성장의 한계를 겪고 있는 우리나라의 새로운 경제 개발 전략으로 창조경제 개념을 제시했다. 박근혜 정부의 창조경제는 한국의 강점인 과학기술과 ICT의 기술 역량을 바탕으로 하고 있는데, 이를 기반으로 새로운 산업과 시장을 창출하고 기존 산업을 강화하여 양질의 일자리를 만들고자 하고 있다(관계부처 합동, 2013). 특정 분야에 대한 정책에 그치는 것이 아니라 다수의 영역을 융합하여 경제 전반의 성장 동력으로 키우고자 하는 것이다.

창조경제가 국정 운영의 화두로 떠오름에 따라 학계의 창조경제에 대한 연구도 활발해지고 있다. 많은 연구가 박근혜 정부가 본격적으로 시동을 건 2013년 이후부터 진행되고 있는데, 주로 창조경제의 전략 구축을 위한 실질적 제언이 중심을 이루고 있다. 특

히 많은 연구에서 창의성 육성을 위한 문화예술의 중요성을 강조하고 있으며, 고부가가
치를 창출하는 음악, 출판, 공연, 디자인 등 지적재산권 관련 산업의 성장에 중요성을 부
여하고 있다. 문화예술과 함께 과학기술에 대한 지원도 강조되고 있으며, 국토 개발, 해
양수산, 국방, 의학, 관광, 식품영향, 건축공학 등 다양한 분야에서 창조경제가 논의되면
서 국정 전반에 개념이 적용, 발전되고 있다.

본 연구는 이렇게 점차적으로 개념을 확대해 온 창조경제가 사회에서는 어떻게 이슈
화되며 논의되어 왔는지 비교, 분석하고자 한다. 특히 박근혜 정부 수립 이후, 전 분야에
창조경제의 개념을 적용하고자 하는 정부의 시도가 사회적으로 어떻게 의미화 되고 발
전하고 있는지, 정부의 정책 운영과 사회적 의제 설정 간의 차이를 분석하고자 한다.

2) 1차 의제설정 이론(agenda setting theory)

의제 설정연구는 월터 리프만(Walter Lippmann, 1992)이 『여론(Public opinion)』
에서 제시한 '바깥세상과 우리 머릿속 그림(the world outside and the pictures in
our heads)'으로 뉴스를 통해 경험하지 못했던 세계의 상을 갖게 되고, 마치 그것을 실
제라고 믿게 된다고 주장했다(오대영, 2010). 이를 바탕으로 확장된 개념으로 코헨
(Cohen, 1963)은 미디어가 사람들에게 '무엇을 생각할 것(What to think)인지'에 대
한 역할보다는 '무엇에 관해 생각할지(What to think about)'에 대한 역할은 놀랄 만큼
성공적으로 작동한다고 주장했다. 의제설정 이론(agenda setting theory)은 1972년
맥콤스와 쇼에 의해 처음 제기된 미디어 이론이다. 그들은 1968년 미국 대통령 선거 캠
페인 기간 중 언론이 중점 보도한 이슈(media agenda)와 유권자들이 중요하게 다루는
사회적 이슈(public agenda) 간에는 매우 높은 상관관계가 있다는 것을 발견하였는데,
이는 언론이 뉴스 수용자들의 사회 인식에 영향을 미치기 때문이라고 주장하였다
(Entman, 1991; McComb & Shaw, 1972). 이들에 따르면 사람들은 사회의 모든 사
항을 직접적으로 경험할 수 없으므로 언론 보도를 통해 사회 이슈를 간접적으로 접하고
판단하는데, 이에 따라 자연스럽게 사람들이 보는 현실은 있는 그대로의 현실이 아닌 뉴
스가 구성한 현실이라고 할 수 있고, 이러한 언론의 기능을 의제설정 기능이라고 하였다

(Goffman, 1974; McComb & Shaw, 1972). 이후 진행된 의제설정 연구는 샬럿 (Charlotte) 시에서 이루어진 연구로써 의제설정 효과의 이론적 근거를 더 체계화하였 다(Shaw & McCombs, 1977). 의제설정 이론은 언론과 수용자의 관계를 연구한 이론 으로 이후 발전되며 언론의 수용자에 미치는 영향력의 범위와 효과에 대해 활발히 연구 하게 된다. 맥콤스와 쇼는 신문 내 특정 이슈 기사의 위치와 규모에 따라서 수용자의 뉴 스에 대한 중요성도 판단에 영향을 미친다고 주장했다.

이후 의제설정 이론은 미디어가 '무엇을' 강조하는가에서 발전하여 미디어가 중요시 하는 대상뿐만 아니라 미디어가 대상의 속성을 해석하는 방식, 내용 또한 수용자에게 영 향을 미친다고 본다. 대상과 이슈의 구체적인 속성을 어떠한 방식으로 해석하고 소개하 느냐에 따라 수용자가 특정 이슈를 어떻게 생각할 것인지 영향을 주는 것이다(Ghanem, 1997). '2단계 의제설정(second- level agenda setting)'이라고 불리는 이 이론은 언 론의 보도 행위가 수용자에게 좀 더 광범위하게 영향을 미침을 설명하는데, 미디어가 제 공하는 정보의 종류, 정보에 대한 의견, 이를 설명하는 단어 선택 등이 모두 수용자의 이 슈 판단과 추론에 영향을 미치는 것이다. '2차 의제설정' 혹은 '속성 의제설정'이라는 영 역은 특정 이슈에 대해 '어떻게 생각할 것인지(how to think about)'에 대한 측정으로 '생각할 대상'보다는 '생각하는 방법'에 관한 측정이다(Weaver, 2007). 따라서 2차 의 제설정의 주요 개념에는 '속성(attribute)'이 있다. 속성이란 대상의 특성을 구성하는 하 부 요소로 이슈 속성들의 현저성이 전이, 문제, 심볼, 연상, 네트워크 과정에 관한 연구로 '속성 프라이밍(attribute priming)' 효과이다. 속성 프레이밍은 미디어가 이슈의 특정 속성에 관한 강조와 더불어 이슈에 대한 연결, 네트워크, 평가나 의견의 방향과 해결방안 에 관한 것이다(Kim, Scheufele, & Shanahan, 2002).

2단계 의제설정에서 주목하는 언론의 표현 방식을 갬슨과 라쉬(Gamson & Lasch, 1983)는 프레이밍(framing)이라고 표현했다. 프레이밍이란 언론이 특정 이슈를 이해 하는 중심적인 사고 틀로 언론은 이 틀을 통해 뉴스를 조직한다. 프레임을 수용자의 현실 인식에도 그대로 영향을 미쳐, 수용자의 사회 가치관 형성에 영향을 미친다(Hester & Gibson, 2003; McCombs & Ghanem, 2001). 엔트만(Entman, 1991)에 따르면 이 러한 프레임은 단지 개인 차원에 영향을 미치는 데에 그치는 것이 아니라 특정 이슈에 대한 사회적 중요성 평가에도 영향을 미치게 된다. 설사 뉴스 프레임을 직접적으로 접하지 않은 개인이라도 미디어를 통해 형성한 이슈 문화는 사회적인 수준에서 '공적 지식(public knowledge)'을 형성, 미디어의 영향권에서 벗어날 수 없게 한다(Schudson, 1995). 김수정과 조은희(2005)는 한국의 배아줄기세포 연구 성공 뉴스가 한국과 미국의 언론에서 어떻게 다르게 의미화 되는지 비교 연구하였는데, 한국은 '영웅'과 '선두'의 프레임으로 보도하고, 미국은 '정책(법안) 갈등'과 '윤리 갈등' 프레임으로 다르게 보도하는 것으로 나타났다. 이렇게 다른 뉴스 프레임 보도는 동일 사건에 대한 양국의 이슈 문화를 달리 형성, 양국 국민의 현실 인식에 영향을 미치게 된다. 언론의 의제설정 경향이 수용자 개인의 사회 인식에 영향을 미침은 물론, 사회 전체의 특정 이슈에 대한 사회적 의미화 과정에 영향을 미치는 것이다. 이러한 의제설정 기능은 이슈에 대한 중요성 부여 여부는 물론 그 세부 내용에 대한 피드백에도 강력한 영향을 미치게 되어, 특정 이슈에 대해 어떠한 이슈 문화를 형성하게 하는지에도 영향을 미친다. 창조경제의 경우도 미디어가 제공하는 지식, 그리고 그 지식을 다루는 태도, 선택하는 단어와 구성하는 패턴이 모두 수용자의 인식에 각인되어 창조경제라는 현실인식에 상징화하여 작용한다. 창조경제에 대한 독자적인 해석 과정을 가진다기보다는 패턴에 의해 지식을 형성하므로 독자의 창조경제에 대한 피드백도 언론의 의제설정에 따라 달라진다.

의제설정 이론은 주로 정치적 이슈와 관련한 연구에 많이 적용된다. 안종묵(2012)은 미디어의 이념적 성향에 따라 이명박 대통령의 독도 방문에 대한 인터넷 뉴스가 각기 다른 프레임을 제시하고 있음을 밝혀내기도 하였다. 임양준(2009)은 방송 뉴스가 용산 철거 사건을 어떠한 방식으로 보도하는지 방송사들의 보도 프레임 경향을 분석, 이슈에 대한 해석이 어떻게 제공되고 영향을 미치는지 분석하였다. 그의 주장에 따르면 방송 뉴스는 특정 사건에 대한 입장을 다소 치우치게 보도, 수용자의 현실인식을 방해한다고 주장하기도 하였다. 그러나 비단 정치적 이슈뿐만 아니라 사회, 문화, 경제 등 다양한 분야에 적용될 수 있으며, 사회현상의 중요성 평가에 영향을 미치므로 사회전반의 가치를 어떻게 설정하느냐에도 영향을 미친다고 할 수 있다(Gamson & Lasch, 1983). 권상희(2005)는 인터넷 발달 초기부터 2005년까지, 언론이 인터넷에 대해 어떻게 이해하고 보도해 왔는가를 연구, 각 시기별로 신문 보도가 어떠한 방식으로 프레임을 구성하는지 인터넷 관련 뉴스 텍스트 분석을 통한 프레임을 분석하였다. 연구 결과, 초기에는 기술 위주로 다루다가 점차 사회문화적인 차원에서 인터넷의 사회적 의미와 문제점에 초점을 맞추는 경향임을 밝혀내었다.

한편 멀티미디어 환경 구축 이후, 인터넷 미디어가 등장하면서 수용자의 권위가 상승되어 기존 언론의 의제설정 기능이 축소되었다는 주장도 제기되기도 한다. 인터넷의 경우 이용자가 보다 능동적으로 정보를 탐색하고 흐름을 통제할 수 있기 때문이다. 기자의 중요도 판단은 수용자들의 선택 여부에 의해 결정되어 의제설정은 수용자에 의해 결정된다는 것이다(Althaus & Tewksbury, 2002). 이러한 주장은 인터넷 미디어, 특히 포털 사이트의 게이트키핑 기능이 2차적인 의제설정 효과를 구성, 수용자의 인식에 영향을 미친다는 연구가 다수 발표되며 비판을 받았다(박광순·안종묵, 2006; 최민재·김위근, 2006). 그러나 기존 언론과 새로운 뉴미디어 언론이 여전히 강력한 게이트키핑을 주도하더라도 멀티미디어 환경은 수용자의 권위를 상승시켜 기존 언론의 의제설정에 상당 부분 영향을 미치고 있다. 2002년 미군 장갑차에 의한 여중생 사망 사건의 경우, 초기에는 언론에 의해 크게 주목받지 못한 사건이었으나 인터넷을 통해 사회적 관심을 형성, 사회적 이슈로 등극하여 언론에 의해 중요시 다루어졌다(김성태·이영환, 2006). 사회의 반응이 역으로 언론의 보도 경향에 영향을 미친 것이다. '역의제설정(reversed agenda-setting)'이라도 불리는 이 주장은 현재의 멀티미디어 환경에서 여론과 언론이 어떻게 상호영향을 주고받으며 특정 이슈를 사회적으로 의미화 하는지를 보여준다고 할 수 있다.

3) 의미연결망 분석과 중심성 연구

의제설정과 뉴스 프레이밍 연구가 발달하면서 이를 분석하는 다양한 연구방법이 제시되고 있는데, 많은 연구에서 적용하는 방법으로는 갬슨과 라쉬(Gamson & Lasch, 1983)의 '패키지 분석'이 있다. '패키지(package)'란 언론이 특정 이슈에 대한 프레임을 구성할 때 사용하는 아이템으로 텍스트뿐만 아니라 이미지, 문장 구성, 상징, 톤 등으로 구성된다. 이러한 패키지 분석은 패키지가 어떠한 아이템으로 구성되어 있는지를 분석하고 이에 따라 이슈에 대한 프레임 내용과 입장을 분석한다(Gamson & Lasch, 1983). 이때 주요 아이템의 선정은 주로 어휘나 상징의 빈도수나 순위 측정을 통해 판별된다. 가넴(Ghanem, 1997)은 기사에 사용된 특정 이슈에 대한 정서적 측면을 통해 프레임 분석을 하였는데, 역시 주요 어휘를 분석하고 이에 대한 긍정적, 또는 중립적, 부정적 논조를 나타내는 단어를 분석하여, 특정 이슈에 대한 자세를 분석하였다.

　그러나 위의 연구방법들은 주로 어떤 어휘나 상징을 선택하였으며, 그들의 사용 빈도수나 순위 측정을 중심으로 한 분석법이다. 핵심적인 상징이 어떻게 의미에 따라 분류될 수 있는지 군집화하고, 비교하고 있다. 이러한 방법은 언론이 특정 이슈에 대해 어떠한 정보를 주로 제공하며, 그것을 어떻게 해석하는지를 분석할 수 있는 방법이다. 그러나 언론이 정보를 어떻게 배열해서 전체적인 의제설정 구조를 구축하는지, 정보 간의 상관관계나 언론이 이슈를 구성하는 배열 논리, 그리고 이로써 언론이 이슈에 대한 특정한 태도를 어떠한 방식으로 구축했는지 등 언론 '이슈 구조화' 경향을 체계적으로 분석할 수 없다. 즉 특정 의제가 어떠한 방식으로 큰 숲을 구성하기 위해 어떠한 나무를 사용하고 어디에 어떤 나무를 어떠한 방식으로 구성했는지 조직적인 구조는 알기 어려운 것이다. 이러한 한계를 극복하기 위하여 최근에는 핵심 상징 간의 관계와 구조를 연구할 수 있는 '의미연결망 분석(semantic network analysis)'이 활용되고 있다.

　의미연결망 분석은 사회과학의 '사회 연결망 분석(social network analysis)'을 활용한 분석 방법으로 사회 구조 내의 행위자들이 맺는 관계를 분석하고 있다(Wasserman & Faust, 1994). 사회 연결망 분석은 특정 사회 현상이 각 개인 간의 상호작용으로 하나의 연결망(network)을 구축한다고 보고 있다. 따라서 특정 사회 현상을 종합적으로 이해하기 위해서는 개인 간의 상호작용 결과인 연결망 구조(structure)를 분석해야만 한다고 본다. 연결망은 '노드(node)'라는 개체와 이들 간의 '연결 관계(link)'로 구성되는데, 노드는 '개인'이며 연결 관계는 '개인 간의 관계'이다. 네트워크 분석을 적용한 의미연결망 분석에서 각 노드는 언론에서 주요하게 다루어지는 '키워드'이며 링크는 '키워드 간의 연결 관계'를 나타내게 된다.

　의미연결망 분석은 노드와 노드 간의 관계 분석을 실시한다. 관계 분석은 개별 노드 간에 어떠한 관련성이 있는지, 그리고 어떠한 정도의 상호작용을 하는지를 분석하는데, 이러한 과정은 그동안의 의제설정 분석 방법에서 주로 도출한 '무엇이' 주요 상징인지에서 나아가, 상징 간의 관계와 성격까지 구분할 수 있다. 그리고 이 관계를 바탕으로 키워드 간의 연결 구조, 즉 특정 이슈에 대한 전체 의미 연결망 구조를 가시적으로 그리게 되는데, 이를 통해 의미연결망 분석은 의제가 어떠한 방식으로 숲을 구성하며 어떠한 나무가 주로 사용되고 나무 간의 관계가 어떻게 구축되었는지 조직적인 분석이 가능하다. 이로써 의미연결망 분석은 보다 입체적으로 키워드 간의 관계와 전체 구조를 밝힐 수 있으며, 수용자에게 어떠한 구조로 영향을 미치는지 그 틀의 실제 모습을 가시적으로 이해할 수 있다는 장점을 가진다.

의미연결망 분석은 의제에 대한 전체적인 구조 분석뿐만 아니라 전체 구조에 특정 키워드의 위치와 역할을 분석하여, 언론의 의제설정 구조를 세부적 차원에서도 이해할 수 있게 한다. 즉 각 노드가 어떤 위치에 자리하는지, 그리고 그 노드는 전체 구조에 어떠한 역할을 하는지 파악하는데, 이때 이러한 노드의 역할과 노드 간의 관계를 분석해 내는 방법이 '중심성(centrality)' 연구이다.

중심성은 바벨라스(Bavelas, 1947)가 연구한 지표로, 사회 연결망에서 꼭짓점(vertex) 혹은 노드(node)의 상대적 중요성을 나타내는 척도를 말한다(Freeman, 1979). 이 척도는 네트워크 연구에서 각 노드는 네트워크 내 담당하는 역할에 차이가 있다고 보고 각 키워드가 담당하는 역할을 밝히고자 하는데, 역할을 밝혀내는 과정을 통해 네트워크 전체의 구조와 각 키워드가 어떠한 방식으로 이 구조 구축에 기여하는지 체계적으로 분석할 수 있다(Wigand, 1988). 이러한 분석은 패키지 분석 등에서는 밝힐 수 없었던 개별 키워드의 역할과 키워드들이 전체 구조에 어떤 위치에 있는지를 분석할 수 있다는 점에서 의제설정 경향을 보다 구조적으로 분석할 수 있게 한다.

중심성의 지수는 계산방법에 따라 연결 중심성(degree centrality), 근접 중심성(closeness centrality), 매개 중심성(betweenness centrality), 아이겐벡터 중심성(eigenvector centrality) 등으로 나누어지는데, 각 방법은 개별 노드가 네트워크 내에서 어떤 역할을 담당하는 지를 분석하고 있다. 이러한 방법은 빈도수와 서열 측정에서는 드러낼 수 없었던 숨은 영향 내용을 밝힐 수 있고, 수용자에게 특히 영향을 미치는 단어가 무엇이며 그 단어가 어떻게 개념 틀을 구축하는지 알 수 있다.

'연결 중심성'은 특정 노드가 다른 노드와 직접적으로 연결된 정도를 측정하는 것인데, 전체 의미연결망에서 핵심적인 역할을 하는 노드를 파악하는 데에 쓰인다. 각 노드가 네트워크에서 얼마나 중심에 위치하는지 알아보는 기법으로, 여러 키워드와 직접적으로 가능한 많이 연결되며 전체 의미연결망을 주도하는 키워드가 무엇인지 알 수 있다. 즉 전체 의미연결망에서 다른 키워드가 등장할 때 가장 많이 등장하는 키워드로 의제에 대한 논리를 구축할 때 가장 주도적인 역할을 하는 키워드로서 역할을 한다고 할 수 있다. 의미연결망 분석은 연결 중심성을 통해 특정 키워드가 특정 이슈 논리 구축에 어떻게 기여하는지 파악할 수 있다.

그러나 연결 중심성은 단순한 연결 빈도수만 알려주므로 '근접 중심성' 연구를 병행하여 다층적인 분석을 진행하고 있다. 근접 중심성은 노드와 노드 간의 직접적 연결뿐만 아니라 간접적 연결까지 모두 계산하여 네트워크 전체에서의 중심성을 측정하는 것으로 하나의 노드와 연결된 모든 노드와의 거리를 계산한다. 즉 근접 중심성이 높으면 만약 직접적인 노드 간의 연결 관계는 적더라도 전체 네트워크 내에서 영향력이 높다고 할 수 있는 것이다. 근접 중심성이 높은 키워드는 의제에 대한 논리 구축에 숨은 실력자라고 할 수 있는데, 가시적으로 드러나지는 않더라도 어떠한 키워드가 결과적으로 의제설정에 크게 기여하고 있는지 알 수 있는 계산법이라고 할 수 있다.

또한 네트워크 분석에서는 중심적 역할을 하는 노드뿐만 아니라 중재 역할을 하는 노드도 분석한다. '매개중심성'은 이러한 노드와 노드 사이에서 중개역할을 잘하는 노드를 측정하는데, 매개중심성이 높은 노드를 통하지 않으면 연결된 노드들이 단절되고 의미가 끊어지기도 한다. 따라서 매개중심성이 높으면 의미연결망 내에 의미의 흐름에 영향을 줄 가능성이 높아진다. 매개중심성이 높은 키워드는 전체 의제설정 구조가 형성하는 논리 흐름에 영향을 줄 소지가 많은데, 사람들은 이 키워드를 통해 의제설정에 대한 전체적인 논리를 이해한다고 할 수 있다.

한편 '아이겐벡터 중심성'은 네트워크의 각 노드에서의 중요도를 측정하는 것으로, 한 노드의 연결 중심성으로 인해 발생하는 영향력과 노드와 연결된 다른 노드의 영향력을 합해 계산한 것으로서 전체 네트워크에서의 특정 노드의 영향력을 가리키는 것이다. 즉 특정 노드가 네트워크의 중심에 있거나 중심에 있는 노드와 많이 연결되어, 전체 연결망에서 영향력이 큰 정도를 결정한 것이다. 아이겐벡터 중심성이 높은 노드는 의제설정에 주도적인 역할을 하는 연결 중심성이 높은 노드가 차지하는 경우가 많지만, 연결 중심성이 높지 않더라도 전체 노드 계산 결과 의제설정에 영향력이 큰 노드가 무엇인지도 밝혀주어 의제설정에 영향력이 높은 키워드가 무엇인지 밝혀준다.

네트워크 분석은 각 키워드들이 상호 어떠한 유사성을 가지고 분류될 수 있는지를 분석하는 '군집 분석'도 실시한다. 이 분석은 각 키워드가 상호 어떠한 연결 관계를 가지며 군집 내에 키워드 간에 어떠한 위계질서를 가지는지 분석한다. 이러한 분석을 통해 언론 보도의 키워드들이 어떻게 의미에 따라 하위 그룹으로 분류될 수 있으며, 키워드들 간의 위계질서 차이를 분석할 수 있다.

이러한 의미연결망과 중심성 계산을 통한 의제설정 연구는 창조경제에 대해 우리 언론이 의제설정을 위하여 어떠한 단어를 선택하고 어떠한 정보를 제공하는지, 그리고 이러한 단어를 어떻게 배열하고, 단어 간의 관계, 단어들의 역할이 어떠한지를 분석함으로써 창조경제에 대한 우리 언론의 의미화 과정을 매우 체계적이고 가시적으로 분석해 준다고 할 수 있다. 본 연구는 지금까지의 이론적 논의를 바탕으로 다음의 연구문제를 구체적으로 살펴보려고 한다.

[연구문제 1] 언론이 '창조경제'와 관련해 중요하게 다루는 단어는 각 시기별 어떻게 다른가?

[연구문제 2] 언론 보도의 창조경제 관련 주요 단어는 각 시기별로 어떻게 의미연결망을 달리 구성하는가?

[연구문제 3] 언론 보도의 창조경제 의미연결망에서 중요한 역할을 하는 단어는 무엇이며 그 특징은 어떠한가?

3. 연구방법

1) 분석대상과 자료수집

언론 보도에서 나타난 창조경제 의미화 과정 분석을 위해 본 연구는 국내 언론의 창조경제에 대한 보도 경향을 분석하고자 한다. 분석은 국내 언론에서 창조경제를 어떻게 이슈화하며 이러한 이슈가 어떻게 의미관계화 하는지를 밝히는 방향으로 진행될 것이며, 이는 우리 언론의 창조경제에 대한 해석 방향과 보도 경향을 체계적으로 이해할 수 있는 기회가 될 것이다.

연구방법은 우리 언론의 창조경제에 대한 의미화 경향을 입체적으로 분석하기 위해 언론에서 언급되는 창조경제 기사에 대한 언어적 분석을 통해 이루어졌다. 분석기간은 2008년 1월부터 2014년 8월 31일까지로 설정하였으며, 분석 대상은 국내 종합일간지를 대상으로 삼았다. 종합일간지의 선정에는 보수 성향 또는 진보 성향으로 분류되는 언론을 적절히 균형적으로 안배하고자 하였다.

분석의 대상이 되는 것은 제목과 부제에 '창조경제'가 들어간 기사이다. 제목과 부제를 대상으로 한 이유는 제목과 부제가 기사의 내용을 압축적으로 전달하며 의제를 설정하는 역할을 하기 때문이다. 동시에 각 언론사별 '창조경제'에 대한 관점과 태도를 유추할 수 있는 지표가 될 수 있으며, 기사의 함축적 의미와 프레임이 제목과 부제를 통해 표출된다고 보았기 때문이었다.

데이터의 수집은 한국언론진흥재단의 기사 데이터베이스인 카인즈(www.kinds.or.kr)를 통해 수집하였다. 자료 수집은 '창조경제'를 키워드로 검색하여 제목과 부제에 '창조경제'가 검색된 기사를 모두 수집하였다. 그러나 조선일보와 중앙일보의 경우 카인즈 내에서 기사 검색 서비스가 제공되지 않으므로, 이들 일간지의 경우 국내 최대 포털사이트인 네이버의 뉴스 검색을 통해 검색이 이루어졌다. 그 후 검색된 기사는 다시 각 신문사의 웹사이트 데이터베이스에서 확인하는 작업을 거치었는데, 이를 통해 혹시 누락되는 기사가 없는지 점검하는 과정이 이루어졌다. 검색된 기사는 다시 중복되는 기사를 제거하는 과정을 거치었다. 이러한 과정을 거쳐 최종 분석 대상으로 선정된 기사를 시기별,

매체별로 살펴보면 다음과 같다.

<표 1> 언론의 창조경제 의미연결망 분석에 활용되는 데이터

	2008년	2009년	2010년	2011년	2012년	2013년	2014년 8월
조선일보						33	62
중앙일보						85	18
동아일보			1		1	128	109
서울신문					1	199	85
국민일보	1	1			4	169	142
문화일보	1				1	148	77
한국일보				1	2	73	93
아시아투데이					1	37	249
한겨레		3			1	54	6
경향신문	3		1	1	1	56	66
세계일보					1	90	55
내일신문	2	1	2	2			
총계	7	5	4	4	13	1,072	962

2) 분석방법

이렇게 수집된 데이터는 의미 없는 조사와 어미, 문장부호 등을 제거하는 정제과정을 거치었고, KrKwic이라는 한국어 언어 분석 프로그램을 활용하여 행렬 데이터로 분석하였다. KrKwic과 함께 한국어 언어 분석을 위해 함께 활동되는 소프트웨어로 KrTitle이 있다. KrTitle은 KrKwic을 통해 추출된 주요 단어 간의 관계를 밝혀주는 프로그램이다. KrKwic 프로그램을 통해 얻은 자주 출현하는 핵심 단어들에 근거하여 단어 목록이 만들어지면 KrTitle은 '표본 X 단어 행렬 데이터(matrix)', '단어 X 단어 행렬 데이터(coocc)', '단어 X 단어 간 코사인 대칭형 데이터(cosine)'를 분석하고 있다. 이 중 '단어 X 단어 행렬 데이터(coocc)'의 경우, 유사 맥락에서 공동 출현하는 단어 간의 빈도수를 파악하는데, 이를 통해 맥락 내에서의 단어 간의 관계를 파악할 수 있다.

이렇게 추출된 주요 단어와 단어 간의 관계에 대한 데이터를 수량화하여 추출하면 다시 이 데이터를 연결망 분석을 통해 시각화하여 분석하였다. 이러한 행렬 데이터에 대한 시각화 분석에는 UCINET이라는 연결망분석 프로그램을 활용하였다. UCINET은 공동 출현하는 단어 간의 연결망을 시각화하여 표현하는 소프트웨어로 수량화된 데이터가 어떠한 연결 구조를 가지는지 좀 더 명확하게 표현해 준다. 단어 간의 연결 관계 구조를 시각화함은 물론, 연결 강도, 그리고 특정 단어가 전체 연결망에서 차지하는 역할을 이해할 수 있다. 창조경제에 대한 주요 단어 간의 관계 구조, 관계 강도, 그리고 주요 단어의 역할을 이해할 수 있는 것이다. 이를 통해 언론에서 보도하는 창조경제에 대한 의미화 경향을 이해할 수 있으며 보도 경향에 대한 체계적 분석이 가능할 것이다. UCINET의 중심성 계산 기능을 통해 각 단어가 전체 창조경제 의제설정 논리 체계에 어떻게 기여하고 있는지 알아보았으며, concor 방식을 통한 군집 분석을 실시하여 전체 네트워크에서 유사성을 가진 단어들을 분류하였다.

	창조경제	박근혜	성공	기업	경제	한국형	정부	미래부	한국	산업	창업	성장	핵심	첨병	벤처	융합	일자리
창조경제		153	95	134	1278	70	64	51	145	69	41	49	43	38	38	33	29
박근혜	153		1	5	178	0	33	7	8	7	0	14	6	0	6	1	7
성공	95	1		10	101	62	3	1	75	7	6	0	0	0	4	1	5
기업	134	5	10		145	7	3	0	23	1	4	7	4	39	16	5	0
경제	1278	178	101	145		73	73	54	158	75	45	55	45	38	39	35	31
한국형	70	0	62	7	73		4	0	76	7	6	0	0	0	1	0	5
정부	64	33	3	3	73	4		4	8	2	3	4	3	0	6	2	4
미래부	51	7	1	0	54	0	4		1	4	3	1	0	0	2	0	0
한국	145	8	75	23	158	76	8	1		13	8	3	2	3	2	0	5
산업	69	7	7	1	75	7	2	4	13		3	2	10	0	0	10	0
창업	41	0	6	4	45	6	3	3	8	3		1	2	0	5	2	2
성장	49	14	0	7	55	0	4	1	3	2	1		2	0	1	4	3
핵심	43	6	0	4	45	0	3	0	2	10	2	2		0	1	2	1
첨병	38	0	0	39	38	0	0	0	3	0	0	0	0		0		
벤처	38	6	4	16	39	1	6	2	2	0	5	1	1	0		0	1
융합	33	1	1	5	35	0	2	0	0	10	2	4	2	0	0		0
일자리	29	7	5	0	31	5	4	0	5	0	2	3	1	0	1	0	
중소기업	28	3	3	34	32	1	1	0	1	0	1	1	0	0	3	0	0

〈그림 1〉 KrKwic과 KrTitle을 통해 분석한 '단어 X 단어' 행렬 데이터(coocc)의 예

본 연구는 국내에서 창조경제라는 개념이 소개된 이후 현재까지, 어떻게 우리 사회 속에서 의미화 되고 있는지 그 흐름을 구조적으로 이해하기 위해, 유엔무역개발협의회의 「창조경제보고서」가 소개되고, 국내에서 창조도시 건설 붐이 일어나던 2008년부터 현재까지를 연구 대상으로 삼았다. 각 시기별로 창조경제를 어떻게 사회적으로 의미화 하는지 살펴보고, 이를 통해 우리 사회에서 창조경제에 대한 해석이 어떻게 변화하고 있는지 분석하고자 한다. 그러나 이명박 정부 시절에는 아직 창조경제에 대한 기사량이 많지 않아 2008년부터 2011년의 시기는 하나로 구분하였고, 이때의 창조경제에 대한 언론 보도 경향과 이후 박근혜 대통령의 대선 선거운동 시기와 정부 수립 이후의 언론 보도 경향을 상호 비교하여 창조경제에 대한 사회의 해석 흐름을 분석하였다. 이를 위해 아래와 같이 시기를 구분, 각 시기별 창조경제의 의미연결망을 비교·분석하고자 한다.

① 박근혜 정부 설립 이전 시기 : 2008년 ~ 2011년
② 대선 선거운동 시기 : 2012년
③ 박근혜 정부 1년차 : 2013년
④ 박근혜 정부 2년차 : 2014년 8월 31일까지

4. 연구 결과

1) 보도 시기별 주요 단어 비교 분석

(1) 2008~2011년도 언론에 나타난 '창조경제' 관련 주요 단어

연구문제 1은 우리 언론이 창조경제 해석을 위해 어떠한 단어를 주로 선택하였는지에 대한 것이다. 창조경제 의제 설정을 위해 어떠한 정보를 전달하고 있는지 분석하는 것으로 주요 언급 단어 순위를 조사하고 있다.

이명박 정부 시절이었던 2008~2011년에는 창조경제를 제목 또는 부제에 언급한 종

합일간지 기사는 총 20건이었다. 이 기간에는 다루어진 기사 수와 단어 수가 적어 뚜렷한 경향성을 파악하기는 어려웠으나, 등장한 단어들이 몇 개의 비슷한 성격으로 군집화되며 이 시기의 창조경제에 대한 언론의 해석 경향을 분석할 수 있었다.

이 시기 가장 많이 언급된 단어는 '창조적(8회)'이었으며, 다음으로 '경제(7회)'가 많이 언급되었다. 그 외 단어들은 3회 이하의 적은 수로 언급되었으나 상당수의 단어가 주로 '문제 지적이나 해결'과 관련한 단어였다(파괴, 미래, 성장, 위기극복, 개발, 돌파구, 위기, 해법 등). 이는 이 시기 창조경제가 문제 해결의 하나의 방법으로 논의되고 있는 것을 드러내는 것으로, 문제 해결의 대상은 언급된 단어들의 특징으로 미루어볼 때 7회 언급된 경제 문제로 보인다. 1회 언급된 단어에서도 경제 문제와 관련한 단어는 다수 발견되었는데(경제권, 경제특구, 경제학, 먹거리, 산업, 발전 등), 이를 통해 이 시기의 창조경제는 경제 이슈와 밀접한 관련이 있는 것을 알 수 있다.

또한 가장 많이 언급된 '창조적'과 비슷한 성격의 단어도 소수 언급된 단어에서도 다수 발견되었다(상상력, 창조력, 창조성 등). 이는 이 시기 언론이 경제 문제 해결에 보다 창조적인 사고의 전환이 중요함을 강조하고 있는 것을 알 수 있다.

아울러 당시 이명박 정부의 가장 큰 이슈였던 '일자리'와 관련한 단어가 다수 등장한다(고용, 수입, 청년실업 등). 이는 창조경제를 경제 활성화 중에서도 실업 문제 해결, 고급 일자리 창출에 초점을 맞추어 바라보고 있음을 알 수 있다. 그 외 최근 창조경제 논의에서도 중요하게 다루어지는 문화, 과학과 관련한 단어(문화, 예술, 기술, 기술혁신, 뇌과학, 모바일앱, 융합, 정보)는 2008~2011년에도 발견되었다.

〈표 2〉 2008~2011년 종합일간지 제목, 부제에 나타난 '창조경제' 관련 주요 단어

빈도	주요 단어
8	창조적
7	경제
3	창조경제, 파괴
2	1인, 미래, 성장, 시대, 위기극복, 창조, 창조기업
1	CC, CEO, 개발, 건설, 경제권, 경제특구, 경제학, 고용, 공유, 광역, 구조, 기술, 기술혁신, 기업가, 날개, 내용, 농부, 뇌과학, 대성그룹, 돌파구, 동북아, 두바이, 먹거리, 모바일앱, 문화,

		바보스러움, 발전, 보고서, 블로그, 사각지대, 사고, 산업, 삶, 삼성경제연구소, 상상력, 서해안, 세계, 세계경제포럼, 소유, 수입, 시도, 시평, 실패, 예술, 오바마, 위기, 융합, 이승한사장, 인수위, 접목, 정보, 조건, 주목, 중계, 중심지, 증권창조, 지속, 지식창조형, 차별화, 창조경영대상, 창조력, 창조성, 천지창조, 청년실업, 특효, 필요, 한국, 해법, 혁명, 홈플러스, 효율 등
100	사용된 총 단어 수
124	총 단어의 출현빈도 수
20	총 분석대상 기사 수

(2) 2012년도 언론에 나타난 '창조경제' 관련 주요 단어

대통령 선거운동과 박근혜 대통령 당선, 인수위 업무가 진행되었던 2012년에는 '창조경제'를 언급한 기사가 13건으로 다소 증가했다. 여전히 '창조경제'를 다룬 기사는 적은 수이지만, 창조경제를 설명하기 위해 선택된 단어가 이전보다 많이 다양해지는 경향을 보이며, 특정 단어에 조금 더 집중되는 경향을 보이고 있다.

'창조경제(10회)'가 가장 많이 다루어진 단어였으며, 그 다음으로 '박근혜(7회)', '경제(5회)'가 뒤를 이었다. 뒤이어 '발표', '성장', '정책'이 총 3회씩 언급되었다. 이는 박근혜 대통령이 당선된 이후 인수위원회를 통해 새로운 경제 패러다임으로 창조경제에 대한 구상을 밝히면서 '박근혜', '경제'가 함께 자주 언급되게 된 것으로 보인다. 이는 이 시기 언론이 창조경제 개념을 새 정부, 대통령과 매우 밀접하게 연결시켰던 것을 알 수 있다. 또한 '기반', '창출', '청사진' 등 미래상을 그리는 단어가 2회씩 언급되었는데 이는 이 시기의 종합일간지 기사가 창조경제를 통해 우리 경제 미래 모습에 대한 예측 기사를 많이 다루었기 때문으로 보인다.

또한 박근혜 정부의 창조경제에서 중요시 하는 과학기술이나 문화에 대한 단어도 다수 선택되었다. 'IT'는 2회 등장하였으며, 1회 등장한 단어에서도 이와 관련한 단어들을 많이 발견할 수 있었다(과학, 과학기술, 관광, 웨어, 한류 등). 아울러 정치와 관련한 단어도 다수 등장하였는데(대선, 문재인, 민주당, 새누리당, 안철수, 이명박 등), 이는 창조경제에 대한 논의를 경제 또는 국정 문제 차원이 아닌, 정치적 차원에서도 의제를 전개하고 있음을 드러낸다.

빈도	주요 단어
10	창조경제
7	박근혜
5	경제
3	발표, 성장, 정책
2	IT, 기반, 브랜드, 일자리, 창조, 창출, 청사진
1	개막, 경제민주화, 경진대회, 공약, 공정, 과학, 과학기술, 관광, 국민행복추진위, 금융, 금융부, 기술, 대선, 대표, 문재인, 미래부, 민주당, 브레인, 브리핑, 뿌리, 사업, 새누리당, 선도, 선도형, 시대, 신설, 안철수, 유지, 이명박, 전략, 전쟁, 접목, 접수, 제시, 질적, 차별화, 창업, 총괄, 최고, 추진, 패러다임, 한국, 한류, 혁신 등
71	사용된 총 단어 수
103	총 단어의 출현빈도 수
13	총 분석대상 기사 수

(3) 2013년도 언론에 나타난 '창조경제' 관련 주요 단어

박근혜 정부가 본격적으로 업무를 시작하고 구체적인 정책 계획을 수립하였던 2013년에는 '창조경제'를 다룬 기사가 폭발적으로 증가해 총 1,072건의 기사가 나타났다. '창조경제'가 가장 높은 빈도수(1,054회)를 기록한 가운데, '박근혜(137회)', '정부(62회)' 등 현 정권과 관련한 단어가 상위를 차지하며, 창조경제와 대통령, 새 정부를 매우 밀접하게 연결시키는 것을 알 수 있다

2013년에도 역시 경제나 문제해결과 관련한 단어가 다수 선택되었다(경제, 산업, 성장, 중소기업, 일자리, 금융, 시장, 혁신, 생태계 등). 특히 창조경제의 성공을 위한 모델 제시를 위해 많은 종합일간지들이 다양한 기획 시리즈를 기획하고 있었다(성공으로 가는길, 현장을 가다, 첨병은 기업이다, 제2도약 등). 이 시기 다수의 언론은 해외 창조경제 성공 사례를 소개하는 기사를 많이 다루었는데, 단순히 해외 사례를 그대로 따라 하고자 하는 것이 아닌 것으로 보인다. 세 번째로 가장 많이 언급된 '한국형(63회)'을 비롯해 한국, 실현, 모델, 새, 아이디어 등 다수의 단어들은 당시 언론이 해외의 시행착오를 한국에

어떻게 적용할 수 있을지에 대해 활발히 논의하고 있었음을 드러냈다.

또한 박근혜 정부에 들어와 새로 등장한 '미래부(45회)'가 상위에 등장했는데, 미래부에서 추진하는 과학기술과 장르 간 융합과 관련한 단어가 다수 등장하였고(미래부, 융합, 일자리, 기술, 문화, 벤처 등), 육성, 투자, 협력 등 국가의 지원에 관한 단어도 다수 등장하였다. 이를 통해 이 시기 언론은 박근혜 정부의 창조경제를 다양한 장르 간 융합과 과학기술의 만남이 중요한 이슈로 해석하고 있음을 알 수 있다.

〈표 4〉 2013년 종합일간지 제목, 부제에 나타난 '창조경제' 관련 상위 주요 단어

빈도	주요 단어
1,054	창조경제
137	박근혜
63	한국형
62	정부
59	성공으로가는길
53	현장을가다
51	경제
50	한국
46	산업
45	미래부
39	핵심
38	창업, 첨병은 기업이다
36	기업
33	성장
31	융합
30	중소기업
28	성공
2,960	사용된 총 단어 수
7,495	총 단어의 출현빈도 수
1,072	총 분석대상 기사 수

(4) 2014년도 언론에 나타난 '창조경제' 관련 주요 단어

2014년 8월 31일까지 언론에서 언급된 '창조경제'와 관련한 기사는 총 962건이다. 이는 2013년 한 해에 총 1,072건이었던 것과 비교해 8개월 동안 전 해의 약 90%정도의 빈도로 다루어졌던 것을 볼 때, 언론을 통해 '창조경제'가 더욱 활발하게 논의되고 있음을 알 수 있다.

2013년과 마찬가지로 '창조경제'가 가장 높은 빈도수(365회)를 기록하였고, '경제(92회)' '박근혜(67회)'가 뒤를 이었다. 그 뒤로 '미래부(58회)', '기업(55회)', '정부(51회)', '혁신(49회)', '산업(43회)', '기술(41회)', '한국(41회)', '시장(38회)' 등 상위 빈도 단어들이 2013년과 비슷한 경향을 보였다.

2014년의 특이할만한 점은 구체적인 계획이나 지원에 관한 단어(혁신, 개최, 규제, 지원, 사업, 3개년계획, 개발, 추진, 협력, 과제, 육성, 실현 등)가 많이 선택되었다는 점이다. 이는 2014년 구체적인 실행에 들어간 창조경제가 어떠한 방식으로 이루어지는지 제시한 정부의 발표가 늘어나면서 이와 관련한 보도가 많아졌기 때문으로 보이며, 관련한 언론의 분석, 논의도 활발해진 것으로 보인다.

또한 2014년에는 평가를 나타내는 단어(1년, 평가, 비교 등)도 늘어났다. 이는 출범 1년이 지난 박근혜 정부를 중간 평가하는 언론 보도가 늘어났기 때문으로, 창조경제를 박근혜 정부 평가의 주요 요소로 다루고 있음을 알 수 있다. 또한 대통령의 해외 순방 등이 많았던 2014년 초에는 이와 관련된 단어가 창조경제와 깊은 연관을 가졌다(글로벌, 싸이, 이스라엘, 다보스포럼 등).

<표 5> 2014년 종합일간지 제목, 부제에 나타난 '창조경제' 관련 상위 주요 단어

빈도	주요 단어
356	창조경제
92	경제
67	박근혜
58	미래부
55	기업
51	정부
49	혁신
43	산업
41	기술, 한국
38	시장
36	개최
35	규제, 중소기업, 지원
33	사업
3,204	사용된 총 단어 수
7,558	총 단어의 출현빈도 수
962	총 분석대상 기사 수

2) 보도 시기별 주요 단어 의미연결망

(1) 2008~2011년도 언론에 나타난 '창조경제' 관련 의미연결망

연구문제 2는 우리 언론이 창조경제에 대해 지식을 구성하는 패턴을 조사하고자 한다. 즉 키워드를 사용해 공적지식을 형성하는지 분석하는 것이다. 또한 연구문제 3은 이러한 창조경제라는 이슈 문화 형성을 위해 각각의 키워드가 어떠한 역할을 하며, 어떠한 키워드가 영향력을 발휘하며 의제에 대한 논리를 구축하는지 연구하고자 한다.

연구문제 2에서는 연구문제 1에서 분석한 창조경제를 의미화하기 위해 선택된 주요 단어를 바탕으로 단어 간의 의미연결망 구조를 분석하였다. 그리고 연구문제 3을 위해 사용된 단어들의 중심성을 실시하였다. 분석에는 1회 이상 언급된 단어를 모두 적용하였고, 이후 연결강도 조정을 통해 결과를 축약하였다.

연구 결과, 〈그림 2〉와 같이 2008~2011년의 주요 단어 간 의미연결망은 '창조'와 '경제'가 네트워크의 중심 위치를 차지하고 있다. '창조'의 경우 단어 빈도 조사에서 단 2회 출현했음에도 불구하고 연결망 전체에서 의미 있는 위치를 차지하고 있었는데, 이에 반해 상위 빈도를 기록했던 '창조적', '창조경제' 등은 다소 네트워크 외부에 위치하고 있었다. 유사성에 따른 하위 군집 분석 결과, '군집 B'에서는 '창조경제'와 '경제'가 한 군집으로 형성하고, 이 군집은 '군집 A'와 연결되는 구조를 가진다. '군집 A'는 모든 단어가 '창조'와 연결되며 대안 찾기 방법에 대한 논의를 구성하고 있다, 그리고 '군집 C'는 '위기'가 다른 군집과 네트워크를 형성하고 있다. 이 시기 창조경제가 '경제' 문제, 그리고 '위기' 상황 해결을 위한 새로운 방법 '창조'의 차원에서 의미화되고 있는 것을 알 수 있는 것이다. 즉 이 시기의 우리 언론은 창조경제 문제를 경제 문제 위기 탈출을 위한 하나의 방안으로 의제를 전개하고 있음을 알 수 있다.

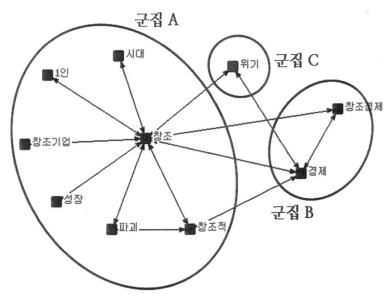

〈그림 2〉 2008~2011년 '창조경제' 관련 주요 단어 연결망

(연결강도 3, n=10)

다음은 전체 의제설정 구조에서 각 키워드의 영향력과 역할을 측정하는 중심성을 조

사하였다. 연결 중심성(degree centrality) 조사 결과 가장 많은 노드와 직접적인 연결 관계를 가진 노드는 '경제(113.000)'로, 경제 문제가 창조경제 의제의 중심에 놓여있음을 확인할 수 있었다. 그 다음으로 '창조적(52.000)'과 '창조(51.000)', '창조경제(25.00)', '시대(24.000)', '위기(21.000)' 순으로 높은 연결 중심성을 보였는데, 창조경제 개념 도입을 통한 위기 탈출과 새 시대의 도래가 의제에 대한 논리 구축에 주도적 개념임을 알 수 있다. 그러나 근접 중심성(closeness centrality)에서는 단어 등장 빈도에서 단 2회 등장했던 '창조'가 1.000으로 가장 높은 값을 보여 간접적 연결을 포함하면 '창조'가 네트워크 전체의 중심적 역할을 하는 것으로 나타났다. 즉 경제가 창조경제 논의의 중심에 위치하고 있으나 '창조'라는 키워드가 의제논리를 구축하는 데에 크게 기여하고 있음을 알 수 있다. 이는 경제 문제 해결 방식에 있어 창조적 접근의 중요성을 언론이 강조하고 있음을 알 수 있게 한다. 그 다음으로 '경제'가 0.825로 뒤를 이었고, 가장 많은 빈도로 등장했던 '창조적'은 0.619, '창조경제'는 0.550을 차지했다. 아이겐벡터 중심성(eigenvector centrality)에서도 '창조'가 가장 높은 값을 보였으며(0.567), 그 다음으로 '경제(0.512)', '창조적(0.281)', '창조경제(0.171)' 순으로 상위 순위에서 근접 중심성과 비슷한 결과를 보였는데, 이 역시 창조적 접근을 창조경제 논리 전개에 매우 중요하게 언급하고 있음을 알 수 있게 한다. 매개 중심성(betweenness centrality)에서도 '창조'는 2852.750으로 가장 높은 값을 차지하며, 창조적 접근에 대한 논리가 전체 창조경제 의제설정에 매개가 되는 중요한 요소임을 알 수 있게 한다.

'창조'는 〈그림 2〉에서와 같이 '경제', '위기'와 네트워크의 중심적 연결 관계를 형성하는 동시에 반대편으로는 '시대', '성장', '창조기업', '위기' 등의 위협 요소에 대한 새로운 대안을 제공하는 원동력으로 중요시되며 이는 경제 위기 해결이라는 목적과 밀접한 관련이 있다는 것을 알 수 있다.

연결 중심성		근접 중심성		아이겐벡터		매개중심성	
경제	113.000	창조	1.000	창조	0.567	창조	2852.750
창조적	52.000	경제	0.825	경제	0.512	경제	1227.250
창조	51.000	창조적	0.619	창조적	0.281	창조적	215.833
창조경제	25.000	창조경제	0.550	창조경제	0.171	창조경제	24.250
시대	24.000	세계	0.547	시대	0.152	세계	18.667
위기	21.000	미래	0.541	위기	0.137	창조경영	13.500
성장	19.000	성장	0.541	성장	0.126	미래	13.333
세계	19.000	위기	0.541	파괴	0.105	위기	12.000
1인	18.000	1인	0.538	1인	0.104	성장	11.917
창조기업	18.000	창조기업	0.538	창조기업	0.104	파괴	10.250
미래	17.000	창조경영	0.535	위기극복	0.093	1인	9.000
파괴	16.000	파괴	0.532	세계	0.093	창조기업	9.000
위기극복	15.000	위기극복	0.532	기술	0.090	기술	8.750
창조경영	14.000	16개	0.532	미래	0.085	위기극복	3.500
고용	13.000	7개	0.532	고용	0.083	16개	0.000

(2) 2012년도 언론에 나타난 '창조경제' 관련 의미연결망

2012년은 의미연결망에서 이전 시기보다 다소 복잡한 패턴을 보이고 있다. 〈그림 3〉과 같이 2012년의 의미연결망은 '경제'가 네트워크의 중심에 위치하며 '창조경제', '창조', '박근혜'가 굵은 선으로 연결되며 전체 네트워크의 중심을 형성하는 것을 알 수 있다. concor를 통한 군집분석 결과, 2012년 창조경제 의미연결망은 '경제'를 중심으로 한 큰 군집을 형성한다. '경제'는 그 하위로 다양한 단어를 위치시키고 있다. 경제의 하위에 위치한 단어는 '기반', '선도', '바꾼다', '선도형', '패러다임', '질적' 등 국가 변화와 관련한 단어와 기술', '과학', 'IT' 부문 등 과학기술 관련 단어가 위치한다. 이는 창조경제에 대한 논리 전개가 경제적 이슈차원에서 새로운 개념의 패러다임으로 제시되고 있으며, 경제의 질적인 변화를 이끌 어떤 것으로 의미화되고 있음을 알 수 있게 한다. 그리고 경제 문제와 과학 기술의 발전은 매우 큰 상관관계를 가지고 있음을 보여준다.

네트워크 중심에 있는 키워드를 밝히는 연결 중심성 조사 결과, 역시 가장 높은 연결 중심성을 보인 것은 '경제(144.000)'였다. '경제'는 단어 빈도에서 더 상위를 차지한 '창조경제', '박근혜'보다 높은 연결 중심성을 보였는데, 경제 문제가 창조경제의 중심적 의제임을 드러내 준다고 할 수 있다. 그 다음으로 단어 빈도 조사에서 단 2회 출현하였던 '창조'가 118.000의 높은 수치 기록하였고, 단어 빈도 1, 2위였던 '창조경제(93.000)', '박근혜(74.000)'가 뒤를 이었다. 또한 '발표(36.000)', '정책(32.000)', '청사진(28.000)', '추진(28.000)', '성장(26.000)' 등 새 정부의 국정 운영 방향 발표와 관련한 단어가 높은 연결 중심성을 보이며, 2012년 언론이 새 정부의 발표에 많은 보도를 할애하며 미래에 대한 예측을 창조경제 논의를 통해 전개하고 있음을 알 수 있다. 한편 근접 중심성의 경우에도 '경제'와 '창조'가 1.000으로 동시에 가장 높은 값을 나타내었고, 다음으로 '창조경제'가 0.778, '박근혜'가 0.693을 차지하였다. 또한 '발표(0.609)', '정책(0.598)', '추진(0.593)' 등 정부 시행 계획과 관련한 단어가 중심을 차지하고 있음을 보여준다.

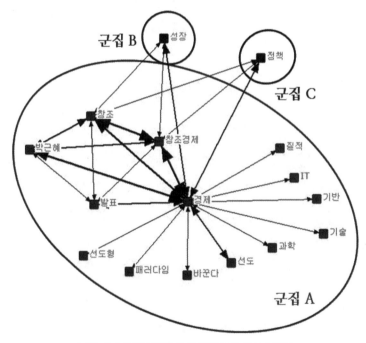

〈그림 3〉 2012년 '창조경제' 관련 주요 단어 연결망

(연결강도 3. n=16)

아이겐벡터 중심성에서도 '경제(0.507)'가 전체 네트워크에서 가장 영향력 있는 단어로 나타나 경제 문제가 창조경제 논의에 큰 의제임을 알 수 있게 하였다. 그 다음으로 '창조(0.438)', '창조경제(0.400)', '박근혜(0.334)', '발표(0.168)', '성장(0.146)' 순으로 나타났다. 매개중심성에서도 비슷한 결과가 나타나 '경제'와 '창조'가 784.922으로 동시에 가장 높은 값을 보여, 경제 문제가 창조경제 논의의 흐름에 주도적 역할을 하고 있음을 알 수 있었다.

〈표 7〉 2012년 주요 단어의 중심성 상위 값

연결 중심성		근접 중심성		아이겐벡터		매개중심성	
경제	144.000	경제	1.000	경제	0.507	경제	784.922
창조	118.000	창조	1.000	창조	0.438	창조	784.922
창조경제	93.000	창조경제	0.778	창조경제	0.400	창조경제	237.089
박근혜	74.000	박근혜	0.693	박근혜	0.334	박근혜	100.672
발표	36.000	발표	0.609	발표	0.168	발표	27.900
정책	32.000	정책	0.598	성장	0.146	정책	27.750
청사진	28.000	추진	0.593	정책	0.144	추진	15.943
추진	28.000	성장	0.565	선도	0.111	성장	9.643
성장	26.000	IT	0.556	기반	0.106	한국	8.333
금융	24.000	일자리	0.556	과학	0.106	IT	2.929
기반	20.000	창출	0.556	기술	0.106	창출	2.508
과학	20.000	청사진	0.556	IT	0.105	일자리	2.508
기술	20.000	국민행복 추진위	0.556	추진	0.105	과학	1.294
IT	19.000	대선	0.556	청사진	0.104	기반	1.294

(3) 2013년도 언론에 나타난 '창조경제' 관련 의미연결망

박근혜 정부가 세워지고 본격적으로 업무를 시작한 2013년에는 창조경제 관련 기사 수도 폭발적으로 증가한 만큼 의미연결망도 〈그림 4〉와 같이 매우 복잡한 모습을 보이고 있다. 의미 있는 네트워크 해석을 위해 〈그림 5〉와 같이 연결강도를 25로 올려 연구 결과를 축약한 결과, 연결망의 중심에 '창조', '경제', '창조경제'가 위치하고 세 단어는 상호 강한 연결 관계를 보였다. 특히 '경제(51회)'와 '창조(24회)'의 경우 단어 빈도에서 더 많은 빈도를 기록한 단어가 있음에도 불구하고 네트워크의 중심에 위치하고 있어, 창조경제가 여전히 경제 문제의 창조적 접근이 논의의 중심을 이루고 있음을 알 수 있다.

2013년의 창조경제 관련 의미연결망은 총 5개의 군집으로 나뉠 수 있었다. 군집 A의 경우 가장 핵심이 되는 단어인 '창조', '경제', '창조경제'를 중심으로 '기업', '중소기업', '창업', '벤처' 등 기업 활성화와 관련된 단어들이 밀접한 연결 관계를 형성하고 있었다. 이는 우리 언론이 창조경제 운영에 기업, 특히 중소기업의 경쟁력 향상을 중요하게 다루고 있음을 보여주고 있다고 할 수 있다. 또한 이들은 '협력', '육성', '정책' 등과 연결 관계를 형성하며 기업 경쟁력 향상을 위한 정부의 역할을 강조하는 모습을 보인다. '군집 B'의 경우 '박근혜', '정부'의 정책이 산업, 일자리 등과 밀접한 관련이 있음을 보여주고 있다. '군집 C'의 경우 창조경제를 어떻게 성공시킬 지와 관련한 담론을 다루는 단어들이다. 2013년에는 창조경제 성공을 위해 참고할만한 해외 벤치마킹 사례가 다수 소개되었는데, 이를 어떻게 '한국형'으로 재구성하여 '성공'시킬지를 다루고 있다. '군집 D'의 경우 '현장', '현장을 가다' 등 현장과 관련한 단어들로 구성되는데, 현장 검증을 통해 핵심동력을 파악하거나 '융합'의 중요성을 강조하고 있는 것으로 보인다. '군집 E'의 경우 박근혜 정부가 들어서며 새로 설립된 '미래부'와 관련한 단어들이 구성되고 있는데, '미래부'와 '미래', '지원', '성장' 등이 연관되며 미래부의 활동이 향후 대한민국의 성장과 미래 문제와 관련 있다고 봄을 알 수 있다.

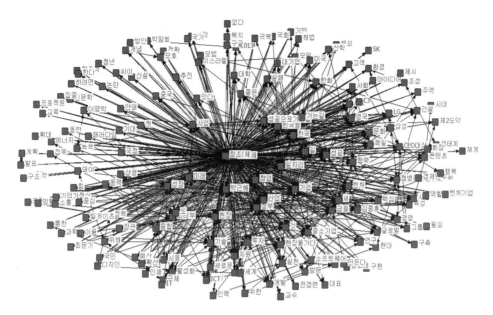

〈그림 4〉 2013년 '창조경제' 관련 주요 단어 연결망(연결강도 3, n=170)

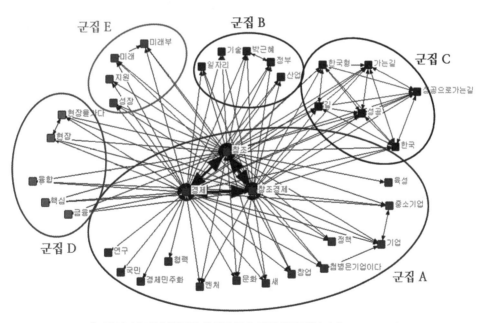

〈그림 5〉 2013년 '창조경제' 관련 주요 단어 연결망(연결강도 25, n=36)

연결 중심성 연구에서도 '창조(6066.000)', '경제(5844.000)', '창조경제 (5665.000)' 이 세 단어는 다른 단어에 비해 급격히 높은 연결 중심성 값을 보이며 창조경제에 대한 논의 전개를 주도하고 있었다. 그 다음으로 '한국(1125.000)', '길(876.000)', '기업(842.000)', '성공(782.000)', '가는길(769.000)' 등의 키워드가 높은 연결 중심성을 보였는데, 이전 해에 비해 창조경제를 통한 향후 미래의 모습과 성공을 위한 방안이 창조경제 논의의 중심에 있다는 것을 알 수 있다. 이러한 경향은 근접 중심성과 매개중심성, 아이겐벡터 중심성에서도 동일하게 나타났는데, 이로써 2013년의 창조경제에 대한 언론의 의미화는 경제 문제 성공 해결을 위한 방안 모색 차원에서 중점적으로 전개되고 있었음을 알 수 있다.

〈표 8〉 2013년 주요 단어의 중심성 상위 값

연결 중심성		근접 중심성		아이겐벡터		매개중심성	
경제	6066.000	창조경제	1.000	경제	0.562	창조경제	1410.635
창조	5844.000	경제	1.000	창조	0.553	창조	1410.635
창조경제	5665.000	창조	1.000	창조경제	0.546	경제	1410.635
한국	1125.000	한국	0.765	한국	0.104	박근혜	543.442
길	876.000	박근혜	0.758	박근혜	0.095	한국	478.962
기업	842.000	기업	0.741	기업	0.092	기업	397.134
성공	782.000	성공	0.701	길	0.083	성공	284.117
가는길	769.000	미래	0.687	성공	0.072	미래	259.443
박근혜	759.000	길	0.687	가는길	0.070	길	223.908
한국형	662.000	정부	0.673	한국형	0.056	산업	212.046
성공으로가는길	629.000	산업	0.671	성공으로가는길	0.052	정부	208.195

(4) 2014년도 언론에 나타난 '창조경제' 관련 의미연결망

2014년의 창조경제 관련 주요 단어 의미연결망은 〈그림 6〉과 같이 2013년과 마찬가지로 여전히 복잡한 구조를 보이고 있다. 이 결과를 연결강도 20으로 하여 축약한 결과, 2013년과 마찬가지로 '창조', '경제', '창조경제'가 밀접한 관계를 형성하며 의미연결망의 중심을 차지하고 있음을 알 수 있었다. 특히 '창조(20회)'는 여전히 단어 빈도에서 더 많은 빈도를 기록한 단어가 있음에도 불구하고 그래픽의 중심에 위치하고 있었다. 한편

2013년 의미연결망의 중심에 위치하였던 '박근혜'는 단어 빈도는 여전히 3위이나 네트워크의 중심에서 이전 해에 비해 다소 외부로 밀려난 모습을 보여 창조경제가 정치적 차원보다는 다른 차원에 좀 더 집중되고 있음을 알 수 있었다.

2014년 창조경제 관련 의미연결망은 2013년과 동일하게 총 5개의 군집을 형성하는데 2013년과 달리 하나의 독립된 군집이 존재하고 있다. '군집 A'의 경우 세 핵심 단어 중 '경제'와 '창조'를 기준으로 '산업', '기업', '중소기업' 등이 위치하고 있으며 이는 '활성화', '핵심', '환경'과 연결을 가진다. 이는 2014년 우리 언론이 창조경제와 관련 어떻게 기업을 지원하여 성장하게 하고 이를 경제적 부와 연결시킬 것인가를 다루고 있다고 할 수 있다. '군집 B'의 경우, 향후 창조경제의 중장기 계획과 관련한 단어와 이를 위해 혁신해야할 것들 등 좀 더 실행과 관련한 내용으로 구성되어 있다. '군집 C'의 경우, '과학', '기술'을 비롯, '포럼', 행사의 '개최'와 관련한 단어가 위치하며 과학기술을 활용한 창조경제 실행에 관한 다양한 논의를 보도함을 알 수 있다. '군집 D'는 정부, 특히 미래부와 관련한 보도가 여전히 창조경제 관련 중요 이슈임을 보여주고 있다. 한편 '군집 E'의 경우 독립된 군집의 형태를 보여주고 있는데, 주로 부동산 대책이나 금융 관련 단어가 네트워크를 형성하고 있다. 이는 창조경제에서 논의하는 주요 단어들과 직접적으로 연결되고 있지 않아 보이나, 경제 문제와 관련 간접적으로 무관하지 않음을 드러내주고 있다.

이렇게 2014년의 창조경제는 좀 더 실행적인 면에서 의제 논의를 전개하고 있으며, 논의 전개에 있어 기업, 특히 중소기업의 중요성을 강조하고 부동산, 금융 등의 다른 경제문제와도 연결시켜 경제에 대한 종합적 논의 경향을 보인다. 그리고 이 과정에서 과학기술은 여전히 매우 중요한 요소로 언급되고 있음을 알 수 있다.

중심성 연구에서도, 중심이 되는 세 단어인 '경제', '창조', '창조경제'가 연결 중심성, 근접 중심성, 아이겐벡터 중심성, 매개중심성 모두에서 다른 단어와 비교해 월등히 높은 값을 보이며 네트워크의 중심에 위치함을 알 수 있었다. 경제문제의 창조적 접근이 여전히 창조경제 논의의 가장 중요한 키워드로 논의되고 있는 것이다. 그 다음으로는 '기업'이 모든 중심성 값에서 높게 나타났는데, 이는 2014년의 창조경제가 기업 살리기와 매우 큰 상관관계를 가지고 논의를 전개하고 있음을 알 수 있다.

반면 단어 빈도에서 높은 순위를 차지했던 '박근혜'는 2013년과 달리 연결 중심성, 매개중심성, 근접 중심성에서 높지 않은 값을 나타내고 있었다. 이는 우리 언론이 2014년에는 창조경제를 박근혜 대통령과 연관 짓는 논의보다는 좀 더 창조경제 자체의 실행과 그 효과가 보도의 중심 주제로 떠오르는 경향을 보이고 있다고 할 수 있다.

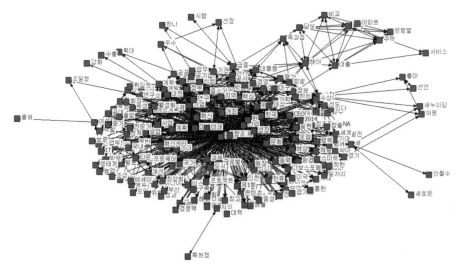

〈그림 6〉 2014년 '창조경제' 관련 주요 단어 연결망(연결강도 3, n=190)

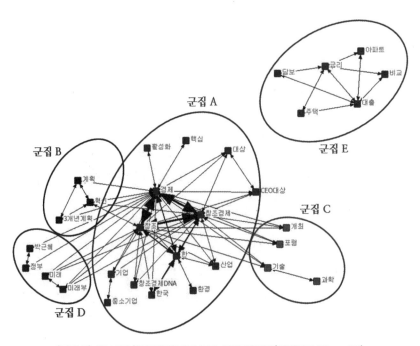

〈그림 7〉 2014년 '창조경제' 관련 주요 단어 연결망(연결강도 20, n=31)

연결 중심성		근접 중심성		아이겐벡터		매개중심성	
경제	2713.000	경제	0.931	경제	0.548	경제	1473.701
창조	2382.000	창조	0.931	창조	0.532	창조	1473.701
창조경제	2266.000	창조경제	0.922	창조경제	0.524	창조경제	1436.016
기업	618.000	기업	0.771	미래	0.100	기업	693.185
미래	536.000	미래	0.716	기업	0.097	미래	484.690
한국	445.000	산업	0.677	한국	0.086	산업	331.742
미래부	423.000	한국	0.668	미래부	0.079	미래부	295.865
혁신	374.000	미래부	0.661	혁신	0.079	한국	281.350
산업	341.000	혁신	0.649	산업	0.062	박근혜	253.705
기술	302.000	기술	0.649	대상	0.059	기술	245.890
박근혜	297.000	박근혜	0.639	기술	0.058	새	209.835
대상	246.000	사업	0.628	박근혜	0.048	혁신	202.389
개최	224.000	정부	0.624	창조경제DNA	0.043	시장	183.677
위한	221.000	개최	0.620	개최	0.042	정부	175.537
정부	214.000	중소기업	0.612	포럼	0.041	사업	158.777
계획	208.000	지원	0.610	정부	0.039	개최	155.081
금리	204.000	활성화	0.602	환경	0.038	중소기업	137.342
중소기업	197.000	정책	0.600	과학	0.035	전문가	137.015

5. 결론

1) 연구 결과

본 연구는 창조경제에 대한 우리 언론의 의제 설정 경향을 시기별로 분석, 주요 국정 이슈인 창조경제가 어떻게 우리 사회 속에서 의미화 되고 있는지 이해하고자 하였다. 이를 위해 본 연구는 본격적으로 창조경제가 소개되던 시기(2008년~2011년)와 대선 운동기간(2012년), 그리고 박근혜 정부가 본격적으로 업무를 시작한 2103년과 2년차인

2014년으로 시기를 나누고 각 시기별 주요 키워드와 단어 간 의미연결망 구조, 키워드 중심성 조사를 실시하였다. 분석 대상은 국내 종합일간지를 대상으로 하였으며, 분석은 한국어 언어 분석 프로그램 KrKwic와 연결망분석 프로그램 UCINET을 활용하였다.

연구 결과, 이명박 정부 시절이었던 2008~2011년, 창조경제는 경제 문제 해결을 위한 대안 차원에서 소개되고 있었다. 이 시기 의제설정에는 '창조'라는 키워드가 논리 구축에 큰 역할을 하는데, 논의는 경제 위기 상황 극복을 위한 창조적인 접근의 중요성을 강조하는 방향으로 전개되었다. 특히 이 시기 전 세계 경제문제로 등극한 리먼 브라더스 사태를 비롯한 미국발 경제 위기는 새로운 해결책의 필요성을 대두시켰을 것으로 보이며, 이러한 맥락에서 창조경제가 하나의 대안으로 소개된 것으로 보인다.

대선 운동과 박근혜 대통령 당선, 인수위 활동이 있었던 2012년에는 창조경제가 국정 운영 방향으로 소개되면서 창조경제에 대해 좀 더 다양한 정보가 전달되었다. 특히 대선 운동 기간과 맞물려 향후 미래상을 그림으로써 새 정부 수립 이후 경제 미래 모습에 대한 예측과 관련한 단어를 자주 사용한다. 이 시기의 의미연결망은 역시 '경제'가 네트워크의 중심에 위치하면서, 경제의 질적 변화를 이끌 새로운 패러다임으로서 창조경제 의제 논의를 전개하는 경향을 보인다. 또한 과학기술 발전이 경제 문제 해결에 매우 중요한 요소로 제시하고 있다. 아울러 창조경제 개념을 새 정부 또는 대통령과 밀접하게 연결시키고 평가하려는 정치적인 차원의 의미 구성 경향도 보인다.

박근혜 정부가 본격적인 업무를 시작한 2013년에는 관련 기사수도 폭발적으로 증가하고 의미연결망도 매우 복잡하게 구성되었다. 창조경제 의미연결망은 '창조', '경제', '창조경제'의 세 단어를 중심으로 구성되었다. 의미연결망은 창조경제의 성공과 효과를 나타내는 키워드나 해외 성공 모델과 관련한 키워드와 긴밀한 관계를 형성하였는데, 이를 통해 우리 언론이 창조경제를 미래 경제 모형으로서 성공시키고자 하는 경향을 드러낸다고 할 수 있다. 또한 2013년의 의미연결망에서는 '기업', 특히 '중소기업'이 연결망에서 중심적인 역할을 차지하며 이에 대한 활성화를 창조경제의 중요한 성공요인으로 뽑고 있었다. 또한 박근혜 정부에 들어와 미래부가 새로 등장함에 따라 미래부에서 추진하는 과학기술과 장르 간 융합이 중요한 이슈로 제시되었다. 특히 미래부는 박근혜 정부가 추진하는 정책 중 눈에 띠는 변화 중 하나이므로 새 정부의 정책 소개와 함께 자주 등장할 수 있었던 것으로 보이며, 창조경제 모델의 중심이 되는 부처인 만큼 자주 언급되었다.

2014년에도 창조경제는 언론을 통해 활발히 논의되며 복잡한 연결망을 구성하였다. 그러나 2013년과 달리 2014년에는 창조경제의 구체적인 계획과 실행에 대한 정보가 주로 제공되었으며, 향후 창조경제 운영을 위해 혁신해야 할 것들을 제시하고 있다. 또한 평가를 나타내는 단어가 다수 등장하며 창조경제가 집권 1년을 넘어선 박근혜 정부의 주요 평가 요소로 언급되는 것을 알 수 있었다. 의미연결망에서는 '창조', '경제', '창조경제'의 세 단어가 여전히 연결망의 중심을 구축했고, 군집분석 결과 하위에 창조경제 실행전략과 기업 육성, 과학기술 육성과 이를 통해 경제문제를 해결할 창조적 접근법에 대한 논의가 창조경제에 대한 공적지식의 주된 내용이 되었다. 반면 '박근혜'라는 키워드는 2013년과 달리 높지 않은 중심성을 나타내, 창조경제가 정치적 차원보다는 보다 경제적인 차원에서 집중적으로 의미화 되고 있음을 알 수 있었다.

이렇게 우리 언론은 창조경제를 주로 경제적 차원에서 의미화하고 있다. 초기에는 경제 위기 해결의 대안으로서 소개되었으나 이후에는 새로운 미래를 위한 경제 패러다임으로 의미가 발전되는 경향을 보인다. 그리고 이 과정에서 이전과는 다른 창조적 접근의 중요성을 강조하고 있다. 과학기술의 역할은 창조경제 실현을 위해 꾸준히 강조되었고, 박근혜 정부 수립 이후에는 기업, 특히 중소기업의 중요성이 강조되는 경향을 보인다. 창조경제는 박근혜 정부 시작 초기에는 박근혜 대통령과 강력하게 연결시키며 정치적 차원의 의미화 경향을 보였으나, 최근에는 좀 더 경제적 차원에서 개념을 의미화하려는 경향을 보이고 있다.

한편 연도별 주요 단어의 중심성 값 상위 순위는 매년 거의 동일하게 나타나고 있는데, 매년 '창조', '경제', '창조경제'가 일관되게 상위 순위를 차지하고 있다. 이는 우리 언론이 창조경제 이슈를 비교적 일관된 방향으로 정보 제공 및 논의 전개를 하고 있는 것을 알 수 있는 것으로, 경제문제 해결과 접근 방법의 창의화를 강조하고 있다.

2) 연구 함의

본 연구는 어떤 방식으로 우리 언론이 창조경제를 다차원 경제적, 정책적, 사회문화적 차원에서 의미화 하는가에 관한 실증적인 연구이다. 본 연구는 최근 국정의 주요 이슈인 창조경제가 우리 언론을 통해 어떠한 정보를 어떠한 방식으로 제공하고, 정보들은 어떻게 구성되어 특정한 이슈 문화를 구축하는지 시계열적으로 비교 연구, 창조경제에 대한 종합적으로 분석하였다고 할 수 있다. 이러한 연구 결과를 통해 본 연구는 2단계 의제설정(second-level agenda setting)을 통해 우리 언론이 창조경제에 대한 어떠한 종류의 정보를 주로 제공하며, 정보에 대한 의견을 어떠한 방향으로 제시하고 있으며 이를 설명하기 위해 어떤 단어를 선택하는지 알 수 있다. 그리고 이를 통해 우리 사회에 창조경제에 대한 공적 지식(public knowledge)이 어떠한 방식으로 형성되는지 사회의 이슈에 대한 사고 틀을 확인할 수 있었다. 이렇게 형성된 공적 지식은 향후에도 우리 사회가 창조경제를 이해하고 논의하는 기반이 될 사고 틀일 것이며, 국정 커뮤니케이션을 수행하는 관련 부처에서는 우리 사회의 이러한 사고 틀을 충분히 이해하고 이에 대응하는 적합한 전략을 구축할 필요가 있다.

또한 본 연구는 다량의 데이터를 축소하여 중요한 의미와 함의를 찾아줄 수 있는 의미 연결망 기법을 적용하여 기존의 의미 분석보다 좀 더 구조적인 공적 지식구조 분석이 가능하였다. 이에 따라 보다 가시적이면서도 체계적으로 단어와 단어 간의 관계, 관련성 등을 파악할 수 있어 향후 전략 활용에 좀 더 용이할 것으로 보인다.

그러나 본 연구는 종합일간지를 연구대상으로 삼아, 블로그나 SNS 등 뉴미디어 내에서 수용자에 의해 어떻게 의미화 되는지를 적용하지는 않았다. 향후 뉴미디어 내의 수용자 의제설정 경향을 추가로 조사, 이를 종합일간지 의제설정 경향과 비교한다면 우리 사회의 창조경제에 대한 의미화 경향을 보다 풍부하게 조사할 수 있을 것으로 보인다. 그러나 멀티미디어 환경 내에서도 뉴스의 힘은 아직 강력하게 발휘되고 있으며, 뉴미디어 내에서도 신문 기사가 다시 공유되면서 수용자의 의제설정에 크게 영향을 미치는 상황을 고려할 때, 종합일간지 대상의 연구는 우리 사회의 창조경제 의미화 경향을 상당히 반영할 수 있다고 하겠다.

참고 문헌

관계부처 합동(2013). 창조경제 실현계획(안) : 창조경제 생태계 조성 방안.

권상희(2005). 「인터넷 뉴스 프레임 : 인터넷 미디어 발달의 장기적인 뉴스 보도 경향 연구」, 『한국언론정보학보』 30, 35-87.

김수정·조은희(2005). 「생명과학에 대한 한국과 미국의 뉴스 프레임 비교연구」, 『한국언론학보』 49(6), 109-139.

김성태·이영환(2006). 「인터넷을 통한 새로운 의제 설정 모델의 적용: 의제 파급과 역의제 설정을 중심으로」, 『한국언론학보』 50(3), 175-204.

김왕동·송위진·성지은(2013). 「국민행복을 위한 창조경제 : 특성과 함의」, 『기술혁신학회지』 16(3), 672-693.

남인용·박한우(2007). 「대권 예비후보자 관련 신문기사의 네트워크 분석과 홍보전략」, 『한국정당학회보』 6(1).

문화관광부(2004). 창의한국: 21세기 새로운 문화의 비전. 서울: 문화관광부.

문화체육관광부(2008). 문화비전 2008-2012. 서울: 문화체육관광부.

박광순·안종묵(2006). 「포털사이트 프론트(front)페이지 뉴스의 특성에 관한 연구」, 『한국언론학보』 50(6), 199-226.

박한우(2010). 「e-사이언스 시대의 인문사회학 연구하기-인터넷 연구방법을 중심으로」, 『사회과학연구』 30(2), 195-211.

박한우·이연옥(2009). 「복합적 텍스트 분석을 이용한 포털 댓글에 관한 연구 - 17대 대통령 선거 기간 미디어 '다음'에 게시된 광운대 BBK 동영상」, 『Journal of the Korean Data Analysis Society』 11(2), 731-744.

박한우·Leydesdorff, L.(2004). 「한국어의 내용분석을 위한 KrKwic 프로그램의 이해와 적용 : Daum.net에서 제공된 지역혁신에 관한 뉴스를 대상으로」, 『Journal of The Korean Data Analysis Society』 6(5), 1377-1388.

안종묵(2012). 「온라인신문과 블로그에 나타난 뉴스 프레임의 특성 비교분석 : 대통령의 독도방문 사건사례」, 『사이버커뮤니케이션학보』 29(4), 233-266.

양승목(1997). 「언론과 여론 : 구성주의적 접근」, 『언론과 사회』 17, 6-40.

윤호영·박한우(2011). 「한국 정치인들의 트위터 활용방식 - 정치인 트위터 메시지 및 이름언급 연결망 분석」, 『동아인문학』 20, 1-25.

임양준(2009). 「집단적 갈등 이슈에 대한 방송뉴스 프레임 비교 연구 : 용산참사에 대한 MBC,

KBS, SBS 저녁 뉴스를 중심으로」, 『한국언론학보』 53(5), 55-79.

조인호·박지영·박한우(2011). 「한국에서 나타난 마이크로 블로깅과 정치현상 사이의 상호작용 - 서울시장 예비후보 토론회를 중심으로」, 『동아인문학』, 19, 323-359.

차두언(2013). 「창조경제의 개념과 산업 활성화 방안」, 『국토』 380, 6-13.

차두원·유지연(2013). 「창조경제 개념과 주요국 정책분석」, 서울 : 한국과학기술기획평가원.

최민재·김위근(2006). 「포털 사이트 뉴스서비스의 의제설정기능에 관한 연구」, 『한국언론학보』 50(4), 437-463.

최윤정·권상희(2013). 「'빅데이터' 관련 신문기사의 의미연결망 분석」, 『사이버커뮤니케이션학보』 31(1), 241-285.

Althaus, S., & Tewksbury, D. (2002). Agenda setting and the new news: Patterns of issue importance among readers of the paper and online versions of the New York Times. *Communication Research, 29*(2), 180-207.

Bavelas, A. (1947). A mathematical model for group structures. *Human organization, 7*(3), 16-30.

Cho, S. E., & Park, H. W. (2012). Government Agencies' Innovative Use of the Internet: The Case of the Twitter Activity of South Korea's Ministry for Food, *Agriculture, Forestry and Fisheries. Scientometrics. 90*(1), 9-23. *A special issue on Triple-Helix and Innovation in Asia using Scientometrics, Webometrics, Informetrics*.

Cho, S. E., Choi. M. G., & Park, H. W. (2012). Government-civic group conflicts and communication strategies: A text analysis of TV debates on Korea's Import of U.S. Beef. *Journal of Contemporary Eastern Asia, 11*(1).

Chung, C. J., & Park, H. W. (2010). Textual Analysis of a Political Message: The Inaugural Addresses of Two Korean Presidents. *Social Science Information. 49*(2), 215-239.

Department for Culture, Media and Sport (2008). *Creative Britain: New Talents for the New Economy*, London : Department for Culture, Media and Sport.

Entman, R. M. (1991). Framing U. S. coverage of international news : Contrasts in narratives of the KAL and Iran air incidents. *Journal of Communication, 41*(4), 6-27.

Freeman, L. C. (1979). Centrality in social networks : Conceptual clarification. *Social Networks, 1*, 215-239.

Florida, R. (2002). *The Rise of the Creative Class: And How It's Transforming Work, Leisure, Community and Everyday Life*. Basic Books.

Gamson, W. A., & Lasch, K. E. (1983). The political culture of social welfare policy, In Spiro,

Shimon. (ed). *Evaluating the welfare state : Social and political perspectives*. NY : Academic Press, 398-415.

Gamson, W. A., & Modigliani, A. (1989). Media discourse and public opinion on nuclear power: A constructionist approach. *The American Journal of Sociology, 95*(1), 1-37.

Ghanem, S. (1997). *Filling in the tapestry: The second level of agenda setting*. In M. McCombs.

Goffman, E. (1974). *Frame Analysis: An Essay on the Organization of Experience*. Cambridge: Harvard University Press.

Hester, B., & Gibson, R. (2003). The economy and second-level agenda setting: A time-series analysis of economic news and public opinion about the economy. *Journalism and Mass Communication Quarterly, 80*(1), 73~90.

McCombs, M. E., & Ghanem, S. (2001). *The convergence of agenda setting and framing. In framing public life: Perspectives on media and our understanding of the world*, ed. Stephen D. Reese, Oscar H. Gandy Jr., and August E. Grant Mahwah, NJ: Lawrence Erlbaum Associates.

McCombs, M. E,, Shaw, D., & Weaver, D. (1997). *Communication and Democracy: Exploring the intellectual frontiers in agenda-setting theory*. Mahwh, NJ: Lawrence Erlbaum Associates.

McCombs, M., & Shaw, D. L. (1972). The agenda-setting function of mass media. *Public Opinion Quarterly, 36*(2), 176-187

Park, H. W. (2012). Examining academic Internet use using a combined method. *Quality & Quantity. 46*(1), 251-266.

Schudson, M. (1995). *The power of news*. MA : Harvard University Press.

Shaw, D. & McCombs, M. (1977). *The Emergence of American Political Issues. St. Paul*. MN: West.

Tuchman, G. (1978). *Making news: A study in the construction of reality*. New York: Free Press.

United Nations (2008). *Creative Economy Report 2008*. United Nations.

Wasserman, S., & Faust, K. (1994). *Social network analysis: methods and applications*. Cambridge: Cambridge University Press.

Wigand, R. T. (1988). Communication network analysis : History and overview, in Goldhaber, G. & Barnett, G. A.(eds.), *Handbook of Organizational Communication*, Norwood : Ablex, 319-360.

Network Analytics

실습(Tutorial 6)

실습내용

실습교재 참고

7

소셜 미디어와 방송
Twitter buzz

> ## 제1절. 빅(big)데이터를 통한 TV수용자 반응 연구:
> ### 시청률에 따른 트위터 버즈(buzz) 분석을 중심으로

1. 서론: 연구의 배경 및 목적

최근 사회 각 분야에서 관심사로 떠오른 빅데이터(Big Data)는 단순히 양적인 개념이 아니라 데이터의 형식, 입출력 속도 등을 함께 아우르는 의미이다. 데이터 폭증, 즉 기존 데이터에 비해 양이나 종류가 턱없이 커서 기존 방법으로는 수집, 저장, 검색, 분석 등이 어려운 데이터를 총칭해서 일컫는 용어가 바로 빅데이터이다(McKinsey, 2011). 그렇다면 왜 빅데이터에 관심을 쏟는가? "21세기 원유"(Gartner, 2012) 등의 수식어에서 드러나듯 "데이터의 사회화"(김예란, 2013)를 통해 빅데이터에서 실용적 가치를 창출하려

는 데에서 그 이유를 찾아볼 수 있다.

사실 데이터는 과거부터 존재해 왔고 데이터가 활용된 것도 이미 오래됐다. 그럼에도 '빅'을 붙여 새로운 트렌드가 된 빅데이터는 규모(Volume)의 증가만이 아니라 다양성 (Variety), 복잡성(Complexity), 그리고 속도(Velocity)의 증가에 주목하게 한다 (Gartner, 2012). 따라서 대규모 데이터의 탐색과 분석을 통해 의미 있는 패턴이나 규칙 을 찾는 것이 빅데이터 분석의 목적이며 점점 더 데이터, 즉 증거 기반의 예측이 중요해 질수록 빅데이터의 유용성도 커진다고 볼 수 있다(조성준, 2014). 물론 이처럼 데이터의 생산과 축적이 가능해진 주요 배경은 정보통신 기술 환경의 변화에 있다. 스마트폰과 같 은 스마트 기기의 확산과 SNS의 이용 증가는 수많은 데이터 생산을 가능하게 했고 또 다 른 한편으로는 생성된 수많은 정보가 온라인 공간에 저장되고 있기 때문이다.

빅데이터에 대한 관심은 가치창출에 대한 가능성 탐색에서부터 다양한 산업 분야에서 구체적 활용 측면으로 확대되고 있는 상황이며 방대하고 다양한 데이터 가운데 적절성 이 있는 데이터를 조합하는 것이 가치창출의 조건이라고 할 수 있다(전용준, 2014).

빅데이터로 요약되는 이러한 변화의 물결은 TV 시청 맥락에서도 예외가 아니다. 예컨 대, 소셜 미디어의 확산은 TV 시청 패러다임의 변화를 가져왔고 이 과정에서 수많은 데 이터가 이전과는 다른 양상으로 등장한다. 거실의 TV 대신 스마트 미디어를 통해 플랫 폼의 개인화가 가속화되는 동시에 트위터와 같은 소셜 미디어를 매개로 시청소감을 나 누는 새로운 소통, 이른바 소셜 커뮤니케이션(이동후, 2012; 최민재, 2013)이 활발해지 고 있기 때문이다. 이러한 '소통 데이터' 분석에 주목하는 까닭은 빅데이터가 시사하듯 그 규모와 속도, 그리고 다양성 차원에서 새로운 가치를 발견하려는 데 있다. 연구 영역 에서도 이러한 데이터가 자발적으로 표현된 의견이라는 점, 실시간 확보 가능한 정보라 는 점 등이 기존에 인위적으로 만들어진 실험 환경이나 구조화된 설문 방식을 통한 연구 와 차별화되며 새롭게 주목하기 시작했다(김민희·정지혜, 2013).

특히 소셜 커뮤니케이션은 공간과 시간의 경계를 허물며 특정 상품에 대한 온라인 구 전효과로 이어질 수 있는 점에서 그 결과로서 생성되는 방대한 데이터 이상의 의미를 지 닌다(박승현·송현주, 2012). 상품에 대한 평가와 의견 표현, 정보공유, 소식 전달 등 다양 한 이야기가 소셜 미디어에서 오가기 때문이다. TV프로그램에 대한 이야기도 마찬가지다. 예전 같으면 거실의 TV 앞에서 가족들이 주고받던 이야기가 이제는 개인 스마트 미디어를 통해 담장을 넘어 사회적 네트워크 안에서도 실시간으로 이뤄진다. 소셜 데이터를 활용하여 시청률을 예측하거나 시청자 행태를 파악하려는 것이 가능해진 이유인 것이다.

사진출처: The Wall Street Journal(2013.10.8)

이처럼 소셜 미디어를 통한 능동적 TV 시청과 의견공유가 가능해지면서 관련 연구도 확대되는 추세인데 통합시청률 연구와 소셜데이터를 토대로 한 수용자 반응 연구 등을 꼽을 수 있다. 우선 통합시청률 연구는 '가족 거실' 대신 스마트 미디어가 만든 '사이버 거실'(윤해진·박병호, 2013)에 나타나는 소셜TV 현상의 영향력을 수치화, 기존 시청률을 보완하려는 시도이다(마경란, 2013; 이경민 외, 2013; 차진용·이광형, 2012). 통합시청률은 시청자들이 '가족 거실'에서 이탈할수록 한계를 드러내는 현행 시청률 측정 방식을 보완하고 달라진 TV시청 패러다임을 반영할 수 있는 장점이 있다. 또 다른 한편으로 소셜 미디어의 확산은 TV시청을 둘러싼 수용자들의 행태에도 영향을 끼치고 있다. 특히 소통을 매개하는 채널의 하나인 트위터는 이용하는 방법이 상대적으로 간편하고 네트워크의 잠재적 확장성이 큰 매체적 속성(곽해운 외, 2011)을 바탕으로 주요 소셜 커뮤니케이션 채널이 되면서 더욱 주목받아 왔다(배진아·최소망, 2013; 윤해진·박병호, 2013). 그러나 기존 연구가 트윗 총량이나 트윗 유형에 초점을 맞춤으로써 정량적 분석에 그친 점을 부인할 수는 없다.

통합시청률이든 수용자들의 소셜 커뮤니케이션이든 빅데이터를 활용하는 목적은 무엇보다 시청자 반응을 신속하게 파악하여 시청률 예측, 탄력적인 마케팅 전략 수립, 광고 효과 측정 등 즉각적인 의사결정과 미래예측에 응용하려는 데 있다. 기존 시청률이 시청자들의 다양한 반응을 보여주지는 못하는 점에서 빅데이터의 핵심은 결국 비정형 데이터를 빠른 속도로 분석하여 마케팅이나 의사결정에 사용할 수 있게 하는 데 있다. 즉 비정형 데이터 분석은 ① 텍스트는 물론 ② 그림, 사진, 영상, ③ 소리, 음악, 그리고 ④ 네트워크 관계 등을 분석하여 정형 데이터의 한계를 보완하는 것이다.

따라서 본 연구는 트위터에서 이뤄지는 TV 시청자들의 소셜 커뮤니케이션 데이터를 활용하여 TV콘텐츠에 대한 양적 반응은 물론 소통 이슈 분석을 통해 질적 차원의 반응까지 입체적으로 살펴봄으로써 빅데이터 시대에 적합한 수용자 반응 예측 방안을 찾아보고자 한다. 그동안 시청률은 콘텐츠의 성과를 측정할 수 있는 가장 대표적인 정량적 잣대로 활용되어 왔다. 이런 측면에서 TV드라마 시청률과 실시간 트윗 버즈량의 상관관계를 통해 통합시청률에 반영될 수 있는 트위터의 잠재력을 가늠해 보고자 한다. 현재 TV시청률과 트위터 간 상관관계는 상이한 결과가 존재한다. 미국 TV시청률 조사기관 닐슨이 내놓은 TV시청률과 트위터 간 정적 상관관계(이데일리, 2013.8.7)와 달리 국내 연구(마경란, 2013)에서는 유의미하지 않았다. 즉, 본 연구는 시청률과 트위터 간의 관계를 조망하는 또 다른 탐색적 연구라고 할 수 있다. 아울러 TV시청자들의 이슈 반응이 트위터에 어떻게 나타나고 있으며 궁극적으로 시청률과는 어떠한 관계를 맺고 있는지를 실증 사례를 통해 규명해보고자 한다.

2. 이론적 배경

1) 소셜 미디어 시대의 TV 시청 행태의 변화

국내서도 1995년 케이블TV 출범 이후 다채널 방송환경이 가시화되면서 TV 시청 패턴이 급격히 변화되기 시작하였고 그 결과 특정 채널이나 프로그램에 대한 시청자의 적극적인 선택 행위가 보고되어 왔다(조성동·강남준, 2008; 최양수·황유선·이연경, 2010). 그러나 이러한 시청자의 파편화나 분극화(Lin, 1994)는 모바일 기기의 보급 이후 새로운 양상으로 나타나고 있다. 채널과 프로그램뿐 아니라 플랫폼의 다변화로 미디어의 개인화가 가속화되고 있으며 시청자의 행위는 저관여적 수동적 패턴에서 참여적이고 적극적 행위 차원으로 바뀌고 있기 때문이다(박주연·전범수, 2011).

최근 발표된 몇 가지 수량적 지표는 이러한 변화를 단적으로 보여준다. 정보통신정책연구원(KISDI, 2014)이 최근 발표한 한국미디어패널조사에 따르면 TV를 1대만 보유한 가구 비율은 2011년 69.9%에서 2012년 70.9%, 2013년 76.6%로 줄어들며 점진적인 1가구 1TV화를 보여준다. 이 결과가 의미하는 것은 더 이상 TV로만 TV를 즐기지 않는다는 것이다. 스마트폰, 태블릿PC 등 다양한 스마트 기기의 보급으로 TV를 이용할 수 있는 플랫폼이 늘어났기 때문이다. 이를 입증하듯 국내 스마트폰 이용자는 2014년 1월 기준으로 약 3,783만 명을 기록했고 관련 업계는 올 상반기 전후로 4,000만 명을 넘어설 것으로 예측하고 있다(머니투데이, 2014.3.13). 또 스마트폰은 TV(61.9%)에 이어 영상콘텐츠를 시청하는 주요 매체 순위 2위(20.5%)를 차지했고 부 시청기기로 사용한다는 응답(39.3%)까지 합하면 스마트폰을 통해 영상을 시청하고 있는 총 시청자는 60%에 달하고 있다는 보고도 나왔다(KT경제경영연구소, 2014).

거실의 TV를 둘러싸고 가족 구성원이 '본방사수'를 하거나 '온 가족이 다함께 한 자리'에서 TV를 보며 이야기를 나누는 모습은 이제 고전적 형태가 된 것이다. 플랫폼의 개인화는 자연스럽게 콘텐츠 소비의 개인화도 의미한다.

그러나 여기서 역설적인 현상은 TV 시청이 개인화하는 동시에 또 다른 측면에서는 시간과 공간의 경계를 허무는 새로운 소통, 이른바 소셜 커뮤니케이션이 늘어나고 있다는 사실이다(윤해진·박병호, 2013). 스마트폰이나 태블릿PC 등 모바일 기기로 시청하는 행위와 함께 TV 시청 시 스마트폰이나 태블릿PC 등을 함께 사용하는 행위도 증가하고 있기 때문이다(오삼수, 2014). TV 시청자가 소셜 미디어를 이용해 소셜 네트워크 안에서 의견이나 정보를 공유하는 TV 시청 행태는 소셜TV 현상으로 통칭된다. TV에서 본 경험을 서로 나누려는 것은 사회적 상호작용의 하나로서 이미 오래전부터 TV 시청동기로 중요하게 언급되어 요소이다(McQuail et al., 1972; Lin, 1993). 시청자들은 TV 시청 경험을 개인적 차원에 한정하지 않는다는 얘기다. TV에서 본 내용을 TV 밖에서 다양한 화젯거리로 활용하는 것은 어제오늘의 일이 아니다. 다만 새로운 커뮤니케이션 방식이 등장할 때마다 상호작용의 매개 채널이 끊임없이 확장되어 왔다. 가족구성원 혹은 친구나 이웃 사이의 대인 커뮤니케이션에서 매스미디어를 통한 매스커뮤니케이션으로, 나아가 인터넷과 소셜 미디어를 통한 소셜 커뮤니케이션으로 변화해왔다.

예를 들어 배진아와 최소망(2013)은 소셜 미디어 가운데 트위터가 TV 시청 소감을 나누는 수단으로서 중요한 역할을 하고 있음을 실증적으로 밝혔는데, 이를 통한 소통은 인지적인 글보다는 즉각적이고 정서적 반응이 두드러졌으며 트위터의 매체적 속성상 소통의 대상이 불특정 다수인만큼 동일한 프로그램 시청자에 한정되지 않는 점을 특징으로 꼽았다. 또한 시청자들의 반응은 시청 단계에 따라 다르게 나타난다는 것도 보여줬다. 매개 채널에 따라 소통의 방식이 달라졌음을 보여주는 동시에 트위터가 시청자의 즉각적반응을 파악할 수 있는 매개 채널임을 시사하는 것이다.

가령 본 연구가 분석대상으로 삼은 드라마 '백년의 유산'(MBC, 2013.1.5.~6.23) 방영 당시 올라온 트위터 글에서도 시청 전에는 "백년에 유산에 정진찡나옴"(트위터: Thanatos_0717, 2013.1.1)과 같은 드라마 등장인물이나 방송날짜, 채널정보 등 프로그램 정보를 주로 나누고 시청 도중에는 "백년의 유산 보는데 브금 장난 아니닷!! ㅋㅋㅋ"(트위터: ajassuk, 2013.3.23.)과 같은 즉시적인 느낌이나 감상을 실시간으로 올리며 시청 후에는 "예고 왜 안하는거야! 채원이 너무 불쌍해 진심 화난다"(트위터: awaken2008, 2013.3.24.)와 같은 당일 방송에 대한 평가가 이뤄지고 있음을 찾아볼수 있다.

물론 시청자 의견 나누기는 프로그램 온라인 게시판이나 온라인 커뮤니티 등을 통해소셜 미디어 시대 이전에도 가능했다. 하지만 소셜 미디어를 통한 실시간 소셜 커뮤니케이션이 증가하면서 시청자 의견 데이터가 정보 흐름의 새로운 근원지이자 방송콘텐츠시청의 새로운 유입 경로로서 주목받고 있는 것이다(박선영, 2012; 조성준, 2014). 특히TV 프로그램은 물론 영화나 연극과 같이 실제로 사용해보기 전까지는 알 수 없는 경험재적 상품들은 소비자의 입에서 입으로 전해지는 구전 마케팅에 각별한 관심을 가져 왔는데 소셜 미디어를 통한 마케팅이나 소셜 데이터를 통한 수용자 반응 예측도 오프라인에서 온라인, 소셜 네트워크로 확대된 연장선상에 있다(박승현·송현주, 2012). 실제로 온라인으로 전해지는 프로그램에 대한 평가의 글에서 지각할 수 있는 '인지된 즐거움'이나 '인지된 가치'가 구매나 추천 의향에 영향을 끼친다는 것(박승현·송현주, 2012; 윤해진·문성철, 2010; Dellarocas, Awad & Zhang, 2007; Kim, 2012)과 SNS 구전량과 메시지 속성, 관여도 등이 영화흥행에 영향을 끼친다는 것(박선영, 2012; 이세진 외, 2012) 등이 검증돼 왔다.

결국 시청자 의견 데이터를 시청률 측정 보조지수로 활용하려는 것도 소셜 미디어 환경에서 나타나는 수용자 반응을 수치화하려는 시도라고 볼 수 있다. 국내에서 시청률 조사가 처음 시작된 1991년 이후, 케이블TV나 IPTV 서비스 그리고 이동형 단말 등장과 같은 시청환경의 변화에 맞춰 시청률 조사도 변화를 겪어 왔다(조성호, 2008). 그러나 현행 시청률 수치는 여전히 거실의 TV를 중심으로 한 고정형 일회적 소비구조에 충실하여 시간적 구속력으로부터 자유로운 TV 소비(배효승·신소연·이상우, 2012; 김은미 외, 2012)나 공간적 구속력으로부터 자유로운 TV 소비(조성호, 2008; 오삼수, 2014)를 반영하지 못하고 있다. 따라서 보다 입체적이고 역동적인 시청률 예측을 위한 새로운 방안이 시급한 상황이며 소셜 데이터에서 수용자의 반응을 살펴보려는 것은 하나의 시도가 될 수 있다. 소셜 미디어 환경은 복합적 시청행위뿐 아니라 공감적 TV 소비를 통해 새로운 담론 형성의 장을 만들어내고 있기 때문이다.

2) 소셜 데이터와 시청률의 진화

앞서 살펴본 것처럼 TV시청 행태가 바뀌어 가면서 현행 시청률 측정 방식에 대한 문제가 끊임없이 제기되어 왔다. 현재의 시청률 집계 방식은 가구 내 고정형TV에 설치된 피플미터(Peoplemeter)라는 기구가 유선전화를 통해 전송하는 자료를 바탕으로 측정된다. 따라서 유선전화가 없는 가구는 조사 패널에서 제외되는 점이 현행 시청률 측정 방식의 첫 번째 문제로 종종 언급되어 왔다. 왜냐하면 유선전화 보유 가구가 2013년 전국 기준으로 67.4%를 기록하고 있는데다 1인 가구의 증가와 스마트폰 보급 확대로 유선전화 보유 가구수는 점차 줄어드는 추세이기 때문이다(KISDI, 2014). 한국케이블TV방송

협회가 지난 해 tvN 드라마 '응답하라 1994'(13회 기준)의 시청률을 집전화 이용자와 휴대전화 이용자 모두를 대상으로 실시한 조사가 이를 반증한다. 이에 따르면 닐슨코리아가 집계한 22%보다 11% 높은 33%로 나타나 체감시청률과의 격차를 일부 설명한 바 있다[17](미디어스, 2013.12.13).

체감시청률과 차이가 나는 것은 실시간으로 시청하는 대신 '다시보기'를 이용하거나 고정형TV 대신 스마트폰이나 태블릿PC 등 모바일 기기를 통한 시청량을 집계하지 못하는 데에도 이유가 있다. TV보다 개인 모바일 기기를 통한 TV 시청 증가세를 고려하면 체감시청률과의 격차는 더욱 벌어질 수밖에 없다.

또한 소셜 미디어를 통해 시청행태가 수동적인 방식에서 더욱 능동적인 참여의 방식으로 바뀌었지만 현행 시청률은 이러한 소셜 영향력을 산출해내지 못한다는 점도 측정 방식의 한계로 지적된다(마경란, 2013; 한국전파진흥원, 2013).

이러한 문제 제기는 좀 더 정확한 시청률을 제시하려는 대안들로 이어지고 있다. 예를 들면, 대표적인 시청률 조사기관인 닐슨은 미국 내에서 소셜 미디어와 시청률 간의 상관관계에 기초한 '닐슨 트위터 TV 시청률'과 온라인상의 TV 콘텐츠 시청량을 측정하기 위한 '닐슨 디지털 프로그램 시청률' 시스템을 선보였으며(조선일보, 2013.10.8), 미국 내 다양한 소셜 미디어 분석업체들도 소셜TV 활동을 수량화하고 인구사회학적 요소와 개별 프로그램의 내용과 대응시키는 등 소셜 미디어 반응을 분석하여 시청률에 반영하려고 시도하고 있다.

---

17   시청률을 조사한 리서치 회사 밀위드브라운은 한국인터넷진흥원의 '2012년 인터넷 이용실태조사' 자료를 참고, 집전화 이용자 45%, 휴대전화 이용자 55%의 비중을 설정해 전국 15~55세 남녀 482명을 대상으로 방영 시간인 2013년 11월30일 오후 8시40분부터 10시6분까지 조사를 진행했다.

〈표 1〉 미국 TV 시청자들이 TV 콘텐츠에 관한 의견을 나누기 위해 사용하는 방법

구분	18~34세	35~49세	50~64세	전연령층 평균
TV 시청 시 같은 공간에 있는 사람들과 대화	71%	66%	62%	67%
1:1 대화	66%	62%	57%	62%
전화 통화	41%	40%	27%	37%
문자메시지	47%	25%	13%	31%
페이스북	40%	27%	14%	29%
이메일	28%	25%	18%	25%
온라인 메신저	28%	17%	9%	19%
트위터	21%	18%	8%	17%
기타 SNS	25%	16%	5%	17%
블로그	19%	12%	3%	13%
소셜TV 앱	18%	14%	3%	13%
Xbox Live를 이용한 실시간 대화	18%	11%	3%	12%

출처: Nielsen, MBI Touchpoints, uSamp(동향과 전망, 2013.6 재인용)

이에 앞서 닐슨의 조사 결과(2012.9 기준)에 따르면 미국 내에서 TV시청 경험을 나누는 소셜 커뮤니케이션이 가장 활발하게 이뤄지고 있는 온라인 공간(〈표 1〉)과 신규 시청자 유입에 영향을 미치는 공간(〈표 2〉) 순위에서 페이스북이 가장 높은 영향력을 발휘하는 것으로 나타났다. 이어서 트위터, 기타 SNS, 소셜TV 앱 순이었다.

〈표 2〉 미국 TV 시청자들이 TV 시청 여부 결정을 위해 의견을 참고하는 온라인 공간

구분	18~34세	35~49세	50~64세	전연령층 평균
페이스북	54%	48%	30%	46%
트위터	21%	12%	5%	14%
TV 프로그램 웹사이트	8%	12%	6%	9%
TV 관련 포럼 및 게시판	11%	8%	3%	8%
연예정보 웹사이트	8%	9%	4%	7%
핀터레스트	5%	3%	3%	4%
레딧	4%	1%	1%	2%
Viggle	3%	2%	1%	2%
Foursquare	2%	1%	0%	1%
GetGlue	2%	1%	0%	1%
IntoNow	1%	1%	0%	1%

출처: Nielsen, MBI Touchpoints, uSamp(동향과 전망, 2013.6 재인용)

그러나 닐슨은 데이터 접근이 제한되어 있는 페이스북 대신 완전 공개형인 트위터에 기반하여 TV 프로그램별 트윗 총량과 개별 트윗 노출도를 측정하여 소셜 영향력을 측정했다. 트위터에서 형성되는 빅데이터, 즉 소셜 버즈(Social Buzz)를 시청률 지표로 제시하는 방식인데, 전통적인 시청률 측정 방식으로 일원화된 수치만 표기하는 것이 아니라 시청률과 시청자 참여도를 기반으로 한 화제성을 두 축으로 하여 입체적 표기를 하는 방식이다(한국전파진흥원, 2013).

시청률의 정확도를 높이려는 것은 단지 인기 프로그램을 정확하게 알아내려는 데 있지 않다. 프로그램의 성과를 평가해온 가장 보편적 잣대이기 때문에 지표로서의 충실성을 높이기 위한 것이며 시청률은 나아가 방송사의 편성전략과 정책, 그리고 광고시장을 잇는 매개적 가치를 지니기 때문이다(Webster, Phalen, & Lichty, 2000).

시청률과 관련한 연구는 크게 두 가지 방향에서 이뤄져 왔다. 첫 번째는 시청률에 영향을 끼치는 요인을 찾아보려는 연구이며 두 번째는 현행 시청률보다 정교한 측정 방식을 모색하려는 연구이다. 그러나 두 연구 방향 모두 정확한 시청률 평가와 예측을 목적으로

하는 점에서는 같은 맥락에 있다고 볼 수 있다. 또한 드라마가 방송산업에서 비용 투입이 큰 분야이고 채널 인기도와 광고수익에 결정적인 역할을 하는 만큼 시청률 관련 연구에서도 드라마가 주요 연구대상이 되어 온 것도 비슷하다. 우선, 시청률에 영향을 끼치는 요인들은 구조적 관점과 내용적 관점, 그리고 수용자 관점 측면에서 다뤄져 왔다. 구조적 관점은 제작비와 같은 제작요인, 제작사, PD, 작가, 스타 등의 인적 요인, 편성이나 타 채널 경쟁 프로그램과 같은 외부 요인으로 세분화할 수도 있다. 다수의 선행 연구들이 편성 시간대나 스타파워 등이 시청률에 유의미한 영향력을 끼친다고 밝혀 왔다(배진아, 2005; 유세경·김숙, 2010; 이원재 외, 2012; 최세경 외, 2006; Webster & Wang, 1992). 또 내용적 관점은 프로그램의 품질이나 소재와 관련된 변인들을 탐색해왔는데, 가령 드라마의 호화로운 삶 묘사가 시청률과 정적인 상관관계를 나타낸다거나 드라마 주제 유형이나 원작사용 여부, 혹은 뉴스의 기획성이 드라마나 뉴스의 시청률에 미치는 성과를 일별해 왔다(양혜승, 2011; 이화진·김숙, 2007; 한혜경, 2013; Brosius et al., 1992). 수용자 요인은 구조적 차원이 아니라 개인적 차원의 채널충성도나 장르선호도를 중심으로 모색돼 왔다(심미선·한진만, 2002; Mcdowell & Sutherland, 2000).

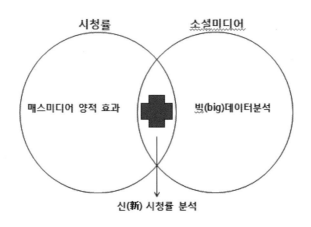

〈그림 1〉 새로운 시청률 분석 차원

시청률 예측 모형에 관한 연구는 시청률에 영향을 끼치는 변인들을 탐색하는 연장선 상에서 이해할 수 있다. 따라서 선행연구들은 시청률 영향 요인을 중심으로 유효한 예측

변인을 찾는 방향에서 이뤄져 왔다(이종성 외, 2005; 정규환 외, 2005). 그러나 또 다른 한편에서는 변화한 시청환경에 적합한 시청률 예측 모형을 탐색하는 연구들이 시도되어 왔다. 예를 들어 이경민 등(2013)의 경우, 드라마 게시판에 올라온 시청자 의견 오피니언 마이닝을 통해 시청률 추이를 예측했다. 시청자 의견에서 핵심어를 추출한 뒤 긍정적 단어와 부정적 단어의 극성값을 구하여 전회 시청률에 기초한 다음 회차 시청률을 예측하는 방식인데 KBS 드라마 〈직장의 신〉(2013.4.1~5.21 방영)의 사례를 통해 오차범위 ±3 안에서 예측한 바 있다.

그러나 이 또한 최근 소셜 미디어를 통해 확장하고 있는 수용자의 반응을 포함하고 있지는 못하다. 그런 점에서 소셜 미디어를 통해 생성되는 소셜데이터를 활용한 연구는 주목할 만하다. 마경란(2013)은 SBS 드라마 〈신사의 품격〉(2012.5.26~8.12) 관련 온라인 버즈데이터를 수집한 뒤 시청률에 유의미한 상관관계를 보이는 변수의 영향력을 살펴봤다. 이에 따르면 미투데이와 다음요즘이 시청률에 유의하였고 트위터는 유의하지 않았다. 지상파 TV뉴스 계정의 트위터와 뉴스 시청률 간의 상관관계를 다룬 차진용·이광형(2013)의 연구에서도 트위터와 시청률 간의 상관관계는 명확하지 않았다. 다만 트윗량보다는 리트윗을 많이 유발하는 트윗이 상대적으로 시청률에 정적인 영향을 끼치는 것으로 나타났다. 반면 이창하(2013)는 시사 장르 프로그램과 오디션 프로그램의 경우 방송당일 트위터 버즈량과 시청률이 유의한 상관관계를 보였다고 밝혔다. 이해미(2013)의 경우, tvN 드라마 〈나인〉(2013.3.11~5.14)을 대상으로 하여 시청자들이 트위터를 통해 시청소감을 공유하고 있는 것을 실증적으로 분석했는데, 주로 줄거리와 배우 정보와 같은 핵심적 메시지들이 구전되고 부정적 태도의 메시지보다는 긍정적 메시지가 더 많이 전달되며 단순 텍스트보다는 하이퍼링크 메시지의 리트윗 비율이 높다고 검증한 바 있다. 최근 이뤄진 이러한 일련의 연구들은 모두 소셜데이터의 영향력에 주목하고 있지만 트윗량만을 시청률과 연관 짓거나 시청률과 별개로 구전행위를 분석한 점에서는 다소 아쉬움을 남긴다. 본 연구가 트윗량뿐 아니라 트윗 이슈의 구조적 특성을 함께 살펴보고자 하는 이유이다.

3. 연구문제

1차적으로는 시청률과 트위터 버즈량과의 관계를 검토한 뒤 2차적으로 의미연결망을 살펴보고자 한다. 구체적인 연구문제는 다음과 같다.

[연구문제 1]: 트위터에 나타난 소셜데이터는 양적 차원에서 수용자(시청자)의 의견을 어떻게 반영하는가?

1-1: 드라마 방영 이전의 트윗 버즈량과 시청률은 어떠한 관계를 나타내는가?

1-2: 드라마 방영일의 트윗 버즈량과 시청률은 어떠한 관계를 나타내는가?

1-3: 드라마 방영 이후의 트윗 버즈량과 시청률은 어떠한 관계를 나타내는가?

[연구문제 2]: 트위터 메시지에 나타난 수용자 반응의 의미연결망 특성은 어떠한가?

2-1: 의미연결망의 구조와 이슈는 드라마 내용 진행 과정에 따라 차이를 나타내는가?

2-2: 의미연결망의 이슈는 시청률 등락과 어떠한 관계를 나타내는가?

4. 연구방법

1) 분석대상

본 연구는 위의 연구문제를 해결하기 위해 드라마 사례를 통해 검토하고자 한다. 분석대상 드라마는 2013년 1월 5일부터 6월 23일까지 MBC에서 방영된 〈백년의 유〉이다. 〈백년의 유산〉은 평균시청률 22.2%(50부작)로 비교적 높은 시청률을 기록했던 드라마이기도 하지만 다양한 연령층으로 구성된 가족이야기가 시청자들의 관심을 모으며 네티즌이 뽑은 드라마로 선정되기도 했다(서울경제, 2013.12.31). 분석기간은 2013년 1월 1일부터 3월 31일까지이며 드라마 제목을 키워드로 수집된 트위터 총 18,199건을 분석대상으로 사용하였다.

<표 3> 분석대상 드라마

구분	내용
방송기간	2013.1.5~6.23
방송시간	토/일요일 오후 9시50분
작가/연출가	구현숙/주성우
출연배우	신구, 정혜선, 박원숙, 정보석, 전인화, 차화연, 이정진, 유진, 최원영, 심이영, 박준금, 윤아정, 박영규, 선우선, 김희정, 권오중, 김명수
주요 줄거리	삼대째 국수공장을 하는 가족을 중심으로 가업을 둘러싼 신구세대 갈등, 고부갈등, 다양한 세대의 사랑이야기가 다루어짐.
인물 관계도	
주요 갈등구조	1) 남녀주인공과 애정관계: 민채원-이세윤-김철규-김주리 2) 시어머니와 며느리: 방영자-민채원 3) 친구의 배신과 우정: 양춘희-백설주

사진출처: MBC 홈페이지

2) 주요 변인

• **시청률**: 분석기간 중 시청률조사기관 TNmS가 집계한 가구시청률을 활용한다. 또 드라마가 방영된 토요일과 일요일 시청률을 합산한 평균치를 각 주말별 시청률로 사용했다. 분석기간 평균 시청률은 19.0%를 기록했다.

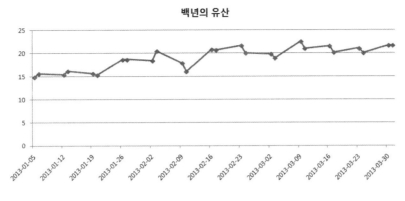

〈그림 2〉 드라마 '백년의 유산' 시청률 추이

• **트윗량**: 드라마 제목을 검색어로 사용하여 수집한 트윗 버즈량은 주간단위 방영 전후 단계에 따라 방송 전 월~금요일(Tbefore), 토·일요일(Tday), 방송 이후 월~금요일(Tafter)로 구분하였다. 또한 드라마 방영 중의 실시간 반응과 구분하기 위하여 방송 시작 이전(토요일 오후 9시50분 이전까지), 방송중(토요일 오후 9시50분부터 일요일 오후 11시까지), 방송후(일요일 오후 11시부터 그 다음주 토요일 오후 9시50분까지)로 2차적으로 나눴다. 토요일 방송이 끝난 다음부터 일요일 방송이 시작되기 전까지의 트윗은 방송 중 트윗에 포함됐다.

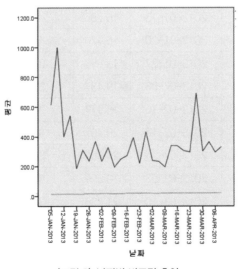

〈그림 3〉 날짜별 버즈량 추이

〈표 4〉 드라마 '백년의 유산' 트위터 버즈량: 방영 시간 전후에 따라

구분	기간		시청률	방송전	방송중	방송후
1주차	2013-01-01	2013-01-06	15.230	1202	1103	3286
2주차	2013-01-07	2013-01-13	15.786	3286	620	581
3주차	2013-01-14	2013-01-20	15.420	581	327	523
4주차	2013-01-21	2013-01-27	18.658	523	441	538
5주차	2013-01-28	2013-02-03	19.437	538	410	353
6주차	2013-02-04	2013-02-10	16.977	353	328	549
7주차	2013-02-11	2013-02-17	20.767	549	495	492
8주차	2013-02-18	2013-02-24	20.869	492	459	551
9주차	2013-02-25	2013-03-03	19.391	551	322	466
10주차	2013-03-04	2013-03-10	21.736	466	414	452
11주차	2013-03-11	2013-03-17	20.846	452	401	554
12주차	2013-03-18	2013-03-24	20.568	554	690	914
13주차	2013-03-25	2013-03-31	21.651	914	480	728

〈표 5〉 드라마 '백년의 유산' 트위터 버즈량: 방영 요일 전후에 따라

구분	기간		시청률	Tbefore (이전 월~금)	Tday (토일요일)	Tafter (이후 월~금)
1주차	2013-01-01	2013-01-06	15.230	818	1615	2911
2주차	2013-01-07	2013-01-13	15.786	2911	943	447
3주차	2013-01-14	2013-01-20	15.420	447	495	339
4주차	2013-01-21	2013-01-27	18.658	339	606	351
5주차	2013-01-28	2013-02-03	19.437	351	562	260
6주차	2013-02-04	2013-02-10	16.977	260	446	376
7주차	2013-02-11	2013-02-17	20.767	376	669	349
8주차	2013-02-18	2013-02-24	20.869	349	655	322
9주차	2013-02-25	2013-03-03	19.391	322	474	346
10주차	2013-03-04	2013-03-10	21.736	346	537	211
11주차	2013-03-11	2013-03-17	20.846	211	644	378
12주차	2013-03-18	2013-03-24	20.568	378	987	626
13주차	2013-03-25	2013-03-31	21.651	626	667	539

• **수용자 의견**: 관련 트위터 글에 나타나 있는 메시지를 수집하였다. 분석기간에 해당하는 1~26회를 내용전개 과정에 따라 5개 부분으로 구분했다. 또한 수용자 의견은 메시지 속성에 관한 선행연구(성영신 외, 2002; 이해미, 2013)의 분류를 토대로 중심속성, 주변속성, 기타로 나누었다. 구체적인 분류기준은 다음과 같다.

〈표 6〉 수용자 의견 데이터 유형

속성		유형
중심속성	정보적 데이터	프로그램 줄거리, 소재, 출연진 정보 등
	정서적 데이터	프로그램 내용이나 출연배우에 대한 감상, 느낌, 평가 등
	방송구조 데이터	본방, 재방, 다시보기, 미리보기 등 편성 관련
주변속성		촬영지, 배우 패션, 배경음악, 소품, 시청률, 경쟁드라마 등
기타		이전, 혹은 후속 작품 및 위에 속하지 않는 유형들

〈표 7〉 수용자 의견 단계구분

드라마 내용별	1차사건 제시부	인물과 사건에 대한 소개 부분. '막장' 논란을 부른 시어머니의 횡포와 이에 따른 여주인공의 상황 묘사가 절정에 이른 5~6회분(1월19~20일 방영). 고부관계와 주요 인물들의 얽힌 관계가 호기심을 한층 고조시키는 내용.
	2차사건 제시부	여주인공이 이혼을 결정하면서 새로운 이야기의 등장을 기대하게 만드는 부분인 13~14회분(2월16~17일 방영).
	중심갈등 본격화	젊은 주인공들의 삼각관계가 본격화되면서 갈등이 시작되는 시점인 19~20회분(3월9~10일 방영). 여자 주인공을 둘러싼 삼각관계와 남자 주인공을 둘러싼 삼각관계가 서로 얽힌 채 전개.
	갈등 증폭	남녀 주인공이 각각 사랑하지 않는 상대로부터 원하지 않는 구애를 받으며 점점 복잡한 상황에 놓이게 되는 부분. 다소 반복적 갈등이 이어지는 21~22회분(3월16~17일).
	갈등 절정	여자 주인공이 모함으로 인해 애정 관계는 물론 직장에서도 위기에 몰리는 상황에 처하고 남자 주인공이 마음에 없는 결혼을 결심하는 25~26회분(3월30~31일 방영).
시청률 등락별	일일시청률 변화	토요일과 일요일 각각의 시청률 격차가 상대적으로 컸던 회차. 18.4%에서 20.5%(10회)로 상승한 9회와 21.7%에서 20.1%(16회)로 하락한 15회.
	주간시청률 변화	시청률이 꾸준히 상승세를 보였기 때문에 상승과 하락 구간은 총 4곳. 이중 설날과 3·1절 연휴가 낀 주말은 제외(이 기간 주간시청률은 하락했다). 이에 따라 상승구간은 방영 9주차에서 10주차로 이어질 때(18회 19.0%에서 19회 22.5%), 하락구간은 방영 2주차에서 3주차로 이어질 때(4회 16.2%에서 5회 15.6%).

3) 분석방법

연구문제 1을 해결하기 위해 드라마 방영 전후 트윗 총량과 해당 시청률과의 상관관계 분석과 회귀분석을 실시하였고 연구문제 2에서 제기한 수용자 의견의 의미 연결망을 규명하기 위해서는 사회연결망 분석을 응용한 의미연결망 분석(semantic network analysis) 기법을 사용하였다. 개별 행위자가 아니라 서로 연결되어 있는 관계성에 주목하는 사회연결망 분석과 마찬가지로 의미연결망 분석 또한 메시지의 구성요소인 단어들의 구조적 관계를 통해 의미를 분석한다. 따라서 개별 단어의 고정된 속성이나 개념이 아니라 상호 작용하는 관계의 맥락 속에서 역동적인 의미를 포착할 수 있는 장점이 있다. 다시 말해 의미연결망 분석은 개별 단어의 조합에만 주목하는 것이 아니라 전체 연결망 안에서 어느 '위치'에 자리하고 있는지, 어떠한 '구조'를 형성하고 있는지에 주목함으로써(Wasserman & Faust, 1994) 메시지 안에 숨어 있는 커뮤니케이션 송신자의 의도를 계량화하고 구조적인 패턴을 추출할 수 있는 점에서 평면적이고 사전 범주화된 유목 안에서 이뤄지는 기존의 메시지 분석 방법을 보완할 수 있는 것이다(김상배, 2011; 박한우 & Leydesdorff, 2004).

구체적으로는 우선 한국어 텍스트 분석 소프트웨어인 KrKwic(박한우 & Leydesdorff, 2004)를 이용하여 개별 메시지에 등장하는 단어들의 빈도순위에 따라 주요 단어를 추출하였고 각 메시지 안에서 단어들이 공동으로 출현하는 빈도수를 파악하여 단어×단어의 행렬데이터를 구성하였다. 이때 유사한 맥락에서 사용된 단어들은 단일 단어로 일원화하는 과정을 거쳤다. 예컨대 '다운'이나 '다운로드'는 '다운로드'로, '보는중'과 '시청중'은 '시청중'으로 일원화했다.

이러한 정제 과정을 거쳐 만들어진 행렬데이터를 기반으로 단어들 사이의 연결구조와 특성을 파악하기 위해서는 사회연결망 분석 소프트웨어의 하나인 UCINET(Bogatti, Everett, & Freeman, 2002)과 넷드로(NetDraw) 기능을 활용하여 공동출현 단어들의 연결망을 시각화하였다.

각 단어가 연결망에서 차지하는 구체적인 역할을 가늠하기 위해서는 프리만(Freeman, 1979)의 중심성 개념 정리와 측정 방법을 토대로 계량화한 지표인 연결정도 중심성

(degree centrality)과 매개 중심성(betweenness centrality)을 살펴보았다. 연결정도 중심성은 여러 단어들과 연결되어 있는 정도인 활동성을 뜻하며 매개 중심성은 단어와 단어를 연결하는 중개 영향력을 나타낸다.

5. 연구 결과

1) [연구문제 1]에 대한 분석 결과

기본적으로 트윗의 버즈는 〈백년의 유산〉 프로그램과 관련이 있는 트위터의 버즈이다. 따라서 버즈는 1차적으로 방송과 관련이 있는 버즈로 볼 수 있다. 다만 방송시청과 관련한 상관관계를 판단하는 것은 세밀한 관찰이 필요하다. 트윗 버즈량은 드라마가 방송되는 요일(토일요일)에 방송 이전의 주중(594.92)보다 훨씬 높은 평균값(715.38)을 기록했으며 요일이 아니라 시간대 개념으로 살펴볼 때에는 방송시작 이전의 평균(804.69)이 방송중(499.23)보다 두 배 가까이 높아 방송 시작 이전에 트윗 구전활동이 급증함을 유추해볼 수 있다.

〈표 8〉 트위터 버즈량 기술통계

	최소값	최대값	평균	표준편차
시청률	15.23	21.74	19.03	2.40
방송전	353	3286	804.69	777.86
방송중	322	1103	499.23	211.38
이전 월~금요일	211	2911	594.92	713.75
토일요일	446	1615	715.38	315.55

트위터 버즈량과 시청률의 상관관계 분석 결과를 살펴보면 방송전 버즈량과 시청률의 상관계수는 -.474이고 방송중-시청률의 상관계수는 -.336, 방송후-시청률 상관계수는 -.445로 버즈량과 시청률 사이에 모두 음의 상관관계가 있는 것으로 나타났다. 이와 같

은 관계는 방영요일을 기준으로 Tbefore(방송전 월~금요일), Tday(토일요일), Tafter(방송후 월~금요일)로 구분해 각각의 트위터 버즈량과 시청률의 관계를 분석한 결과에서도 유사했다. 다만, 방송중 트위터 버즈량과 방송후 트위터 버즈량, 그리고 토일요일 버즈량(Tday)과 이후 월~금 버즈량(Tafter) 사이에는 각각 .907과 .902의 통계적으로 유의미한 강한 정적인 상관관계가 나타났다. 즉, 드라마 방송 중 실시간 트윗량이 증가하면 이후 1주일 동안 관련 트윗량도 크게 증가했음을 알 수 있다.[18]

〈표 9〉 트위터 버즈량과 시청률의 상관관계

	시청률	시청률변화	방송전	방송중	방송후	Tbefore	Tday	Tafter
시청률			-.474	-.336	-.445	-.473	-.378	-.467
시청률 변화 (금주-전주)			.012	.260	-.161	.002	.170	-.212
방송전				.389	.170			
방송중					.907**			
방송후								
Tbefore							.377	.130
Tday								.902**
Tafter								

$**p<.01$

---

18 상관관계 지수와 상관관계 정도이다.

상관계수	상관관계
±0.9 이상	상관관계가 아주 높다.
±0.7~0.9	상관관계가 높다.
±0.4~0.7	상관관계가 있다.
±0.2~0.4	상관관계가 있으나 낮다.
±0.2 미만	상관관계가 거의 없다.

〈표 10〉 리트윗량과 시청률의 상관관계

	시청률	시청률변화	방송전RT	방송일RT	방송후RT
시청률			-.511	-.623*	-.499
시청률변화			-.031	.106	-.033
방송전RT				.434	.940**
방송일RT					.940**
방송후RT					

*$p<.05$, **$p<.01$

또한 리트윗량과 시청률의 상관관계를 분석한 결과, 방송일 리트윗량과 시청률은 -.623으로서 통계적으로 유의미한 부적 상관관계를 드러냈다. 또 방송전과 방송후 리트윗량과도 모두 음의 상관관계를 보였다. 시청률변화와 리트윗량 간에는 상관관계가 명확하지 않았다. 그런가하면 방송전 리트윗량과 방송후 리트윗량, 그리고 방송일 리트윗량과 방송후 리트윗량 사이에 모두 .940의 매우 강한 정적 상관관계가 나타났다.

시청률이라는 종속변수를 설명하는 독립변수로서의 트위터 버즈량의 영향력을 알아보기 위해 실시한 회귀분석에서도 뚜렷한 인과관계가 산출되지 않았다. 방송전, 방송후, 방송일 순서로 15~6%의 낮은 설명력을 보였으나 통계적으로 유의미하지 않았다.

2) [연구문제 2]에 대한 분석 결과

(1) 드라마 내용 진행과정에 따른 주요 단어와 의미연결망

드라마 내용 진행단계에 따라 트위터에 올라온 메시지를 분석한 결과, 사건제시부와 갈등절정기에서 프로그램 정보는 물론 정서적 느낌 공유가 가장 활발하게 이뤄지고 있는 것으로 나타났다. 드라마 줄거리, 소재, 출연진 등 프로그램 내용에 대한 중심 속성은 정보를 주고받는 정보적 차원과 느낌이나 감상, 평가를 올리는 정서적 차원으로 구분됐는데, 갈등 절정기에서 단어수와 각각의 사용빈도를 합한 전체 빈도가 모두 높았다. 특히 정서적 차원의 단어들은 이전 단계(갈등 증폭)보다 단어종류가 다소 줄었지만 전체 빈도는 두 배 가까이 늘며 트위터를 통한 의견공유가 크게 확대되고 있음을 확인할 수 있다. 갈등 절정기에는 방송시간이나 파일 다운로드 등의 방송구조 관련 단어 수도 가장 많았고 총 빈도 또한 가장 높게 나왔다. 배우들의 패션, 촬영지, OST, 시청률 등 주변적 속성에 대한 의견공유도 이 부분에서 절정에 이르고 있음을 알 수 있다.

단어 속성별 빈도 순위에서 주목할 수 있는 다른 특징은 중심적 속성의 단어 수나 전체 빈도는 모두 사건이 제시되는 회차에서 중심갈등 본격화 및 갈등 증폭 단계보다 훨씬 높게 나타난 반면 주변적 속성의 단어수나 전체 빈도는 정반대의 현상을 보였다. 이러한 결과를 토대로 볼 때, 새로운 내용이 제시되거나 전환되는 회차에서는 프로그램 그 자체에 더 많은 관심이 쏠리고 다소 반복적 내용이 전개되는 단계에서는 드라마 외적 요소들이 더 많이 언급되고 있다고 해석할 수 있다.

〈표 11〉 단어의 속성별 빈도

		1차사건 제시		2차사건 제시		중심갈등 본격화		갈등 증폭		갈등 절정	
		단어	총 빈도	단어	총 빈도	단어	총 빈도	단어	총 빈도	단어	총 빈도
중심 속성	정보적	57	422	39	420	46	282	47	410	77	437
	정서적	40	297	44	352	38	229	51	245	49	409
	방송구조	16	98	21	103	19	109	14	67	23	168
주변적 속성		11	89	14	124	18	324	22	573	17	237
기타		11	69	15	59	6	41	8	34	10	98

*드라마 제목 '백년의유산' 제외

〈표 12〉 주요 단어 순위

	1차사건 제시	2차사건 제시	중심갈등 본격화	갈등 증폭	갈등 절정
1	막장	본방사수	사는게아니야	시청률	시청률
2	유진	재미	조현아	개그콘서트	배틀
3	박원숙	유진	OST	배틀	개그콘서트
4	재미	돈의화신	노래	유진	시청
5	시어머니	시어머니	공개	이정진	짜증
6	이정진	박원숙	재미	짜증	유진

7	전인화	반전키워드	이정진	전인화	재미
8	실시간검색어	백설주	유진	재미	답답
9	억울	양춘희	본방사수	정보석	막장
10	짜증	투표	오늘	최원영	이정진
11	기억	막장	막장	악녀	채원
12	오늘	정보석	시청률	주리	전인화
13	파일	이혼	박원숙	재결합	세윤
14	엄마	전인화	심이영	심이영	내용
15	본방사수	짜증	전인화	윤아정	돈의화신
16	이야기	엄마	달콤	차화연	박원숙
17	찜	실시간검색어	시청	21회	최고
18	불륜조작	시청중	정보석	거짓말	동영상검색
19	청담동앨리스	올가미	최원영	돌직구	엄마
20	OST	출생비밀	실시간검색어	실시간검색어	오늘

빈도순위 상위 20위 안에 드는 단어만 살펴보면, 1차 사건제시 단계에서는 드라마 내용 중심 단어들('막장', '유진', '박원숙', '시어머니' 등)이 핵심 단어로 활약하고 있으나 점차 팬덤 관련 단어들('본방사수', '돈의화신', '개그콘서트')과 주변적인 부가 요소 단어들('OST', '시청률', '배틀', '개그콘서트')이 더욱 빈번하게 사용되고 있음을 알 수 있다. 또한 1차 사건제시 단계에서는 '막장'이 가장 높은 빈도를 나타냈으나 이후 '재미'에 역전당하는 것을 볼 수 있고 '재미'는 '유진'과 함께 모든 단계에서 공통적으로 출현하는 단어로 꼽혔다. 그밖에도 '실시간 검색어'가 네 단계에서 공통적으로 출현하며 TV 시청 행위와 실시간적인 반응을 연계하고 있음을 엿볼 수 있다. 드라마의 주인공인 유진과 이정진이 상위 순위권에 진입하고 있기는 하나 중년 배우인 전인화나 박원숙이 상위권에 자주 진입하며 경쟁하고 있는 것은 드라마 내용이 다양한 연령대를 다루고 있다는 것을 시사하는 동시에 중년 배우들의 약진에 비해 젊은 배우들의 팬덤 현상이 매우 강하지는 않았다고 할 수 있다.

이러한 특징은 의미연결망 구조를 보면 더욱 뚜렷해진다. 우선 1차 사건제시부의 연결강도 6 이상을 표시한 〈그림 4〉를 살펴보면 크게 네 가지 방향에서 의미가 구축되고 있음을 알 수 있다. 드라마 주요 줄거리가 '박원숙', '유진', '이정진' 단어 집단과 '전인화', '차화연', '비밀' 단어 집단에서 형성되는 것을 짐작할 수 있고 줄거리와 뒤섞인 채 '막장', '화', '재미' 등 드라마에 대한 평가 이슈가 등장하고 있다. 오른쪽으로는 '본방사수'나 경쟁드라마인 '청담동앨리스' 혹은 '파일', '시간', '실시간검색어' 등 팬덤을 유추해볼 수 있는 주변적 요소나 방송구조에 관한 정보들이 다소 덜 촘촘한 연계로 이어지고 있다. 중심값 순위에서도 '백년의유산'을 제외하면 '유진', '박원숙', '막장'이 연결 중심성과 매개중심성 모두 상위 순위에 포진하며 이슈를 주도하고 있음이 드러난다.

2차 사건제시부를 보여주는 〈그림 5〉는 드라마 내용과 주변적 이야기가 크게 두 축을 형성하고 있는데, 내용 부분에서 '전인화', '정보석', '중년', '로맨스'가 또 다른 작은 관계망을 형성하며 관심 이슈로 부상했고 주변적 이야기 역시 '돈의화신'을 둘러싼 팬덤 경쟁과 '내딸서영이', '나비부인'을 잇는 시청목록이 눈에 띈다. 그러나 가장 주목되는 것은 핵심단어 '백년의유산'을 중심으로 '유진', '본방사수', '재미'가 가장 강력한 하위집단을 형성하며 여주인공인 유진의 팬들이 적극적으로 이슈를 주도하면서 이전의 '막장' 대신 '재미'가 더 강조되고 있는 부분이다. 중심성 값에서도 이러한 흐름이 그대로 입증되고 있는데 드라마의 젊은 남녀주인공 커플보다는 경쟁드라마 '돈의화신'이나 중년 등장인물들의 연결 중심성이 높고 여전히 '유진'과 '박원숙'이 이슈를 주도적으로 매개하면서 '시월드'에 쏠렸던 드라마의 화제성을 이해하게 한다.

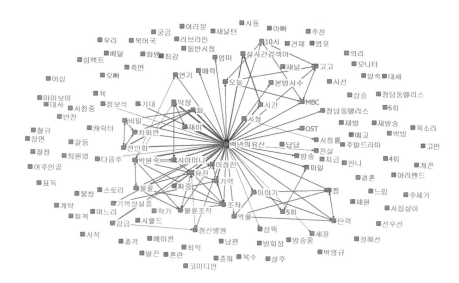

〈그림 4〉 1차 사건제시 부분(1월 19~20일)

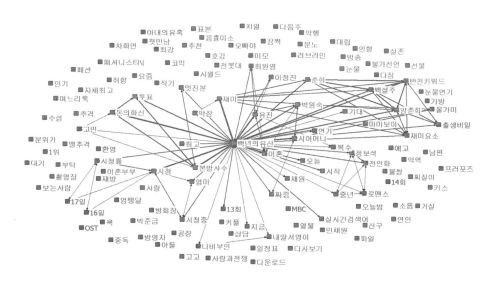

〈그림 5〉 2차 사건제시 부분(2월 16~17일)

중심갈등 본격화 부분의 의미연결망(〈그림 6〉)을 살펴보면, '유진'과 '박원숙', '시어머니'에서 '이정진', '유진앓이' 및 '심이영'과 '최원영'으로 확대되는 것을 통해 젊은 남녀의 멜로라인이 본격화하면서 갈등을 빚는 상황을 짐작케 한다. 그러나 중심축 '백년의유산'과 가장 강한 연결상태를 보인 하위집단은 이와 같은 핵심적 속성의 단어그룹이 아니라 'OST', '조현아', '사는게아니야', '공개', '노래'로 이어지는 그룹이다. OST 공개에 따른 홍보활동을 유추해볼 수 있게 하는 대목이다. 연결 중심성 순위에서도 이러한 흐름은 유사했으나 매개중심성 순위에서는 다시 '이정진', '유진' 등이 부상했고 특히 '이정진'은 '트위터', '팬', '감사' 등과 연결되면서 팬들과 인사를 주고받는 대화를 주도하며 이슈 매개역할을 하고 있다.

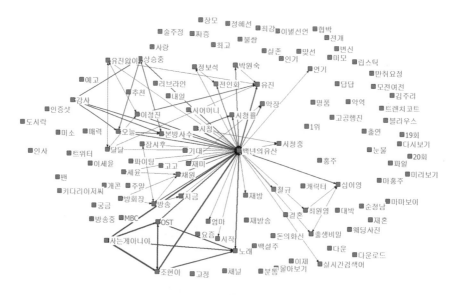

〈그림 6〉 중심갈등 본격화 부분(3월 9~10일)

갈등 증폭 부분(〈그림 7〉)에서도 중심내용보다는 '백년의유산', '시청', '시청률', '개그콘서트', '배틀'이 가장 강한 결속을 보여주는 하위집단으로 나타나 경쟁 프로그램과 시청률 경쟁을 벌이는 이벤트성 이슈가 자발적이든, 특정 홍보를 통해서든 왕성했음을 알 수 있다. 연결 중심성의 순위도 이를 그대로 보여준다. 하지만 매개중심성 값 순위에서는 '유진', '이정진', '최원영' 등 삼각관계를 형성한 주인공들이 이슈와 이슈를 연결하는 다리 역할을 하고 있다. 갈등 절정 부분(〈그림 8〉)에서는 드라마 주인공들을 둘러싼 관계망과 '개그콘서트'나 '돈의화신' 등 경쟁드라마와 '시청률'을 연계하는 관계망이 크게 두 축을 형성하고 있고 그 이전과는 달리 '답답', '막장', '짜증'과 같은 부정적 평가요소가 '재미'를 대신하여 내용 관련 단어들과 연결되어 있다. 중심성 값에서도 핵심 이슈가 상위를 차지하고 있기는 하나 이러한 부정적 단어들이 이슈를 매개하는 역할이 두드러졌다.

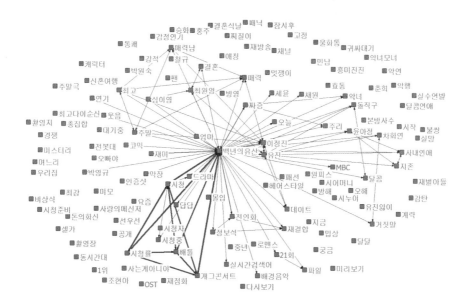

〈그림 7〉 갈등 증폭 부분(3월 16~17일)

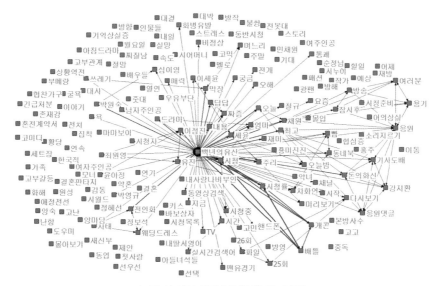

〈그림 8〉 갈등 절정 부분(3월 30~31일)

<표 13> 드라마 내용 단계별 연결 중심성 값

1차사건제시		2차사건제시		중심갈등본격화		갈등증폭		갈등절정	
단어	중심성	단어	중심성	단어	중심성	단어	중심성	단어	중심성
백년유산	15.461	백년유산	14.493	백년유산	8.858	백년유산	5.663	백년유산	6.038
유진	3.402	돈의화신	9.331	사는게아니야	2.747	시청	2.743	시청	1.924
박원숙	2.598	본방사수	2.964	조현아	2.730	시청률	2.524	시청률	0.947
화	2.512	재미	2.638	OST	2.054	개콘	2.480	배틀	0.893
막장	2.297	유진	2.503	노래	1.909	배틀	2.477	개콘	0.796
기억	1.895	춘희	2.211	공개	1.874	유진	0.986	채원	0.653
조작	1.837	투표	1.819	시청	1.309	이정진	0.666	유진	0.602
전인화	1.665	반전키워드	1.807	이정진	1.232	전인화	0.428	세윤	0.581
이정진	1.608	양춘희	1.807	유진	1.190	최원영	0.353	이정진	0.522
시어머니	1.593	백설주	1.807	본방사수	0.941	정보석	0.320	답답	0.459

<표 14> 드라마 내용 단계별 매개중심성 값

1차사건제시		2차사건제시		중심갈등본격화		갈등증폭		갈등절정	
단어	중심성	단어	중심성	단어	중심성	단어	중심성	단어	중심성
백년유산	69.018	백년유산	72.083	백년유산	72.843	백년유산	72.568	백년유산	70.634
유진	3.343	유진	5.960	이정진	4.606	유진	9.574	시청	5.259
기억	2.441	재미	3.131	유진	2.877	이정진	2.642	유진	2.328
박원숙	2.160	이혼	1.267	시청	1.990	최원영	1.266	채원	1.915
막장	1.869	박원숙	1.198	재미	1.363	시청	1.243	이정진	1.354
시청	1.217	시어머니	0.943	감사	0.865	오늘	0.682	짜증	1.247
시어머니	1.080	시청	0.877	트위터	0.824	주리	0.565	세윤	1.172
화	1.057	최고	0.763	팬	0.812	전인화	0.535	막장	1.161
이정진	0.890	본방사수	0.535	세윤	0.706	짜증	0.506	답답	0.834
재미	0.715	채원	0.485	시청률	0.694	재미	0.484	내용	0.779

(2) 드라마 시청률 등락에 따른 주요 단어와 의미연결망

일간시청률이 상승할 때와 하락할 때를 살펴보면, 단어의 속성별 빈도에서 우선 큰 차이가 발견된다. 시청률이 상승할 때는 정보적, 정서적, 그리고 방송구조에 해당하는 프로그램의 중심적 속성뿐 아니라 주변적 속성에서도 단어의 정류는 물론 전체 빈도가 훨씬 높게 나타났다. 단, 정보적 속성의 단어종류는 하락 구간에서 더 다양했으나 전체 빈도는 623회보다 낮은 499회를 기록했다. 빈도순위 20위 안에 드는 주요단어의 경우, 시청률이 상승할 때는 '유진'과 '이정진', 두 주인공의 핵심 이야기인 '복수'와 '기억'이 상위권에 포진돼 있고 그 다음 회차인 '9회'에 대한 '예고'가 관심 단어임을 알 수 있다. 반면 시청률 하락으로 이어지는 방영일의 트위터 메시지에는 비록 '유진', '이정진', 두 주인공이 각각 2위, 3위를 차지하고는 있으나 그 밖의 단어들이 '정보석', '전인화', '민효동', '양춘희', '박영규', '최원영', '철규' 등 다양한 등장인물 배역이나 배우 이름으로 분산되는 것을 알 수 있다.

주간시청률 측면에서는 단어의 속성별 빈도와 시청률 간에 일정한 관계가 드러나지 않았다. 일간시청률 하락 추세와 달리 주간시청률이 하락으로 이어지기 전, 오히려 트위터에 등장한 단어나 빈도는 높았다. 다만, 주변적 속성의 단어 종류와 빈도는 시청률 상승세 때 높게 나타났다. 주요단어 순위를 보면, 시청률 상승세 국면에서는 '유진'과 '이정진' 외에 '심이영'과 '윤아정' 등 주인공과 대결을 벌이는 주변 인물들이 상위권으로 부상했고 '팬', '생일축하', '회식사진', '본방사수', '감사', '파이팅'과 같은 팬덤을 유추할 수 있는 단어들이 다수 등장했다. 반면 시청률 하락세 국면의 특징은 드라마의 중심적 내용보다는 '제목', '퀴즈이벤트', '시청률', '청담동앨리스', '배틀' 등이 상위권을 차지하고 있고 '막장' 이외에도 '시월드', '공포특급', '정신병원'과 같은 부정적 단어들이 다수 눈에 띈다. 이를 토대로 추론해볼 때, 주간시청률 하락 국면에서는 드라마 자체에 대한 자발적 트윗보다는 화제를 만들기 위한 홍보성 이슈가 많았던 것으로 보이며 특히 이 국면이 드라마 초반(4회에서 5회)임을 고려하면 이러한 개연성은 더욱 높아 보인다.

<표 15> 단어의 속성별 빈도

		일간상승 이전		일간하락 이전		주간상승 이전		주간하락 이전	
		단어	총 빈도	단어	총 빈도	단어	총 빈도	단어	총 빈도
핵심적 속성	정보적	24	623	36	499	34	612	30	888
	정서적	21	154	16	90	19	100	31	172
	방송구조	17	159	14	93	11	79	8	58
주변적 속성		14	134	9	45	22	120	8	67
기타		6	33	2	9	7	34	3	86

<표 16> 시청률 등락별 주요단어 순위

	일별 등락		주별 등락	
	상승 이전	하락 이전	상승 이전	하락 이전
	9회→10회	15회→16회	18회→19회	4회→5회
1	유진	재미	심이영	유진
2	복수	유진	유진	이정진
3	시작	이정진	윤아정	제목
4	기억	정보석	이정진	퀴즈이벤트
5	이정진	전인화	마홍주	막장
6	막장	커플	대적인물	정보석
7	시청률	러브라인	방회장	기억상실증
8	예고	민효동	최원영	시청률
9	재미	양춘희	전인화	재미
10	돌파	철규	파이팅	최원영
11	20%	오늘	돈의화신	청담동앨리스
12	9회	박영규	대결	시월드
13	박원숙	15회	팬	공포특급
14	채원	미리보기	오늘	배틀
15	대기중	채원	철규	시어머니
16	파일	최원영	본방사수	4회
17	돈의화신	오늘밤	감사	박원숙
18	방회장	팬션	생일축하	잠옷
19	실시간검색어	촬영장소	17회	다시보기
20	흥미진진	OST	회식사진	정신병원

의미연결망에서도 이러한 경향은 유사하다. 일간 단위로 시청률이 상승하는 구간에서는 '백년의유산', '유진', '복수', '시작', '예고'가 가장 강력하게 연결된 관계망을 형성하며 드라마 주인공인 '유진'이 마침내 '복수'를 시작하는 데에 관심이 쏠려 있음을 알 수 있고 이어서 '기억', '회복', '채원' 등 중심 이슈를 설명하는 배경 이슈가 이를 떠받치고 있다. 또 '잠시후', '오늘', '대기중', '시청', '실시간검색어'와 같은 실시간성을 구현하는 단어들과 '재미', '막장', '흥미진진'과 같은 감상과 '시청률', '20%', '돌파'와 같은 평가 단어들이 주변부 이슈를 만들며 전체적으로 일관된 흐름을 형성하고 있다.

왼쪽 아래에 '이정진'을 향해 '여러분', '미소', '매력', '왕자', '모니터'와 같은 팬층의 트윗 반응을 엿볼 수 있는 단어들이 작은 관계망을 이루고 있는 것도 알 수 있다. '유진'이 '복수'를 '시작'하는 내용을 뜻하는 단어들은 연결 중심성과 매개중심성에서도 가장 높은 값을 보이며 이슈를 선도하고 매개하는 중심 화젯거리라는 것을 시사한다. '이정진'은 팬들 반응으로 유추해볼 수 있는 단어들을 에워싸고 연결 중심성 7위를 기록하고 있지만 매개중심성 10위 안에는 들지 못하며 전체 이슈의 중심으로 부상하지는 못했다.

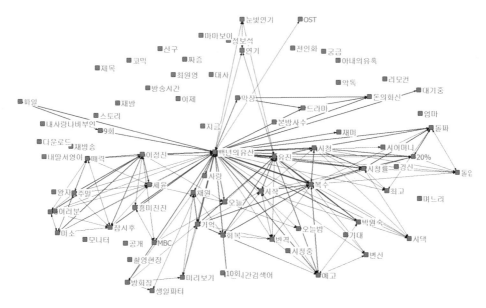

〈그림 9〉 일간 시청률 상승의 경우

반면 일간 단위로 시청률이 하락하는 구간에서는 오른편으로 '전인화', '정보석', 즉 배역 이름으로 보면 '민효동', '양춘희' '커플' 사이에서 '러브라인'이 형성되는 이슈가 가장 크게 눈에 띈다. 그 외에 '최원영', '철규', '팬션'을 중심으로 또 다른 이야기가 펼쳐지고 있으며 그 밖의 이야기들은 하나로 집중되기 보다는 방사형으로 펼쳐져 있음을 확인할 수 있다. 특히 드라마의 젊은 주인공인 '유진'과 '이정진' 사이에 '유진앓이'가 '시작'되는 이슈를 찾아볼 수는 있지만 외곽에서 성긴 구조를 드러내며 중심으로 부상하고 있지는 못하다. 또 '유진'은 '백년의유산' 다음으로 이슈를 연결하는 역할을 해내고는 있지만 연결 중심성이 높지 못하며 '이정진' 혹은 배역 이름인 '세윤'은 활동성과 매개성 모두에서 10위 안에 들지 못하며 중심 이슈에서 벗어나 있음을 뜻한다.

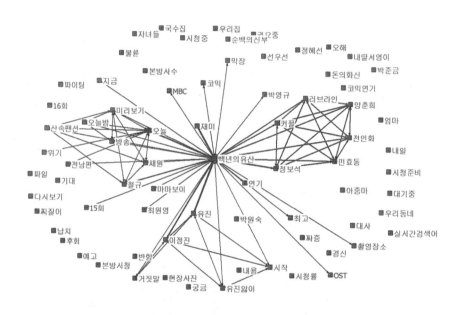

〈그림 10〉 일간 시청률 하락의 경우

한편, 주간시청률이 가장 큰 폭으로 상승했던 구간을 살펴보면, 주요단어 순위에서 드러난 것처럼 '심이영'이 가장 중심이슈를 만들어내고 있다. '심이영'은 '백년의유산'에 '마홍주'로 '등장', '투입'되어 '방회장', '시어머니'의 '대적인물'로서 '대결열전'을 볼만하게 만드는 화제를 만들어내고 있다. 그밖에 이 구간의 특징은 '심이영'의 등장에 따른 내용전환 외에는 다른 출연 배우들의 드라마 외적 이슈가 소개되고 있는 부분이다. 왼쪽으로는 '최원영'과 '이정진'의 '촬영장'이나 '트위터', '팬' 이야기가 자리하고 있고 또 '유진'의 '생일축하'를 거쳐 '파이팅', '오늘', '본방사수' 등이 연결되며 각각의 팬들 반응이 결집되고 있음을 추측할 수 있다. 또 하단으로는 '윤아정'과 '전인화', '유진'의 '회식사진', 그리고 '선우선'의 '교복인증샷'이 주변부 이슈를 만들어내고 있다. 이러한 이슈를 둘러싸고 '흥미진진'이나 '막장'과 같은 감상이나 평가와 '가방'이나 '코트', 'OST'와 같은 주변적 화젯거리들이 의미연결망 외곽을 형성하고 있다. '심이영'은 단어빈도순위 뿐만 아니라 연결 중심성 값에서도 '백년의유산' 다음으로 활발한 연결성을 보인다. 그러나 매개중심성에서는 '유진'이나 '이정진'보다 하위에 랭크되며 활동성과 이슈 매개성이 반드시 일치하지는 않는다는 것을 보여준다.

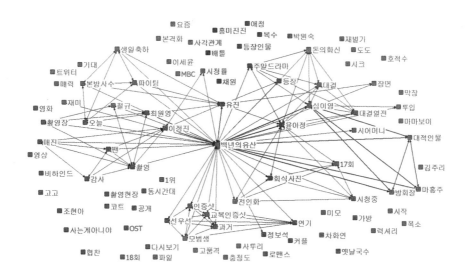

〈그림 11〉 주간시청률 상승의 경우

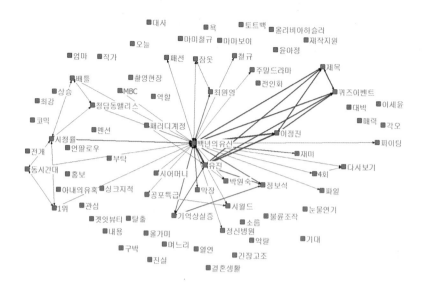

〈그림 12〉 주간시청률 하락의 경우

상대적으로 주간 시청률이 하락했던 구간의 가장 큰 특징은 '유진'과 '이정진'이 출연하는 드라마 '제목'에 대한 '퀴즈이벤트'로 추측해볼 수 있는 이슈가 가장 강한 연결상태를 보이는 하위집단으로서 중심 이슈를 이끌고 있는 점이다. 이어서 '백년의유산' 하단으로 '유진'이 '기억상실증', '정신병원' 등의 소재로 '시어머니', '박원숙'과 '막장', '시월드' 이야기가 '공포특급'처럼 벌어지고 있음을 보여준다. 이외에 팬덤과 관련된 이슈를 짐작케 하는 단어들('패러디계정', '언팔로우', '부탁', '올리비아하슬러' 등)이나 드라마 내용에 대한 평가 단어들('아내의유혹', '올가미', '대사', '기대' 등)이 산발적으로 펼쳐져 있다. '제목'에 대한 '퀴즈이벤트'가 연결 중심성에서는 두드러졌지만, 매개중심성 순위를 보면 드라마 남녀주인공인 '유진', '이정진', '최원영'을 중심으로 '막장' 이슈가 연결되고 있음을 시사한다.

〈표 17〉 일간 시청률 등락별 중심성 값

상승 이전				하락 이전			
연결 중심성		매개중심성		연결 중심성		매개중심성	
백년의유산	13.385	백년의유산	63.421	백년의유산	24.093	백년의유산	82.590
유진	5.480	유진	4.225	정보석	4.809	유진	2.278
복수	4.246	시청	2.898	오늘	4.583	철규	1.327
시청	3.056	시작	1.640	커플	4.401	정보석	0.865
시작	2.733	오늘	1.608	전인화	4.310	재미	0.673
기억	2.498	복수	1.372	러브라인	4.265	최원영	0.657
이정진	2.380	흥미진진	1.192	양춘희	4.265	박영규	0.632
시청률	2.277	기억	1.070	민효동	4.265	연기	0.570
오늘	1.910	방송	1.055	유진	3.811	채원	0.339
회복	1.822	막장	1.004	철규	3.584	방송	0.333

〈표 18〉 주간 시청률 등락에 따른 중심성 값

상승 이전				하락 이전			
연결 중심성		매개중심성		연결 중심성		매개중심성	
백년의유산	18.354	백년의유산	26.644	백년의유산	9.096	백년의유산	64.274
심이영	1.998	유진	2.224	유진	6.326	유진	11.233
윤아정	1.504	이정진	1.334	이정진	4.827	이정진	4.653
유진	1.317	윤아정	1.044	제목	4.175	최원영	1.891
이정진	1.115	최원영	0.809	퀴즈이벤트	4.175	막장	1.502
대결	1.026	심이영	0.730	주연	4.065	MBC	0.913
주말드라마	0.903	등장	0.446	정보석	1.033	정보석	0.606
돈의화신	0.893	전인화	0.410	기억상실증	0.923	박원숙	0.598
대결열전	0.868	철규	0.280	눈물	0.855	매력	0.524
대적인물	0.829	촬영	0.254	최원영	0.711	패러디계정	0.397

6. 결론 및 논의

본 연구는 소셜 미디어를 통해 TV 시청을 공유하는 수용자들의 반응을 알아보기 위해 트위터 버즈량과 시청률 간의 양적 관계 및 트위터 메시지의 의미연결망 특성을 살펴보았다. 연구 결과에 따르면, 트위터 버즈량과 시청률 간에 음의 상관관계가 나타났으나 통계적으로 유의하지 않았다. 드라마 방송일의 리트윗량과 시청률도 음의 상관관계를 나타냈다. 반면 방송중 트윗량은 방송후 트윗량과 통계적으로 유의미한 강한 정적인 상관관계(.902)를 보여 방송중의 이슈가 방송 이후까지 확대되고 있음을 짐작케 했다.

이 같은 결과는 두 가지 측면에서 해석해 볼 수 있다. 첫 번째는 트위터 버즈량이 시청률 예측에 곧바로 인과적 관계로 연결되지는 않는다는 점이다. 앞서 소개했듯 미국 닐슨의 조사에서도 시청자들이 TV이야기를 나누는 공간 순위에서 트위터는 페이스북 다음으로 2위에 올랐지만 전체에서 차지하는 비율은 15% 전후였다. 다시 말해 다양한 소셜 미디어 가운데 트위터 하나만을 갖고 시청률을 예측하는 데에는 한계가 있어 보인다. 그러나 두 번째로 해볼 수 있는 해석은 바로 이러한 트위터의 잠재력에서 찾아볼 수 있다. 트위터를 매개로 이뤄지는 TV수용자들의 소셜 커뮤니케이션이 점차 활발해지면서 생성되는 트위터 버즈들은 시청자 반응을 엿볼 수 있는 단서를 제공해주기 때문이다. 비정형 데이터인 트위터 버즈분석을 통하여 기존의 정량적 시청률을 보완하고 시청자의 반응을 산출해낼 수 있는 측면에서 필요한 빅데이터 분석인 것이다.

〈그림 13〉이 보여주듯, 기존의 시청률은 시청자층을 단일한 선상에 위치시키지만, 시청률과 버즈량을 바탕으로 프로그램의 시청유형을 구분하면 네 차원으로 세분화할 수 있다. 시청률과 이용자 참여성이 모두 높은 '시청 참여 동반 유형', 시청률은 높지만 참여도가 낮은 '시청 중심 유형', 반대로 시청률은 낮지만 참여도가 높은 '참여 중심 유형', 그리고 시청률과 참여도가 모두 낮은 '무시청 무반응 유형'이 그것이다. 또한 이 구분은 시청자 참여도의 정도만을 살펴보는 것이 아니라 높은 참여에서 무반응까지 이어지는 시청자들의 반응을 고려할 수 있는 점에서 통합시청률 연구에 시사하는 바가 적잖다.

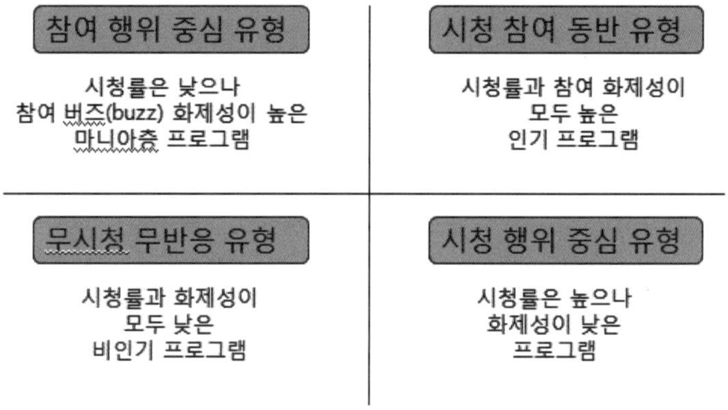

참여 행위 중심 유형	시청 참여 동반 유형
시청률은 낮으나 참여 버즈(buzz) 화제성이 높은 마니아층 프로그램	시청률과 참여 화제성이 모두 높은 인기 프로그램
무시청 무반응 유형	시청 행위 중심 유형
시청률과 화제성이 모두 낮은 비인기 프로그램	시청률은 높으나 화제성이 낮은 프로그램

〈그림 13〉 시청률과 버즈량을 토대로 한 시청유형 구분

이를테면 '백년의 유산'의 경우, 높은 시청률을 기록했던 점을 고려하면 시청률과 트위터를 통한 시청자 참여도가 반드시 일치하지 않는 '시청행위 중심 유형'에 더 가까워 보인다. 시청률과 트위터 버즈량이 정적 관계를 형성하지 않았을 뿐만 아니라 트위터가 드라마 화제성을 선도하지는 않았기 때문이다. 그 원인으로는 주시청자가 40~50대 중장년층이었던 점을 생각해볼 수 있다. 또한 방송일 리트윗량이 시청률에 부적인 영향을 끼쳤다는 것은 소셜커뮤니케이션이 지향하는 자발적 의견 참여와 거리가 멀다는 것을 뜻한다. 이것은 TV뉴스 시청률이 전체 트윗과는 상관관계가 없었으나 리트윗 정도와는 미약할지라도 정적인 상관관계가 나타났던 선행연구(차진용·이광형, 2013)와도 대비되는 부분이다. 즉, 퀴즈이벤트와 같은 방송사의 홍보 메시지나 출연배우들의 소속 기획사가 주도하는 홍보 메시지가 팬들의 자발적 참여 메시지보다 앞섰기 때문으로 풀이해 볼 수 있다. 트위터의 리트윗 기능은 무한한 파급력을 지닌 점에서 주목하게 하지만 리트윗의 메시지 속성에 따라 파급의 의미는 긍정과 부정으로 엇갈릴 수도 있는 것이다. 결국 트위터를 통한 참여행위를 살펴볼 때도 정량적인 트위터 버즈량만을 분석하면 수용자 반응을 단정지을 수 없다는 얘기다.

트위터 메시지의 의미연결망을 살펴보면 이러한 결과는 좀 더 명확해진다. 양적 분석의 한계를 메워보기 위해 트위터 메시지의 의미연결망과 드라마 내용단계 및 시청률과의 관계를 조망했는데, 이에 따르면 드라마의 갈등부분이 극적으로 치닫는 절정 부분에서 트위터를 통한 의견공유도 많았다. 또한 시청률과 연계한 의미연결망 특성 분석 결과, 프로그램에 대한 정보적 데이터이든 감상과 평가의 정서적 데이터이든 프로그램 중심적 속성의 데이터가 많을수록 다음 회차 시청률 상승과 연계됐고 젊은 남녀주인공의 이야기가 중심 이슈로 강력하게 부상했을 때가 그렇지 않은 경우보다 시청률 상승으로 이어졌다. 다시 말해 의미연결망에 드러나는 이슈가 작은 관계망들로 분산될수록, 중년 출연자들의 이야기가 중심으로 부상할수록, 중심적 속성의 데이터보다 OST나 배우들의 패션정보 등 주변적 속성의 데이터가 부각될수록 다음 회차 시청률 상승과 거리가 있었다. 반면 주간 단위의 시청률 등락과 관계된 의미연결망 비교에서는 일정한 패턴이 나타나지 않았다. 그러나 일간 단위의 시청률 하락 국면과 마찬가지로 주변적 속성의 이슈가 부각되고 부정적 평가로 추론해볼 수 있는 단어들이 많은 경우에 시청률이 하락했다.

의미연결망에 펼쳐진 이슈들은 또한 새로운 매개 채널인 트위터의 특성을 드러내기도 한다. 예컨대, '실시간 검색어'나 '지금', '시청중', '보는사람' 등의 단어들은 실시간성을 뜻하는 동시에 이용자들 스스로가 시간성을 중시하면서 적극적으로 활용하고 있음을 유추해볼 수 있게 했다. 또한 '다시보기', '파일', '동영상검색' 등은 반대로 비실시간적 TV 콘텐츠 소비를 상상할 수 있게 했고 TV시청과 동시에 트위터로 중계되는 소감들은 TV와 소셜 미디어 기기의 동시사용 및 능동적인 TV이용 행태를 엿보게 했다. 나아가 '우리', '여러분', '우리집' 등의 단어들은 소셜 네트워크 안에서 공감을 형성하려는 사회적 관계추구 행위로 짐작해볼 수 있다.

그러나 본 연구는 드라마 한 편을 분석의 대상으로 삼은 점에서 한계를 지닌다. 드라마의 장르에 따라, 주시청자층의 특성에 따라 트위터 반응은 다양하게 나올 수 있다. 따라서 트위터와 시청률 간의 관계는 장르, 방영요일, 시간대, 시청층, 출연배우 등 다양한 요소들을 고려한 프로그램을 대상으로 비교되기 전까지는 여전히 미완의 상태로 둘 수밖에 없어 보인다. 특히 수집된 분석자료에 인구사회학적 요소가 포함되지 않아 트위터 활동의 주체를 고려하지 않은 것도 아쉬움으로 지적될 수 있다. 또한 정량적 분석의 한계를 극복하기 위해 의미연결망 분석을 통해 구축되는 이슈의 특성을 살펴봤지만 메시지의 태도속성이 명확하게 구분되지 않아 이에 따른 시청률과의 관계도 명확히 하지 못했다. 나아가 트위터의 빅데이터를 통해 시청자 반응을 살펴보는 것은 여러 가지 시사점을 제공해주지만 소셜 미디어와 시청률 간의 상관관계를 종합적으로 분석하기 위해서는 트위터 이외에도 실시간으로 의견을 주고받는 대화형 미디어들과 블로그와 같은 매체형 미디어를 동시에 살펴볼 필요도 있을 것이다.

〈그림 14〉 시청률과 빅데이터 통합 분석을 통한 신(新)시청률 분석

그럼에도 불구하고 본 연구는 실증 사례를 통해 트위터에서 소통되는 소셜 데이터와 시청률 및 TV수용자 반응과의 관계를 입체적으로 살펴본 점에서 의의를 찾을 수 있다. 여전히 기존 시청률에 근거하여 편성과 광고 전략 및 집행 등이 이뤄지고 있는 게 사실이다. 그러나 빅데이터 분석으로서 온라인 버즈를 분석하는 것은 시청률로는 산출할 수 없는 시청자의 감성을 읽어내고 그 안에 숨겨 있는 시청자들의 욕구와 선호를 파악할 수 있는 점에서 활용방안은 무한할 수 있다. 시청자의 마음을 읽어낼 수 있다면 시청자의 공감(empathy)과 연결되는 부분에 프로그램 혹은 광고를 접목할 수도 있을 것이다. 〈그림 14〉가 새로운 시청률 분석의 방향을 제시하듯이 매스커뮤니케이션 효과로서 수용자 인식 프레임을 정확하게 파악하기 위해서는 다각도의 입체적 분석이 이어져야 할 것이다.

참고 문헌

곽해운·이창현·박호성·문수복(2011). 「트위터는 소셜 네트워크인가: 네트워크 구조와 정보전파의 관점」, 『언론정보연구』 48(1), 87-113.

김민희·정지혜(2013). 「걸음마 뗀 소셜 분석 한계, 아는 만큼 가치가 보인다.」, 『LG Business Insight』.

김상배(2011). 「네트워크로 보는 중견국 외교전략: 구조적 공백과 위치권력 이론의 원용」, 『국제정치논총』 51(3), 51-77.

김은미·심미선·김반야(2012). 「능동적 미디어 이용 개념에 대한 재탐색」, 『한국방송학보』 26(6), 46-87.

마경란(2013). 「SNS 빅데이터 분석을 통한 텔레비전 프로그램 시청률 예측에 관한 연구」, 한양대학교 정보시스템학과 석사학위 논문.

박선영(2012). 「SNS를 통한 구전효과가 영화흥행에 미치는 영향」, 『한국콘텐츠학회 논문지』, 12(7), 40-51.

박승현·송현주(2012). 「영화의 주별 흥행성과에 미치는 영향: 온라인 구전을 중심으로」, 『한국언론학보』, 56(4). 210-235.

박주연·전범수(2011). 「방송의 소셜 미디어 콘텐츠 활용유형에 관한 탐색적 연구」, 『인문콘텐츠』 23, 263-285.

박한우·Leydesdorff(2004). 「한국어의 내용분석을 위한 KrKwic 프로그램의 이해와 적용」, 『Journal of The Korean Data Analysis Society』 6(5), 1377-1388.

배진아(2005). 「드라마 시청률 영향 요인 분석」, 『한국방송학보』 19(2), 270-309.

배진아·최소망(2013). 「TV시청과 SNS 상호작용」, 『사이버커뮤니케이션학보』 30(1), 47-92.

배효승·신소연·이상우(2012). 「IPTV 셋톱박스 로그분석을 통한 시청률 연구」, 『방송문화연구』 24(1), 167-196.

심미선·한진만(2002). 「프라임타임대 지상파 텔레비전 프로그램 선택에 영향을 미치는 요인에 관한 연구」, 『한국언론학보』 46(4), 177-216.

양혜승(2011). 「드라마의 호화로운 삶 묘사가 프로그램 시청률에 미치는 영향」, 『언론학연구』 15(1), 137-164.

오삼수(2014). 영상시청 행태 변화에 따른 신규서비스 러쉬, 세컨드 스크린 보고서. 디지에코보고서. kt경제경영연구소.

유세경·김숙(2010). 「드라마 시청률에 영향을 미치는 요인에 관한 연구」, 『미디어 경제와 문화』 8(3), 7-48.

윤해진·문성철(2010). 「미디어 레퍼토리 유형에 따른 콘텐츠 소비」, 『한국방송학보』 24(5), 325-369.

윤해진·박병호(2013). 「소셜TV: 트윗 게시자의 유명도와 트윗 반복유형이 프로그램 시청의사에 미치는 영향」, 『한국언론학보』 57(1), 364-391.

이경민·인관호·김응모(2013). 「오피니언 마이닝을 이용한 예상시청률 분석」, 『한국컴퓨터종합 학술대회 논문집』, 365-367.

이동후(2012). 「포스트TV시대의 텔레비전 시청경험에 관한 질적 연구」, 『한국언론정보학보』 60, 172-192.

이세진·방해진·노승화(2012). 「유대강도, 정보의 속성 및 관여도가 SNS내 구전효과에 미치는 영향에 대한 연구」, 『광고학연구』 23(4), 119-146.

이원재·이남용·김종배(2012). 「드라마 시청률 예측모델에 대한 실증적 연구」, 『한국디지털콘텐 츠학회논문지』 13(3), 325-334.

이종성·박노성·오세성(2005). 「채널내/채널간 전 회차 드라마 시청률의 상호영향력 분석」, 『방 송통신연구』 61, 319-348.

이창하(2013). 「시청률과 SNS버즈의 상관관계에 관한 연구」, 성균관대학교 언론정보학과 석사 학위 논문.

이해미(2013). 「SNS 분석을 기반으롤 한 온라인 구전효과 연구」, 서강대학교 신문방송학과 석사 학위 논문.

이화진·김숙(2007). 「TV드라마 시청률에 영향을 미치는 요인」, 『한국방송학보』 21(6), 492-535.

전용준(2014). 「데이터 다양성, 복잡성, 빅데이터 그리고 스몰데이터」, 『데이터사이언티스트가 말하는 빅데이터 분석 사례 세미나 자료집』. 데이터솔루션.

정규환·이재욱·이대원·김보현(2005). 「국내 TV시청률 자료를 이용한 시청률 예측 모델 구축 및 시청률 최대화 전략 연구」, 『한국경영과학회 학술대회논문집』, 414-421.

조성동·강남준(2008). 「수용자 분극화: 채널이용 파편화 과정에서 나타난 다채널 수용자의 분극 화 현상 규명을 중심으로」, 『한국방송학보』 22(5), 323-361.

조성준(2014). 「빅데이터 투자수익을 위한 애널리틱스」, 『데이터사이언티스트가 말하는 빅데이 터 분석 사례 세미나 자료집』, 데이터솔루션.

조성호(2008). 「People Meter 시청률 측정의 현황과 개선방안」, 『한국방송학회 세미나 보고서』, 1-17.

차진용·이광형(2012). 「TV뉴스 트위터 계정의 활성도와 시청률의 관계」, 『한국스피치커뮤니케이션학회 학술대회 자료집』, 169-187.

최민재(2013). 「스마트폰 방송 및 동영상 서비스의 가정TV시청 대체효과 연구」, 『한국방송학보』, 27(3), 172-205.

최세경·양선희·김재영(2006). 「방송프로그램의 성과에 영향을 미치는 요인 분석」, 『한국방송학회 학술대회 논문집』, 526-542.

최양수·황유선·이연경(2010). 「다채널 환경에서의 지상파 텔레비전 시청행태변화」, 『한국언론학보』 54(1), 411-435.

한혜경(2013). 「지역 TV뉴스의 질적수준이 시청률에 미치는 영향에 관한 탐색적 연구」, 『언론학연구』 17(1), 329-363.

정보통신정책연구원(2014). 한국미디어패널조사 보고서.

한국방송통신전파진흥원(2013). 「TV시청 행태의 변화에 따른 시청률 측정방식의 진화양상」, 『동향과 전망』 63, 61-73.

김　완(2013). 『거실TV 시청률의 한계』, 미디어스. 2013.12.13.

배규민(2014). 스마트폰 가입자 4000만명 시대. 머니투데이. 2014.3.13.

염지현(2013). 닐슨 "트위터, TV 시청률 높이는데 기여". 이데일리, 2013.8.7.

최현호(2013). '백년의 유산', 올해의 드라마상 수상. 파이낸셜뉴스, 2013.12.31,

Bogatti, S., Everett, M. G., & Freeman, L. (2002). *Ucinet for Windows: Software for Social Network Analysis*. Harvard, MA: Analytic Technologies.

Brosius, H., Wober, M., & Weimann, G. (1992). The loyalty of television viewing: How consistent is TV viewing behavior? *Journal of Broadcasting & Electronic Media, 36*(3), 321-335.

Dellarocas, C., Awad, N. F., & Zhang, X. (2007). Exploring the value of online product reviews in forecasting sales: the case of motion pictures. *Journal of Interactive Marketing, 21*(4), 23-45.

Freeman, L. C. (1979). Centrality in Social Networks: Conceptual Clarification. *Social Networks, 1*(3), 215-239.

Gartner (2012). The importance of Big Data: A definition.

Kim, B. S. (2012). Understanding Key Factors of Users' Intentions to Repurchase and Recommend Digital Items in Social Virtual Worlds. *Cyber psychology Behavior and Social Networking. 15*(10), 543-550.

Lin, C. A. (1993). Modeling the Gratification-Seeking Process of Television Viewing. *Human Communication Research, 20*(2), 224-244.

Lin, C. A. (1994). Audience fragmentation in a competitive video market place. *Journal of Advertising Research, 34*(6), 30-38.

McDowell, W. & Sutherland, J. (2000). Choice versus chance: Using brand equity theory to explore TV audience lead-in effects. *Journal of Media Economics. 13*(4). 233-247.

McKinsey (2011). Big Data: The next Frontier for Innovation, Competition, and Productivity.

McQuail, D., Blumler, J. G., & Brown, J. R. (1972). The television audience: A revised perspective. *Media studies: A reder,* 271, 284.

Wasserman, S., & Faust, K. (1994). *Social network analysis: methods and applications.* Cambridge: Cambridge University Press.

Webster, J. G., Phalen, J., & Lichty, L. (2000). *Rating Aanlysis.* NJ: LEA.

Webster, J. G., & Wang, T-Y. (1992). Structural deerminats of exposure to television. *Journal of Broadcasting & Electronic Media, 36*(2), 125~136.

7 Twitter buzz
실습(Tutorial 7)————

실습내용

실습교재 참고

8

광고/온라인 상호작용
Advertising

상호작용성(Interactivity)과 맥락(Context)이

인터넷 광고 효과에 미치는 영향[*]

1. 들어가기

Media & Consumer Research(KOBACO, 2004)에 의한 소비자 라이프스타일 분류에 따르면 우리나라 사람들은 광고민감형, 온라인형, 브랜드 지향형, 전통가치형, 신귀족형, 현실적 소비형, 아날로그형으로 나뉘는데 그 중에서 광고민감형에 속하는 비율이 19.3%로 가장 많은 비율을 차지하고 있다. 이들은 광고정보를 적극적으로 수용하고 미디어에 대한 관심 및 이용이 많은 소비자로 새로운 제품을 남들보다 먼저 구매하는 성향을 보이고 다른 라이프스타일 분류군(群)에 비해 인구통계학적 측면에서 편향적이지

---

[*] 　이근영·권상희(2007), 「상호작용성(Interactivity)과 맥락(Context)이 인터넷 광고 효과에 미치는 영향(A Study on the Effectiveness of Internet Ads: In terms of Interactivity and Context)」, 광고학연구 18(1), p. 131~160.

않은 특성을 보여 성별, 연령별로 그 분포가 고른 편이다. 그리고 이들이 주로 접촉하는 매체는 지상파TV(98.7%)이고 그 다음이 인터넷(88.1%)이다. 또한 동 보고서에 따르면 우리나라 사람 열에 여덟은 하루 한 시간 이상 인터넷을 이용하고 있고 6대 매체(TV, 라디오, 신문, 잡지, 인터넷, 케이블/위성) 비교에 있어서 인터넷(4.1)은 지상파TV(4.7)에 버금가는 관심도를 보이고 있다. 매체특성에 있어서도 인터넷은 재미있고 신속하게 유익한 정보를 주는 매체로 인식되고 있다. 그리고 광고매체로서의 효과 및 특성비교에 있어서 인터넷은 신제품에 대한 정보 제공, 기업/브랜드 고지, 기업/브랜드 이미지 형성에 그 역할을 다함은 물론 나아가 소비자의 실 구매행동에까지 이끄는 영향력 있는 매체로 지상파TV와 함께 어깨를 나란히 하고 있다.

1994년 10월 '핫와이어드(HotWired)'가 유료배너 광고를 자사 인터넷 사이트에 올린 것이 인터넷 광고의 효시(Cho & Cheon, 2004)로 볼 때 인터넷이 광고매체로서 이용된 지는 20여 년에 불과하다. 그러나 앞서 살펴본 사람들의 매체 이용 및 관심도에서 나타났듯이 인터넷이 구가하는 매체로서의 입지는 광고시장 규모(Volume)에서 인터넷을 능가하는 신문이나 케이블TV를 앞지르고 있다. 이런 상황은 국내외 인터넷 광고시장에 그대로 반영되고 있다. 인터넷 광고의 규모와 비중은 전체 매체 간의 비중에 있어서 아직은 약하지만 그 성장세는 괄목할 만하다. 다시 말해, 기존 대형 매체인 신문, 잡지의 비중이 하락하고 그 외 TV, 라디오, 옥외매체의 비중은 정체 현상을 보이는 반면 인터넷 광고의 세계시장의 규모는 지속적으로 증가(2003년: 3천 6백억 불, 2005년: 4천 1백억 불, 2007년(예상치): 4천 6백억 불)하고 있다(나스미디어, 2005). 국내 인터넷 광고시장 또한 꾸준히 성장하는 추세로 2003년 일반 디스플레이 광고 및 검색광고 시장을 포함해 3천 8백억 원에서 2005년 6천 8백억 원으로 그 규모가 성장했고 이러한 경향은 지속되어서 오는 2010년에는 약 1조 원의 시장규모를 형성할 것으로 예상하고 있다(나스미디어, 2005).

그렇다면, 왜 인터넷이 매체로서 지상파TV에 버금가는 특성 및 효과를 나타내고 그것을 통한 광고시장이 성장을 거듭하고 있는 것인가? 우선, 인터넷 테크놀로지의 발전으로 인한 새로운 형태의 광고가 지속적으로 등장함을 들 수 있다. 사람들은 인터넷을 통해 정적인 배너광고, 동적인 배너광고, TV CF 형태의 동영상, 팝업광고, 팝다운 광고 등 수많은 형태의 광고를 접하게 된다. 두 번째로, 인터넷 매체가 가지는 접근성(Accessibility)

과 상호작용성(Interactivity) 또한 중요한 요인이다. 이로 인해 언제 어디서나 다양한 동영상의 구현으로 소비자로부터 즉각적인 반응 및 행동을 유발할 수 있게 된 것이다. 마지막으로, 상대적으로 낮은 비용으로 선택적인 타겟팅(Selective demographic targeting)에 따른 브랜딩 광고를 포함한 마케팅 활동을 통해 그 효과 및 비용 효율성에서 좋은 결과를 이끌어 낼 수 있다는 점이 세 번째 요인이다.

그러나 모든 형태의 인터넷 광고가 이러한 특성을 갖는 것은 아니다(Cho, Lee & Tharp, 2001). 배너, 버튼, 하이퍼텍스트, 팝업, 스카이스크랩퍼 등 대부분 형태의 광고는 소비자에 의해 요청되는 것이 아니라 다양하고 수많은 사람들이 방문하는 포털, 웹사이트에 광고주에 의해 게재되는 것이다(Ha, 2003). 즉, 소비자에 의한 자발적인 노출이 아니라 광고주에 의한 일방적인 광고게재의 인터넷 광고 형태는 전통적인 매체에 광고를 집행하는 것과 유사하다(Hwang, MacMillan & Lee, 2003). 이런 측면에서 인터넷 광고는 전통적인 오프라인 매체 광고가 겪고 있는 소비자의 광고회피 현상을 그대로 경험하게 된다. 광고회피 현상이 발생하면 수용자에게 메시지가 노출될 기회가 차단되므로 광고 효율성이 떨어질 뿐만 아니라 메시지 제공을 통해 광고주가 추구하고자 했던 목표를 제대로 달성할 수 없게 된다.

여기서 본 연구의 문제 제기는 시작된다. 앞서 살펴보았듯이 인터넷 광고시장의 급속한 성장으로 수많은 광고가 인터넷 사이트를 점하고 있고 인터넷 광고의 회피현상 또한 피할 수 없는 상황에서 어떻게 하면 인터넷 광고의 메시지효과(Message Effectiveness)를 만회할 수 있는가 하는 것이다. 문제는 어떻게 하면 소비자의 광고회피에서 벗어나 그들의 눈에 보다 쉽게 다가가 단순하게 광고를 보게 하는 것이 아니라 그 광고가 전달하고자 하는 메시지를 얼마나 효과적으로 소비자에게 전달하고 학습시키냐가 더 중요하다. 즉, 광고 메시지를 통해 광고 제품에 대한 관심을 갖게 하고 다음 행동으로 나아가게 동기를 유발하는 실질적인 광고의 효과(Effectiveness)를 올리는 것이 관건인 것이다. 소비자는 그들의 동기가 유발되고 관심을 가질 때 다음 단계로의 커뮤니케이션 프로세스를 밟게 된다(Chatterjee, Hoffmann & Novak, 2003).

소비자의 인터넷 광고에 대한 회피 현상은 분명히 광고의 효과(Effectiveness)를 저해하는 1차적인 방해 요인이고, 그것은 크리에이티브한 광고물이나 전략적인 매체 운영을 통해 어느 정도 극복할 수 있을 것이며 그러한 시도는 많이 이루어졌다. 그러나 지금까지 인터넷 광고의 산업적인 성장에도 불구하고 어떻게 하면 인터넷이라는 매체가 가지고 있는 특성을 활용해 효과적으로 그리고 전략적으로 소비자의 광고회피를 만회할 수 있는 광고가 목표하는 메시지 효과(Message Effectiveness)를 높일 것인가에 대한 연구는 미미했다.

2. 연구 목적

소비자에 의한 인터넷 광고의 클릭은 광고주의 웹사이트로 연결되는데 이는 광고주가 소비자에게 제품/서비스나 브랜드에 관한 정보를 전달하고 설득해 소비자로 하여금 구매를 고려하게 하는 주된 도구가 된다(Karson & Korgaonkar, 2001). 그리고 앞으로의 인터넷 마케팅 커뮤니케이션의 주된 채널로서 더 많은 정보를 전달하고 더 나아가 가상의 제품 경험(virtual product experience)을 가능케 한다(Klein, 2003). 이런 측면에서 광고주들은 어떻게 하면 소비자로 하여금 그들의 웹사이트로 이끌어 제품이나 서비스에 대한 강력한 메시지를 전달하느냐에 관한 모색을 하고 있다.

수많은 인터넷 광고의 클러터(Clutter) 속에서 소비자는 짜증을 내고 인터넷 또한 광고를 위한 매체라는 소비자의 생각은 광고 클러터에 대한 소비자의 인식에 영향을 주고 이러한 인식은 그들로 하여금 부정적인 태도를 형성하게 하고 광고회피로까지 이끈다 (Cho & Cheon, 2004). 그러나 이런 소비자의 광고회피 현상은 완전하게 통제 가능한 것이 아니므로 주어진 상황에서 어떻게 하면 소비자에게 매력적으로 다가가 그 광고가 목표하는 소비자의 태도 변화 및 행동 유발을 가능하게 하느냐가 더 중요한 문제이다. 이는 인터넷이라는 매체가 가지는 형식 및 내용 측면에서 접근할 수 있다. 첫째, 인터넷은 다른 매체가 가지지 못하는 상호작용성(Interactivity)의 자산을 가지고 있다. 인터넷 광고의 형태에 따라 전통적인 오프라인 매체의 성격을 띠는 것도 있지만 인터넷 광고는 상호작용성(Interactivity)이라는 강력한 무기를 가지고 소비자로 하여금 가상의 현실에서 제품이나 서비스를 경험할 수 있게 한다. 제품의 경험적인 특성이 제품의 구매에 크게 영향을 미치는 경험제의 경우 인터넷 광고를 통한 가상의 경험은 소비자의 태도 형성 및 행동 유발에 긍정적으로 작용할 것이다. 예를 들어, 자기가 원하는 컬러나 디자인인 옷의 스타일을 맞추어 본다든지 구매하고자 하는 음악 CD의 샘플링 음악을 들어 본다든지 하는 것은 단순하게 언어적인 메시지만을 제공하는 전통적인 오프라인 매체와는 구별되는 인터넷 매체 광고의 장점인 것이다. 둘째, 인터넷 광고가 게재되는 매체의 내용 측면에서 소비자로 하여금 정보 수용을 보다 용이하게 할 수 있다. 다시 말해, 광고 제품이나 서비스와 관련된 내용의 사이트 및 웹페이지에 광고를 게재함으로써 매체의 내용 자체를 광고메시지와 동일시하게 해 소비자가 광고 메시지를 수용하고 정보를 처리하는 데 있어서 지름길로 작용케 하는 것이다. 자외선차단 화장품의 광고가 여름철 피부관리에 대한 내용의 사이트 및 페이지에 게재되었다고 가정해 보자. 이때 매체가 제공하는 정보(Contextual media source)는 광고 메시지에 영향을 주어 소비자가 광고 메시지를 받아들이기 쉽게 하고 소비자의 제품에 대한 필요성을 자극할 것이다.

이렇듯, 본 연구는 인터넷 광고를 집행하는 데 있어서 단순하게 소비자의 눈을 사로잡아 광고의 클릭률을 높이는 계량적인 효과에 중점을 두기보다는 인터넷이라는 매체가 갖는 형식적인 특성이나 내용 측면에서 어떻게 하면 광고에 클릭한 소비자를 오래 잡아두어 제품 및 브랜드에 대한 더 많은 정보를 제공하고 소비자의 마음을 움직이게 해 실질적으로 인터넷 광고 메시지가 지향하는 효과(Effectiveness)를 높일 수 있느냐에 그 목적을 둔다.

3. 선행연구 및 이론적 배경

1) 인터넷 광고와 상호작용성(Interactivity)

인터넷 광고는 일반적으로 인터넷이 제공하는 서비스의 하나인 월드와이드웹(WWW) 상에서 행해지는 것으로 그 적용 범위에 따라 다양하다. 인터넷시대 초기, 정해진 광고비를 지불하고 배너나 유료연결문자를 구매하는 것을 의미하던(Ghose & Dou,

1998)것과 달리 테크놀로지의 발달 및 그에 따른 다양한 형태의 인터넷 광고가 등장함에 따라 대부의 연구들은 인터넷 광고를 광의로 정의한다. 조와 레켄비(Cho & Leckenby, 1999)에 의하면 인터넷 광고는 인터넷상의 모든 판매 메시지라 할 수 있으며, 최환진(2000)은 기업이 인터넷을 이용하여 행하는 고객과의 일련의 커뮤니케이션 활동을 포함하는 것으로 홍보 목적으로 웹사이트를 구축하여 각종 기업 정보 소개, 고객 관리, 제품 소개를 하고 각종 이벤트 프로모션, 상거래 등의 인터넷 마케팅 커뮤니케이션 활동을 전개하는 것을 인터넷 광고로 보고한다.

인터넷 광고의 가장 큰 특성으로 상호작용성을 들 수 있다. 상호작용성은 둘 또는 그 이상의 소비자들 사이의 행동이나 행동과정으로 이해되며 이러한 행동가능성을 제공하는 매체를 상호작용적이라고 한다. 또한, 상호작용성은 둘 또는 그 이상의 커뮤니케이션 당사자들이 상호 간에 커뮤니케이션 매체 및 메시지에 영향을 줄 수 있는 정도와 그러한 영향들이 동시에 일어나는 정도로 정의된다(Liu & Shrum, 2002). 상호작용성은 마케터(Marketer)가 컴퓨터 매개 환경에서 소비자 행동을 이해하기 위해 필요한 통찰력을 제공할 뿐만 아니라 단순 방문자를 지속적인 충성고객으로 변환시키는 데 주요한 역할을 수행한다(Berthon, Pitt & Watson, 1996). 상호작용적인 웹사이트는 소비자의 더 많은 정보처리를 이끌고 제품이나 웹사이트에 대해 높은 호감을 갖게 한다(Sicilia, Ruiz & Munuera, 2005). 그리고 소비자로 하여금 가상의 제품 경험(Virtual product experience)을 가능케 하고(Klein, 2003) 이러한 웹사이트 상에서 소비자의 경험은 마케터(Marketer)의 주된 관심사가 됐다(Smith & Sivakumar, 2004).

(1) 웹사이트에서의 상호작용성

웹에서의 내비게이션은 웹사이트에 방문함, 정보 및 제품광고 검색을 위해 웹사이트와 상호작용함 그리고 제품을 구매함 등 일련의 행동들로 구성된다(Hoffman & Novak, 1996). 웹사이트는 정보와 소비자와 광고주 간의 쉽고 빠른 상호작용(Interaction)을 가능하게 하는 커뮤니케이션 기술(Communication Technologies)에 그 기본을 둔다(Coyle & Thorson, 2001). 인터넷에서 웹사이트의 주된 요소는 그것이 갖는 상호작용성이다(Macias 2003). 상호작용성은 개인이나 기업이 거리와 시간에 구애받지 않고 상호간에 쉽게 그리고 직접 커뮤니케이션함을 말한다(Berthon, Pitt & Watson, 1996). 상호작용성에 대한 또 다른 개념은 기계적인 측면으로부터 나온 것인데(Coyle & Thorson, 2001) 웹사이트에서 소비자 또는 개인이 매체 자체와 상호작용함을 의미한다. 또한 이는 소비자가 어떤 정보를 어떤 순서로 얼마 동안 볼 것인가를 통제(Control)할 수 있게 한다(Ariely, 2000). 소비자들은 웹사이트에서 그들에게 흥미로운 것을 선택하고 사이트를 서핑하는 동안 그들의 경험에 의해 끊임없이 상호작용성을 통제하는 것이다.

웹사이트에서 상호작용성의 정도는 소비자가 커뮤니케이션 과정에 개입하는데 있어서 중요한 요인이다. 웹서핑을 하는 사람들은 낮은 정도의 상호작용성을 가진 사이트에 비해 높은 정도의 상호작용성을 가진 사이트와의 정보교환과 그것을 통한 결과에 대해 더 많은 개인적 통제를 하게 된다(Klein, 2003; Peterman, Rohem & Haugtvedt, 1999). 그래서 웹사이트 형태의 광고는 그 효과를 결정하는데 있어서 소비자의 역할이 중요해 진다(Pavlou & Stewart, 2000).

(2) 상호작용적 광고에 대한 정보처리

상호작용적 시스템(Interactive System)은 소비자로 하여금 원하지 않거나 과다한 정보에 대해 줄이거나 제거할 수 있게 하고 검색한 정보를 정리할 수 있게 함으로써 그들의 정보처리를 돕는다. 그리고 소비자가 정보와 그것이 제시되는 순서를 선택할 수 있기 때문에(Ariely, 2000). 그들의 통제와 관여 수준이 높으면 그들은 보다 집중된 정보처리를 겪게 된다(Evel & Dunwoody, 2002). 다시 말해, 상호작용적 시스템은 소비자에 의해 구조화 되는데 이것이 바로 소비자의 인지적인 노력(Cognitive Effort)이며 정보처리의 정도가 높음을 의미한다(Ariely, 2000). 또한 상호작용성은 소비자의 관여도를 높이고 설득으로 이끄는 태도에 영향을 미친다(Lombard & Synder-Duch, 2001). 소비자가 상호작용적인 광고에 노출될 때 그들은 정보의 흐름을 통제할 수 있게 되는데(Hoffman & Novak, 1996) 이는 소비자로부터 보다 나은 평가와 반응을 이끌게 된다

(Ariely, 2000). 또한, 상호작용적인 광고는 그렇지 않은 광고보다 광고를 더 매력적으로 만들고 웹사이트에 대한 태도와 관련이 있어 메시지가 더 상호작용적일수록 그 사이트가 탑 사이트(Top site)로 인식될 가능성이 높다(O'Keefe, O'Connor & Kung, 1998).

웹사이트에 보여지는 제품에 대해서도 상호작용성은 정보검색을 개선하고 더 많은 제품 정보의 노출 가능성을 높인다. 광고주에 의해 제공된 정보라는 것은 제품의 장점 및 특성에 관한 것이므로 이러한 정보에의 노출은 제품에 대한 긍정적인 생각을 증가시켜 줄 것이다 (Nordhielm, 2002). 그리고 태도 전이 메커니즘(Attitude Transfer Mechanism)을 통해(Mackenzie, Lutz & Belch, 1986) 웹사이트에 대한 호감은 그 속에서 보여지는 제품으로 전이될 것이다(Sicilia, Ruiz & Munuera, 2005).

(3) 상호작용성을 기반으로 한 가상의 제품 경험(Virtual Direct Experience)

광고 메시지는 매체를 통해서 쉽게 전달되지만 제품 및 서비스에 대한 '직접적 경험 (Direct Experience)'은 제한적이다. 즉, 제품의 사용이 제한적이나마 이루어지기 전까지는 제품의 특성을 경험할 수 없는 것이다(Klein, 2003; Wright & Lynch, 1995). '직접적 경험'은 어떤 제품에 대한 소비자의 첫 사용경험으로 정의되는데(Singh, Balasubramanian & Chakraborty, 2000), 그 효과에 대한 지금까지의 연구에 따르면 광고와 '직접적 경험'은 서로 보완적이며(Deighton & Schindler, 1988; Kempf & Smith, 1998) 특히 경험적인 특성들로 구성되는 경험재(Experience products)의 경우 '직접적 경험'은 제품에 대한 회상(Recall), 태도(Attitude), 구매의도(Conation)에 큰 영향을 주는 것으로 나타났다(Singh, Balasubramanian & Chakraborty, 2000). 또한, '직접적 경험'은 브랜드에 대한 확신, 태도, 구매의도에 영향을 미친다고 한다 (Kempf & Smith, 1998; Smith, 1993; Smith & Swinyard, 1982; Wright & Lynch, 1995).

인터넷은 기본적으로 쌍방향 상호작용성(Two-way Interactivity)을 제공한다는 점에서 기존의 전통적인 매체와 그 성격이 다르다(Hoffman & Novak, 1996). 상호작용성과 멀티미디어 디스플레이는 소비자의 학습을 증가시켜 주는데(Novak, Hoffman & Yung, 2000), 미커(Meeker, 1997)는 인터넷을 소비자로 하여금 제품과 상호작용하게 하고 보다 자세한 정보를 탐색하게 하고 그 결과 제품의 즉시 구매로까지 이끄는 유일한 매체라고 했다. 예를 들어, 온라인에서의 광고주들은 소비자로 하여금 인터넷 광고상에서 경험제의 특성들을 경험하게 함으로써 온라인상에서나마 그 제품을 가상으로 경험하게 하는 상호작용성을 제공한다. 이러한 측면에서 가상의 제품 경험(Virtual Direct Experience)은 온라인 시뮬레이션에서 경험제의 특성(Experiential Product Attributes) 전달로 정의되는데 그리피스와 첸(Griffith & Chen, 2004)의 연구에 따르면 가상의 제품 경험 기능을 가진 인터넷 광고는 그렇지 않은 인터넷 광고보다 구매에 대한 위험, 제품평가, 제품에 대한 감정, 구매에 대한 의욕에 더 긍정적인 영향을 미치는 것으로 나타났다. 그리고 가상의 경험 정도에 따른 연구도 했는데 그 정도가 높을수록 앞서 언급한 4가지 변인에 대해 긍정적으로 작용함을 보였다.

2) 매체 맥락(Media Context)과 프라이밍 효과(Priming Effects)

"미디어는 메시지다(The medium is the message)."는 1960년대 맥루한(M. McLuhan)에 의한 표현인데 이는 매체가 그 안에 광고되는 브랜드의 이미지 및 인지를 만든다는 것을 의미한다. 그 이후 '매체의 맥락(Media context)'에 대한 중요성을 증명하는 수많은 연구가 나왔는데 그것들에 따르면, 매체의 맥락은 광고회상(De Pelsmacker, Geuens & Anckaert, 2002), 광고인지(Moorman, Neijens & Smit, 2002), 광고정보 처리의 수준(Shapiro, MacInnis & Park, 2002), 광고 인지 및 태도(Coulter, 1998), 브랜드 태도(Lord, Burnkrank & Unnava, 2001), 구매의도(Yi, 1993)에 영향을 미치는 것으로 나타났다. 더욱이 전달하고자 하는 메시지가 광고에서 명백하게 전달되기 보다는 광고가 보여지는 매체의 맥락(Context)에 의해 자극되는 (primed) 간접적인 어프로치가 직접적인 어프로치보다 비호의적인 인지반응을 덜 생성한다고 한다(Yi, 1993).

'매체의 맥락'은 광고에 대한 소비자의 인식에 여러 가지 측면으로 영향을 미친다. 첫째, 그 분위기에 있어서 광고와 유사하거나 광고 메시지의 학습과 평가를 증진시켜준다 (Coulter, 1998; De Pelsmacker, Geuens & Anackaert, 2002; Lord, Burnkrant & Unnava, 2001). 골드버그와 곤(Goldberg & Gorn, 1978)은 이를 '분위기 일치성-접근성 가정(Mood Congruency-Accessibility Hypothesis)'이라고 불렀는데 매체의 맥락적인 내용이 어떤 분위기를 조성하고 보다 광고메시지에 접근하기 쉽게 하고 그로 인해 광고자극처리의 양을 줄여준다라는 것이다. 둘째, '매체의 맥락'은 광고브랜드의 인식에 영향을 준다(Assmus, 1987). 다시 말해, 매체와 거기에 광고되는 브랜드가 합쳐져서 소비자의 마음속에서 보다 더 유사하게 느껴진다는 것이다. 셋째, '매체의 맥락'은 인지적 프라임(Cognitive Prime)으로 작용해서 소비자의 광고에 대한 해석(Interpretation)에 영향을 준다(Yi, 1993). 예를 들어, 대형승용차의 인쇄광고가 안전에 대한 편집기사의 맥락에서 광고될 때, 소비자는 그 차를 안전한 차로 인식하게 된다. 이렇듯, 인지적인 프라임은 소비자의 주의를 이끌고 광고에 대한 해석을 결정하는 관련 정보의 의미에 대한 네트워크(Semantic Network)를 가동시킨다(Schmitt, 1994; Yi, 1993). 프라임은 소비자의 정보처리 과정에서 광고제품의 특성에 대한 인지를 용이하게 해준다(Yi, 1993). 그리고 이러한 맥락적인 단서(Priming Contextual Cue)를 바탕으로 광고제품의 평가를 이끄는데 이 현상을 동일시(Assimilation)라고 한다(Maher & Hu, 2002).

'매체의 맥락'은 광고의 신뢰성(Credibility)을 높여준다. 프라이밍을 통한 간접적인 방식으로 메시지를 전달하는 것은 광고가 전달하고자 하는 제품의 특성들에 대해 소비자로 하여금 보다 덜한 반감을 갖게 하고(Herr, 1989) 직접적으로 광고메시지를 전달하는 것보다 이러한 프라이밍이 비호의적인 인지반응을 덜 생성하는 이점을 갖는다고 한다(Yi, 1993). 더욱이 소비자는 광고 메시지에 대해 제품을 팔기 위한 뻔한 메시지라고 여기고 광고에 대해 다소 회의적인데(Friestad & Wright, 1995) 프라이밍을 통한 메시지의 간접적인(Implicit) 전달은 소비자의 광고에 대한 회의를 깨주고 나아가 광고에 대한 관심을 높여줄 뿐만 아니라 브랜드에 대한 평가 또한 개선시켜준다(Stafford & Stafford, 2002).

광고제품과 일치하는 매체의 맥락(Congruent Media Context)상에서 매체의 내용은 소비자의 광고 및 브랜드에 대한 평가와 태도에 영향을 준다(Coulter, 1998; De Pelsmacker, Geuens & Anackaert, 2002; Goldberg & Gorn, 1987). 그리고 광고에 형태, 지각의 대상을 형성하는 통일적 구조를 부여하는데 이로 인해 광고 메시지는 일관되게 된다(Solomon, Ashmore & Longo, 1992). 이러한 일관된 메시지는 광고에 대한 소비자의 정보 처리를 용이하게 하고(Lord, Burnkrant & Unnava, 2001) 이때 매체는 광고된 브랜드를 평가하는 데 있어서 정보원으로 작용을 한다. 광고와 브랜드에 대한 평가를 하는데 있어서 소비자의 자신감은 매체와 광고의 메시지가 일치할 때 높아지는데(Campbell & Goodstein, 2001) 그로 인해 보다 호의적인 평가를 하게 되는 것이다(Maoz & Tybout, 2002). 배너광고와 웹사이트의 맥락이 어떻게 작용할 것인가에 대한 실험연구 결과에 따르면 배너광고와 그것이 게재된 사이트의 맥락이 일치할 때 소비자의 광고인지에 긍정적으로 작용했고 나아가 광고에 대한 태도에도 더 호의적인 영향을 나타냈다(Moore, Stammerjohan & Coulter, 2005).

4. 연구문제 및 연구가설

앞서 살펴본 선행연구에 따르면 인터넷이라는 매체가 가지는 형식 및 내용 측면에서의 특성을 어떻게 활용하느냐에 따라 소비자가 인터넷 광고를 통한 메시지를 처리하고 나아가 그들의 행동을 유발하는 데 있어 광고가 목표로 하는 방향으로 이끌 수 있다. 본 연구는 인터넷 광고의 상호작용성과 웹페이지의 맥락이 인터넷 광고 효과에 미치는 영향을 살펴보기 위한 것이다. 이에 [연구문제 1]을 다음과 같이 설정하였다.

[연구문제 1] 인터넷 광고의 상호작용성(Interactivity)에 근간한 소비자의 가상의 제품 경험(Virtual Direct Experience)과 그 광고가 게재되는 웹페이지의 맥락(Context)은 소비자가 그 광고 제품을 인식하고 광고제품 및 브랜드에 대한 감정, 태도, 그리고 구매의도를 형성하는 데 있어서 어떻게 작용할 것인가?

이러한 연구문제를 해결하기 다음과 같은 연구가설을 설정하였다.

[연구가설 1] 상호작용성(interactivity)에 근간한 소비자의 제품 경험(virtual direct experience) 기능을 가진 인터넷 광고는 그렇지 않은 광고보다 긍정적인 영향을 미칠 것이다.

〈연구가설 1-1〉 광고 제품의 인지에 긍정적인 영향을 미칠 것이다.

〈연구가설 1-2〉 광고 제품에 대한 감정에 긍정적인 영향을 미칠 것이다.

〈연구가설 1-3〉 광고 메시지 및 브랜드에 대한 태도에 긍정적인 영향을 미칠 것이다.

〈연구가설 1-4〉 광고 제품의 구매의도에 긍정적인 영향을 미칠 것이다.

[연구가설 2] 광고 제품 및 브랜드와 관련된 내용(context)의 웹페이지에 게재된 인터넷 광고는 그렇지 않은 광고보다 긍정적인 영향을 미칠 것이다.

〈연구가설 2-1〉 광고 제품의 인지에 긍정적인 영향을 미칠 것이다.

〈연구가설 2-2〉 광고 제품에 대한 감정에 긍정적인 영향을 미칠 것이다.

〈연구가설 2-3〉 광고 메시지 및 브랜드에 대한 태도에 긍정적인 영향을 미칠 것이다.

〈연구가설 2-4〉 광고 제품의 구매의도에 긍정적인 영향을 미칠 것이다.

[연구가설 3] 상호작용성(interactivity)과 매체의 맥락(context)이 동시에 작용할 때, 인터넷 광고는 더 긍정적인 영향을 미칠 것이다.

〈연구가설 3-1〉 광고 제품의 인지에 더 긍정적인 영향을 미칠 것이다.

〈연구가설 3-2〉 광고 제품에 대한 감정에 더 긍정적인 영향을 미칠 것이다.

〈연구가설 3-3〉 광고 메시지 및 브랜드에 대한 태도에 더 긍정적인 영향을 미칠 것이다.

〈연구가설 3-4〉 광고 제품의 구매의도에 더 긍정적인 영향을 미칠 것이다.

한편, 인터넷 광고의 최종 목적은 광고 노출을 통해 제품이나 서비스를 구매하도록 만드는 것이다. 따라서 인터넷 광고에 대한 인지, 감정, 태도 중 어느 것이 구매의도에 영향을 미치고 있고, 이들의 상대적 영향력은 어떠한가를 살펴보는 것은 매우 의미있는 작업이다. 이에 연구문제 2를 다음과 같이 설정하였다.

> **[연구문제 2]** 상호작용성(interactivity)과 매체의 맥락(context)이 동시에 작용할 때, 인터넷 광고에서 구매의도에 대한 인지, 감정, 태도의 상대적 영향력은 어떠한가?

5. 연구방법

본 연구는 상호작용성과 맥락에 따른 인터넷 광고의 효과를 측정하기 위한 것이다. 따라서 연구방법 선정에 있어서 가장 세심히 고려해야 할 사항은 어떤 연구방법을 사용하면 각 실험집단별로 동일한 조건 하에서 동일한 광고를 수용할 수 있도록 하느냐 하는 것이었다. 이러한 점은 실험연구를 통해 해결될 수 있는데, 실험연구가 다른 연구방법에 비하여 가외변인에 대한 통제가 용이하기 때문이다(Kantowitz, Roediger & Elmes, 2001, p. 54.). 따라서 본 연구에서는 실험연구를 그 연구방법으로 선정하였다.

1) 실험설계 및 실험도구

본 연구는 인터넷 광고에서 상호작용성과 맥락의 효과를 확인하기 위한 것이다. 이를 효과적으로 확인하기 위해서는 상호작용성 기제가 있는 인터넷 광고와 상호작용성 기제가 없는 인터넷 광고, 광고와 내용이 맥락적으로 연결된 인터넷 광고와 내용이 맥락적으로 연결되어 있지 않은 인터넷 광고의 조합이 필요하다. 따라서 본 연구에서는 다음 〈그림 1〉과 같이 실험설계를 하였다.

먼저, 해당 인터넷 광고와 관련된 내용으로 구성된 맥락적 콘텐츠와 관련 없는 내용으로 구성된 비맥락적 콘텐츠를 구성한다. 그리고 맥락적 콘텐츠와 비맥락적 콘텐츠 각각에 상호작용성 기제가 있는 인터넷 광고와 상호작용성 기제가 없는 인터넷 광고를 연결하여 4가지 차원의 인터넷 광고를 임의로 구성한다. 따라서 〈그림 1〉에서 ①은 '맥락/상호작용성' 인터넷 광고, ② '비맥락/상호작용성' 인터넷 광고, ③ '맥락/비상호작용성' 인터넷 광고, ④ '비맥락/비상호작용성' 인터넷 광고를 의미한다.

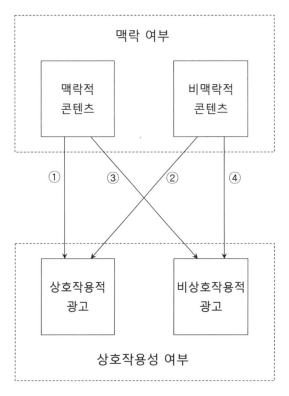

〈그림 1〉 상호작용성 및 맥락 여부에 따른 실험설계

　　이러한 실험설계에 알맞은 제품과 실험대상에 대해 숙고한 결과, 대학생을 대상으로 한 캐주얼 의류를 선정하였다. 대학생은 다른 집단에 비해 인구사회적 동질성이 확보되며, 현실적으로 실험을 위한 리쿠르팅이 용이하다. 또한, 이들 대학생이 공통적으로 관심을 가지며, 한 번쯤은 인터넷상에서 제품을 구입했을 만한 제품이 바로 캐주얼 의류이다. 그리고 의류는 가격에 비해 어느 정도의 관여 수준을 유지하고 제품이라고 볼 수 있다. 따라서 본 연구에서는 대학생들을 대상으로 캐주얼 의류에 대한 인터넷 광고의 효과를 상호작용성과 맥락을 중심으로 살펴보도록 하겠다.

　　이러한 실험을 위해 실험도구는 다음과 같이 제작되었다. 먼저, 맥락적 콘텐츠는 캐주얼 의류에 맞추어 '진과 티셔츠로 올 가을 트렌드를 잡는다'라는 제목으로 여러 관련기사들을 참고하여 연구자들이 작성한 가상의 패션 관련 신문기사이다. 또한 비맥락적 콘텐츠는 '북핵 바라보는 두 시각'이라는 제목으로 여러 관련 기사들을 참고하여 연구자들이 작성한 가상의 정치 관련 신문기사이다. 이들 가상의 기사들은 각각 1,570자로 동일한 글자수를 가지도록 작성되었다. 이들 기사들은 일반적인 포털사이트의 신문기사 형식으로 만들어졌다. 여기에서는 현재 가장 많은 네티즌들이 이용하고 있는 '네이버 (naver.com)'의 뉴스 관련 웹페이지의 양식을 그대로 빌려왔다(부록의 〈그림 3〉과 〈그림 4〉 참조). 이들 기사의 맨 아래에는 연구자들이 만든 가상의 캐주얼 의류인 'Tea & Jean'의 플래시 애니메이션 배너 광고가 위치하도록 웹페이지를 구성하였다. 그리고 이 배너 광고를 클릭하게 되면, 'Tea & Jean'의 웹사이트로 들어가도록 설정하였다.

여기에서는 각 기사당 두 가지 웹사이트로 연결될 수 있는데, 하나는 상호작용성 기제를 이용한 웹사이트이고, 다른 하나는 상호작용성 기제를 이용하지 않은 웹사이트이다. 상호작용성 기제를 이용한 웹사이트는 각 메뉴를 누르게 되면 해당 제품이 나타나고, 해당 제품을 누르게 되면 그 제품에 대한 자세한 정보가 있는 웹페이지가 열리게 되도록 설계하였다. 특히 'My-Coordination'이라는 부분은 이용자가 자신이 선택한 의류를 자유롭게 매치시켜 가상으로 제품을 경험할 수 있게 함으로써 상호작용성을 극대화하기 위한 기제이다(부록 〈그림 5〉, 〈그림 6〉, 〈그림 7〉 참조). 상호작용성 기제를 이용하지 않은 웹사이트는 제품을 단순히 제품을 나열하여 놓았고, 특정 제품에 마우스를 올리면 간략한 정보만을 볼 수 있게끔 설계하였다(부록 〈그림 8〉과 〈그림 9〉 참조).

2) 척도 개발

질문지를 구성하는 척도는 관련 선행연구에서 안정적이라고 확인된 척도들을 본 연구에 알맞게 변형하여 사용하였다. 이들 척도는 크게 4가지로 구성되었다. '인지' 척도 (Smith & Park, 1992)는 4개의 문항으로 구성되었다. 감정 척도는 4개 문항으로 이루어진 '인상' 척도(Petty, Cacioppo & Schumann, 1983)와 2개 문항으로 이루어진 '감정' 척도(Munch, Boller & Swasy, 1993)로 구분하여 구성하였다. 태도 척도 역시 5

개 문항으로 이루어진 '메시지 태도' 척도(Dahlén, 2005)와 3개 문항으로 이루어진 '브랜드 태도' 척도(Dahlén, 2005)로 구분하여 구성하였다. '구매의도' 척도(Baker & Churchill, 1977)는 3개 문항으로 구성되었다. 이들의 구체적인 문항 내용과 본실험 후 분석 결과에서 확인된 각 척도의 크론바흐의 알파(Cronbach's α)로 측정된 신뢰도 계수는 다음 〈표 1〉과 같다.

〈표 1〉 본 연구에서 사용된 인터넷 광고 효과 척도

구분		문항	척도 유형	신뢰도 계수
인지		① 이 의류에 대하여 아는 것이 많아졌다고 느낀다 ② 친구가 이 의류에 대해 물으면, 이 의류를 추천할 것이다 ③ 이 의류를 구입해야 할 경우, 이 웹사이트에서 얻은 이 의류에 대한 정보로도 충분하다 ④ 이 의류와 다른 브랜드 의류의 질적인 차이를 자신 있게 말할 수 있다	7점 리커트 척도	0.85
감정	인상	① 우수하지 않다 – 우수하다 ② 불만족스럽다 – 만족스럽다 ③ 비호의적이다 – 호의적이다 ④ 정성스럽게 만들지 않는다 – 정성스럽게 만든다	7점 의미분별 척도	0.87
	감정	① 싫어한다 – 좋아한다 ② 부정적이다 – 긍정적이다	7점 의미분별 척도	0.94
태도	메시지 태도	① 납득되지 않는다 – 납득이 된다 ② 믿을 수 없다 – 믿을 만하다 ③ 우수하지 않다 – 우수하다 ④ 즐겁지 않다 – 즐겁다 ⑤ 비호의적이다 – 호의적이다	7점 의미분별 척도	0.93
	브랜드 태도	① 우수하지 않다 – 우수하다 ② 부정적이다 – 긍정적이다 ③ 불만족스럽다 – 만족스럽다	7점 의미분별 척도	0.93
구매의도		① 바로 이 웹사이트를 통해 의류를 구매할 것이다 ② 오프라인 매장에서 이 웹사이트의 의류를 본다면 구매할 것이다 ③ 구매를 위해서 더 많은 정보를 적극적으로 찾을 것이다	7점 리커트 척도	0.81

주: 7점 리커트 척도는 '① 전혀 그렇지 않다, ② 그렇지 않다, ③ 그렇지 않은 편이다, ④ 그저 그렇다, ⑤ 그런 편이다, ⑥ 그렇다, ⑦ 매우 그렇다'로 측정됨.

3) 실험의 진행

본 연구를 위한 실험은 사전실험과 본실험으로 나뉘어 실시되었다. 사전실험은 실험 도구인 인터넷 광고와 그 효과를 측정하기 위한 척도의 안정성을 확인하기 위해 2006년 11월 10일에 실시되었다. 또한, 본실험에 앞선 사전 예행연습의 성격도 지니고 있었다. 사전실험은 각 광고 집단별로 3명의 대상자를 통해 실시하였다. 이를 통해 본실험에서의 보완점을 확인하였고, 실험도구와 척도의 안정성도 확보할 수 있었다.

본실험은 2006년 11월 14일부터 17일까지 4일간 실시되었다. 본실험을 위해 연구자들은 사전 공지를 통해 본 연구의 의의를 밝히고 협조를 부탁하였다. 그리고 실험에 참가할 경우 금전적인 인센티브(현금 5,000원)가 있음을 동시에 밝혔다. 실험장소는 대학교의 컴퓨터실을 활용하였으며, 사전 공지사항에서 밝힌 시간에 자발적으로 참여한 이들을 대상으로 실험을 진행하였다. 이들에게는 실험에 대한 안내문과 질문지가 배포되었다. 안내문에는 본인이 들어가야 할 인터넷 웹페이지의 주소를 명기되어 있었는데, 이는 상호작용성 여부와 맥락 여부를 통해 분류된 4가지 실험집단을 구분하기 위한 것이다. 그리고 실험에 대한 간단한 소개를 한 후, 본격적인 실험을 실시하였다. 본실험의 절차는 다음과 같다.

① 질문지 1~2쪽에 대한 응답 지시, 응답을 다 한 경우는 별도의 지시가 있을 때가지 기다리도록 지시

② 해당 웹사이트의 주소를 주소창에 입력하도록 지시, 입력이 다 된 경우 별도의 지시가 있을 때까지 기다리도록 지시

③ 5분에 걸쳐 기사를 숙독하도록 지시, 다 읽은 사람은 별도의 지시가 있을 때까지 기다리도록 지시

④ 기사의 맨 아래에 위치한 인터넷 광고의 배너를 클릭하도록 지시하고, 해당 인터넷 광고에서 10분간 자유롭게 서핑하도록 지시

⑤ 서핑을 마무리하고, 질문지 3~5쪽에 대한 응답 지시

⑥ 응답이 종료된 경우 마무리

불성실한 응답을 제외하고 최종적으로 분석에 투입된 응답의 실험대상자는 총 210명인데, 각 광고별로 살펴보면 다음과 〈그림 2〉와 같다. 맥락/상호작용성 광고 집단에서 분석대상은 52명(남자 26명, 여자 26명), 비맥락/상호작용성 광고 집단은 52명(남자 26명, 여자 26명), 맥락/비상호작용성 광고 집단은 53명(남자 26명, 여자 27명), 비맥락/비상호작용성 광고 집단은 53명(남자 26명, 여자 27명)이었다.

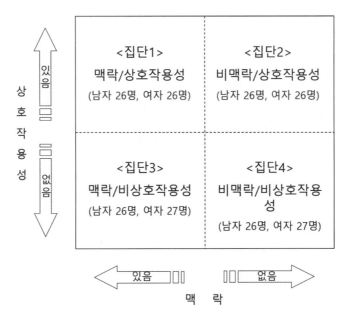

〈그림 2〉 상호작용성 및 맥락 여부에 따른 실험집단의 구분

4) 실험대상자의 특성

총 210명인 실험대상자의 일반적 특성은 다음과 같다. 성별 구성은 남자가 104명(49.5%), 여자가 106명(50.5%)이었다. 만 연령은 전체적으로 평균 22.59세(표준편차 2.35)였다. 여기서 남자가 평균 23.77세(표준편차 2.24), 여자가 평균 21.43세(표준편차 1.83)인 것으로 나타나 남자가 여자보다 평균 연령이 통계적으로 유의미하게 높았다 (t=8.28, d.f.=208, p<0.001).

인터넷을 통한 상품 및 정보 구입 경험에 대해서 남자는 구입 경험이 있다는 응답이

96.2%(100명), 없다는 응답이 3.8%(4명)였다. 여자는 구입 경험이 있다는 97.2%(103명), 없다는 2.8%(3명)였다. 이러한 남녀 간의 차이는 통계적으로 유의미하지 않았다($x2$=0.17, d.f.=1, p=0.682). 즉, 인터넷을 통한 상품 및 정보 구입 경험은 남자와 여자 사이에서 차이가 없는 것으로 나타났다.

인터넷을 통한 상품 및 정보 구입 경험이 있는 실험대상자(남자 100명, 여자 103명)의 한 달 평균 인터넷을 통한 상품 및 정보 구입비용은 전체적으로 평균 3.31만 원(표준편차 2.79)이었다. 여기서 남자가 평균 2.80만 원(표준편차 2.61), 여자가 평균 3.81만 원(표준편차 2.88)인 것으로 나타나 여자가 남자보다 한 달 평균 인터넷을 통한 상품 및 정보 구입비용이 통계적으로 유의미하게 높았다(t=-2.60, d.f.=201, p<0.01). 한편, 한편 인터넷을 통해 의류를 구입한 경험에 대해서는 남자는 구입 경험이 있다는 응답이 70.0%(70명), 없다는 응답이 30.0%(30명)였다. 여자는 구입 경험이 있다는 응답이 83.5%(86명), 없다는 응답이 16.5%(17명)였다. 이러한 남녀 간의 차이는 통계적으로 유의미하였다($x2$=5.19, d.f.=1, p<0.05). 즉, 인터넷을 통한 의류 구입 경험은 여자가 남자보다 상대적으로 많은 것으로 나타났다.

6. 연구 결과

1) 인터넷 광고에서 상호작용성의 효과: [연구문제 1]의 [연구가설 1]에 대한 검증

본 연구에서 연구가설 1은 상호작용성(interactivity)에 근간한 소비자의 제품경험(virtual direct experience) 기능을 가진 인터넷 광고가 그렇지 않은 광고보다 소비자의 광고 제품의 인지, 광고 제품에 대한 감정, 광고 메시지 및 브랜드에 대한 태도, 광고 제품의 구매의도에 긍정적인 영향을 미칠 것이다라고 설정되었다. 이러한 연구가설을 검증한 결과는 다음 〈표 2〉와 같다.

분석 결과, 상호작용성을 가진 인터넷 광고는 그렇지 않은 인터넷 광고보다 '인지', '인상', '감정', '메시지 태도', '브랜드 태도', '구매의도' 모두가 통계적으로 유의미하게 높은 것으로 나타났다. 첫째, '인지'에서는 상호작용성 광고의 평균이 3.16(표준편차 0.97), 비상호작용성 광고의 평균이 2.83(표준편차 0.93)이었고, 이들 평균의 차이를 t 검증을 통해 살펴본 결과 t 값이 2.52, 유의확률이 0.012로 나타나 통계적으로 유의미하였다. 즉, 비상호작용성 광고보다 상호작용성 광고를 더 긍정적으로 인지하고 있었다.

둘째, '인상'에서는 상호작용성 광고의 평균이 3.65(표준편차 1.09), 비상호작용성 광고의 평균이 3.22(표준편차 1.08)였고, 이들 평균의 차이를 t 검증을 통해 살펴본 결과 t 값이 2.87, 유의확률이 0.005로 나타나 통계적으로 유의미하였다. 즉, 비상호작용성 광고보다 상호작용성 광고에 대하여 더 긍정적인 인상을 가지고 있었다. 셋째, '감정'에서는 상호작용성 광고의 평균이 3.98(표준편차 1.17), 비상호작용성 광고의 평균이 3.62(표준편차 1.26)였고, 이들 평균의 차이를 t 검증을 통해 살펴본 결과 t 값이 2.16, 유의확률이 0.032로 나타나 통계적으로 유의미하였다. 즉, 비상호작용성 광고보다 상호작용성 광고에 대하여 더 긍정적인 감정을 가지고 있었다.

넷째, '메시지 태도'에서는 상호작용성 광고의 평균이 4.17(표준편차 1.09), 비상호작용성 광고의 평균이 3.18(표준편차 1.06)이었고, 이들 평균의 차이를 t 검증을 통해 살펴본 결과 t 값이 6.70, 유의확률이 0.000으로 나타나 통계적으로 유의미하였다. 즉, 비상호작용성 광고보다 상호작용성 광고에 대하여 더 긍정적인 광고 메시지에 대한 태도를 가지고 있었다. 다섯째, '브랜드 태도'에서는 상호작용성 광고의 평균이 3.68(표준편차 0.98), 비상호작용성 광고의 평균이 3.00(표준편차 1.15)이었고, 이들 평균의 차이를 t 검증을 통해 살펴본 결과 t 값이 4.59, 유의확률이 0.000으로 나타나 통계적으로 유의미하였다. 즉, 비상호작용성 광고보다 상호작용성 광고에 대하여 더 긍정적인 광고 브랜드에 대한 태도를 가지고 있었다.

마지막으로, '구매의도'에서는 상호작용성 광고의 평균이 3.46(표준편차 1.12), 비상호작용성 광고의 평균이 3.11(표준편차 1.18)이었고, 이들 평균의 차이를 t 검증을 통해 살펴본 결과 t 값이 2.22, 유의확률이 0.028로 나타나 통계적으로 유의미하였다. 즉, 비상호작용성 광고보다 상호작용성 광고에 대하여 더 긍정적인 구매의도를 가지고 있었다.

<표 2> 인터넷 광고에서 상호작용성의 효과(t 검증)

구분		상호작용성 여부	사례수 (명)	기술통계		t 검증		
				평균(점)	표준편차	t 값	자유도	유의확률
인지		상호작용성	104	3.16	0.97	2.52*	208	0.012
		비상호작용성	106	2.83	0.93			
감정	인상	상호작용성	104	3.65	1.09	2.87**	208	0.005
		비상호작용성	106	3.22	1.08			
	감정	상호작용성	104	3.98	1.17	2.16*	208	0.032
		비상호작용성	106	3.62	1.26			
태도	메시지 태도	상호작용성	104	4.17	1.09	6.70***	208	0.000
		비상호작용성	106	3.18	1.06			
	브랜드 태도	상호작용성	104	3.68	0.98	4.59***	208	0.000
		비상호작용성	106	3.00	1.15			
구매의도		상호작용성	104	3.46	1.12	2.22*	208	0.028
		비상호작용성	106	3.11	1.18			

* $p < 0.05$, ** $p < 0.01$, *** $p < 0.001$

이러한 분석 결과는 인터넷 광고의 효과에서 상호작용성의 중요성을 확인시켜 주고 있는 것이다. 인지, 인상, 감정, 메시지 태도, 브랜드 태도, 구매의도 모두에서 상호작용성에 근간한 인터넷 광고가 그렇지 않은 인터넷 광고보다 더 긍정적인 영향을 미치고 있는 것으로 나타났다. 따라서 인터넷 광고의 효과를 높이기 위해서는 상호작용성 관련 기제를 적절히 활용하는 것이 요구된다고 판단할 수 있다.

2) 인터넷 광고에서 맥락의 효과: [연구문제 1]의 [연구가설 2]에 대한 검증

본 연구에서 연구가설 2는 광고 제품 및 브랜드와 관련된 내용(context)의 웹페이지에 게재된 인터넷 광고는 그렇지 않은 광고보다 소비자의 광고 제품의 인지, 광고 제품에 대한 감정, 광고 메시지 및 브랜드에 대한 태도, 광고 제품의 구매의도에 긍정적인 영향을 미칠 것이다라고 설정되었다. 이러한 연구가설을 검증한 결과는 다음 <표 3>과 같다.

분석 결과, 맥락을 가진 인터넷 광고는 그렇지 않은 인터넷 광고보다 '인지'와 '구매의도'만이 통계적으로 유의미하게 높은 것으로 나타났다. 첫째, '인지'에서는 맥락 광고의 평균이 3.19(표준편차 0.91), 비맥락 광고의 평균이 2.80(표준편차 0.98)이었고, 이들 평균의 차이를 t 검증을 통해 살펴본 결과 t 값이 3.04, 유의확률이 0.003으로 나타나 통계적으로 유의미하였다. 즉, 비맥락 광고보다 맥락 광고를 더 긍정적으로 인지하고 있었다.

둘째, '인상'에서는 맥락 광고의 평균이 3.50(표준편차 1.06), 비맥락 광고의 평균이 3.37(표준편차 1.14)이었고, 이들 평균의 차이를 t 검증을 통해 살펴본 결과 t 값이 0.83, 유의확률이 0.409로 나타나 통계적으로 유의미하지 않았다. 즉, 맥락 광고와 비맥락 광고는 인상에서 차이가 없었다. 셋째, '감정'에서는 맥락 광고의 평균이 3.86(표준편차 1.23), 비맥락 광고의 평균이 3.73(표준편차 1.23)이었고, 이들 평균의 차이를 t 검증을 통해 살펴본 결과 t 값이 0.76, 유의확률이 0.449로 나타나 통계적으로 유의미하지 않았다. 즉, 맥락 광고와 비맥락 광고는 감정에서 차이가 없었다.

넷째, '메시지 태도'에서는 맥락 광고의 평균이 3.72(표준편차 1.22), 비맥락 광고의 평균이 3.62(표준편차 1.15)였고, 이들 평균의 차이를 t 검증을 통해 살펴본 결과 t 값이 0.65, 유의확률이 0.514로 나타나 통계적으로 유의미하지 않았다. 즉, 맥락 광고와 비맥락 광고는 광고 메시지에 대한 태도에서 차이가 없었다. 다섯째, '브랜드 태도'에서는 맥락 광고의 평균이 3.43(표준편차 1.03), 비맥락 광고의 평균이 3.23(표준편차 1.19)이었고, 이들 평균의 차이를 t 검증을 통해 살펴본 결과 t 값이 1.30, 유의확률이 0.195로 나타나 통계적으로 유의미하지 않았다. 즉, 맥락 광고와 비맥락 광고는 광고 브랜드에 대한 태도에서 차이가 없었다.

마지막으로, '구매의도'에서는 맥락 광고의 평균이 3.45(표준편차 1.09), 비맥락 광고의 평균이 3.11(표준편차 1.20)이었고, 이들 평균의 차이를 t 검증을 통해 살펴본 결과 t 값이 2.14, 유의확률이 0.034로 나타나 통계적으로 유의미하였다. 즉, 비맥락 광고보다 맥락 광고에 대하여 더 긍정적인 구매의도를 가지고 있었다.

<표 3> 인터넷 광고에서 맥락의 효과(t 검증)

구분		맥락 여부	사례수 (명)	기술통계		t 검증		
				평균(점)	표준편차	t	자유도	유의확률
인지		맥락	105	3.19	0.91	3.04**	208	0.003
		비맥락	105	2.80	0.98			
감정	인상	맥락	105	3.50	1.06	0.83	208	0.409
		비맥락	105	3.37	1.14			
	감정	맥락	105	3.86	1.23	0.76	208	0.449
		비맥락	105	3.73	1.23			
태도	메시지 태도	맥락	105	3.72	1.22	0.65	208	0.514
		비맥락	105	3.62	1.15			
	브랜드 태도	맥락	105	3.43	1.03	1.30	208	0.195
		비맥락	105	3.23	1.19			
구매의도		맥락	105	3.45	1.09	2.14*	208	0.034
		비맥락	105	3.11	1.20			

* $p < 0.05$, ** $p < 0.01$

이러한 분석 결과는 오프라인 매체 광고에서 검증되었던 매체의 맥락 효과가 인터넷 광고에서도 확인됨으로써, 인터넷 광고에서 맥락의 중요성을 어느 정도 확인시켜 주고 있는 것으로 볼 수 있다. 따라서 인터넷 광고의 효과를 높이기 위해서는 해당 제품 및 서비스와 관련된 내용과 연결하여 그 광고가 게재되는 웹페이지에 맥락적 상황을 형성하는 것이 요구된다고 판단할 수 있다.

3) 인터넷 광고에서 상호작용성과 맥락의 상호 효과: [연구문제 1]의 [연구가설 3]에 대한 검증

본 연구에서 연구가설 3은 상호작용성(interactivity)과 매체의 맥락(context)이 동시에 작용할 때, 인터넷 광고는 소비자의 광고 제품의 인지, 광고 제품에 대한 감정, 광고 메시지 및 브랜드에 대한 태도, 광고 제품의 구매의도에 긍정적인 영향을 미칠 것이다라고 설정되었다. 이러한 연구가설을 검증한 결과는 다음 〈표 4〉와 같다.

분석 결과, '인지', '인상', '감정', '메시지 태도', '브랜드 태도', '구매의도' 모두에서 통계적으로 상호작용성 여부와 맥락 여부를 기준으로 구분된 4개 광고 집단은 유의미한 차이를 보였다. 첫째, '인지'에서 맥락/상호작용성 광고는 평균이 3.32(표준편차 0.96), 비맥락/상호작용성 광고는 평균이 3.00(표준편차 0.96), 맥락/비상호작용성 광고는 평균이 3.06(표준편차 0.85), 비맥락/비상호작용성 광고는 평균이 2.60(표준편차 0.97)이었다. 이들의 차이를 분산분석을 통해 살펴본 결과 F값이 5.45, 유의확률이 0.001로 나타나 통계적으로 유의미한 차이를 보였다. 즉, 인터넷 광고에서 상호작용성 여부와 맥락 여부가 인지에 영향을 미치고 있는 것으로 나타났다. 한편, 상호작용성 여부와 맥락 여부에 따른 구체적인 집단별 비교에서는 맥락/상호작용성 광고는 맥락/비상호작용성 광고보다, 맥락/상호작용성 광고는 비맥락/비상호작용성 광고보다, 비맥락/상호작용성 광고는 비맥락/비상호작용성 광고보다, 맥락/비상호작용성 광고는 비맥락/비상호작용성 광고보다 인지가 통계적으로 유의미하게 높은 것으로 나타났다.

둘째, '인상'에서 맥락/상호작용성 광고는 평균이 3.55(표준편차 1.09), 비맥락/상호작용성 광고는 평균이 3.76(표준편차 1.09), 맥락/비상호작용성 광고는 평균이 3.45(표준편차 1.05), 비맥락/비상호작용성 광고는 평균이 3.00(표준편차 1.07)이었다. 이들의 차이를 분산분석을 통해 살펴본 결과 F값이 4.74, 유의확률이 0.003으로 나타나 통계적으로 유의미한 차이를 보였다. 즉, 인터넷 광고에서 상호작용성 여부와 맥락 여부가 인상에 영향을 미치고 있는 것으로 나타났다. 한편, 상호작용성 여부와 맥락 여부에 따른 구체적인 집단별 비교에서는 맥락/상호작용성 광고는 비맥락/비상호작용성 광고보다, 비맥락/상호작용성 광고는 비맥락/비상호작용성 광고보다, 맥락/비상호작용성 광고는 비맥락/비상호작용성 광고보다 인상이 통계적으로 유의미하게 높은 것으로 나타났다.

셋째, '감정'에서 맥락/상호작용성 광고는 평균이 3.83(표준편차 1.20), 비맥락/상호작용성 광고는 평균이 4.13(표준편차 1.13), 맥락/비상호작용성 광고는 평균이 3.90(표준편차 1.27), 비맥락/비상호작용성 광고는 평균이 3.34(표준편차 1.21)였다. 이들의 차이를 분산분석을 통해 살펴본 결과 F값이 4.06, 유의확률이 0.008로 나타나 통계적으로 유의미한 차이를 보였다. 즉, 인터넷 광고에서 상호작용성 여부와 맥락 여부가 감정에 영향을 미치고 있는 것으로 나타났다. 한편, 상호작용성 여부와 맥락 여부에 따른 구체적인 집단별 비교에서는 맥락/상호작용성 광고는 비맥락/비상호작용성 광고보다, 비맥락/상호작용성 광고는 비맥락/비상호작용성 광고보다, 맥락/비상호작용성 광고는 비맥락/비상호작용성 광고보다 감정이 통계적으로 유의미하게 높은 것으로 나타났다.

넷째, '메시지 태도'에서 맥락/상호작용성 광고는 평균이 4.20(표준편차 1.07), 비맥락/상호작용성 광고는 평균이 4.14(표준편차 1.11), 맥락/비상호작용성 광고는 평균이 3.25(표준편차 1.17), 비맥락/비상호작용성 광고는 평균이 3.10(표준편차 0.94)이었다. 이들의 차이를 분산분석을 통해 살펴본 결과 F값이 15.07, 유의확률이 0.000으로 나타나 통계적으로 유의미한 차이를 보였다. 즉, 인터넷 광고에서 상호작용성 여부와 맥락 여부가 광고 메시지에 태도에 영향을 미치고 있는 것으로 나타났다. 한편, 상호작용성 여부와 맥락 여부에 따른 구체적인 집단별 비교에서는 맥락/상호작용성 광고는 비맥락/비상호작용성 광고보다, 비맥락/상호작용성 광고는 비맥락/비상호작용성 광고보다, 맥락/비상호작용성 광고는 비맥락/비상호작용성 광고보다 메시지 태도가 통계적으로 유의미하게 높은 것으로 나타났다.

다섯째, '브랜드 태도'에서 맥락/상호작용성 광고는 평균이 3.56(표준편차 0.86), 비맥락/상호작용성 광고는 평균이 3.79(표준편차 1.07), 맥락/비상호작용성 광고는 평균이 3.31(표준편차 1.17), 비맥락/비상호작용성 광고는 평균이 2.69(표준편차 1.04)이었다. 이들의 차이를 분산분석을 통해 살펴본 결과 F값이 10.79, 유의확률이 0.000으로 나타나 통계적으로 유의미한 차이를 보였다. 즉, 인터넷 광고에서 상호작용성 여부와 맥락 여부가 광고 브랜드에 태도에 영향을 미치고 있는 것으로 나타났다. 한편, 상호작용성 여부와 맥락 여부에 따른 구체적인 집단별 비교에서는 맥락/상호작용성 광고는 비맥락/비상호작용성 광고보다, 비맥락/상호작용성 광고는 맥락/비상호작용성 광고보다, 비맥락/상호작용성 광고는 비맥락/비상호작용성 광고보다, 맥락/비상호작용성 광고는 비맥락/비상호작용성 광고보다 브랜드 태도가 통계적으로 유의미하게 높은 것으로 나타났다.

<표 4> 인터넷 광고에서 상호작용성과 맥락의 효과(분산분석)

구분	상호작용성 및 맥락 여부	사례 수 (명)	기술통계		분산분석				
			평균 (점)	표준 편차		제곱합	자유 도	평균 제곱	F	유의 확률
인지	맥락/상호작용성 ab	52	3.32	0.96	집단 간	14.28	3	4.76	5.45**	0.001
	비맥락/상호작용성 c	52	3.00	0.96	집단 내	180.03	206	0.87		
	맥락/비상호작용성 ad	53	3.06	0.85	합계	194.31	209			
	비맥락/비상호작용성 bcd	53	2.60	0.97						
감정 - 인상	맥락/상호작용성 a	52	3.55	1.09	집단 간	16.41	3	5.47	4.74**	0.003
	비맥락/상호작용성 b	52	3.76	1.09	집단 내	237.94	206	1.16		
	맥락/비상호작용성 c	53	3.45	1.05	합계	254.35	209			
	비맥락/비상호작용성 abc	53	3.00	1.07						
감정 - 감정	맥락/상호작용성 a	52	3.83	1.20	집단 간	17.58	3	5.86	4.06**	0.008
	비맥락/상호작용성 b	52	4.13	1.13	집단 내	297.07	206	1.44		
	맥락/비상호작용성 c	53	3.90	1.27	합계	314.65	209			
	비맥락/비상호작용성 abc	53	3.34	1.21						
태도 - 메시지 태도	맥락/상호작용성 a	52	4.20	1.07	집단 간	52.35	3	17.45	15.07***	0.000
	비맥락/상호작용성 b	52	4.14	1.11	집단 내	238.58	206	1.16		
	맥락/비상호작용성 c	53	3.25	1.17	합계	290.93	209			
	비맥락/비상호작용성 abc	53	3.10	0.94						
태도 - 브랜드 태도	맥락/상호작용성 a	52	3.56	0.86	집단 간	35.38	3	11.79	10.79***	0.000
	비맥락/상호작용성 bc	52	3.79	1.07	집단 내	225.17	206	1.09		
	맥락/비상호작용성 bd	53	3.31	1.17	합계	260.56	209			
	비맥락/비상호작용성 acd	53	2.69	1.04						
구매의도	맥락/상호작용성 a	52	3.47	1.03	집단 간	17.83	3	5.94	4.65**	0.004
	비맥락/상호작용성 b	52	3.45	1.21	집단 내	263.48	206	1.28		
	맥락/비상호작용성 c	53	3.43	1.16	합계	281.31	209			
	비맥락/비상호작용성 abc	53	2.78	1.11						

주: 실험집단 우측에 같은 알파벳 소문자가 기재된 집단은 분산분석의 사후검증방법 중 최소유의차(LSD: least significant difference) 검증을 통해 통계적으로 유의미한 차이(p<0.05)가 있음.
** p < 0.01, *** p < 0.001

마지막으로, '구매의도'에서 맥락/상호작용성 광고는 평균이 3.47(표준편차 1.03), 비맥락/상호작용성 광고는 평균이 3.45(표준편차 1.21), 맥락/비상호작용성 광고는 평균이 3.43(표준편차 1.16), 비맥락/비상호작용성 광고는 평균이 2.78(표준편차 1.11)이었다. 이들의 차이를 분산분석을 통해 살펴본 결과 F값이 4.65, 유의확률은 0.004로 나타나 통계적으로 유의미한 차이를 보였다. 즉, 인터넷 광고에서 상호작용성 여부와 맥락 여부가 구매의도에 영향을 미치고 있는 것으로 나타났다. 한편, 상호작용성 여부와 맥락 여부에 따른 구체적인 집단별 비교에서는 맥락/상호작용성 광고는 비맥락/비상호작용성 광고보다, 비맥락/상호작용성 광고는 비맥락/비상호작용성 광고보다, 맥락/비상호작용성 광고는 비맥락/비상호작용성 광고보다 구매의도가 통계적으로 유의미하게 높은 것으로 나타났다.

이러한 분석 결과는 인터넷 광고의 효과에서 상호작용성과 맥락이 상호 작용하는 것이 효과적임을 확인시켜주고 있는 것으로 판단된다. 인지, 인상, 감정, 메시지 태도, 브랜드 태도, 구매의도의 인터넷 광고 효과의 전반에 걸쳐, 상호작용성의 여부와 맥락의 여부가 통계적으로 유의미한 차이를 만들어 내고 있었다. 특히, 비맥락/비상호작용성 광고는 인지, 인상, 감정, 메시지 태도, 브랜드 태도, 구매의도 전반에서 가장 낮은 효과를 보이고 있는 것으로 확인되었다. 따라서 상호작용성 기제와 맥락적 상황을 전혀 이용하지 않는 인터넷 광고보다는 이것을 적절히 활용하는 인터넷 광고가 효과 측면에서 더 효율적이라고 판단할 수 있다.

4) 인터넷 광고에서 구매의도에 영향을 미치는 요인: [연구문제 2]의 해결

위에서는 인터넷 광고 효과의 개별 차원들을 살펴보았다. 그런데 인터넷 광고를 포함한 모든 광고의 최종 목적은 광고에 노출된 이로 하여금 해당 광고 제품이나 서비스를 구매하도록 만드는 것이다. 본 연구에서는 가상의 의류 쇼핑사이트를 만들어 이를 통해 인터넷 광고의 효과, 즉 인지, 감정, 태도, 구매의도를 측정하였다. 여기서, 인터넷 광고에 대한 인지, 감정, 태도는 인터넷 광고의 구매의도에 최종적으로 영향을 미친다고 볼 수 있다. 여기에서는 인터넷 광고에 대한 인지, 감정, 태도 중 어느 것이 구매의도에 영향을 미치고 있고, 이들의 상대적 영향력은 어떠한가를 다중회귀분석을 통해 살펴보도록 하겠다.

다중회귀분석에서는 다중공선성을 반드시 확인하여야 한다. 다중회귀분석에서 하나의 독립변인에 대한 회귀계수의 의미는 다른 독립변인의 값을 고정시키고, 그 독립변인의 값만 한 단위 증가시킬 때 발생하는 종속변인의 변화량이다. 그런데 만약 독립변인들사이에 강한 상관성이 존재한다면, 이러한 해석은 의미를 잃게 된다(서혜선·양경숙·김나영·김희영·김미경, 1999). 여기서 다중공선성의 문제가 발생한다. 다중공선성(multicollinearity)이란 회귀모형에 높게 상관되어 있는 독립변인들이 포함되어 있음을 의미한다(김영채·김준우, 2005). 즉, 독립변인들 사이에 선형 관계가 존재하는 경우이다(이영준, 1991; Hair, Anderson, Tatham & Black, 1998).

이러한 다중공선성에 대한 판단은 여러 가지 통계량을 동시에 고려함으로써 확인할수 있다. 가장 손쉬운 방법은 상관분석을 통해 상관계수를 확인하는 방법이다. 독립변인들의 상관계수의 절댓값이 0.8~1.0일 경우 심각한 다중공선성으로 인해 다중회귀분석을 실시할 수 없다. 하지만 상관계수를 통해서는 실제적으로 다중공선성이 있는지, 그 크기가 어느 정도인지 알 수 없다. 따라서 정확한 다중공선성을 파악하기 위해서는 여러 가지 공선선통계량을 사용한다(이종성·강계남·김양분·강상진·이은실, 2002). 먼저 공차한계(tolerance)와 분산팽창인자(VIF: variance inflation factor)이다. 공차한계가0.1 이하거나 분산팽창인자가 10 이상이면 다중공선성이 있다고 판단한다. 다음으로 상태지수(condition index)와 분산비율(variance proportion)이다. 상태지수의 최댓값이 10 이상이면 일단 다중공선성을 경계하고, 15 이상이면 다중공선성 문제가 있다고본다. 다중공선성의 문제가 있다고 보이는 경우, 최종적으로 최대 상태지수를 갖는 고유벡터가 90% 이상을 설명하는 독립변인의 수가 2개 이상일 때 다중공선성이 있다고 판단한다(서혜선·양경숙·김나영·김희영·김미경, 1999).

본 실험연구에서 측정한 인지, 인상, 감정, 메시지 태도, 브랜드 태도는 강한 상관관계가 있다고 판단된다. 따라서 다중공선성을 살펴볼 필요가 있다. '맥락/상호작용성' 광고집단에서는 상관계수의 절댓값이 0.51~0.91로 확인되어 다중공선성을 확인할 필요가있었다. 확인결과, 공차한계는 0.13~0.50, 분산팽창인자는 2.01~7.48이었고, 최대 상태지수가 30.56이었지만 고유벡터가 90% 이상인 독립변인은 1개만 존재하였다. '비맥락/상호작용성' 광고 집단에서는 상관계수의 절댓값이 0.47~0.77로 확인되어 다중공선성을 확인할 필요가 있었다. 확인결과, 공차한계는 0.28~0.57, 분산팽창인자는 1.76~3.52였고, 최대 상태지수가 21.44였지만 고유벡터가 90% 이상인 독립변인은 존재하지 않았다. '맥락/비상호작용성' 광고 집단에서는 상관계수의 절댓값이 0.38~0.83으로 확인되어 다중공선성을 확인할 필요가 있었다. 확인결과, 공차한계는 0.19~0.75, 분산팽창인자는 1.33~5.27이었고, 최대 상태지수가 23.26이었지만 고유벡터가 90% 이상인 독립변인은 1개만 존재하였다. '비맥락/비상호작용성' 광고 집단에서는 상관계수의 절댓값이 0.20~0.87로 확인되어 다중공선성을 확인할 필요가 있었다. 확인결과, 공차한계는 0.23~0.58, 분산팽창인자는 1.73~4.40이었고, 최대 상태지수가 21.26이었지만 고유벡터가 90% 이상인 독립변인은 존재하지 않았다. 따라서 4개 광고 집단 모두 인지, 인상, 감정, 메시지 태도, 브랜드 태도가 독립변인군이 되는 다중회귀분석에서 다중공선성의 문제는 발생하지 않는다고 판단할 수 있었다.

본 연구에서 설계한 4가지 인터넷 광고에서 구매의도에 영향을 미치는 요인을 살펴보기 위해 다중회귀분석을 실시한 결과는 다음 〈표 5〉와 같다. '맥락/상호작용성' 광고 집단에서 인지, 인상, 감정, 메시지 태도, 브랜드 태도는 구매의도의 58%를 설명하였다. 특히, 브랜드 태도(β=0.55)와 인지(β=0.43)가 구매의도에 유의미한 영향을 미치고 있었다. '비맥락/상호작용성' 광고 집단에서 인지, 인상, 감정, 메시지 태도, 브랜드 태도는 구매의도의 69%를 설명하였다. 특히, 인지(β=0.55)와 브랜드 태도(β=0.29)가 구매의도에 유의미한 영향을 미치고 있었다. '맥락/비상호작용성' 광고 집단에서 인지, 인상, 감정, 메시지 태도, 브랜드 태도는 구매의도의 52%를 설명하였다. 특히, 브랜드 태도(β=0.56)가 구매의도에 유의미한 영향을 미치고 있었다. '비맥락/비상호작용성' 광고 집단에서 인지, 인상, 감정, 메시지 태도, 브랜드 태도는 구매의도의 30%를 설명하였다. 특히, 인지(β=0.27)가 구매의도에 유의미한 영향을 미치고 있었다.

<表 5> 인터넷 광고에서 구매의도에 영향을 미치는 요인(다중회귀분석)

구분		맥락/ 상호작용성	비맥락/ 상호작용성	맥락/ 비상호작용성	비맥락/ 비상호작용성
인지		0.43**	0.55***	0.21	0.27*
감정	인상	0.05	0.06	0.29	0.08
	감정	-0.02	0.12	0.28	0.16
태도	메시지 태도	0.18	0.06	0.01	0.25
	브랜드 태도	0.55**	0.29*	0.56**	0.24
R^2		0.58	0.69	0.52	0.30
F		12.79***	20.13***	10.21***	4.03**

주: 종속변인은 '구매의도'임. 제시된 값은 표준화된 회귀계수(β)임.
$* p < 0.05, ** p < 0.01, *** p < 0.001$

이러한 분석 결과는 상호작용성에 근간한 인터넷 광고에서 그렇지 않은 인터넷 광고
보다 구매의도가 다차원적인 요인에 의해 영향을 받는다는 것을 확인시켜 주고 있다. 즉,
상호작용성에 근간한 '맥락/상호작용성' 광고와 '비맥락/상호작용성' 광고는 구매의도
에 인지와 브랜드 태도가 영향을 미쳤다. 반면에 상호작용성에 근간하지 않은 '맥락/비
상호작용성' 광고는 구매의도에 브랜드 태도만이, 그리고 '비맥락/비상호작용성' 광고
는 인지만이 영향을 미치고 있는 것으로 나타났다.

또한, 상호작용성에 근간한 인터넷 광고가 그렇지 않은 인터넷 광고보다 구매의도에
대한 설명력이 높다는 것을 확인시켜 주고 있다. 즉, 상호작용성에 근간한 '맥락/상호작
용성' 광고와 '비맥락/상호작용성' 광고에서 인지, 인상, 감정, 메시지 태도, 브랜드 태도
의 구매의도에 대한 설명력은 각각 0.58%와 0.69%에 달했다. 한편, 맥락과 상호작용성
이 없는 '비맥락/비상호작용성' 광고에서는 인지, 인상, 감정, 메시지 태도, 브랜드 태도
의 구매의도에 대한 설명력은 0.30%에 불과해 다른 광고에 비해 상대적으로 낮았다.

7. 결론 및 함의

본 연구는 인터넷 광고에서 상호작용성과 맥락의 효과를 실증적으로 확인하기 위한 것이다. 이를 위해 본 연구에서는 가외변인에 대한 통제가 가능한 실험연구를 실시하였다. 연구 결과, 상호작용성은 인터넷 광고의 효과에 강력한 영향을 미치는 매우 중요한 요인으로 확인되었다. 인지, 인상, 감정, 메시지 태도, 브랜드 태도, 구매의도 모두에서 상호작용성 기재가 포함된 인터넷 광고가 그렇지 않은 인터넷 광고보다 더 긍정적인 영향을 미치고 있는 것으로 나타났다. 그리고 맥락은 인터넷 광고의 효과에 어느 정도 영향을 미치는 중요한 요인으로 확인되었다. 인지와 구매의도에서만 맥락적 인터넷 광고가 그렇지 않은 인터넷 광고보다 더 긍정적인 영향을 미치고 있었다. 하지만 인지와 구매가 광고 효과 중 이성과 관련된 부분이라는 점을 감안한다면, 인터넷 광고에서의 맥락의 중요성을 확인할 수 있었다. 또한, 상호작용성과 맥락을 동시에 고려함으로써 인터넷 광고의 효과에서 상호작용성의 중요성과 맥락의 중요성을 동시에 확인할 수 있었다. 인지, 인상, 감정, 메시지 태도, 브랜드 태도, 구매의도의 인터넷 광고 효과의 전반에 걸쳐, 상호작용성의 여부와 맥락의 여부가 유의미한 차이를 만들어 냈다. 특히, 비맥락/비상호작용성 광고는 인지, 인상, 감정, 메시지 태도, 브랜드 태도, 구매의도 전반에서 가장 낮은 효과를 보이고 있는 것으로 나타나, 상호작용성 기제와 맥락적 상황을 전혀 이용하지 않는 인터넷 광고보다는 이 둘을 적절히 활용하는 인터넷 광고가 효과 측면에서 더 효율적이라는 것이 확인되었다.

이러한 본 연구의 함의는 다음과 같이 정리될 수 있다. 학문적 함의로서 본 연구는 상대적으로 인터넷 광고 분야에서 연구가 덜 진행되어 온 매체의 맥락 효과를 실증적으로 검증하였고, 또한 상호작용성과 맥락의 상호 효과 역시 실증적으로 검증하였다. 비즈니스적 함의로서 본 연구는 실제 웹사이트를 제작하여 이를 통해 실증적 검증을 함으로써 효과적인 상호작용성과 맥락 관련 인터넷 광고의 새로운 전형을 제시하였음은 물론, 인터넷 광고에 대한 효과적인 미디어 플래닝(media planning)에 대한 단서를 제시하였다고 할 수 있다.

본 연구는 다음과 같은 한계점을 지니고 있다. 이를 통해 앞으로의 연구를 위한 제언이 가능하다. 먼저 본 연구는 실험연구로서 지니는 일반적인 한계를 지닌다. 실험연구는 통제의 가능성 측면에서 매우 유용한 연구방법이다. 하지만 동시에 이러한 통제의 가능성은 실험연구의 가장 근본적인 한계이다. 아무리 정교하게 실험설계를 한 실험 상황이라고 할지라도 현실 상황과는 다르다. 따라서 실험연구 결과는 항상 일반화에서 한계를 드러낼 수밖에 없다. 실험연구의 일반화를 위하여 현실 상황과 매우 유사한 실험 상황을 연출하여야 한다. 그러므로 이후 연구에서는 인터넷 광고를 이용하는 현실 상황과 유사한 실험 설계에 대한 심층적인 고민이 필요하다.

다음으로, 본 연구를 위해 제작된 웹사이트는 실험 목적을 위해 일반적인 상업 웹사이트에서 제공하는 여타 메뉴들이 실행되지 않았다. 이 때문에 웹사이트에 대한 현실감이 다소 떨어졌다고 할 수 있다. 따라서 일반적인 상업 웹사이트의 구성과 메뉴를 충분히 고려한 현실감 높은 웹사이트를 제작하여 실험에 임해야 할 것이다. 또한, 본 연구에서 측정하고 있는 구매의도가 실제 구매와 직접적으로 연결된다고 판단하기는 어렵다. 물론 여러 연구에서 구매의도와 실제 구매와는 상당한 인과관계라 있다고 보고 있다. 하지만 실제 웹사이트와 차이를 보이는 본 연구의 웹사이트에서 이러한 인과관계를 확인할 수 있다고 강력하게 주장하기는 어렵다. 따라서 실제 구매를 확인할 수 있는 실제로 운영되고 있는 상업 웹사이트 내에서의 연구도 고려해 볼만하다. 한편, 본 연구에서는 의류라는 특정 제품을 살펴보고 있지만, 앞으로의 연구에서는 여러 수준의 관여도에 따른 제품 및 서비스를 상정하여 연구를 실시해야 할 것이다. 이렇게 함으로써, 인터넷 광고에서 제품 및 서비스, 상호작용성, 맥락의 관계를 풍부하게 파악할 수 있을 것이다.

참고 문헌

김영채·김준우(2005). 『사회과학의 현대통계학』(개정3판). 서울: 박영사.

나스미디어(2005). 『2005 온라인 광고 동향 및 2006 전망』.

서혜선·양경숙·김나영·김희영·김미경(1999). 『회귀분석』. 서울: SPSS 아카데미.

이영준(1991). 『SPSS/PC+를 이용한 다변량분석』. 서울: 석정.

이종성·강계남·김양분·강상진·이은실(2002). 『사회과학 연구를 위한 통계방법』(수정판). 서울: 박영사.

최환진(2000). 『인터넷 광고-이론과 전략』. 서울: 나남.

한국방송광고공사(2004). 『Media & Consumer Research』.

Ariely, D. (2000). Controlling the information flow: Effects on consumers decision making and preferences. *Journal of Consumer Research, 27*(2), 233-248.

Assumus, G. (1978). An empirical investigation into the perception of vehicle source effects. *Journal of Advertising, 7*(1), 4-10.

Baker, M. J., & Churchill, Jr., G. A. (1977). The impact of physically attractive models on advertising evalutions. *Journal of Marketing Research, 14*(4), 538-555.

Berthon, P., Pitt, L., & Watson, R. T. (1996). Re-surfing W3: Research perspectives on marketing communication and buyer behavior on the WWW. *International Journal of Advertising, 15*(9), 287-301.

Campbell, M. C., & Goodstein. R. C. (2001). The moderating effect of perceived risk on consumers evaluations of product incongruity: Preference for the norm. *Journal of Consumer Research, 28*(4), 439-449.

Chatterjee, P., Hoffman, D. L., & Novak, T. P. (2003). Modeling the clickstream: Implications for Web based advertising efforts. *Marketing Science, 22*(4), 520-541.

Cho, C., & Cheon, H. J. (2004). Why do people avoid advertising on the Internet? *Journal of Advertising, 33*(4), 89-97.

Cho, C., & Leckenby, J. D. (1999). Interactivity as a measure of advertising effectiveness. In *proceedings of the American Academy of Advertising*, M. S. Robert(Ed.)., Gainesville,

FL: University of Florida, 162-179.

Cho, C., Lee, J., & Tharp, M. (2001). Different forced-exposure levels to banner advertisement. *Journal of Advertising Research, 41*(1), 45-56.

Coulter, K. S. (1998). The effects of affective responses to media context on advertising evaluations. *Journal of Advertising, 27*(4), 41-51.

Coyle, J. R., & Thorson, E. (2001). The effects of progressive levels of interactivity and vividness in Web marketing sites. *Journal of Advertising, 30*(3), 13-28.

Dahlén, M .(2005). The media as a contextual cue: Effects of creative media choice. *Journal of Advertising, 34*(3), 89-98.

De Pelsmacker, P., Geuens, M., & Anckaert, P. (2002). Media context and advertising effectiveness: The role of context appreciation and contest/ad similarity. *Journal of Advertising, 31*(2), 49-61.

Deighton, John, & Robert M. Schindler. (1988). Can advertising influence experience. *Psychology and Marketing, 5*(Summer), 103-115.

Eveland, W. P., & Dunwoody, S. (2002). An investigation of elaboration and selective scanning as mediators of learning from the Web vs. print. *Journal of Broadcasting and Electronic Media, 46*(1), 34-53.

Friestad, M., & Wright, P. (1995). Persuasion knowledge: Lay peoples and researchers beliefs about the psychology of advertising. *Journal of Consumer Research, 22*(Jun.), 62-74.

Ghose, S., & Dou, W. (1998). Interactive functions and impacts on the appeal of Internet presence sites. *Journal of Advertising Research, 38*(2), 29-43.

Goldberg, M. E., & Gorn, G, J. (1987). Happy and sad TV programs: How they affect reactions to commercials. *Journal of Consumer Research, 14*(Dec.), 387-403.

Griffith, D. A., & Chen, Q. (2004). The influence of virtual direct experience(VDE) on on-line ad message effectiveness. *Journal of Advertising, 33*(1), 55-68.

Ha, L. (2003). Crossing offline and online media: A comparison of online advertising on TV Web sites and online portals. *Journal of Interactive Advertising, 3*(2).

Hair, Jr., J. F., Anderson, R. E., Tatham, R. L., & Black, W. C. (1998). *Multivariate data analysis*(5th ed.). Upper Saddle River, NJ: Prentice-Hall.

Herr, P. M. (1989). Priming price: prior knowledge and context effects. *Journal of Consumer*

Research, 16(Jun.), 67-75.

Hoffman, D. L., Novak, T. P. (1996). Marketing in hypermedia computer-mediated environments: Conceptual foundations. *Journal of Marketing, 60*(3), 50-68.

Hwang, J., MacMillian, S. J., & Lee, G. (2003). Corporate Web sites as advertising: An analysis of function, audience and message strategy. *Journal of Interactive Advertising, 3*(2).

Kantowitz, B. H., Roediger, III, H. L., & Elmes, D. G. (2001). *Experimental psychology: Understanding psychological research*(7th ed.). Belmont, CA: Wadsworth.

Karson, E. J., & Korgaonkar, P. K. (2001). An experimental investigation of Internet advertising and the Elaboration Likelihood Model. *Journal of Current Issues and Research in Advertising, 23*(2), 53-72.

Kempf, D. S., & Smith, R. E. (1998). Consumer processing of product trial and the influence of prior advertising: A Structural modeling approach. *Journal of Marketing Research, 31*(3), 325-338.

Klein, L. R. (2003). Creating virtual product experiences: The role of telepresence. *Journal of Interactive Marketing, 17*(1), 41-55.

Liu, Ping & L. J. Shrum. (2002). What is interactivity and is it always such a good thing? Implications of definition, person, and situation for the influence of interactivity on advertising effectiveness. *Journal of Advertising. 31*(4), 53-64.

Lombard, M., & Synder-Duch, J. (2001). Interactive advertising and presence: A framework. *Journal of Interactive Advertising, 1*(2).

Lord, K. R., Burnkrant, R. E., & Unnava, H. R. (2001). The effects of program induced mood states on memory for commercial information. *Journal of Current Issues and Research in Advertising, 23*(1), 1-15.

Macias, W. (2003). A preliminary structural equation model of comprehension and persuasion of interactive advertising brand Web sites. *Journal of Interactive Advertising, 3*(2).

Mackenzie, S. B., Lutz, R. J., & Belch, G. E. (1986). The role of attitude toward the ad as a mediator of advertising effectiveness: A test of competing explanations. *Journal of Marketing Research, 23*(2), 130-143.

Maher, J. K., & Hu, H. M. (2002). Materialistic cue effects in print advertising. *Journal of Current Issues and Research in Advertising, 24*(1), 61-70.

Maoz, Eyal, & H. Alice M. Tybout (2002). The moderating role of involvement and differentiation in the evaluation of brand extensions. *Journal of Consumer Psychology, 12*(2), 119-131.

Meeker, M. (1997). *The Internet Advertising Report.* New York: Harper Business.

Moorman, M., Neijens, P. C., & Smit, E. G. (2002). The effects of magazine induced psychological responses and thematic congruence on memory and attitude toward the ad in a real life setting. *Journal of Advertising, 31*(4), 27-40.

Munch, J., Boller, G. W., & Swasy, J. L. (1993). The effects of argument structure and affective tagging on product attribute formation. *Journal of Consumer Research, 20*(2), 294-302.

Nordhielm, C. L. (2002). The influence of level of processing on advertising repetition effects. *Journal of Consumer Research, 29*(Dec.), 371-382.

Novak, T. P., Hoffman, D. L., & Yung, Y. (2000). Measuring the consumer experience in online environment: A structural modeling approach. *Marketing Science, 19*(1), 22-42.

O'Keefe, R. M., O'Connor, G., & Kung, H. (1998). Early adapters of the Web as a retail medium: Small company winners and losers. *European Journal of Marketing, 32*(4), 629-643.

Pavlou, P. A., & Stewart, D. W. (2000). Measuring the effects and effectiveness of interactive advertising: A research agenda. *Journal of Interactive Advertising, 1*(1).

Peterman, M. L., Rohem, Jr., H. A., & Haugtvedt, C. P. (1999). An exploratory attribution analysis of attitudes toward WWW as a product information source. *Advances in Consumer Research, 26*, 75-79.

Petty, R. E., Cacioppo, J. T., & Schumann, D. (1983). Central and peripheral routes to advertising effectiveness: The moderating role of involvement. *Journal of Consumer Research, 10*(2), 135-146.

Robert S. Moore, Claire Allison Stammerjohan, & Robin A. Coulter. (2005). Banner advertiser-Website context congruity and color effects on attention and attitudes. *Journal of Advertising, 34*(2), 71-84.

Schimitt, B. H. (1994). Contextual priming of visual information in advertisements. *Psychology and Marketing, 11*(1), 1-14.

Shapiro, S., MacInnis, D. J., & Park, C. W. (2002). Understanding program induced mood effects: Decoupling arousal from valence. *Journal of Advertising, 31*(4), 15-26.

Sicilia, M., Ruiz, S., & Munuera, J. L. (2005). Effects of interactivity in a Web site. *Journal of Advertising, 34*(3), 31-45.

Singh, M., Balasubramanian, S. K., & Chakraborty, G. (2000). A comparative analysis of three communication formats: Advertising, infomercial, and direct experience. *Journal of Advertising, 29*(4), 59-72.

Smith, D. C., & Park, C. W. (1992). The effects of brand extensions on market share and advertising efficiency. *Journal of Marketing Research, 29*(3), 296-313.

Smith, D., & Sivakumar, K. (2004). Flow and Internet shopping behavior: A conceptual model and research propositions. *Journal of Business Research, 57*(10), 1199-1208.

Smith, R. E. (1993). Integrating information from advertising and product trial: Process and effects on consumer response to product information. *Journal of Marketing Research, 30*(2), 204-219.

Solomon, M. R., Ashmore, R. D., & Longo, L. C. (1992). The beauty match up hypothesis: Congruence between types of beauty and product images in advertising. *Journal of Advertising, 21*(4), 23-34.

Stafford, T. F., & Stafford, M. R. (2002). The advantages of atypical advertisements for stereotypical product categories. *Journal of Current Issues and Research in Advertising, 24*(1), 25-37.

Wright, A. A., & Lynch, Jr., J. G. (1995). Communication effects of advertising vs. direct experience when both search and experience attributes are present. *Journal of Consumer Research, 21*(4), 708-718.

Yi, Y. (1993). Contextual priming effects in print advertisements: The moderating role of prior knowledge. *Journal of Advertising, 22*(1), 1-10.

부록

실험자극물 화면

〈그림 3〉 맥락적 뉴스 기사 화면

〈그림 4〉 비맥락적 뉴스 기사 화면

〈그림 5〉 상호작용적 광고의 프론트 페이지 화면

〈그림 6〉 상호작용적 광고의 메인 화면

〈그림 7〉 상호작용적 광고의 제품설명 화면

〈그림 8〉 비상호작용적 광고의 프론트 페이지 화면

〈그림 9〉 비상호작용적 광고의 메인 화면

Advertising
실습(Tutorial 8)

실습내용

실습교재 참고

9

미디어 간 의제설정
Intermedia Agenda Setting

제1절. 레트로(Retro) 패션에 나타난 미디어 간
네트워크 의제설정(intermedia agenda setting) 연구*

1. 들어가기

레트로(Retro)는 1980년대 핵심적 문화 현상인 포스트모더니즘(postmodernism)
의 영향으로 시작된 복고주의 문화현상이다. 최근 세계적인 문화 트렌드의 중심에는 레

---

* 본 장은 저자의 방송학보(2021) 「레트로(Retro) 패션에 나타난 미디어 간 네트워크 의제설정(Intermedia
agenda setting)」 연구를 강의용으로 활용한다.

트로가 자리 잡고 있다. 레트로에 관한 신조어가 생겼고, 김난도(2018)는 '요즘 옛날', '뉴트로' 등을 핵심 트렌드 키워드로 선정하면서 레트로의 영향력과 중요도가 더욱 주목받고 있다고 진단한다.

언론 뉴스 보도는 외부 사건에 대한 정보를 공중에게 전달하는 수단이다. 잡지는 일반 대중들에게 기사, 소설, 사진 등의 내용을 전달한다. 하지만 언론 뉴스 보도와 패션 전문 잡지가 한 가지 주제에 대해 동일한 시각(프레임)으로 보도하지 않는다. 미디어 소유 방식과 이념적 성향 그리고 가치관에 따라 뉴스를 선택·편집·보도함으로써 의제설정을 한다. 레트로 패션에 대한 언론 기자들은 패션 업계에 대한 전문 지식의 부족으로 최신 패션 트렌드가 반영된 패션 전문 잡지를 참고할 수 있다. 반면 패션 전문 잡지는 당시에 언론이 보도한 패션 이슈에 대해 뉴스를 참고하고 트렌드를 반영하여 콘텐츠를 생산한다. 이처럼 미디어는 다양한 프레임을 통해 의제를 설정하고 수용자의 인식에 영향을 미칠 수 있다.

국내의 레트로 패션은 지속적인 관심을 끌고 있다. 미디어가 이러한 트렌드를 구성하는 프레임과 보도 형식에 따라 수용자의 인식이 크게 달라질 수 있다. 미디어가 동일한 의제를 설정하더라도 다른 프레임을 적용한다면 메시지를 받아들이는 수용자의 인식은 다를 것이다.

본 연구는, 전통 언론과 패션 전문 잡지는 '레트로 패션'에 대하여 어떤 프레임으로 보도를 하고 있나? 레트로 패션에 대한 전문 잡지 기사에 전통 뉴스는 어떤 네트워크 차원의 영향이 있나? 이러한 맥락에서 레트로 패션 관련 내용을 보도할 때 전통 언론이 어떠한 보도 프레임을 취하는지, 그리고 언론과 패션 전문 잡지 간에 상호영향 정도와 방향이 어떻게 되어 있는지 살펴보고자 한다.

본 연구는 빅데이터 기반의 의미연결망 기법으로 미디어 간 의제설정을 시각화를 통하여 그 특성과 상관성을 연구하였다. 또한, 의제설정의 새로운 차원인 매체 간 의제설정(Intermedia agenda setting)이 어떻게 적용되는지에 대한 연구를 위주로 디자인되었다. 매체 간 프레임 차이 분석을 통해 언론 뉴스 보도와 패션 전문 잡지의 의제설정을 비교하여 전통적 커뮤니케이션 이론이 어떻게 상호 적용되는 실증적인 검증 연구로 디자인되었다.

2. 이론적 배경

1) 레트로의 개념과 레트로 패션의 출현 배경

레트로(retro)는 일반적으로 과거의 양식을 모방하면서 의미와 형식의 변화를 통해 현대식으로 재창조되는 경향을 말한다. 포스트모던의 현상이라고 정의되는 레트로 패션(Jenss, 2004; Kwon, 2015)은 1971년 입생로랑이 40년대 풍의 패션을 재현시킴으로써 패션의 한 장르가 되었다(Yang, 2006). 이와 같은 레트로 경향은 디자인에서 모더니즘이 전통과 미래를 파괴해 버릴 것이라는 강박관념 때문에 심리적이고 상징적인 의미를 부활시키려는 욕구로부터 나타나게 되었다(정시화, 1997).

한국에서는 최근 몇 년간 과거의 향수를 불러일으키는 레트로풍의 패션부터 음식, 영화, TV 프로그램까지 많은 사랑을 받고 있다. 연도별 시대 범위를 보면, 1990년대에는 과거부터 1970년대까지의 자료가 레트로 패션 디자인에 사용되었고 2010년대는 1990년대까지의 자료가 사용되었으며, 2019년도에는 2000년대까지의 자료들로 레트로 감성을 자극하고 있다(손원준, 여혜민, 2019).

한편 패션 주기로 레트로 패션 디자인을 분석할 수 있다. 레트로 패션의 디자인 트렌드의 방향성을 알아보기 위해 트렌드라는 일반적 용어에 대한 이해와 분석이 필요하다. 트렌드는 다수의 소비자가 따르는 추세, 경향, 흐름을 의미한다. 트렌드를 구성하는 요소는 동조, 변화, 시간, 소비 가치이다. 이 요소를 포함하여 트렌드는 소비자들이 특정 범위의 특정 기간을 동조하는 변화된 소비 가치라 정의할 수 있다. 이 정의에 따라, 넓은 의미로 '마이크로 트렌드', '패드' '트렌드', '메가트렌드' 그리고 가장 큰 '문화'로 유형화할 수 있다(김난도, 2018). 〈표 1〉의 유형에서 현재 레트로 디자인 트렌드는 '메가트렌드'로서 자리 잡았다고 볼 수 있다. 레트로 패션 디자인은 한 영역이 아닌 여러 방면에서 나타나며, 사회·경제적 부분과도 밀접한 관련이 있기 때문이다. 이렇듯 레트로 디자인이 지속하여 성장한다면 '메가트렌드'의 시대적 범위를 넘어 문화로 확장될 가능성도 배제할 수 없다.

<표 1> 트렌드의 유형

유형	정의	지속 시기
마이크로 트렌드	소수의 소비자가 동조하는 작은 변화	수시
패드(FAD)	변덕, 일시적 유행 For a day(하루 동안)	1년 이내
트렌드(Trend)	소비자의 상당수가 동조하는 추세, 경향	1년~5년
메가트렌드 (Megatrend)	한 공동체의 사회, 경제, 문화적인 거시적 변모를 수반한 변화	10년 이상
문화(Culture)	지속적인 현상	30년 이상

출처: 김난도(2018) 트렌드코리아

이러한 문화적인 배경에서 레트로 패션은 지속적인 관심을 받고 있다. 〈그림 1〉은 한국언론진흥재단이 운영하는 뉴스 빅데이터 분석 서비스인 빅카인즈(www.bigkinds.or.kr)에서 '레트로 패션'을 검색한 결과이다. 1996년부터 2019년까지 시간의 흐름에 따라 관련 건수가 많아져 관심이 증가하는 추세이다.

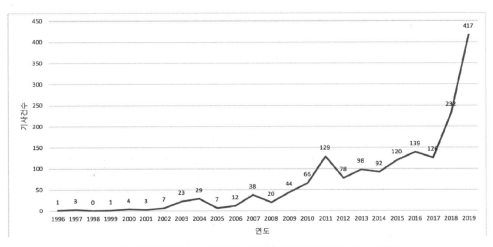

〈그림 1〉 연도별 언론 뉴스 보도에 나타난 '레트로 패션' 기사 건수 트렌드

2) 언론 뉴스 보도와 패션 전문 잡지의 패션 저널리즘

신문은 패션 정보를 생산·유통하는 다양한 미디어로 누구나 쉽게 그리고 언제든지 구독할 수 있다는 점에서 가장 대중지향적인 매체이다(이상철, 1997). 또한 전통 뉴스 보도는 대중이 가장 많이 접하는 주요 정보원으로 독자들은 이들 보도를 통해 수용자의 인지와 태도에 영향을 미친다(안효선, 신혜영, 이인성, 2015).

패션 전문 잡지의 콘텐츠는 크게 문자 정보에 의한 언어적 요소와 시각 정보에 의한 비언어적 요소가 있으며, 이는 패션 기사와 패션 화보로 나타난다(김지용, 1996). 패션 기사는 크게 뉴스, 브랜드, 컬렉션, 이슈, 피플(people), 트렌드, 쇼핑, 아이템, 스타일의 9개 주제어로 나눌 수 있다(노혜은, 2004). 패션 전문 잡지에서 논평은 복식을 있는 그대로 표현한 것이 아니라 서술하는 주체에 따라 해석이 달라질 수 있다. 이러한 논평 성격의 기사들은 다양한 관점을 표현해 잡지의 수준을 가늠하기도 한다.

패션 저널리즘이란 패션을 대상으로 다각도에서 번영하여 대중을 패션 문화와 패션 산업과 연결해 주는 역할을 말한다(남수현, 하지수, 2007). 패션 산업과 패션 문화적 측면에서 저널리즘의 역할은 간과할 수 없다. 패션 저널리즘은 패션 미디어와 광고주, 독자 사이의 피드백에서 발생한다. 이때 패션 전문저널리스트는 광고주에게 편중해 정보를 제공하지 말아야 하고, 그러한 '중개상'으로 전락하지 않도록 윤리적인 태도로 일관해야 한다(정진석, 1990).

3) 프레임 분석 연구

디지털 시대 수용자는 다양한 미디어에 노출되어 있다. 현실과 현상에 대한 직접 경험보다 미디어를 통해 인식하는 경우가 많다. 미디어는 현실을 다양한 시각으로 바라보고 특정한 관점을 선택하여 부각하거나 의도적으로 배제하여 현상을 재구성한다(김영욱 외 3명, 2015). 이러한 프레임 개념은 고프만(Goffman, 1974)이 처음으로 고안하고 '개인들이 사건이나 생활 경험을 위치 지우고, 파악하고, 지각하고, 또한 명명할 수 있도록 해주는 해석 기제'라고 보았다. 기트린(Gitlin, 1980)은 프레임을 뉴스와 연결한 뉴스 프레임을 "인식, 해석, 제시의 지속적인 패턴이고 이 패턴에 따라 상징 조작자가 언어적, 영상 담론을 일상적으로 조직하는 선택, 강조, 배제의 패턴이다."라고 정의했다. 다른 말로 프레임은 뉴스 수용자가 특정 사건을 형상화하도록 뉴스 생산자가 스토리를 구성하는 방식이다.

이후 프레임 개념은 인문사회 영역으로 확산되어 다양하게 사용되었다. 대부분 버거와 루크만(Berger & Luckmann, 1966)이 제시한 '현실의 사회적 구성주의'를 입증 방식으로 진행했다. 송용희(2005)는 다른 학문에서 프레임은 고프만(Goffman, 1974)의 정의에서 나아가 이를 개인이 아닌 현실 전반이나 개별 이슈가 만들어진 다음 그 의미가 구성되는 사회적 과정을 설명하는 데 응용한다고 주장했다. 이준웅(2000)은 1970년대 이후 비판적 관점에서 뉴스의 가치와 이데올로기적 성격, 특정 집단을 옹호하거나 억압하는 장치, 뉴스의 편파, 사건의 개요를 전달하는 구조 등에 관심과 연구가 심화되었다고 한다. 전통 언론 뉴스 보고와 패션 전문 잡지 간 프레임 분석을 통해 의제설정에 어떤 효과가 나타나는지 네트워크 의미연결망 분석 기법을 이용해 실증적으로 검증하고 기술하고자 한다.

4) 네트워크 의제설정과 의미연결망 분석

네트워크 의제설정은 여기에서 더 나아가 분석 단위를 '이슈 속성 간 연결망'으로 설정하였다(〈그림 2〉 참조). 뉴스 매체의 이슈 속성 네트워크와 수용자 집단의 네트워크가 유사하다면 네트워크 의제설정 효과가 있다고 할 수 있다. 요컨대, 기존 의제설정 연구와는 달리 이슈 속성의 네트워크에 주목하는 점에서 차별성을 가진다. 1차 의제설정은 매체와 수용자 간의 이슈 현저성의 전이를 측정하고, 2차에서는 이슈 속성의 현저성에 초점을 맞춘다. 네트워크 의제설정은 이슈 속성 간의 네트워크 전이에 관한 연구이다. 방법론 측면에서도 기존의 연구가 분석 대상의 중요도 순위(rank-order)를 다룬다면 네트워크 의제설정 연구는 대상 간 네트워크 관계를 측정하는 차이가 있다.

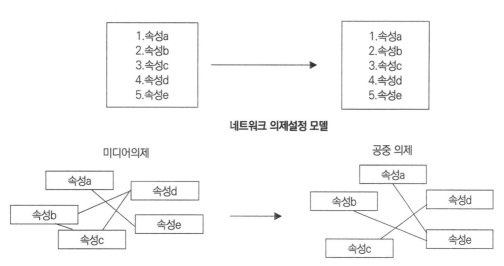

〈그림 2〉 전통적 의제설정 이론과 네트워크 의제설정이 가정하는 이슈(element에 해당) 전이 과정의 차이

출처: Guo, L., & McCombs, M. (2011).

　　의미연결망 분석은 사회과학의 '사회 연결망 분석'(social network analysis)을 활용한 분석 방법이다. 사회 연결망 분석은 사회현상이 개인 간의 상호작용으로 하나의 연결망을 구축한다고 본다. 따라서 특정 사회 현상을 종합적으로 이해하기 위해서는 개인 간의 상호작용 결과인 연결망 구조(structure)를 분석해야 한다(Wasserman & Faust, 1994). 연결망은 '노드'(node)라는 개체와 이들의 '연결 관계'(link)로 구성되는데, 여기에서 노드는 '개인'이며 연결 관계는 '개인 간의 관계'이다. 그러나 네트워크 분석을 적용한 의미연결망 분석에서 각 노드는 언론에서 주요하게 다루는 '키워드'이며 링크는 '키워드 간의 연결 관계'를 나타내게 된다(권상희, 차민경, 2015).

　　매체들은 자체적인 의제설정을 하지만 다른 매체들의 영향을 받기도 한다. 인간 집단 내 여론 영향력을 가지진 오피니언 지도자가 존재하는 것처럼 매체 집단에도 영향력이 강하고 다른 매체의 보도 의제를 좌우하는 미디어가 있다. 매체 간 의제설정은 하나의 미디어가 중요하다고 여기는 이슈나 속성이 경쟁 미디어나 규모가 작은 매체에서도 중요하게 보도되며 특정 이슈나 속성이 미디어 시스템에서 확산되는 것을 의미한다

(McCombs & Shaw, 1993).

최근 멀티미디어의 발전으로 인터넷 뉴스와 웹 매거진 사이의 의제설정이 서로 영향을 주고받는다. 즉, 뉴스 보도에 노출된 이슈와 관련 속성 네트워크가 다른 미디어로 전이되는 방식과 특정 이슈에 대한 뉴스 보도와 웹 메거진에 나타난 속성 네트워크 간의 상관관계를 분석할 필요가 있다. 그러나 이런 관점에서 실시한 미디어 간 네트워크 의제설정 연구는 미미하다. 그래서 본 연구는 구오와 맥콤스(Guo, L., & McCombs, M., 2011)가 제시한 네트워크 의제설정으로 미디어 간의 의제설정을 확인한다. 구체적으로 뉴스 보도와 패션 전문 잡지에 내포된 레트로 패션 이슈의 속성 네트워크 간의 유사성과 차별성을 비교 분석하여 새로운 차원에서 미디어간의 의제설정 효과를 고찰할 것이다.

3. 연구문제

본 연구는 언론 뉴스 보도와 패션 전문 잡지의 의제설정 상관성을 파악하기 위해 레트로 패션 이슈를 중심으로 두 매체가 주제에서 주요하게 사용하는 의제를 파악한다. 또한, 네트워크 의제설정 차원에서 미디어 간 상관관계의 연구에 초점을 맞춘다.

매체 간의 의제설정 효과의 탐구를 위하여 두 개의 하위 기간으로 분류하였다. 구체적으로 2010년 5월부터 2014년 12월까지는 발생기인 1기 지정하고, 2015년 1월부터 2017년 12월까지는 확장기인 2기로 설정하였으며, 2018년 1월부터 2020년 5월까지를 성숙기인 3기로 설정하였다(〈그림 3〉 참조).

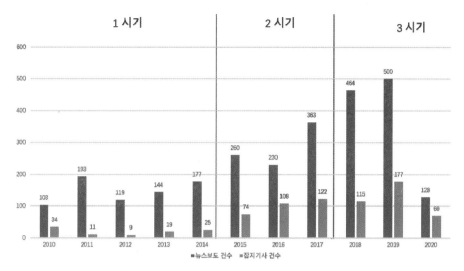

<그림 3> 연도별 언론 뉴스 보도와 패션 전문 잡지에 나타난 기사 건수

이는 시차 교차적인 방법을 통한 상관관계를 측정에 의해 매체 간에 존재하는 인과적인 영향력을 분석하기 위한 것이다(강희정, 민영, 2010). 시차상관분석(cross-lagged correlation analysis)은 다른 의제 사이의 인과적 영향력을 분석하기 위해 사용하는 방법 중 하나로 쇼와 맥콤스(Shaw & McCombs, 1977)의 연구 이후 다양하게 응용되었다.

수집된 언론 뉴스 보도와 패션 전문 잡지 기사의 건수를 살펴보면 2015년을 기점으로 급상승하기 시작했다. 드라마 〈응답하라〉 시리즈는 2012년부터 한국의 레트로 열풍을 일으켰다. 2015년에는 레트로를 공감하고 과거의 향수를 자극하는 드라마 〈응답하라 1988〉이 방송되었다(이서라, 2017). 2015년 이후 레트로 트렌드는 지속적인 상승 추세를 보였고 레트로 디자인의 상품도 등장했다. 2017년 '휠라'는 1970대의 감성을 재현한 복고풍 운동화 '디스럽터2'를 출시하여 큰 호응을 얻었다. 현대 사회의 10대와 20대가 추구하는 색다름을 배경으로 '뉴트로'가 등장해 2019년 트렌트 키워드가 되었다. 이러한 배경으로 레트로 트렌드를 발생기(2010~2014), 확장기(2015~2017), 성숙기(2018~2020)로 구분할 수 있다.

언론 뉴스 보도와 패션 전문 잡지는 수용자나 제작 방식에 따라 설정한 의제에도 차이가 예상된다. 레트로 패션에 관련된 기사 내용을 바탕으로 주요 단어들의 출현 빈도수와 중심성 값, 그리고 추출된 의미연결망 구조를 비교분석하였다. 이를 통하여 언론사가 레트로 패션 주제를 보도할 때 선정하는 미디어 프레임과 의제설정 방식을 살펴본다. 의미연결망 분석 접근법을 통하여 다음과 같은 연구문제 1을 제시하였다.

[연구문제 1]: 레트로 패션과 관련하여 언론 뉴스 보도와 패션 전문 잡지에서 중요하게 다루는 단어는 어떻게 다른가?

　　〈연구문제 1-1〉: 레트로 패션과 관련하여 언론 뉴스 보도에서 중요하게 다루는 단어는 시기별로 어떻게 다른가?

　　〈연구문제 1-2〉: 레트로 패션과 관련하여 패션 전문 잡지에서 중요하게 다루는 단어는 시기별로 어떻게 다른가?

　주요 단어 간의 연결 관계를 바탕으로 3차 의제설정 연구를 진행하였다. 주로 다루는 의제의 네트워크 구조로 특정 이슈의 의미연결망 구조를 구현하였다. 이를 통해 의미연결망 분석은 각 키워드가 의제 네트워크를 구성하는 방식과 주요 단어의 영향력에 대한 조직적인 분석이 가능하다. 프레임은 아이디어를 형상화시키는 정신적 구조로 어떤 영역을 이해하고 접근하기 위한 정신적 지도라고 할 수도 있다(최인철, 2007). 언론 뉴스 보도와 패션 전문 잡지에서 추출된 의미연결망과 군집분석을 위해 다음과 같은 연구문제 2, 3을 설정하였다.

[연구문제 2]: 시기별 언론 뉴스 보도에 나타난 레트로 패션과 관련된 주요 단어는 어떻게 의미연결망을 다르게 구성하고 어떠한 프레임 유형을 언급하는가?

　　〈연구문제 2-1〉: 시기별로 언론 뉴스 보도에 나타난 레트로 패션과 관련된 주요 단어는 어떻게 의미연결망을 다르게 구성하는가?

　　〈연구문제 2-2〉: 시기별로 언론 뉴스 보도에 나타난 레트로 패션과 관련된 의미연결망 군집에서 어떠한 관련 프레임 유형을 중요하게 언급하는가?

[연구문제 3]: 시기별로 패션 전문 잡지에 나타난 레트로 패션과 관련된 주요 단어는 어

떻게 의미연결망을 다르게 구성하고 어떠한 프레임 유형을 언급하는가?

〈연구문제 3-1〉: 시기별로 패션 전문 잡지에 나타난 레트로 패션과 관련된 주요 단어는 어떻게 의미연결망 다르게 구성하는가?

〈연구문제 3-2〉: 시기별로 패션 전문 잡지에 나타난 레트로 패션과 관련된 의미연결망은 어떠한 관련 프레임 유형을 중요하게 언급하는가?

다음으로 매체 간 의제설정에 대한 상관관계를 검증하였다. 구오와 매콤스가 제시한 (Guo, L., & McCombs, M., 2011) 네트워크 의제설정의 핵심적 가설은 의제 네트워크 현저성이나 속성 네트워크 현저성이 미디어에서 수용자로 전이된다는 내용이다. 이런 가설이 매체 간 의제설정 효과 연구에 적용되는지를 파악하기 위하여 언론 뉴스 보도와 패션 전문 잡지에 나타난 레트로 패션 관련 속성 네트워크의 유사성을 검토할 것이다. 또한, 영향력의 방향성에 대한 확인도 매체 환경을 이해하는 데 도움이 될 것으로 보인다. 즉 레트로 패션 관련 속성 네트워크 현저성이 언론 뉴스 보도에서 패션 전문 잡지로 전이되는지 살펴볼 것이다. 따라서 네트워크 의제설정 모델의 핵심 가설을 적용하여 다음과 같은 연구문제 4를 제시하였다.

[연구문제 4]: 레트로 패션과 관련된 네트워크 의제설정에서 언론 뉴스 보도와 패션 전문 잡지는 상관성을 보이는가?

〈연구문제 4-1〉: 레트로 패션과 관련된 언론 뉴스 보도와 패션 전문 잡지의 네트워크 의제속성은 시기별로 어떤 상관관계를 가지는가?

〈연구문제 4-2〉: 레트로 패션과 관련된 네트워크 의제속성은 언론 뉴스 보도에서 패션 전문 잡지로 전이한 것인가?

4. 연구방법

1) 분석대상 및 자료수집

자료수집의 구체적 절차는 다음과 같다. 첫째, 언론 뉴스 보도의 경우 한국언론진흥재단이 운영하는 뉴스 빅데이터 분석 서비스인 빅카인즈(www.bigkinds.or.kr)가 선정한 중앙지의 뉴스를 수집했다. 2016년 4월 시작한 빅카인즈(BIGKinds) 시스템은 거대 언론사의 뉴스 기사를 쉽게 검색·분석하도록 지원하고 있다. 빅카인즈는 빅데이터 시대의 학문적 연구를 위한 강력한 도구이다. 권충훈(2019)은 한국의 최근 정권(이명박, 박근혜, 문재인)에 따라 대통령 재임기간 중 자사고에 대한 언론 기사의 변화 추세를 빅카인즈로 분석해 실증적이고 객관적으로 구별되는 주요 핵심어를 확인했다. 본 논문은 빅카인즈에서 '레트로 패션'을 바이그램 방식으로 검색하였다. 경향신문, 국민일보, 동아일보, 문화일보, 내일신문, 서울신문, 조선일보, 세계일보, 중앙일보, 한겨레, 한국일보 등 47개의 일간지를 선정하여 보도된 10년(2010. 05. 01~2020. 05. 01) 간의 뉴스에서 총 2,681건을 수집하였다(〈표 2〉 참조).

둘째, 패션 웹진의 의제설정을 분석을 위해 패션 웹진에 레트로를 입력하고 Python을 통해 10년(2010. 05. 01~2020. 05. 01) 간의 관련 정보 총 763건을 수집했다. 잡지 기사 수집 도구는 Python BeautifulSoup을 이용했다. 프로그램은 HTML 코드를 필요한 객체 구조로 변환하는 Paring을 하고 이 라이브러리에서 의미있는 정보를 추출할 수 있다(Ryan Mitchelle, 2018). 대상은 수집 제한이 없는 대표적인 패션 전문 잡지인《VOGUE KOREA》, 《ELLE》, 《BAZAAR》, 《Cosmopolitan》으로 선정하여 연구하였다.

<表 2> 기사 건수

	매체명	1기	2기	3기	총계
언론사	머니투데이	172	272	193	637
	매일경제	95	98	162	355
	아시아경제	44	74	79	197
	헤럴드경제	50	42	46	138
	기타	375	367	612	1354
잡지사	BAZAAR	0	17	53	70
	Cosmopolitan	30	74	71	175
	ELLE	46	122	175	343
	VOGUE KOREA	22	91	62	175
총계		834	1157	1453	3444

2) 분석방법 및 절차

의미연결망 분석 기법을 통해 레트로 패션 관련 뉴스 기사와 패션 웹진의 내용을 분석한다. 구체적으로 다음과 같은 5단계로 구분하였다. 1단계는 레트로 패션 이슈 관련 의제속성을 명확하게 파악하기 위한 주요 단어의 데이터 정제 작업이다. 2단계에서는 주요 단어의 출현 빈도수와 상호의 단어×단어 행렬 데이터를 도출한다. 3단계에서는 단어×단어 행렬 데이터를 토대로 의미연결망과 중심성 값을 도출하였다. 4단계는 유사한 의미를 가진 단어로 구성된 관계망을 뚜렷하게 표현하기 위하여 군집분석을 하는 단계이다. 앞서 제시한 네 가지 단계는 주로 연구문제 1과 연구문제 2에 있어 레트로 패션과 관련된 프레임 분석을 위한 작업이다. 5단계는 연구문제 3의 측정을 위한 통계분석이다. 구체적인 시기별로 매트릭스 간의 상관관계를 파악하기 위하여 QAP 상관분석을 한다. 여기에서는 시각화 접근법인 의미연결망과 통계적 접근법인 QAP 분석을 통하여 레트로 패션 의제와 관련 미디어 간 네트워크 의제설정을 측정하였다(<그림 4> 참조).

5. 연구 결과

1) 시기별 언론 뉴스 보도와 패션 전문 잡지의 주요 단어 비교 분석

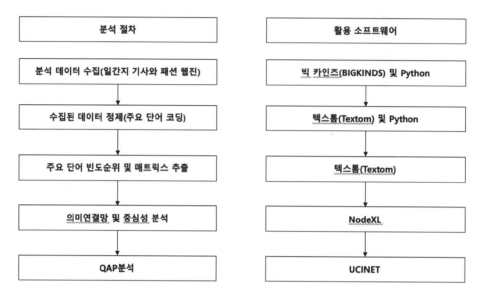

분석 절차	활용 소프트웨어
분석 데이터 수집(일간지 기사와 패션 웹진)	빅 카인즈(BIGKINDS) 및 Python
수집된 데이터 정제(주요 단어 코딩)	텍스톰(Textom) 및 Python
주요 단어 빈도순위 및 매트릭스 추출	텍스톰(Textom)
의미연결망 및 중심성 분석	NodeXL
QAP분석	UCINET

〈그림 4〉 의미연결망 분석을 위한 절차 및 활용 소프트웨어

(1) 제1시기에 나타난 레트로 패션 관련 주요 단어

연구 문제 1은 레트로 패션 관련 언론 뉴스 보도와 패션 전문 잡지에서 중요하게 다루는 단어를 시기별로 살펴보는 연구이다. 사전 연구 및 정제 과정을 거쳐 레트로와 관련된 대표적인 단어를 선정하여 분석하였다. 노드엑셀(NodeXL)을 이용하여 출현 빈도수 상위 단어를 도출하였다. 또한 레트로 패션 기사가 전달하는 콘텐츠를 분석하기 위해 관련 보도에 나타난 주요 단어의 순위를 조사하였다. 언론과 패션 잡지의 레트로 패션 관련 키워드에서 전체 데이터의 주요 단어 중 출현 빈도수를 기준으로 15개 단어를 선정하였다.

<표 3> 1시기 언론 뉴스 보도와 패션 전문 잡지에 등장한 주요단어 및 빈도수

언론 뉴스 보도		패션 전문 잡지	
주요 단어	출연 빈도수	주요 단어	출연 빈도수
패션	2119	가격미정	308
스타일	1843	컬러	170
컬러	1733	드레스	123
아이템	1132	패션	118
레트로	1070	사람	115
디자인	957	스타일	113
여성	875	슈즈	113
연출	870	생각	104
브랜드	798	셔츠	95
소재	777	팬츠	93
제품	687	룩	91
패턴	673	모델	86
재킷	644	레트로	83
시즌	639	스커트	83
인기	638	아이템	81

우선 발생기로서 1시기(2010년 5월~2014년 12월)의 총 언론의 보도 건수는 736건이고 잡지 기사의 수는 98건이다. 언론 뉴스 보도의 출현 빈도수가 가장 높은 단어는 '패션'이고 총 2,119회였다. 언론 뉴스 보도는 여러 주제를 가지고 기사를 작성하기 때문에 패션에 대한 주제를 가진 기사임을 나타내기 위해 '패션'단어가 높게 나타났다. 반면 패션 전문 잡지 기사에서는 '가격미정'이 총 308회로 출현 빈도수 1위를 차지하였다. 이는 패션 기사에는 제품 소개가 많고 제품 출시 전 소개 및 홍보용으로 제품 설명하는 경우가 많기 때문에 '가격미정'의 빈도가 높게 나타났다(<표 3> 참조).

(2) 제2시기에 나타난 레트로 패션 관련 주요 단어

확장기로서 2시기(2015년 1월~2017년 12월)의 레트로 관련 언론 뉴스 보도의 건수는 853건, 잡지 기사는 304건을 수집하였다. 2시기는 언론 뉴스 보도와 패션 전문 잡지의 주요 단어 중 '레트로'가 3위를 차지했다. 언론 뉴스 보도의 고빈도 단어를 보면 패션에 대한 묘사뿐만 아니라 '복고', '인기', '트렌드' 등 레트로 열풍 현상에 대한 단어도 나타났다. 패션 전문 잡지는 '컬러', '컬렉션' '디자이너' 등 디자인 측면에서 레트로 관련 내용이 구성되었다. 2시기에는 두 매체에 나타난 레트로 패션 관련 주요 단어는 패션 스타일이나 제품을 설명하는 단어로 비슷한 성향을 가졌으며 큰 차이를 보이지 않았다(〈표 4〉 참조).

〈표 4〉 2시기 언론 뉴스 보도와 패션 전문 잡지에 등장한 주요 단어 및 빈도수

언론 뉴스 보도		패션 전문 잡지	
주요 단어	출연 빈도수	주요 단어	출연 빈도수
패션	2044	컬러	677
브랜드	1321	패션	463
레트로	1223	레트로	434
스타일	1082	룩	382
컬러	1060	스타일	357
디자인	947	코트	318
아이템	898	컬렉션	302
연출	734	가격	268
매치	720	디자인	252
제품	718	메이크업	247
컬렉션	704	팬츠	233
인기	700	디자이너	218
소재	671	시즌	216
선글라스	665	브랜드	215
시즌	655	패턴	213

(3) 제3시기에 나타난 레트로 패션 관련 주요 단어

성숙기로서 3시기(2018년 1월~2020년 5월)의 레트로 관련 언론 뉴스 보도의 건수는 1,092건, 패션 잡지의 기사는 361건을 수집하였다. 언론 뉴스 보도에서 '패션(3,046회)'의 출현 빈도수가 가장 많았고 '브랜드', '레트로', '다자인', '스타일', '제품', '컬러',

'인기', '출시', '트렌드', '아이템', '복고' 등이 뒤를 이었다. 패션 전문 잡지의 본문의 주요 단어 중 출현 빈도수를 기준으로 상위 15개의 주요 단어를 선정하였는데, '컬러(695)'가 출현빈도수 1위를 차지하였다. '룩'이 두 번째로 나타났으며 '패션', '스타일', '레트로', '컬렉션', '브랜드', '드레스', '아이템', '디자인', '재킷', '패턴', '시즌' 등이 이어서 등장하였다(〈표 5〉 참조). 3시기에는 '레트로'의 횟수가 증가하고 두 매체에서 레트로 패션에 대한 단어가 집중적으로 나타났다. 특히 주목할 점은 언론 뉴스 보도에서 '뉴트로'라는 단어가 새롭게 등장하였고 높은 빈도수(783회)로 도출되었다.

〈표 5〉 3시기 언론 뉴스 보도와 패션 전문 잡지에 등장한 주요 단어 및 빈도수

언론 뉴스 보도		패션 전문 잡지	
주요 단어	출연 빈도수	주요 단어	출연 빈도수
패션	3046	컬러	695
브랜드	2641	룩	621
레트로	2043	패션	567
디자인	1410	스타일	507
스타일	1338	레트로	375
제품	1321	컬렉션	357
컬러	1188	브랜드	319
인기	1176	드레스	317
출시	1158	아이템	317
트렌드	1136	디자인	314
아이템	1013	재킷	312
복고	848	패턴	300
재킷	841	시즌	290
사진	823	매치	272
상품	817	연출	254

2) 시기별 레트로 패션 관련 언론 뉴스 보도 분석

(1) 제1시기에 나타난 주요 단어 중심성 및 의미연결망 군집 분석

가. 언론 뉴스 보도 1시기 중심성 및 의미연결망 분석

　연구 문제 2에서는 언론 뉴스 보도와 패션 전문 잡지가 레트로 관련 의제를 구성할 때 사용하는 언어구조를 조사하였다. 주요 단어의 출현 빈도수를 비교 분석할 뿐만 아니라 의미연결망을 통하여 이러한 단어들이 서로 어떻게 연결되어 어떠한 의미를 제시하는지를 정확히 파악할 수 있다. 각 단어는 원형의 노드(vertex)로 나타냈고, 원형 노드의 크기는 각 단어의 출현 빈도수를 보여준다. 노드 간의 연결선(edge)은 단어 간의 연결을 의미하여 선의 굵기는 기사에서 동시에 등장한 빈도수에 비례하여 노드 간의 연결 강도를 나타낸다. 다른 단어와 공동 출현 빈도가 높은 단어는 중앙에 위치하며 단어 간의 관계가 밀접할 경우에 상호 가까이 놓이는 경향이 있다(정수영, 황경호, 2015). 수집한 레트로 관련 언론 뉴스 보도에서 '공공 출현 단어'를 추출하고 '공공 출현 빈도수'를 기준으로 상위 1,000개의 단어를 선정하여 각 시기의 의미연결망을 구축했다.

　〈그림 5〉는 1시기 언론 뉴스 보도의 레트로 관련 기사 내용에서 추출한 주요 단어 중 고빈도 단어로 형성된 의미연결망을 시각화한 자료이다. 살펴보면 '스타일'을 중심으로 '선글라스', '레트로', '아이템' 등이 주위에 크게 나타난다. 또한, 연결선의 굵기를 보면 '스타일'은 '레트로'와 가장 밀접한 관계를 보이고 있다. 이외에 '완성', '앞머리' 등도 밀접한 관계를 보였다.

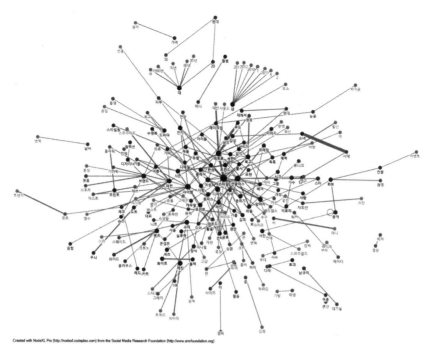

Created with NodeXL Pro (http://nodexl.codeplex.com) from the Social Media Research Foundation (http://www.smrfoundation.org)

〈그림 5〉 언론 뉴스 보도 1시기 의미연결망(연결정도≥14)

나. 언론 뉴스 보도 1시기 군집 및 프레임 유형 분석

주요 단어들의 출현 빈도수의 분석을 통해 레트로 패션과 관련된 기사의 전달 패턴을 분석할 수 있다. 그러나 언론이 레트로 패션에 대하여 주로 어떤 공적 지식을 형성하는지, 토픽 안에 어떠한 단어가 포함되어 있는지에 대한 자세한 분석이 필요하다. 이를 위해 언론 뉴스 보도 의제와 레트로 관련 패션 전문 잡지의 의미화를 위하여 선택된 상위 1,000개 공동 출현 단어를 노드엑셀의 군집화 기능이 있는 Clauset-Newman-Moore 알고리즘을 활용하여 관련 군집을 세밀하게 나누고 사용한 군집 유형을 비교 분석하였다.

〈그림 6〉은 1시기 언론 뉴스 보도에서 사용된 주요 단어의 군집을 나타낸 자료이다. 알고리즘을 통해 12개의 군집으로 분류되었고 상위 주요 단어를 기준으로 세부 토픽을 정하였다. 〈표 6〉은 각 군집에서 상위에 속한 단어들의 중심성 값을 나타내었다. 내용을 종합하면 1시기에 언론 뉴스 보도에서는 세부토픽을 기준으로 의복 스타일(군집1, 군집2, 군집3, 군집7), 제품 정보(군집9), 경제적 정보(군집6), 미디어 및 연예인(군집4, 군집8, 군집11, 군집12), 사회 문화(군집5)의 기준으로 다섯 가지 프레임을 바탕으로 의제 네

트워크를 구성하고 대중에게 보도하였다.

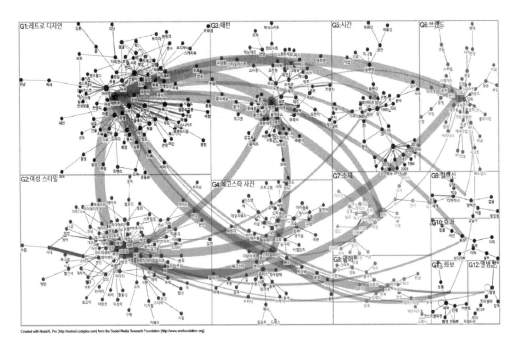

〈그림 6〉 언론 뉴스 보도 1시기의 의미연결망 군집 분석

〈표 6〉 언론 뉴스 보도 1시기의 프레임 유형 및 주요단어

프레임	군집	세부토픽	상위 주요 단어	중심성			
				연결정도 중심성	매개 중심성	근접 중심성	아이겐벡터 중심성
의복 스타일 프레임	G1	레트로 스타일	아이템	36	19855.781	0.001	0.025
			선글라스	36	17500.523	0.001	0.023
			레트로	33	19336.858	0.001	0.025
			복고	18	6207.607	0.001	0.012
	G2	여성 스타일	스타일	66	42344.210	0.001	0.046
			여성	22	12357.701	0.001	0.018
			앞머리	21	14433.524	0.001	0.008
	G3	패턴	패턴	19	9365.034	0.001	0.010
			화이트	11	2161.980	0.000	0.002
			프린트	9	2360.769	0.000	0.002

			무늬	4	1735.578	0.000	0.000
	G7	소재	소재	18	4947.458	0.001	0.005
			장식	10	2398.088	0.001	0.003
			빈티지	4	554.794	0.001	0.006
			가죽	3	341.168	0.000	0.001
제품 정보 프레임	G9	컬렉션	디자이너	6	2714.793	0.000	0.002
			컬렉션	4	2103.000	0.000	0.001
경제적 정보 프레임	G6	브랜드	브랜드	22	8178.069	0.001	0.005
			메이크업	8	2371.667	0.001	0.003
			루나	3	600.384	0.000	0.000
			명품	3	625.937	0.000	0.000
미디어 및 연예인 프레임	G4	복고스 타 사진	사진	13	10092.352	0.001	0.004
			공효진	9	2931.903	0.001	0.004
			남규리	4	1459.612	0.000	0.000
			현빈	3	561.507	0.000	0.000
	G8	영화	영화	6	1714.778	0.000	0.000
			주연	2	528.000	0.000	0.000
			흥행	2	170.780	0.000	0.000
			건축학	1	0.000	0.000	0.000
	G1 1	화보	화보	11	3785.535	0.000	0.001
			눈꽃	3	904.612	0.000	0.000
			촬영	2	0.000	0.000	0.000
	G1 2	앨범	앨범	5	1139.335	0.000	0.000
			재킷사진	2	960.665	0.000	0.001
			워너비	2	14.060	0.000	0.000
사회 문화 프레임	G5	시간	년	19	8161.294	0.001	0.004
			향수	3	1055.000	0.000	0.000
			과거	1	0.000	0.000	0.000
			역사	1	0.000	0.000	0.000

(2) 제2시기에 나타난 주요 단어 중심성 및 의미연결망 군집 분석

가. 언론 뉴스 보도 2시기 중심성 및 의미연결망 분석

〈그림 7〉은 2시기 언론 뉴스 보도에서의 레트로 관련 기사 내용에서 고빈도 단어들에
의해 형성된 의미연결망을 시각화한 자료이다. '브랜드'를 중심으로 '레트로', '스타일',

'디자인' 등이 주위에 크게 나타난다. 또한 연결선의 굵기로 '브랜드'와 '스포츠'의 밀접한 관계가 확인된다.

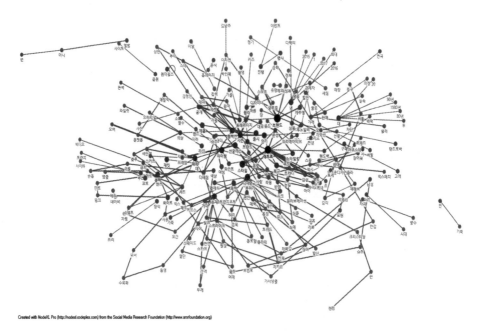

〈그림 7〉 언론 뉴스 보도 2시기 의미연결망(연결정도≥19)

나. 언론 뉴스 보도 2시기 군집 및 프레임 유형 분석

　〈그림 8〉은 2시기 언론 뉴스 보도에서의 주요 단어들의 군집을 나타낸 것이다. 알고리즘을 통해 12개의 군집으로 분류되었고 상위 주요 단어를 기준으로 세부 토픽을 정하였다. 〈표 7〉은 각 군집에서 상위에 속한 주요 단어의 중심성 값을 나타냈다. 종합하면 2시기에 언론 뉴스 보도는 하부 토픽을 기준으로 의복 스타일 프레임(군집1, 군집2, 군집3, 군집8), 제품 정보 프레임(군집9, 군집10, 군집12), 경제적 정보 프레임(군집6, 군집11), 미디어 및 연예인 프레임(군집4), 사회 문화 프레임(군집5, 군집7)의 5가지의 프레임을 바탕으로 의제 네트워크를 구성하고 대중에게 보도하였다.

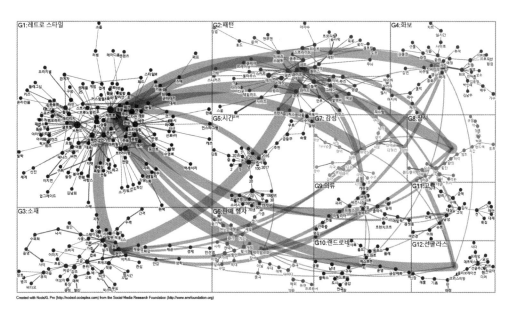

Created with NodeXL Pro (http://nodexl.codeplex.com) from the Social Media Research Foundation (http://www.smrfoundation.org)

〈그림 8〉 언론 뉴스 보도 2시기 의미연결망 군집 분석

〈표 7〉 언론 뉴스 보도 2시기의 프레임 유형 및 주요 단어

프레임	군집	세부 토픽	상위 주요 단어	중심성			
				연결정도 중심성	매개 중심성	근접 중심성	아이겐벡 터 중심성
의복 스타일 프레임	G1	레트로 스타일	레트로	42	27343.488	0.001	0.037
			스타일	29	12162.200	0.001	0.025
			디자인	27	13242.851	0.001	0.022
			복고	16	2614.749	0.001	0.019
			휠라	11	3298.341	0.001	0.007
	G2	패턴	블랙	16	3615.070	0.000	0.002
			화이트	14	3113.434	0.000	0.002
			패턴	13	7136.405	0.001	0.004
			스트라이프	8	2291.776	0.000	0.001
	G3	소재	소재	18	7250.948	0.001	0.004
			분위기	14	3144.897	0.001	0.009
			여성	10	5809.009	0.001	0.004
	G8	장식	장식	7	1823.251	0.000	0.001

			가미	6	1077.670	0.000	0.001
			핸드백	5	1158.747	0.001	0.004
제품 정보 프레임	G9	의류	캐주얼	10	5299.607	0.001	0.007
			의류	5	1631.407	0.001	0.004
			슈즈	5	2024.445	0.001	0.004
			청바지	2	366.784	0.000	0.001
	G10	랜드로바	랜드로바	5	1238.531	0.000	0.001
			금강제화	4	1109.936	0.000	0.000
			르느와르	4	1923.985	0.000	0.000
			구두	3	638.8	0.000	0.000
	G12	선글라스	선글라스	20	11823.649	0.001	0.017
			프레임	3	763.602	0.000	0.002
			렌즈	3	0.500	0.000	0.002
경제적 정보 프레임	G6	판매행사	가격	8	2583.713	0.001	0.003
			행사	6	1646.920	0.000	0.001
			판매	6	4270.242	0.000	0.003
			할인	6	1790.612	0.001	0.004
	G11	고객	구매	6	2596.537	0.000	0.002
			고객	5	1839.281	0.000	0.000
			남성	4	1228.296	0.000	0.000
미디어 및 연예인 프레임	G4	화보	공개	17	16644.971	0.001	0.004
			화보	11	7553.506	0.001	0.009
			가수	3	598.543	0.000	0.000
사회 문화 프레임	G5	시간	향수	3	1055.000	0.000	0.000
			과거	1	0.000	0.000	0.000
			1980년	1	0.000	0.000	0.000
			1994	1	0.000	0.000	0.000
	G7	감성	감성	9	3788.585	0.001	0.007
			사랑	7	2522.278	0.001	0.006
			표현	5	775.549	0.000	0.002
			감각	4	208.240	0.000	0.003

(3) 제3시기에 나타난 주요 단어 중심성 및 의미연결망 군집 분석

가. 언론 뉴스 보도 3시기 중심성 및 의미연결망 분석

〈그림 9〉는 3시기 언론 뉴스 보도의 레트로 관련 기사를 고빈도 단어들로 형성된 의미 연결망을 시각화한 내용이다. 1시기와는 다르게 2시기, 3시기에서는 '레트로', '브랜드' 가 가장 높은 점수로 나타났다. 이는 레트로가 하나의 브랜드로써 변화하게 된 것을 알수 있다. 또한 신조어인 '뉴트로'의 등장으로 레트로 패션이 새롭게 발전하는 것으로 볼수 있다.

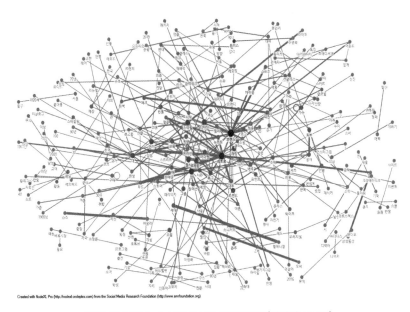

〈그림 9〉 언론 뉴스 보도 3시기 의미연결망(연결정도≥19)

나. 언론 뉴스 보도 1시기 군집 및 프레임 유형 분석

〈그림 10〉은 3시기 언론 뉴스 보도에서 주요 단어들의 군집을 나타냈다. 알고리즘을 통해 12개의 군집으로 분류되었고 상위 주요 단어를 기준으로 세부 토픽을 정하였다. 〈표 8〉은 각 군집에서 주요 단어들의 중심성 값을 나타냈다. 각 군집에서 구성된 토픽에 의하여 해당 군집이 속한 프레임 유형을 판단할 수 있다. 내용을 종합하면 3시기의 언론 뉴스 보도에서는 세부 토픽을 기준으로 의복 스타일(군집1, 군집3, 군집10), 제품 정보

(군집2), 경제적 정보(군집5), 미디어 및 연예인(군집6, 군집8, 군집9, 군집11, 군집12), 사회 문화(군집4, 군집7)의 5가지의 프레임을 바탕으로 의제 네트워크를 구성하고 대중에게 보도한다.

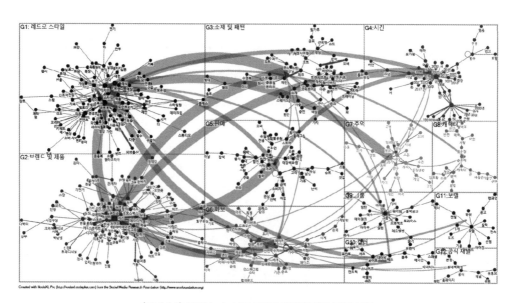

〈그림 10〉 언론 뉴스 보도 3시기 의미연결망 군집 분석

〈표 8〉 언론 뉴스 보도 3시기 프레임 유형 및 주요 단어

프레임	군집	세부 토픽	상위 주요 단어	중심성			
				연결정도 중심성	매개 중심성	근접 중심성	아이겐벡터 중심성
의복 스타일 프레임	G1	레트로 스타일	레트로	46	44950.815	0.001	0.034
			스타일	26	18367.240	0.001	0.022
			인기	25	13745.072	0.001	0.023
			트렌드	19	6125.408	0.001	0.012
	G3	소재 및 패턴	소재	11	2049.367	0.000	0.004
			체크	10	3378.589	0.000	0.002
			패턴	8	2295.050	0.000	0.003
			색상	6	1620.266	0.001	0.005
	G10	컬러	화이트	6	1634.687	0.000	0.001
			블루	4	2347.992	0.001	0.003
			레드	4	450.259	0.000	0.001

			브랜드	61	39784.562	0.001	0.040
제품 정보 프레임	G2	브랜드 및 제품	출시	26	18519.633	0.001	0.025
			제품	23	10509.612	0.001	0.023
			상품	16	13459.064	0.001	0.017
경제적 정보 프레임	G5	판매	판매	12	7951.966	0.000	0.006
			매장	9	4334.049	0.000	0.002
			할인	8	2006.872	0.000	0.003
			구매	8	3658.382	0.000	0.004
미디어 및 연예인 프레임	G6	화보	화보	15	5211.165	0.000	0.003
			가수	12	4646.161	0.000	0.001
			사진	11	5125.164	0.001	0.007
			배우	10	2879.118	0.000	0.002
	G8	캐릭터	캐릭터	3	2346.135	0.000	0.000
			배용준	2	1090.000	0.000	0.000
			재현	2	407.852	0.000	0.000
			강호동	1	0.000	0.000	0.000
	G9	아이돌 그룹	블랙핑크	2	546.000	0.000	0.000
			마마무	2	546.000	0.000	0.000
			레드벨벳	2	546.000	0.000	0.000
			방탄	2	546.000	0.000	0.000
	G11	모델	모델	13	6521.416	0.001	0.006
			광고	2	94.002	0.000	0.001
			캠페인	2	44.587	0.000	0.000
			켄달	2	546.000	0.000	0.000
	G12	공식 채널	공식	4	2889.443	0.000	0.001
			채널	3	1091.000	0.000	0.000
			홈페이지	2	546.000	0.000	0.000
			유튜브	1	0.000	0.000	0.000
사회 문화 프레임	G4	시간	년	33	17142.231	0.001	0.012
			대	22	9678.883	0.001	0.008
			여름	6	1668.995	0.000	0.003
			1993	1	0.000	0.000	0.001
	G7	추억	세대	12	5741.138	0.000	0.003
			과거	8	2801.804	0.000	0.004
			추억	6	1153.143	0.000	0.001
			향수	4	32.499	0.000	0.001

3) 시기별 레트로 관련 패션 전문 잡지 기사 분석

(1) 제1시기에 나타난 주요 단어 중심성 및 의미연결망 군집 분석

가. 패션 전문 잡지 1시기 중심성 및 의미연결망 분석

〈그림 11〉에서는 1시기 패션 전문 잡지의 레트로 관련 기사 내용에서 추출한 고빈도 단어로 형성된 의미연결망을 시각화하였다. '시대'를 중심으로 '슈즈', '레트로', '선글라스' 등이 주위에 크게 나타났다. 또한, 연결선의 굵기를 보면 '60년', '80년'과 가장 밀접한 관계를 보였다.

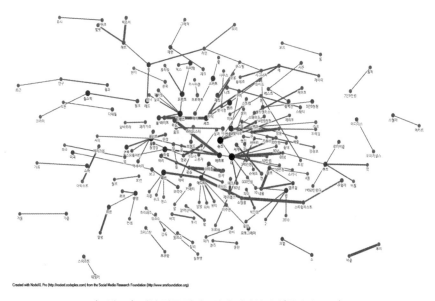

〈그림 11〉 패션 전문 잡기 1시기 의미연결망(연결정도≥4)

나. 패션 전문 잡지 1시기 군집 및 프레임 유형

〈그림 12〉는 1시기 패션 전문 잡지에서의 주요 단어들의 군집을 나타낸 자료이다. 알고리즘을 통해 12개의 군집으로 분류되었고 상위 주요 단어를 기준으로 세부 토픽을 정하였다. 〈표 9〉는 각 군집에서 상위로 선정된 주요 단어의 중심성 값을 나타낸 것이다. 내용을 종합하면 1시기에 패션 전문 잡지에서는 주로 의복 스타일(군집1, 군집7, 군집

10, 군집12), 제품 정보(군집2, 군집5, 군집8, 군집9), 경제적 정보(군집11), 미디어 및 연예인(군집6), 사회 문화(군집3, 군집4)의 다섯 가지 프레임을 바탕으로 의제 네트워크를 구성하여 독자에게 제공한다.

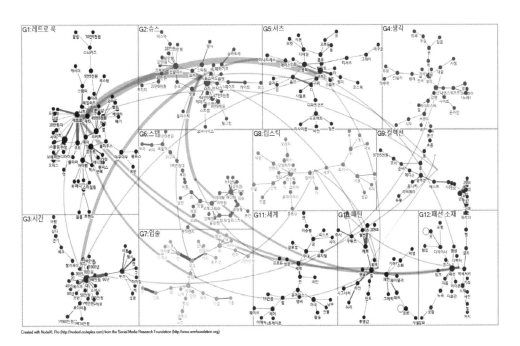

〈그림 12〉 패션 전문 잡지 1시기 의미연결망 군집 분석

〈표 9〉 패션 전문 잡지 1시기 프레임 유형 및 주요 단어

프레임	군집	세부토픽	상위 주요 단어	중심성			
				연결정도 중심성	매개 중심성	근접 중심성	아이겐벡터 중심성
의복 스타일 프레임	G1	레트로 룩	룩	15	8109.040	0.000	0.012
			레트로	13	14033.417	0.000	0.020
			팬츠	13	9574.187	0.000	0.024
			무드	7	3315.636	0.000	0.011
	G7	입술	입술	7	4385.971	0.000	0.000
			생동감	3	3076.123	0.000	0.002
			누드	3	1990.010	0.000	0.002
			가을	3	2209.520	0.000	0.000

	G10	패턴	패턴	6	2657.091	0.000	0.001
			매트	5	3381.200	0.000	0.000
			꾸뛰르	3	931.000	0.000	0.000
			텍스처	3	1372.356	0.000	0.000
	G12	패션 소재	패션	13	17208.242	0.000	0.005
			소재	6	2059.475	0.000	0.001
			디자이너	4	1395.000	0.000	0.001
			뉴욕	3	2327.686	0.000	0.003
제품 정보 프레임	G2	슈즈	슈즈	23	36958.723	0.001	0.042
			스타킹	6	10131.199	0.000	0.012
			찰스앤키스	5	3824.245	0.000	0.011
			8만9천원	3	466.000	0.000	0.009
	G5	셔츠	셔츠	12	6743.040	0.000	0.019
			블랙	9	5341.440	0.000	0.014
			티셔츠	3	1025.218	0.000	0.004
	G8	립스틱	립스틱	13	9497.912	0.000	0.002
			발라주	4	5967.143	0.000	0.001
			글로스	3	466.000	0.000	0.000
	G9	컬렉션	컬렉션	6	5320.437	0.000	0.003
			시즌	3	1446.781	0.000	0.001
			리비에라	2	466.000	0.000	0.000
			코치	2	466.000	0.000	0.000
경제적 정보 프레임	G11	세계	미국	6	13047.645	0.000	0.000
			세계	4	4587.000	0.000	0.000
			글로벌	1	0.000	0.000	0.000
미디어 및 연예인 프레임	G6	스탭	에디터	10	9661.708	0.000	0.004
			포토그래퍼	6	3843.515	0.000	0.000
			모델	4	2390.256	0.000	0.000
			스탭	4	3471.352	0.000	0.000
사회 문화 프레임	G3	시간	대	24	18528.934	0.000	0.034
			60년	2	3672.000	0.000	0.006
			40년	1	0.000	0.000	0.006
			1960년	1	0.000	0.000	0.006
	G4	생각	생각	11	13629.494	0.000	0.000
			자신	6	5411.667	0.000	0.000
			대중	2	466.000	0.000	0.000
			한국	1	0.000	0.000	0.000

(2) 제2시기에 나타난 주요 단어 중심성 및 의미연결망 군집 분석

가. 패션 전문 잡지 2시기 중심성 및 의미연결망 분석

　〈그림 13〉은 2시기 패션 전문 잡지에서의 레트로 관련 기사 내용에서 추출한 고빈도 단어로 형성된 의미연결망을 시각화한 자료이다. '코트', '스타일', '레트로'가 크게 나타났다. 또한 연결선의 굵기를 보면 '레트로'와 '무드'는 밀접한 관계를 보였다.

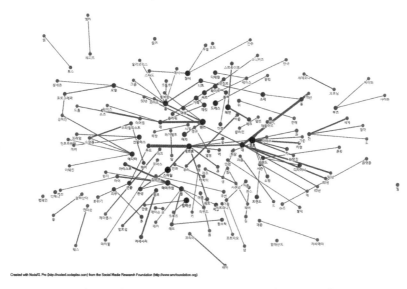

〈그림 13〉 패션 전문 잡기 2시기 의미연결망(연결정도≥8)

나. 패션 전문 잡지 2시기 군집 및 프레임 유형

　〈그림 14〉에는 2시기 패션 전문 잡지에서 주요 단어들의 군집을 나타냈다. 알고리즘을 통해 12개의 군집으로 분류되었고 상위 주요 단어를 기준으로 세부 토픽을 정하였다. 〈표 10〉에는 각 군집에서 상위에 속한 주요 단어들의 중심성 값을 나타냈다. 종합하면 2시기에 패션 전문 잡지에서는 세부토픽을 기준으로 의복 스타일(군집1, 군집3, 군집6, 군집9, 군집11), 제품 정보(군집2, 군집4, 군집8, 군집10), 경제적 정보(군집5), 미디어 및 연예인(군집7), 사회 문화(군집12)의 다섯 가지 프레임을 바탕으로 의제 네트워크를 구성하여 독자에게 제공한다.

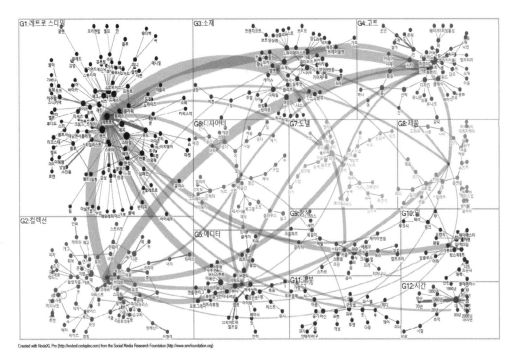

Created with NodeXL Pro (http://nodexl.codeplex.com) from the Social Media Research Foundation (http://www.smrfoundation.org)

〈그림 14〉 패션 전문 잡지 2시기 의미연결망 군집 분석

〈표 10〉 패션 전문 잡지 2시기 프레임 유형 및 주요 단어

프레임	군집	세부토픽	상위 주요 단어	중심성			
				연결정도 중심성	매개 중심성	근접 중심성	아이겐벡터 중심성
의복 스타일 프레임	G1	레트로 스타일	스타일	25	34966.430	0.001	0.027
			팬츠	21	14160.399	0.000	0.027
			패턴	18	8960.123	0.000	0.016
			레트로	18	32624.801	0.001	0.022
	G3	소재	소재	12	9000.612	0.000	0.004
			가죽	11	8561.245	0.000	0.006
			니트	10	5101.351	0.000	0.008
			디테일	9	4410.695	0.000	0.004
	G6	디자이너	디자이너	8	6353.471	0.000	0.002
			생각	5	3426.000	0.000	0.000
			디렉터	5	1841.587	0.000	0.000
			공간	3	1147.000	0.000	0.000
	G9	장식	장식	17	11211.741	0.000	0.002

			목걸이	3	1718.000	0.000	0.000
			메탈	3	2854.000	0.000	0.000
			체인	2	574.000	0.000	0.000
	G11	피부	피부	7	3156.099	0.000	0.003
			자신	6	6711.896	0.000	0.004
			표현	3	854.402	0.000	0.001
			투명	1	0.000	0.000	0.000
제품 정보 프레임	G2	컬렉션	컬렉션	20	14479.429	0.000	0.010
			메이크업	17	17988.712	0.000	0.014
			트렌드	9	4629.471	0.000	0.007
			시즌	8	5430.298	0.000	0.004
	G4	코트	코트	29	30582.425	0.000	0.018
			디자인	8	6619.603	0.000	0.009
			클래식	7	1860.403	0.000	0.006
			론칭	2	191.273	0.000	0.001
	G8	제품	제품	8	8466.712	0.000	0.004
			부츠	7	3647.449	0.000	0.001
			스트랩	4	2267.747	0.000	0.000
			슈즈	3	2027.962	0.000	0.001
	G10	립	립	13	13354.804	0.000	0.006
			레드	6	2198.280	0.000	0.001
			립스틱	5	1316.514	0.000	0.001
			매트	5	6545.612	0.000	0.004
경제적 정보 프레임	G5	에디터	에디터	13	6246.788	0.000	0.007
			엘르	7	1971.421	0.000	0.002
			인터내셔널	4	175.178	0.000	0.002
			포토그래퍼	4	352.776	0.000	0.001
미디어 및 연예인 프레임	G7	모델	모델	11	7431.367	0.000	0.002
			쇼	9	7171.601	0.000	0.003
			뉴욕	5	3413.075	0.000	0.002
			샤넬	3	2287.000	0.000	0.000
사회 문화 프레임	G12	시간	추억	2	1146.000	0.000	0.001
			시절	2	574.000	0.000	0.000
			향수	1	0.000	0.000	0.001
			1980년	1	0.000	0.000	0.001

(3) 제3시기에 나타난 주요 단어 중심성 및 의미연결망 군집 분석

가. 패션 전문 잡지 중심성 및 의미연결망

〈그림 15〉는 3시기 패션 전문 잡지에서의 레트로 관련 기사 내용에서 추출한 고빈도 단어들로 형성된 의미연결망을 시각화한 자료이다. '스타일', '레트로', '년'이 크게 나타났다. 연결선의 굵기를 보면 1시기와 같이 '레트로'와 '무드'는 밀접한 관계를 보였다.

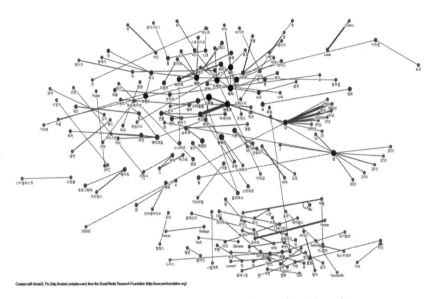

Created with NodeXL Pro (http://nodexl.codeplex.com) from the Social Media Research Foundation (http://www.smrfoundation.org)

〈그림 15〉 패션 전문 잡기 3시기 의미연결망(연결정도≥9)

나. 3시기 패션 전문 잡지 군집 및 프레임 유형

〈그림 16〉에는 3시기 패션 전문 잡지에서의 주요 단어의 군집을 나타냈다. 알고리즘을 통해 12개의 군집으로 분류되었고 상위 주요 단어를 기준으로 세부 토픽을 정하였다. 〈표 11〉은 각 군집에서 주요 단어들의 중심성 값을 나타낸 것이다. 내용을 종합하면 3시기에 패션 전문 잡지에서는 세부토픽을 기준으로 의복 스타일(군집1, 군집5, 군집7), 제품 정보(군집2, 군집4, 군집9, 군집10), 경제적 정보(군집3, 군집12), 미디어 및 연예인(군집11), 사회 문화(군집6, 군집8)의 다섯 가지의 프레임을 바탕으로 의제 네트워크를 구성하여 독자에게 제공한다.

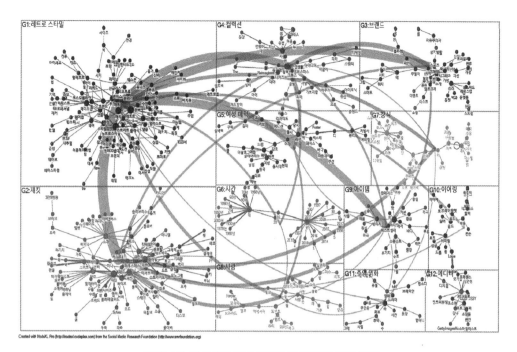

〈그림 16〉 패션 전문 잡지 3시기 의미연결망 군집 분석

〈표 11〉 패션 전문 잡지 3시기 프레임 유형 및 주요 단어

프레임	군집	세부토픽	상위 주요 단어	중심성			
				연결정도 중심성	매개 중심성	근접 중심성	아이겐벡터 중심성
의복 스타일 프레임	G1	레트로 스타일	스타일	28	18377.730	0.001	0.023
			레트로	26	37510.529	0.001	0.029
			무드	14	11792.702	0.000	0.010
			연출	9	6226.855	0.000	0.007
	G5	여성 매력	매력	8	7106.689	0.000	0.001
			라인	8	5093.234	0.000	0.001
			여성	6	5101.011	0.000	0.001
			강조	4	2234.622	0.000	0.001
	G7	장식	장식	11	4052.287	0.000	0.003
			피부	6	5265.349	0.000	0.001
			쿠튀르	3	1087.000	0.000	0.000
			리본	3	619.917	0.000	0.001
제품 정보 프레임	G2	재킷	재킷	23	9947.821	0.000	0.028

		드레스	19	11159.572	0.000	0.023
		패턴	19	12749.979	0.000	0.019
		팬츠	18	10255.814	0.000	0.025
G4	컬렉션	컬렉션	18	21964.494	0.000	0.005
		시즌	13	8376.782	0.000	0.003
		스니커즈	7	8321.036	0.000	0.011
		샤넬	5	3672.820	0.000	0.001
G9	아이템	아이템	16	17560.891	0.001	0.012
		빈티지	7	2785.311	0.000	0.006
		스윔슈트	5	892.676	0.000	0.003
		제품	4	2120.240	0.000	0.002
G10	이어링	이어링	6	2320.625	0.000	0.000
		골드	6	6864.260	0.000	0.000
		볼드	3	7491.878	0.000	0.002
		착용	3	3239.000	0.000	0.000
경제적 정보 프레임	G3	브랜드	브랜드	18	12431.467	0.000	0.004
		슈즈	8	5591.391	0.000	0.005
		주얼리	5	4857.081	0.000	0.003
		시그너처	3	1808.534	0.000	0.005
G12	에디터	에디터	10	86.500	0.050	0.000
		포토그래퍼	6	28.500	0.037	0.000
		소장품	3	27.000	0.033	0.000
		조소현	2	0.000	0.032	0.000
미디어 및 연예인 프레임	G11	추억 영화	영화	4	1309.389	0.000	0.000
		추억	3	1628.000	0.000	0.000
		보헤미안	3	1267.969	0.000	0.001
		드라마	3	544.000	0.000	0.000
사회 문화 프레임	G6	시간	년	22	10035.612	0.000	0.001
		대	16	10582.718	0.000	0.005
		1994	1	0.000	0.000	0.000
		Z세대	1	0.000	0.000	0.001
G8	사랑	사랑	7	5265.752	0.000	0.000
		사람	5	2875.200	0.000	0.000
		브라이드	2	544.000	0.000	0.000
		코리아	2	544.000	0.000	0.000

4) QAP 분석에 의한 미디어 간 의제설정 분석

토픽분석에 나타난 언론 뉴스 보도와 패션 전문 잡지에 나타난 레트로 관련 보도의 의미연결망을 단어 중심성과 군집으로 분석하여 추출된 주요 단어와 프레임을 살펴보았다. 그러나 의미연결망을 통한 프레임 분석은 편파적이기 때문에 설득력이 부족한 약점이 있다. 이러한 약점을 보완하고 연구문제4에 대한 결과를 도출해내기 위해 QAP 상관분석을 하여 미디어 간 상관관계를 검증하였다.

레트로 관련 데이터에서 같은 시기에 공통적으로 등장한 100개의 주요 단어를 뽑아 각 단어 간의 매트릭스를 6개로 분류하였다. 다음으로 UCINET 소프트웨어의 QAP 상관분석을 이용하여 관계를 분석하였다. 추출된 수치를 통해 매체 간 네트워크 의제설정의 유사성을 판단하였다.

〈표 12〉와 〈그림 17〉은 UCINET의 QAP 상관분석을 이용한 레트로 관련 언론 뉴스 보도와 패션 전문 잡지의 분석 결과이다. 매트릭스는 모두 유의미한 양(+)의 상관관계를 보였다. 언론 뉴스 보도 미디어의 시기별 상관관계는 1시기와 2시기, 1시기와 3시기가 동일한 수치($r = .143$, $p <.001$)를 보였다. 언론 뉴스 보도 2시기와 3시기의 상관계수는 .098 ($P <.001$)로 유의미한 상관관계를 나타냈다. 따라서 시기별로 언론 뉴스 보도에는 레트로 패션과 관련한 의제설정이 지속적으로 유지되었다. 특히 1시기와 2시기, 1시기와 2, 3시기가 동일한 상관관계를 보이는 결과는 1시기가 2, 3시기에 미치는 영향력의 유사성과 지속성을 의미한다. 2시기는 지속적으로 전통적인 레트로 주제에 대한 기사를 보도하였다. 3시기에는 레트로의 새로운 방식으로 '뉴트로' 열풍을 다룬 내용이 등장하여 2시기와 3시기의 상관계수($r = .098$, $p <.001$)는 비교적으로 낮게 나타났다.

패션 전문 잡지의 시기별 상관관계 분석 결과, 1시기와 3시기에서 높은 상관관계($r = .292$, $p <.001$)를 보였다. 패션 전문 잡지 1시기와 2시기의 상관계수는 .200 ($p <.001$)로 긍정적 양(+)의 상관관계로 나타났다. 또한, 1시기와 2시기의 상관계수는 .175($p <.001$)로 다소 낮지만 긍정적인 상관관계를 보였다. 따라서 패션 전문 잡지에서도 시기별로 유사한 의제설정 상관관계가 존재하며 레트로의 언급에 유사한 프레임을 이용하였다. 패션 전문 잡지의 매체별 상관관계는 언론 뉴스 보도보다 더욱 긍정적인 결과를 보였

다. 이는 패션 전문 잡지는 레트로 관련 내용을 컬러, 스타일과 같은 몇 가지 패션 토픽에 집중하여 논의한 결과이다. QAP 분석을 통해 언론 뉴스 보도와 패션 전문 잡지 내에서 각각의 레트로 관련 네트워크 의제설정 효과가 존재한다는 결과를 확인하였다.

다음은 레트로에 대한 매체 간의 의제설정 상관성 분석 결과이다. QAP 상관분석 결과를 보면 1시기에는 언론 뉴스 보도와 패션 전문 잡지는 양(+)의 상관관계(r= .123, p⟨.001)로 나타났다. 2시기에는 상관계수가 .169 (p⟨.001)로 1시기보다 높게 나타났으며 여전히 긍정적인 상관관계를 보였다. 3시기의 결과는 상관계수 .170(p⟨.001)로 유의미한 양(+)의 상관성을 나타냈다. 정리하면 3개의 분석시기에 언론 뉴스 보도 미디어와 패션 전문 잡지 미디어의 긍정적인 의제설정 상관성을 확인할 수 있다.

이외에 패션 전문 잡지 2시기와 언론 뉴스 보도 1시기의 관계(r= .187, p⟨ .001)는 언론 뉴스 보도 2시기와 패션 전문 잡지 1시기의 관계(r= .161, p⟨ .001)보다 밀접한 상관관계로 나타났다. 또한, 패션 전문 잡지 3시기와 언론 뉴스 보도 2시기의 관계(r= .194, p⟨ .001)는 언론 뉴스 보도 3시기와 패션 전문 잡지 2시기의 관계(r= .184, p⟨ .001)보다 높은 상관관계 수치를 나타냈다. 이러한 상관관계 결과는 미디어 의제설정에 있어 앞 시기의 언론 뉴스 보도가 이후 시기의 패션 전문 잡지에 영향을 미치는 결과를 보여준다.

〈표 12〉 시기별·매체별 QAP 상관분석

	뉴스1	뉴스2	뉴스3	잡지1	잡지2	잡지3
뉴스1	1.000	-	-	-	-	-
뉴스2	.147***	1.000	-	-	-	-
뉴스3	.147***	.098***	1.000	-	-	-
잡지1	.123***	.161***	.202***	1.000	-	-
잡지2	.187***	.169***	.184***	.175***	1.000	-
잡지3	.173***	.194***	.170***	.292***	.200***	1.000

주: QAP = quadratic assignment procedure.
***p⟨ .001.

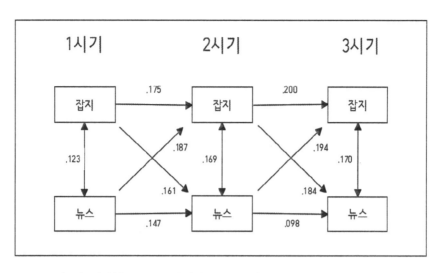

〈그림 17〉 언론 뉴스 보도와 패션 전문 잡지 간 네트워크 의제설정 상관관계

6. 연구 결과 및 연구 함의

1) 연구 결과

　본 연구는 레트로 패션에 대한 매체 간의 네트워크 의제설정 상관성의 존재 여부를 시기별로 분석하였다. 그리고 레트로 패션과 관련된 내용이 언론 뉴스 보도와 패션 전문 잡지 기사에 반영되는 프레임 유형과 그 차이를 분석하였다. 더불어 구오(Guo, L., & McCombs, M., 2011)가 제시한 제3차 의제설정인 네트워크 의제설정 차원에 주목하여 의제설정 효과의 미시적 접근을 시도하였다. 레트로 패션과 관련된 다양한 속성이 형성된 네트워크의 미디어 간 전이 여부를 검토하였다.

　연구에서는 우선 레트로 패션의 프레임 유형을 확인하였다. 전체적으로 언론 뉴스 보도와 패션 잡지 군집 프레임은 군집 유형과 프레임에 소속된 세부 토픽들을 비교해 보았을 때 유형에 있어 유사성을 보이고 있기에 두 매체에서 세부 토픽을 기준으로 의복 스타일', '제품 정보', '경제적 정보', '미디어 및 연예인', '사회 문화'의 5가지 프레임 유형으로 분류할 수 있었다. 하지만 각 프레임의 비중은 다르게 나타났다. 언론 뉴스 보도는

'경제적 정보', '미디어 및 연예인', '사회 문화'와 같은 레트로와 직접 관계된 프레임의 비중이 많았다. 반면 패션 전문 잡지는 '의복 스타일', '제품 정보' 같은 패션 정보에 대한 프레임이 압도적으로 나타났다. 이는 언론 뉴스 보도와 패션 전문 잡지의 성격에 따라 차이가 있다. 언론 뉴스 보도는 레트로 패션 관련 정보를 제공할 뿐만 아니라 문화·경제 전반에 중점을 둔다. 패션 전문 잡지의 기사는 언론 뉴스 보도에 비해 레트로 패션과 관련된 정보를 제공할 때 상세하고 실용적인 내용을 다루었다. 의외로 언론 뉴스 보도에서 '복고 스타 사진', '아이돌 그룹', '화보'를 포함한 미디어 및 연예인의 비중에 큰 반면 패션 전문 잡지는 연예인과 관련된 정보의 비중이 비교적 작고 '모델'과 관련된 정보가 많았다. 사회문화 프레임에서 언론 뉴스 보도는 '과거', '시간'뿐만 아니라 '뉴트로', '감성', '추억'과 같은 향수 문화를 보도하고 패션 전문 잡지는 주로 레트로의 연대와 같은 사실 정보가 나타났다. 이 외에 언론 뉴스 보도의 프레임은 '휠라', '금강구두'와 같은 경제적으로 성장한 브랜드를 보도하는 반면 패션 전문 잡지는 '루이비통'과 같은 하이 브랜드 위주를 다루었다. 내용의 차이는 언론 뉴스 보도와 패션 전문 잡지의 대상이 다르기 때문에 발생하게 된다. 언론 뉴스 보도의 대상은 뉴스의 정보를 원하고 패션 전문 잡지의 대상은 패션에 대한 내용과 업계의 최신 정보를 원한다. 또한 패션 전문 잡지의 경우 광고가 특정한 브랜드와 제품을 비중 있게 다루는데, 이는 패션 전문 잡지에 주요 단어인 '가격 미정'으로 확인할 수 있다. 하지만 언론 뉴스 보도는 광고주로부터 다소 자유롭게 사회에 영향을 주고 화제를 보도하기 때문에 동일한 주제에 대해 큰 차이를 보였다. 더 나아가 레트로 패션 관련 매체의 여러 상관관계 분석을 통해 의제설정의 경로, 미디어 간의 네트워크 의제설정 상관성을 확인하였다. QAP 상관 분석 결과는 시기별 전통언론 뉴스 보도와 패션 전문 잡지 간의 긍정적으로 유의한 상관성을 보였다. 레트로 패션에 대하여 언론 뉴스 보도가 패션 전문 잡지 기사의 의제설정에서 보인 상대적으로 많은 영향력과 매체 간의 네트워크 의제설정 효과를 확인했다.

2) 연구 함의

본 연구에서는 레트로 패션을 제1, 2단계 의제설정 이론을 넘어서 제3단계 이론인 네트워크 의제설정을 조사함으로써 다(多)매체 환경에서 의제설정 이론의 적용을 확대하였고 이론의 발전에 대해 3가지 시사점을 제공하였다. 첫 번째, 새로운 문화 환경에서 의제설정 이론을 적용했다. 이전의 연구는 이미 제1차와 제2차의 의제설정 이론을 선거, 담론의 맥락에 적용하여 실험하였지만 본 연구는 문화적 의제설정 효과를 한국에서 유행한 레트로 패션 분야에서 검증하여 이론 적용의 대상을 일반 생활에 적용되는 문화의제 설정으로 확대하였다. 둘째, 전통언론 뉴스 보도와 패션 전문 잡지의 의제설정 연구가 1, 2차를 거쳐 제3차 이론인 네트워크 의제성정 측면에서의 가능성을 보였고 매체 간 의제설정 효과를 이론적으로 심화하였다. 셋째, 본 연구는 기존의 매체 간 의제설정 연구와 다르게 의제설정의 방향성을 상관관계를 통해 탐색하였다. 두 매체의 각 시기별 적합도와 상관 계수 등을 비교 분석하여 최종적으로 언론 뉴스 보도에서 패션 전문 잡지로 향하는 의제설정 경로를 확인하여 단방향 의제설정 경로의 실증분석보다 양방향 의제설정을 통한 통계적 비교는 매체 간 의제설정 경로의 실증적으로 검증하였다.

마지막으로 지속적인 관심을 받는 레트로를 주제로 매체 간의 의제설정을 탐구하여 언론 뉴스 보도와 패션 전문 잡지의 연구 방향을 밝혔다. 연구 결과를 통해 패션 전문 잡지가 패션 제품이나 의복 스타일과 관련된 사회·문화적 내용을 접목한다면 독자의 추가적인 관심을 끌어낼 수 있을 것이다. 언론 뉴스 보도와 패션 전문 잡지의 융합 연구를 통해 두 산업 간의 특징과 분명한 차이를 확인하여 각 프레임의 특징과 차이를 확인하여 의제설정 경로를 밝혔다. 이를 통한 언론 뉴스 보도와 패션 전문 잡지의 융합 연구로 두 매체 프레임 영향관계를 검증하였다. 이에 대한 프레임이 독자들에게 어떻게 영향 관계가 있는지는 후속 실험 연구가 필요해 보인다.

참고 문헌

강희정·민영(2010). 「17대 대통령 선거 보도에 나타난 후보자 속성의제와 매체 간 의제설정」, <정치커뮤니케이션 연구> 19, 5-46.

권상희·차민경(2015). 「텔레비전 프로그램 시청 행위의 가치 사슬 구조 연구」, <한국언론정보학보> 71, 194-223.

권충훈(2019). 「최근 정권별 '자사고' 관련 언론사 기사의 변화 추이 탐색 -빅카이시스템 분석을 통한-」, <인문사회 21> 10(6), 1757-1771.

김난도·최지혜·김서영·전미영·이향은·이준영·이수진·서유현(2018). 『트렌드 코리아2018』, 서울: 미래의 창

김영욱·이현승·장유진·이혜진(2015). 「언론은 미세먼지 위험을 어떻게 구성하는가?」, <한국언론학보> 59(2), 121-154.

김지용(1996). 『현장 신문론』, 서울: 쟁기.

남수현·하지수(2007). 「패션잡지 미국 보그[Vogue]에 나타난 패션 저널리즘」, <복식> 57(1), 118-129.

노혜은(2004). 「국내 라이선스 패션잡지의 기사내용에 관한 비교연구: 마리끌레로, 바자, 보그, 엘르를 중심으로」, 이화여자 대학교 석사학위논문, 27.

손원준·여혜민(2019). 「레트로 디자인 트렌드의 주기 특성 분석 -소비자 동향과 시각적 사례를 캔 디자인을 중심으로-」, <한국디자인포럼> 64(0), 31-40.

송용희(2005). 「미디어, 프레임, 현실구성: 미디어 프레임 연구의 과제와 발전방향 모색을 위한 소고」, <프로그램/텍스트> 13, 125-157.

안효선·신혜영·이인성(2015). 「뉴욕타임즈에 나타난 한국 패션 보도 분석」, <한국디자인문화학회지> 21(2), 323-333.

이상철(1997). 『신문의 이해』, 서울: 박영사, 9.

이서라(2017). 『문화콘텐츠의 생산과 수용에 관한 대화성 연구』, 건국대학교 박사학위논문.

이준웅(2000). 「프레임, 해석, 그리고 커뮤니케이션 효과」, <언론과 사회> 29, 85-142.

정수영·황경호(2015). 「한 일 주요 일간지의 한류 관련 뉴스 프레임과 국가 이미지」, <한국언론학보> 59(3), 300-331.

정시화(1997). 『산업디잔인 150년』, 서울: 미진사, 245-246.

정진석(1990). 『산업사회에서 잡지의 역할. 잡지발전세미나집』, 한국잡지협회, 72.

최인철(2007), 『프레임』, 서울: 21세기북스.

Berger, P. L., & Luckmann, T. (1966). *The social construction of reality: A treatise in the sociology of knowledge.* New York, NY: Anchor Books.

Borgatti, S. P., Everett, M. G., & Freeman, L. C. (2002). *UCINET for Windows: Software for social network analysis.* Harvard, MA: Analytic Technologies.

Clauset, A., Newman, M. E., & Moore, C. (2004). Finding community structure in very large networks. *Physical review E, 70*(6), 066111-1~066111-6. doi:10.1103/PhysRev E.7 0. 066 111

Gitlin, T. (1980). *The whole world is watching : Mass media in the making and unmaking of the new left.* Berkeley : University of California Press.

Goffman, E. (1974). *Frame analysis: An essay on the organization of experience.* Cambridge: University Press.

Golan, G., & Wanta, W. (2001). Second-level agenda setting in the New Hampshire primary: A comparisonof coverage in three newspapers and public perceptions of candidates. *Journalism and Mass Communication Quarterly, 78*(2), 247-259.

Guo, L., & McCombs, M. (2011). Toward the Third Level of Agenda Setting Theory: A network agenda setting model. Paper presented at the *AEJMC*, St. Louis.

Guo, L., & McCombs, M. (2016). *The power of information networks: new directions for agenda setting.* NY: Routledge.

Jenss, H. (2004). Dresseding history: Retro styles and the construction of authenticity in youth culture. *Fashion Theory, 8*(4), 387-403. doi: 10.2752/ 136270404778051591.

Kim, E., & Yoo, Y. (2011). A Study on Retro Style Design Expression Characteristics revealed in Women's suit. *Korea Society of Basic Design & Art, 12*(4), 29-41.

Golan, G., & Wanta, W. (2001). Second-level agenda setting in the New Hampshire primary: A comparisonof coverage in three newspapers and public perceptions of candidates. *Journalism and Mass Communication Quarterly, 78*(2), 247-259.

Kwon, Y. J. (2015). Consumer meanings of retro fashion. *Journal of Korea Society of Design Forum, 46*(Feb), 361-374.

McCombs, M. (2004). *Setting the agenda: The mass media and public opinion*. Cambridge, UK: PolityPress.

McCombs, M. E., & Shaw, D. L. (1993). The evolution of agenda-setting research: Twenty-five years in the marketplace of ideas. *Journal of Communication, 43*(2), 58-67. doi:10.1111/j.1460-2466.1993.tb01262.x

McCombs, M., & Ghanem, S. I. (2001). The Convergence of Agenda Setting and Framing. In S. D. Reese, O. H. Gandy, A. E. Grant (eds.), *Framing public life: perspectives on media and our understanding of the social world* (pp. 67-83). Mahwah: Lawrence Erlbaum Associates.

McCombs, M. E., & Shaw, D. L. (1972). 'The Agenda-setting Function of Mass Media', *Public Opinion Quarterly, 36*(2): 176-187.

Ryan Mitchelle (2018). *Web Scraping with Python* (2nd ed.), 6-32, O'Reilly Media Inc.

Shaw, D. L., & McCombs, M. E. (1977). The emergence of American political issues: *The agenda-setting function of the press*. St. Paul, Minn.: West.

Wanta, W., Golan, G., & Lee, C. (2004). Agenda setting and international news: Media influence on public perceptions of foreign nations. *Journalism & Mass Communication Quarterly, 81*(2), 364-377.

Wasserman, S., & Faust, K. (1994). *Social network analysis: methods and applications*. Cambridge: University Press.

Yang, L. N. (2006). A study on Formative Feature Characteristic of Modern Retro-Fashion. *Journal of the Korean Fashion & Costume Design Association, 8*(2), 47-59.

Intermedia Agenda Setting
실습(Tutorial 9)————

실습내용

실습교재 참고

10

하이퍼링크
HyperLink

지상파 방송사 홈페이지 네트워크 분석
- ABC, BBC, NHK, KBS의 하이퍼링크 구조분석을 중심으로 *

1. 들어가기

본 연구는 국제 지상파 방송사 ABC, BBC, NHK, KBS 공식 홈페이지에 하이퍼링크된 웹사이트의 구조를 시각화하여, 각 방송사의 하이퍼링크 네트워크 구조를 분석해서 방송사 간의 연결 관계를 연구하였다. 이를 위해 또는 각 방송사 공식 홈페이지에 하이퍼링크된 웹사이트들의 유형을 파악하여 내용 분석을 통해 서로 간의 차이가 있는지를 확인했다. 또한 본 연구를 통해 지상파 방송사 홈페이지의 개선 방향에 유의한 의견을 제시하고 상호 관련성과 특성을 파악하고자 하였다.

---

*   본 장은 저자의 인터넷정보학보(2019) 「A Study on the Hyperlink Structures of the Official Websites of TV Networks: Analysis Focus on ABC, BBC, NHK, and KBS」 강의용 한글판이다.

본 연구는 2015년 12월 12일에 보손(Voson)을 통해 수집된 총 4,378개의 데이터를 바탕으로 노드엑셀과 SPSS를 이용해 분석을 실시하였다. 연구 결과는 첫째, NHK 방송사가 BBC보다 더 많은 수량의 연관 웹사이트가 나타났고 상당히 높은 수준의 좋은 네트워크 구조를 가지고 있다는 점을 증명했다. 둘째, ABC 방송사의 외부 링크 수가 가장 많기 때문에 영향력이 가장 크게 나타났다. 셋째, BBC와 NHK 상호 방송사와 긴밀한 관계를 가지고, 특히 서로 간의 지리적 먼 거리와 문화 차이를 극복하여 상당한 높은 연관성을 보유하는 것은 두 개 방송사가 모두 진보적이고 개방적인 웹사이트로 볼 수 있었다. 반면에 ABC와 KBS는 상대적으로 보수적이고, 특히 KBS는 링크 수가 가장 적게 나타날 수 있다. 넷째, 실시한 범주 점의 결합 도표를 종합적으로 보면 NHK 공식 홈페이지에 하이퍼링크된 웹사이트들의 유형이 비교적으로 가장 다양했다. 다섯째, 어느 웹사이트 유형과 가장 가까운 거리를 나타낸 것은 다른 방송사들보다 이 방송사가 보유하는 그 웹사이트 유형의 수량이 더 많다는 뜻이며 앞으로 인터넷 이용자들이 찾고 싶은 정보의 유형에 따라 방송사 홈페이지를 효율적으로 선택할 수 있다는 가능성을 제공할 수 있다.

핵심어: 지상파 방송사, 하이퍼링크, ABC, BBC, NHK, KBS

2. 서론: 문제 제기

1990년대 말부터 인터넷이 전국적으로 사용되고 웹 2.0의 시대에 진입하게 되면서 웹 미디어는 급속히 발전되었다. 지금까지 웹 3.0으로 올수록 시청자들이 웹을 통한 프로그램의 소비가 늘어나고 있다. 또한 '의사소통'과 '사회적 연결'을 지향하는 방향으로 웹 커뮤니티 문화는 차츰 형성되어 변화되면서 웹을 통한 방송사와 시청자 간의 소통도 늘어나고 있다. 그리고 오늘날의 이용자들의 모든 의식적/무의식적 해위들을 데이터베이스로 저장한다. 그러므로 웹을 사용한 이용자들의 데이터를 분석하는 데에 큰 가치가 있다고 할 수 있다.

20세기 90년대 중·후반에 웹계량학(Webmetrics)이라는 개념이 새롭게 나타나 학자들의 주목을 끌었다. 처음에는 문헌 계량학의 이론과 방법을 옮겨서 웹과 관련한 연구 중에 응용하려고 했는데 국가, 지역, 언어, 경제, 문화 등 다각적인 요소들의 영향을 받아서 일치한 결론을 내리지 못했다. 그 후에 연구들이 점차 발전되면서 인터넷이 지니는 독특한 특성을 발견하여 문헌연구의 방법과 다양한 과학적인 연구방법을 결합해서 연구해야 한다는 점을 깨달았다.

그 중에 인터넷 하이퍼링크 분석 방법이 많은 관심을 받았다. 학자들의 연구에 의해 웹이나 웹사이트 간의 하이퍼링크는 인터넷이 지니는 독특한 특성 중에 하나이자 하이퍼링크에 관한 연구를 통해 인터넷에 활동을 하는 개인과 개인, 개인과 조직, 그리고 조직과 조직 간의 교류와 관계를 강화시킬 수 있다고 했다. 또는 하이퍼링크를 연구하면 사람들이 한 기간 동안에 모두 관심이 가는 핫 이슈를 파악하여 핵심 웹사이트까지 찾아낼 수 있다고 주장했다. 이외에 과거에 진행했던 실증적 연구 결과에 의하여 인터넷 자체의 상태는 의외로 혼란스럽지 않고 오히려 간단한 수학 규칙에 따라 상대적으로 큰 범위에서 안정적이고 좋은 구조를 가지고 있다고 밝혀냈다. 그리고 브라더(Broder)라는 학자가 약 2억 개의 웹사이트들과 15억 개의 하이퍼링크들을 검증한 결과를 살펴보면, 하이퍼링크를 쌍방향적이라고 생각할 때 90% 이상의 샘플 웹사이트들이 단독의 하이퍼링크를 구성하여 무작위로 선정된 두 개의 웹사이트 간에 하이퍼링크가 존재하는 확률이 24%로 나타났고, 두 개의 웹사이트 간의 연결이 평균적으로 16개의 하이퍼링크를 통해 이루어진다고 결과를 발표했다. 그러므로 정량 모델 기술을 이용해 인터넷 환경에서 서로 연결되어 있는 하이퍼링크 구조를 연구하는 방법이 필수적이고 믿을만한 점이라는 것을 증명했다.

지상파 방송사는 오랫동안 사람들에게 다양한 정보와 서비스를 제공하는 동시에 일반인들이 저렴한 가격으로 손쉽게 정보와 서비스를 받을 수 있으므로 사람들의 스승이자 친구이며, 지식과 즐거움을 주는 과정에 사람들의 일상생활에서 대체할 수 없는 중요한 부분이 되었다. 그런 의미에서 지상파 방송사에 대한 연구의 가치가 높다고 볼 수 있다. 방송사 홈페이지의 구조와 특성을 알았으면 어떠한 네트워크 구조가 더 나은지 대체 판단을 내릴 수 있으며, 방송사 홈페이지의 제작자로서 어떤 내용을 추가해야 되는지, 어떤 내용을 빼야 되는지를 파악하여 개선 방향을 제시할 수 있다.

또한 현재까지 한국 국내 지상파 방송사의 하이퍼링크된 웹사이트를 분석하는 논문이 있지만 세계 다른 국가의 지상파 방송사 홈페이지를 비교해 본 연구가 아직 없었다. 경제, 문화, 언어 등 다방면에서 많이 다르기 때문에 지상파 방송사 홈페이지에 하이퍼링크된 웹사이트의 네트워크 구조와 웹사이트의 유형도 차이를 많이 드러낼 것으로 예상되었다. 국내 비슷한 인터넷과 언론 환경에서 운영된 지상파 방송사 홈페이지 간의 비교 연구보다 국제 지상파 방송사 간의 비교 연구는 더욱 새롭고 예상치 못하는 좋은 아이디어의 탄생을 자극할 수도 있다.

본 연구는 국제 지상파 방송사 공식 홈페이지에 하이퍼링크된 웹사이트의 구조를 시각화하여 각 방송사의 하이퍼링크 네트워크 구조를 분석하며 방송사 서로 간의 연결 관계를 연구하기로 했다. 또는 각 방송사 공식 홈페이지에 하이퍼링크된 웹사이트들의 유형을 파악하여 내용 분석을 통해 서로 간의 차이가 있는지를 확인해 보고 싶다. 연구한 결과를 가지고 국제 지상파 방송사 홈페이지의 개선 방향에 유의한 의견을 제시하고 치열한 인터넷 환경 속에서 살아남는 방법을 찾는 데에 도움을 주고 싶다.

3. 이론적 논의

1) 웹계량학적 분석

1990년대 중반부터 학자들이 인용 네트워크와 하이퍼링크를 통해 웹 구조의 상호적용 현상을 연구하기 시작했고 이 새로운 분야에 대해 'Webometrics'라는 이름을 부여했다. Björneborn(2004)에 따르면, '웹계량학'은 계량서지학과 계량정보학적 접근방법을 사용하여 웹 정보자원의 구축과 이용, 웹의 구조 및 기술에 대한 수량학적 측면을 연구하는 학문 분야라고 할 수 있다. 그리고 이 정의에 의하면 웹계량학의 주요 연구영역은 ① 웹 페이지 내용분석에 관한 연구, ② 웹 링크 구조 분석에 관한 연구, ③ 이용자의 로그파일 분석을 통한 웹 사용성 분석에 관한 연구, 그리고 ④ 검색엔진의 성능에 대한 웹 기술 분석에 관한 연구로 크게 4개 범주로 나눌 수 있다.

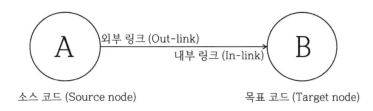

〈그림 1〉 외부 링크와 내부 링크

웹계량학에서 하이퍼링크는 하나의 웹 공간을 기준으로 다른 웹 공간과의 연결이 내부 링크(In-link)와 외부 링크(Out-link)로 구분되며, 이에 따라 서로 연결된 웹 공간들 간의 관계가 나타나게 된다. 이와 같은 분석 단위를 의미하는 '노드'들 간의 링크 관계는 〈그림 1〉과 같다. B는 A로부터 '내부 링크(inlink)'를 받고 있으며, A는 B로 '외부 링크(outlink)'를 보내고 있다. 여기에서 링크를 보내고 있는 A는 소스 노드(source node)가 되며 링크를 받는 B는 목표 노드(target node)가 된다.

2) 네트워크 분석 기법

네트워크 분석 기법은 네트워크에서 존재하는 서로 독립적인 노드(Node)들 간의 연결 관계를 이용하여, 노드들의 중심성 혹은 밀도(Density)등 사회적 관계를 분석하는 방법이다. 보편적으로 사용되고 응용되는 네트워크 분석 방법들은 연결 정도 중심성(Degree centrality), 매개 중심성(Betweenness centrality), 근접 중심성(Closeness centrality), 고유벡터 중심성(Eigenvector centrality) 등이 있다.

(1) 연결 정도 중심성

연결 정도 중심성(Degree centrality)은 네트워크의 한 노드가 몇 개의 노드들과 직접적으로 연결되어 있는지를 측정하여 전체 네트워크에서 차지한 중요도를 측정하는 지표이다. 연결 정도 중심성으로 계산된 값은 각각의 사용자들이 네트워크에서 다른 노드들과 얼마나 많은 연결이 있는지를 표현한다.

(2) 매개 중심성

매개 중심성(Betweenness centrality)은 해당 노드가 중개자 역할을 얼마나 잘하는지를 측정하는 지표이다. 매개 중심성이 크다면 네트워크 내의 정보 흐름에 많은 영향을 끼친다. 따라서 다른 노드들이 이 노드의 정보에 관심을 많이 가지게 되는 경우가 많다.

(3) 근접 중심성

근접 중심성(Closeness centrality) 네트워크에서 노드의 영향력을 파악하기 어려우므로, 직접적인 연결뿐만 아니라 간접적인 연결까지 포함해서 중심성을 측정하는 지표이다. 그리고 측정 노드와 연결된 모든 노드의 거리는 최단거리로 계산한다. 근접 중심성이 높아지는 경우 네트워크 내에서의 정보 권력, 영향력 및 지위 등에 대한 확보와 접근이 보다 용이해질 수 있다.

(4) 고유벡터 중심성

고유벡터 중심성(Eigenvector centrality)은 네트워크 내에서 가장 영향력이 있는 노드를 측정하는 지표이다. 한 노드가 다른 노드에 영향력을 마치고, 그 노드 또한 다른 많은 노드들에 영향력을 미치게 될 경우, 이러한 노드 순환에서 첫 번째 노드는 영향력이 높다고 말할 수 있는 것이 고유벡터 중심성이다.

3) 웹사이트의 유형 분류

현재 웹사이트 서비스는 수없이 많은 유형이 존재하고 있고, 끊임없이 분화해 가고 있다. 그러나 현재까지는 이러한 인터넷 서비스의 유형을 실증자료에 기초하여 정리한 분류체계가 존재하지 않으며 이익창출 방법 등의 다양한 기준으로 웹사이트의 분류가 시도되고 있는 상황이다.

Trochim(1996)의 분류기준의 경우 웹사이트 유형을 정보제공, 교육과 훈련, 상업과 광고, 오락, 통신을 다섯 개 기준으로 분류되었다. Alexander와 Tate(1999)는 웹사이트를 옹호, 비즈니스, 정보, 뉴스, 개인, 엔터테인먼트 등 총 여섯 가지로 분류했다. 김경자(2002)는 웹사이트를 포털, 커뮤니티, 상거래, 정보제공 등 네 가지 유형으로 나누어 고객서비스 차원을 찾아내어 분석을 하였다.

강은정(2003)의 연구는 웹사이트 목적에 따라 분류한 대부분의 웹사이트분류와는 달리 웹사이트의 주된 콘텐츠에 따른 분류를 이용하여 웹사이트를 Identity, Information, Shopping, Learning, Community, Entertainment 등 여섯 개 유형으로 분류하였다. Tarafdar와 Zhang(2006)은 웹사이트의 특성, 기능, 평가에 따라 포털 및, 검색엔진, 소매, 엔터테인먼트, 뉴스 및 정보, 금융 서비스 등 총 다섯 가지 웹사이트 종류로 분류했다.

4. 연구방법

1) 연구대상

인터넷 기술과 통신 기술이 급속히 발전되면서 전통적인 미디어와 새로운 소셜 미디어는 인터넷에 의하여 미디어 내용 소비자와 정보를 주고받는다. 소셜 네트워크 공간에 정보가 어떻게 흐르는지를 알아보기 위해 하이퍼링크 분석 방법을 통해 연구하는 것이 매우 필요하다.

방송사가 일반인들에게 지속적으로 뉴스, 비즈니스, 엔터테인먼트 등 다양한 서비스를 제공하기 위해 수많은 웹사이트에서 내부 링크를 계속 받아야 된다. 또한 방송사가 일반적으로 긴 역사를 지니고 시청자들의 기수가 워낙 방대해서 사회적으로 큰 영향력을 가진 매체라고 본다. 그리고 국가마다 정치, 경제, 문화, 언어 등 다양한 요소의 영향을 받기 때문에 국제 방송사들의 특성이 어느 정도 차이가 있을 것으로 예상되었다.

본 연구는 국제 방송사들이 지니는 특성과 서로 간의 연관성과 차이점을 알아보기 위해 한국인들에게 지명도와 영향력이 상대적으로 큰 ABC, BBC, NHK, KBS 네 개의 방송사를 뽑아서 하이퍼링크 분석 연구를 하기로 했다. 구체적인 연구문제는 다음과 같다.

> **[연구문제 1]**: ABC, BBC, NHK, KBS 방송사 공식 홈페이지의 하이퍼링크 구조는 어떠한가?
>
> **[연구문제 2]**: ABC, BBC, NHK, KBS 방송사 공식 홈페이지에 하이퍼링크된 웹사이트들의 유형은 차이가 있는가?

2) 연구과정

본 연구는 두 개의 연구문제를 해결하기 위해 각자 다른 연구방법을 취했다.

(1) 하이퍼링크 데이터 수집 프로그램 – VOSON

VOSON은 Australian Demographic and Social Research Institute와 Australian National University에서 제공하고 있는 하이퍼링크 네트워크 데이터 수집 툴이다. 현재 VOSON은 다양한 네트워크 분석 프로그램에 탑재되어 하이퍼링크 네트워크 분석을 위한 데이터를 제공하고 있다.

〈그림 2〉 VOSON를 통해 하이퍼링크 데이터 수집

본 연구는 국제 공공 방송사 공식 홈페이지의 하이퍼링크 구조를 전면적으로 파악하기 위해 그림에 나와 있는 대로 모든 수치가 가장 높은 것으로 설정되었다. 그리고 각 방송사별 공식 홈페이지의 URL는 다음과 같다.

ABC는 'www.abcnews.go.com', BBC는 'www.bbc.com', NHK는 'www.nhk.or.jp', KBS는 'www.kbs.co.kr'이다. 여기서 주의해야 할 것은 네이버에서 'abc'를 치면 URL 주소가 'www.abc.go.com'로 되어 있는 공식 웹사이트가 있긴 있지만 웹사이트에 들어가 보면 ABC 방송국의 TV 프로그램과 관련된 내용만 나와 있고, 다양한 뉴스, 비즈니스 등 서비스를 제공하는 다른 공공 방송사(BBC, NHK, KBS) 공식 홈페이지와 완전 다르다는 사실을 알게 되었다. 그래서 다시 검색해서 URL 주소가 'www.abcnews.go.com'인 공식 홈페이지를 발견되어 앞서 언급한 방송사 기준과 일치해서 연구대상으로 선정되었다. 동시에 〈표 1〉에서 각 방송사 홈페이지에 캡처 화면을 제시했다.

(2) 네트워크 분석 프로그램 – 노드엑셀(NodeXL)

노드엑셀은 마이크로소프트에서 개발된 엑셀을 기반으로 작동되는 네트워크 분석 도구로서 SNS 서비스를 제공하는 웹사이트로부터 정보를 추출하거나 아웃룩(Outlook)을 이용하여 이메일 데이터를 이용하며 개인 네트워크를 분석할 수 있도록 지원해주고 있다. 엑셀을 기반으로 하였기 때문에 다른 네트워크 분석 툴에서 사용한 데이터의 경우도 이용이 가능하며 Node-Link 형태 외에 엑셀 기능을 활용한 다양한 다이어그램으로 표현이 가능하다(Bonsignore et al, 2009). 노드엑셀 툴은 어디서나 사용되는 엑셀 스프레드시트에 차트 형식으로서 네트워크 그래프를 추가해 주며, 초보자나 전문가 모두가 쉽게 네트워크 분석을 하도록 만들어진 툴이다(Smith et al, 2009).

본 연구는 노드엑셀 프로그램에 탑재한 데이터 수집 도구 VOSON를 통해 엑셀 차트 형식의 데이터를 받아서 노드엑셀에서 시각화하여 ABC, BBC, NHK, KBS 네 개 국제 방송사 공식 홈페이지에 하이퍼링크된 웹사이트 네트워크 구조 도형을 얻어냈다.

(3) 하이퍼링크된 웹사이트의 유형 분류

본 연구는 이론적 배경에서 제시된 웹사이트 유형 분류와 관한 선행연구를 참고해서 ABC, BBC, NHK, KBS 네 개 국제 방송사 공식 홈페이지에 하이퍼링크된 웹사이트들을 포털 및 검색엔진, 비즈니스, 개인, 뉴스 및 정보, 엔터테인먼트, 옹호, 커뮤니케이션, 식별불가 총 여덟 개 유형으로 분류하였다.

구체적으로 살펴보면 다양한 주제에 관한 광범위한 정보를 제공하지만 정보에 관한 제목을 클릭하면 다른 웹사이트에 링크해주고 연결시키는 웹사이트를 '포털 및 검색엔진' 유형으로 분류하였고, 소매, 쇼핑, 상거래, 금융, 광고, 서비스 판매 촉진 등 목적을 가지는 웹사이트를 '비즈니스' 유형으로 분류하였고, 개인의 취미생활, 감정표현, 기분 전환 등 개인적인 목적을 가지는 웹사이트를 '개인' 유형으로 분류하였고, 뉴스, 교육, 학습, 날씨 등 다양한 최근 정보를 스스로 생산해서 제공하고 다른 웹사이트에서 in-link 를 받지 않은 웹사이트를 '뉴스 및 정보' 유형으로 분류하였고, 음악, 드라마, 영화, 예능, 게임 등을 위주로 정보나 콘텐츠를 제공하는 웹사이트를 '엔터테인먼트' 유형으로 분류하였고, 비영리기관, 행정 조직, NGO 조직 등의 웹사이트를 '옹호' 유형으로 분류하였고, SNS, 카페, 게시판, 이메일 등 교류의 목적을 가지는 웹사이트를 '커뮤니케이션' 유형으로 분류하였고, 마지막으로 URL 주소가 변경하거나 서비스 기간 만료 때문에 열리지 못하는 웹사이트를 '식별불가' 유형으로 분류하였다.

본 연구는 여덟 개의 웹사이트 유형 분류 기준에 의하여 하이퍼링크된 웹사이트들에 들어가서 하나하나 코딩을 한 다음에 데이터를 가지고 내용분석을 했다. 카이제곱 (chi-square) 검정과 대응일치분석(correspondence analysis)을 통해 나온 결과를 분석해서 ABC, BBC, NHK, KBS 네 개의 방송사 공식 홈페이지에 하이퍼링크된 웹사이트들의 유형의 차이점을 발견했다.

〈표 1〉 각 방송사 홈페이지의 캡처 화면

www.abcnews.go.com

www.bbc.com

www.nhk.or.jp

www.kbs.co.kr

5. 연구 결과

1) ABC, BBC, NHK, KBS 방송사 공식 홈페이지의 하이퍼링크 구조 분석 결과

연구문제 1은 네 개 방송사 공식 홈페이지의 하이퍼링크 구조를 탐색하는 것이고 이를 위해 노드엑셀 프로세서를 사용해 수집된 4사의 4개 노드를 포함한 총 4,378개의 노드를 분석했다. 그리고 하이퍼링크된 웹사이트들 간의 연결 구조를 시각화하였다.

〈표 2〉 네 개 방송사 공식 홈페이지에 하이퍼링크된 웹사이트들의 중심성

일련 번호	URL	연결정도 중심성			매개 중심성	근접 중심성	고유벡터 중심성
		링크	내부 링크	외부 링크			
2947	http://abcnews.go.com/	1407	1377	30	9804143.880	0.000	0.010
1921	http://www.nhk.or.jp/	1231	1216	15	8524331.590	0.000	0.004
831	http://www.bbc.com/	1119	1095	24	7845225.120	0.000	0.005
2	http://www.kbs.co.kr/	894	894	0	6640777.410	0.000	0.001
3826	http://ria.ru/	4	0	4	302235.152	0.000	0.001
3988	http://www.angelfire.com/	4	0	4	302235.152	0.000	0.001
4238	http://www.geocities.co.jp/	4	0	4	302235.152	0.000	0.001
1964	http://homepage3.nifty.com/	3	0	3	120962.754	0.000	0.000
2273	http://www.world.cm/	3	0	3	120962.754	0.000	0.000
2783	http://www.allworldnewspapers.com/	3	0	3	120962.754	0.000	0.000
2921	http://www3.ebu.ch/	3	0	3	120962.754	0.000	0.000
3066	http://www.newsru.com/	3	0	3	99651.912	0.000	0.001
3270	http://www.funworld2.com/	3	0	3	202583.240	0.000	0.001
3317	http://www.hir-net.com/	3	0	3	181272.398	0.000	0.001
3352	http://www.funworld.be/	3	0	3	202583.240	0.000	0.001
3454	http://www.ltaaa.net/	3	0	3	181272.398	0.000	0.001
3530	http://blog.goo.ne.jp/	3	0	3	181272.398	0.000	0.001
3733	http://www.abyznewslinks.com/	3	0	3	181272.398	0.000	0.001
3743	http://homepage1.nifty.com/	3	0	3	181272.398	0.000	0.001
3769	http://blog.livedoor.jp/	3	0	3	181272.398	0.000	0.001
3805	http://d.hatena.ne.jp/	3	0	3	99651.912	0.000	0.001
3915	http://www.startpage.co.kr/	3	0	3	181272.398	0.000	0.001
4047	http://www.qsl.net/	3	0	3	181272.398	0.000	0.001

4239	http://homepage2.nifty.com/	3	0	3	181272.398	0.000	0.001
4248	http://www.geocities.jp/	3	0	3	99651.912	0.000	0.001
4265	http://bn.16lao.com/	3	0	3	99651.912	0.000	0.001
4312	http://news.bbc.co.uk/	3	1	2	202583.240	0.000	0.001
4349	http://www.bbc.co.uk/	3	1	2	0.000	0.000	0.001
890	http://www.escinsight.com/	2	0	2	0.000	0.000	0.000

분석한 결과는 총 4,378개의 노드들 간에 총 4,649개 링크가 발견되었으며, 그래프의 밀도는 0.00024였다. 평균 총 연결정도(in-degree와 out-degree의 합)는 2, 평균 내부 링크 연결정도(in-degree)는 1, 평균 외부 링크 연결정도(out-degree)는 1, 평균 매개 중심성(betweenness centrality) 값은 9533.396, 평균 근접 중심성(closeness centrality) 값은 0.000, 평균 고육벡터 중심성(eigenvector centrality) 값은 0.000으로 산출되었다.

연결정도 중심성 분석을 위해 한 웹사이트에 연결된 연결정도의 값을 산출한 결과를 보면 ABC의 총 링크 수는 1,407개로 가장 많았다. 그 다음 순으로 NHK는 1,231개, BBC는 1,119개, KBS는 894개이었다. ABC, BBC, NHK, KBS 네 개 방송사의 링크 수는 다른 웹사이트의 링크 수보다 압도적으로 많을 뿐만 아니라, 동시에 외부 링크보다 내부 링크의 수가 더 많기 때문에 네 개 방송사는 모두 하이퍼링크된 네트워크에서 영향력이 크며 중심적인 역할을 하고 있다는 사실을 알게 되었다.

그리고 연결정도 중심성 차원에서 주목해야 할 새로운 웹사이트가 발견되었다. 'http://www.angelfire.com/', 'http://ria.ru/', 'http://www.geocities.co.jp/' 등 3개 웹사이트들은 내부와 외부 링크 연결정도의 합이 모두 4로 산출되어 ABC, BBC, NHK, KBS 네 개 방송사 이외에 가장 많은 링크 수를 보유했다. 또한 세 개의 웹사이트들의 링크는 모두 외부 링크이며, 시각화된 그림에서 찾아보면 ABC, BBC, NHK, KBS 하고 모두 하이퍼링크되어 있다는 것을 발견했다.

한 웹사이트가 네트워크 내의 다른 웹사이트들 사이에 위치하는 정도를 측정하기 위해 매개 중심성의 값을 산출했다. 결과를 살펴보면 네 개 방송사의 매개 중심성은 ABC(9804143.880), NHK(8524331.590), BBC(7845225.120), KBS(6640777.410) 순이었다. 이외에 앞서 언급한 'http://www.angelfire.com/', 'http://ria.ru/', 'http://www.geocities.co.jp/' 3개의 웹사이트들이 ABC, NHK, BBC, KBS를 제외한 가장 높은 매개 중심성 값(302235.152)을 기록하여, 전체 하이퍼링크 네트워크에서 웹사이트들을 중재 혹은 매개할 수 있는 중요한 위치에 있는 것으로 확인되었다.

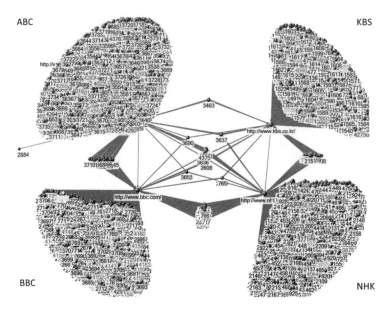

〈그림 3〉 네 개 방송사 공식 홈페이지에 하이퍼링크된 웹사이트들 간 네트워크 지도

한 웹사이트가 하이퍼링크 네트워크의 다른 모든 웹사이트들과 얼마나 근접하게 연결되어 있는가를 측정하기 위해 근접 중심성 값을 산출했다. 앞서 제시된 표에서 근접 중심성의 값은 소수점 3자리까지 설정되어 있기 때문에 모두 0.000으로 산출되었지만 실제로는 'http://www.angelfire.com/'(0.000114), 'http://ria.ru/'(0.000114), 'http://www.geocities.co.jp/'(0.000114), ABC(0.000108), BBC(0.000105) 순으로 나왔고 다른 웹사이트들과 가장 가까운 거리에 있는 것으로 확인되었다.

전체 방송사 공식 홈페이지의 하이퍼링크 네트워크 내에서 가장 영향력이 있는 중심 노드를 살펴보기 위해 고유벡터 중심성 값을 산출했다. 결과를 보면 ABC의 고유벡터 중심성 값(0.010)이 가장 높게 나타나 하이퍼링크 네트워크에서 중심적인 웹사이트로 확인되었다. 그 다음에는 BBC의 고유벡터 중심성 값(0.005)과 NHK의 고유벡터 중심성 값(0.004)이 비슷하게 산출되어 ABC 제외한 다른 웹사이트들보다 상대적으로 중심적인 웹사이트를 할 수 있다. 그리고 앞서 중심성 값이 계속 높게 나타난 3개 웹사이트는 이번에 KBS와 같은 고유벡터 중심성 값(0.001)이 나타나 상대적으로 하이퍼링크 네트워크의 주변적인 웹사이트들로 확인되었다.

결국 모든 측정 수치를 종합해 보면 네 개 방송사 중에 ABC 공식 홈페이지는 영향력이 가장 큰 웹사이트로 판단이 되어, 새롭게 나타난 3개의 웹사이트는 중요한 위치에 속해 있고, 시각화된 그림에서 찾아보면 ABC, BBC, NHK, KBS 하고 모두 하이퍼링크되어 있다는 것을 발견했다. 그리고 3개의 웹사이트들을 각자 들어가서 확인한 결과는 모두 큰 규모의 웹사이트가 아니었다. 그럼에도 불구하고 여전히 중요한 위치를 차지한 원인은 영향력이 매우 큰 네 개 방송사와 모두 링크를 하는 것이기 때문이다. 그래서 앞으로 자기 웹사이트의 영향력을 확장시키려면 많은 링크를 맺기보다 영향력이 더 큰 웹사이트와 링크해주는 전략이 더욱 적당하다고 본다.

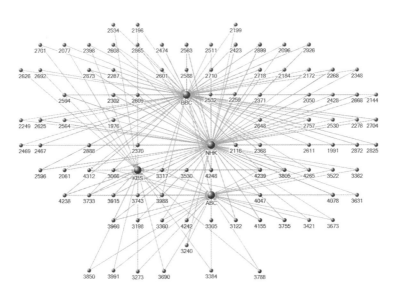

〈그림 4〉 중요한 노드 간의 네트워크 지도

〈그림 3〉에서 네 개 방송사 공식 홈페이지에 하이퍼링크된 웹사이트들 간의 연결 관계를 전체적으로 파악할 수 있지만 구체적으로 어떤 링크가 중요한지를 한 눈에 확인할 수 없다는 단점이 있었다. 이러한 단점을 보완하기 위해 매개중심성의 계산 수치에 의하여 1보다 높은 매개중심성을 보유하는 노드들을 골라 〈그림 4〉처럼 더욱 간단하고 보기 쉬운 네트워크 지도를 산출했다.

2) ABC, BBC, NHK, KBS 방송사 공식 홈페이지에 하이퍼링크된 웹사이트들의 유형 차이 분석 결과

본 연구는 ABC, BBC, NHK, KBS 국제 방송사 공식 홈페이지에 하이퍼링크된 웹사이트 유형의 차이를 살펴보기 위해 카이제곱 검정을 실시하였다.

카이제곱 분석을 실시한 결과를 보면 국제 공공 방송사에 따라 공식 홈페이지에 하이퍼링크된 웹사이트들의 유형에 차이가 있는 것으로 밝혀졌다($x2$=236.481, df=18, p=0.000).

구체적으로 보면 네 개 방송사들의 경우에는 기대빈도보다 '뉴스 및 정보' 웹사이트 유형의 관측빈도가 가장 많이 늘어났고, 그 다음 순으로 '포털 및 검색엔진' 웹사이트 유형의 관측빈도가 상대적으로 많이 나타났다.

그리고 네 개 국제 공공 방송사에 하이퍼링크된 웹사이트 유형의 차이를 알아보기 위해 대응일치분석을 실시하였다. ABC, BBC, NHK, KBS 등 4가지 하위 범주를 포함한 '방송사' 변수와 포털 및 검색엔진, 비즈니스, 개인, 뉴스 및 정보, 엔터테인먼트, 옹호, 커뮤니케이션 등 7가지 웹사이트 유형을 하위 범주로 포함한 '웹사이트 유형' 변수 간의 관계를 도식화한 결과는 다음과 같다. 대응일치분석의 반복계산정보를 살펴본 결과, 총 51회를 반복하여 최종적으로 적합된 평균 고유값(eigenvalue)은 1.139이다. 또한, 자료의 분산은 1차원에 의해 60.9% 설명되고, 2차원에 의해 53.0% 설명되었다. 두 개의 차원에 의해 설명되는 분산의 평균 비율은 57.0%로 나타났다.

〈표 3〉 네 개 방송사별 공식 홈페이지에 하이퍼링크된 웹사이트 유형의 차이

구분		웹사이트 유형							전체
		포털/검색엔진	비즈니스	개인	뉴스/정보	엔터테인먼트	옹호	커뮤니케이션	
ABC	관측빈도(A)	235	112	98	852	2	2	20	1,321
	기대빈도(B)	289.0	148.5	109.6	717.9	12.7	5.6	37.7	1,321
	A-B	-54.0	-36.5	-11.6	134.1	-10.7	-3.6	-17.7	0
	전체 %	(5.5%)	(2.6%)	(2.3%)	(19.9%)	(0.0%)	(0.0%)	(0.5%)	(30.9%)
BBC	관측빈도(A)	174	100	95	644	4	1	43	1,061
	기대빈도(B)	232.1	119.3	88.0	576.6	10.2	4.5	30.3	1,061
	A-B	-58.1	-19.3	7.0	67.4	-6.2	-3.5	12.7	0
	전체 %	(4.1%)	(2.3%)	(2.2%)	(15.1%)	(0.1%)	(0.0%)	(1.0%)	(24.8%)
NHK	관측빈도(A)	299	162	106	502	12	6	32	1,119
	기대빈도(B)	244.8	125.8	92.9	608.2	10.7	4.7	31.9	1,119
	A-B	54.2	36.2	13.1	-106.2	1.3	1.3	.1	0
	전체 %	(7.0%)	(3.8%)	(2.5%)	(11.7%)	(0.3%)	(0.1%)	(0.7%)	(26.2%)
KBS	관측빈도(A)	228	107	56	327	23	9	27	777
	기대빈도(B)	170.0	87.4	64.5	422.3	7.4	3.3	22.2	777
	A-B	58.0	19.6	-8.5	-95.3	15.6	5.7	4.8	0
	전체 %	(5.3%)	(2.5%)	(1.3%)	(7.6%)	(0.5%)	(0.2%)	(0.6%)	(18.2%)
전체	관측빈도	936	481	355	2,325	41	18	122	4,278
	기대빈도	936.0	481.0	355.0	2325.0	41.0	18.0	122.0	4,278
	전체 %	(21.9%)	(11.2%)	(8.3%)	(54.3%)	(1.0%)	(0.4%)	(2.9%)	(100.0%)

$x2=236.481$, df=18, p=0.000

'방송사'와 '웹사이트 유형' 변수 내 범주를 수량화하고 각 차원에 대한 좌표를 살펴보았다. 1차원과 2차원을 기준으로 '방송사'의 범주 좌표는 ABC(0.750, 0.653), BBC(0.581, -1.074), NHK(-0.620, 0.546), KBS(-1.175, -0.431)이다. '웹사이트 유형'의 범주 좌표는 포털 및 검색엔진(-0.864, 0.586), 비즈니스(-0.803, 0.245), 개인(-0.036, -0.173), 뉴스 및 정보(0.627, -0.002), 엔터테인먼트(-3.435, -2.905), 옹호(-3.120, 0.029), 커뮤니케이션(-0.436, -3.579)이다.

<표 4> '방송사'와 '웹사이트 유형' 범주의 좌표

변수	범주	빈도	차원	
			1	2
방송사	ABC	1,321	0.750	0.653
	BBC	1,061	0.581	-1.074
	NHK	1,119	-0.620	0.546
	KBS	777	-1.175	-0.431
웹사이트 유형	포털 및 검색엔진	936	-0.864	0.586
	비즈니스	481	-0.803	0.245
	개인	355	-0.036	-0.173
	뉴스 및 정보	2,325	0.627	-0.022
	엔터테인먼트	41	-3.435	-2.905
	옹호	18	-3.120	0.029
	커뮤니케이션	122	-0.436	-3.579

주: 변수 주성분 정규화

각 차원에 대한 '방송사'와 '웹사이트 유형' 범주의 좌표를 기준으로 한 결합 과계를 도표화로 되면 다음과 같다. 〈그림 5〉에서 1차원을 기준으로 '방송사'는 모두 오른쪽 상단 구역에 모여 있고, 2차원은 '웹사이트 유형'에 따라 옹호, 포털 및 검색엔진, 뉴스 및 정보, 비즈니스, 개인과 엔터테인먼트, 커뮤니케이션으로 나눴다. 도표를 구체적으로 살펴보면 NHK는 포털 및 검색엔진, 비즈니스와 밀접한 관계를 가지고, KBS는 비즈니스, 개인과 가장 밀접한 거리를 나타내며, ABC는 뉴스 및 정보와 제일 가깝고 BBC는 뉴스 및 정보, 개인과 밀접한 거리를 나타냈다. 반면에 옹호, 엔터테인먼트, 커뮤니케이션 웹사이트 유형은 네 개 방송사와 모두 먼 거리를 나타냈다.

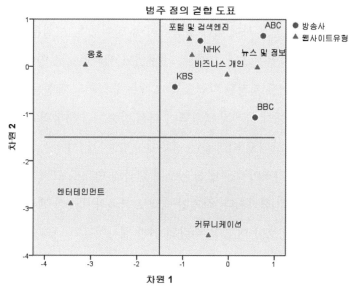

<그림 5> '방송사'와 '웹사이트 유형' 범주 점의 결합 도표

6. 결론 및 논의

1) 연구 결론

본 연구는 웹계량학 연구들에서 많이 나왔던 네트워크 분석 방법론을 기초 이론으로 삼아, 더불어 네트워크 분석 프로그램인 노드엑셀과 내용 분석 프로그램인 SPSS를 결합해서 ABC, BBC, NHK, KBS 네 개 국제 방송사 공식 홈페이지에 하이퍼링크된 웹사이트들의 구조와 유형을 파악하여 간단한 비교연구를 하였다. 그 다음 각 방송사 홈페이지의 하이퍼링크 연결 구조의 특성과 유형 차이를 발견해서 다음과 같은 구체적 결론을 내렸다.

첫째, 네 개 방송사와 연관성이 있는 웹사이트의 수량을 의미하는 노드 수를 살펴보면 ABC와 연관성이 있는 노드 수가 1,377이며, BBC와 연관성이 있는 노드 수가 1,095이며, NHK와 연관성이 있는 노드 수가 1,216이고, KBS와 연관성이 있는 노드 수가 894였다. 이래서 ABC와 연관성이 있는 웹사이트가 가장 많고 영향력이 가장 크다고 할 수 있었다. 다음 순으로 NHK, BBC, KBS로 나와 있고, KBS는 가장 적은 노드 수를 보유하고 있으며 앞에 세 개의 방송사에 비해 영향력이 좀 떨어졌다. 사실은 ABC와 BBC 같은 경우에는 웹사이트의 내용은 모두 영어로 되어 있고 세계적으로 영어가 국제 통행어로 계속 받아들이며 모국어로 지정된 지역도 많기 때문에 언어의 제한을 적게 받았다. 게다가 미국과 영국이 오랫동안 국제적 영향력이 커서 방송사의 영향력이 비교적 높은 것을 정상적인 결과로 본다. 그리고 KBS 같은 경우에는 방송사의 내용은 모두 한국어로 되어 있고 한국어를 사용할 지역이 한국밖에 없으며 한국의 면적도 크지 않았기 때문에 영향력이 떨어진 것도 예상된 결과이다. 하지만 의외로 한국과 비슷한 객관 조건을 지닌 일본의 NHK 방송사가 BBC보다 더 많은 수량의 연관 웹사이트가 나타났고 상당히 높은 수준의 좋은 네트워크 구조를 가지고 있다는 점을 증명했다.

둘째, 네 개 방송사가 보유하는 링크 수를 계속 본다면 ABC의 외부 링크 수는 30개로 가장 많았고, KBS의 외부 링크 수는 0개로 가장 적게 나타났다. ABC의 외부 링크된 웹사이트에 들어가서 살펴보면 ABC가 독립적으로 개설한 자사의 외부 웹사이트가 많이 나타났다. 즉, ABC는 단일한 웹사이트를 운영하기보다 일부러 더 다양하고 세부화 된 자사의 웹사이트를 만들고 서로 간의 상호작용을 강화하며 ABC 방송사 전체의 영향력을 향상시키는 목적을 가지고 있었다. 실제로 보면 이러한 행위는 어느 정도가 긍정적인 효과를 발휘해 ABC 방송사의 영향력이 가장 클 수 있는 원인 중에 하나라고 볼 수 있었다. 이와 비해 KBS의 외부 링크는 하나도 없고 영향력이 가장 낮은 원인 중에 하나라고 볼 수 있으며 ABC에 많이 배워야 된다고 보았다.

셋째, 〈그림 3〉에서 지시된 네트워크 구조를 보면 새로운 것들이 많이 발견되었다. 우선 ABC와 BBC 간의 링크 수가 가장 많고, BBC와 NHK 간의 링크 수량도 비슷하게 많이 나타났다. 그리고 구체적으로 보면 ABC는 BBC와의 연관성이 가장 높고 NHK, KBS와의 연관성이 많이 떨어졌다. BBC는 ABC, NHK와 모두 높은 연관성이 보유되어 있지만 KBS와의 연관성이 상당히 낮았다. NHK는 BBC, KBS와의 연관성이 모두 높고 ABC와의 연관성이 낮게 보였다. KBS는 ABC, BBC와의 연관성이 거의 **없었고** NHK와의 관계가 긴밀했다. ABC와 BBC는 지리적으로 가깝고 사회 환경도 **비슷해서** 연관성이 높다는 것을 쉽게 이해할 수 있다. 물론 KBS와 NHK도 비슷한 이유로 **연관성이** 높게 나타났다. 하지만 여기서 주목해야 할 것은 BBC와 NHK는 모두 두 개의 방송사와 긴밀한 관계를 가지고, 특히 서로 간의 지리적 먼 거리와 문화 차이를 극복하여 상당한 높은 연관성을 보유하는 것은 두 개 방송사가 모두 진보적이고 개방적인 웹사이트로 볼 수 있다는 근거를 제시했다. 반면에 ABC와 KBS는 상대적으로 보수적이고, 특히 KBS는 링크 수가 가장 적게 나타나 다른 방송사에 비해 교류할 의향이 다소 약하다고 할 수 있었다.

넷째, 본 연구는 네 개 방송사 공식 홈페이지에 하이퍼링크된 웹사이트의 유형의 유사점과 차이점을 발견했다. 카이제곱 검정 결과를 보면 모든 방송사의 하이퍼링크된 웹사이트 유형의 배열순서는 '뉴스 및 정보' 〉 '포털 및 검색엔진' 〉 '비즈니스' 〉 '개인' 〉 '커뮤니케이션' 〉 '엔터테인먼트' 〉 '옹호' 이렇게 나와 있었다. 그 중에 '뉴스 및 정보' 유형의 웹사이트 수량이 압도적으로 많고 가장 높은 비중을 차지하고 있었다. 그리고 대응일치분석을 실시한 범주 점의 결합 도표를 보면 ABC는 '뉴스 및 정보'의 목적으로 주로 이용하여 '엔터테인먼트' 유형과의 거리가 가장 멀었다. BBC는 다른 세 개 방송사보다 좀 떨어져 있어서 '뉴스 및 정보'와 '개인'의 목적으로 많이 이용하여 '엔터테인먼트' 유형과의 거리가 가장 멀었다. NHK는 주변의 둘러서는 웹사이트 유형이 가장 많고 주로 '포털 및 검색엔진'과 '비즈니스'의 목적으로 많이 사용되어 '엔터테인먼트'와 '커뮤니케이션'과의 거리가 가장 멀었다. KBS는 '비즈니스'의 목적으로 주로 이용하여 '엔터테인먼트' 유형과의 거리가 가장 멀었지만 네 개 방송사 중에 가장 가까운 거리이기도 했다. 종합적으로 보면 NHK 공식 홈페이지에 하이퍼링크된 웹사이트들의 유형이 비교적으로 가장 다양했다.

다섯째, 하이퍼링크된 웹사이트 유형의 입장으로 바꿔 대응일치분석을 실시해서 나온 범주 점의 결합 도표를 다시 분석한다면 '뉴스 및 정보'의 유형은 ABC 방송사와의 거리가 가장 가까웠고, '포털 및 검색엔진', '비즈니스', '개인' 등 유형은 모두 NHK 방송사와 가장 가까운 거리를 나타냈고, '엔터테인먼트'와 '옹호'의 유형은 KBS와의 거리가 가장 가까웠고, '커뮤니케이션'의 유형은 BBC 방송사와 가장 가까운 거리를 나타냈다. 어느 웹사이트 유형과 가장 가까운 거리를 나타낸 것은 다른 방송사들보다 이 방송사가 보유하는 그 웹사이트 유형의 수량이 더 많다는 뜻이며, 앞으로 인터넷 이용자들이 찾고 싶은 정보의 유형에 따라 방송사 홈페이지를 효율적으로 선택할 수 있다는 가능성을 제공할 수 있다고 예상된다.

앞에서 얘기했던 것들을 종합해 보면 본 연구에서 NHK 방송사의 홈페이지를 가장 많은 주목을 받았다. NHK 방송사는 자체가 가진 단점들을 극복하여 BBC보다 더 많은 연관 노드를 갖고 있으며, 동시에 15개의 외부 링크를 보유하고, 또는 가장 다양한 하이퍼링크된 웹사이트의 유형을 가지므로 이번 연구에서 비교적으로 가장 합리적이고 성공적인 웹사이트 네트워크를 구성되어 있다고 할 수 있다. 그리고 NHK와 비슷한 환경에서 운영되어 있는 KBS 방송사 홈페이지는 이번 연구에서 부족한 부분이 상대적으로 많이 드러내서 NHK 방송사의 성공적인 경험을 참고해서 개선해야 할 데가 있는 것 같다.

이상의 결론은 모두 한 기간의 데이터를 가지고 분석하였으므로 사실과 일치하지 않는 부분이 있는 점은 확실했다. 왜냐하면 하이퍼링크는 워낙 역동적이며, 외부 환경의 변화에 따라 자주 변하기 때문에 한번 수집된 데이터를 가지고 결론짓는 것이 어렵고, 상당히 장기간 동안 여러 번의 수집된 데이터를 통해 분석한다면 더 정확한 결과가 나올 것으로 믿는다. 이번 연구에서 각 다른 시간대의 데이터를 수집하지 못했지만 방송사 홈페이지의 구조와 특성을 연구하는 새로운 방법을 제시하여, 특히 분석 결과를 가지고 어떻게 결론을 내리는지에 새로운 생각 방향을 제시하므로 더 큰 의미가 있다고 본다.

2) 연구 논의 및 함의

본 연구는 유의한 결과를 나타내지만 몇 가지 한계점을 지니고 있고 구체적으로 살펴보면 다음과 같다.

첫째, VOSON 검색엔진을 이용해 하이퍼링크 데이터를 수집했을 때 방송사 공식 홈페이지에 하이퍼링크된 웹사이트들을 가급적 많이 수집해서 직접적과 간접적으로 연결된 웹사이트들을 모두 연구하기 위해 그림에서 나와 있는 것처럼 수집 변수는 모두 최대치로 설정하였다. 그래서 방송사가 4개만으로 정해도 결국 4,000개 넘는 데이터 양이 나타났다.

데이터를 많이 가지고 분석하기에는 물론 결과가 전면적이고 신뢰성도 높지만 분석할 수 있는 방송사의 개수는 적어질 것이다. 이번 수집 과정에 처음에는 CCTV를 포함해 총 다섯 가지 방송사의 데이터를 수집하려고 했으나 데이터 양이 방대해서 VOSON을 통해 처리할 수 없다는 메일을 받았다. 그래서 일단 CCTV를 빼고 나머지 네 개 방송사의 데이터를 수집한 다음에 CCTV의 데이터를 따로 수집했다. 두 개의 수집한 데이터 파일을 하나로 합쳐서 노드엑셀 프로세서에 분석하려고 시도했는데, 또 데이터 양이 많아서 프로그램이 자동적으로 꺼지는 경우가 계속 생겼다. 결국 ABC, BBC, NHK, KBS 네 개 방송사만의 데이터를 가지고 분석했다. 그래서 향후 연구에 여러 개의 방송사를 연구한다면 데이터를 수집할 때 적당한 수치를 설정해야 한다.

둘째, 앞에서도 얘기했듯이 ABC 방송사의 홈페이지는 'www.abc.go.com'로 되어 있지만 웹사이트에 들어가 보면 ABC 방송국의 TV 프로그램과 관련된 내용만 나와 있고, 다양한 뉴스, 비즈니스 등 서비스를 제공하는 다른 국제 방송사(BBC, NHK, KBS) 공식 홈페이지와 완전 다르다는 사실을 알게 되었다. 그래서 BBC, NHK, KBS 세 개 방송사 홈페이지와 비슷한 구조를 가진 'www.abcnews.go.com'인 공식 홈페이지를 연구대상으로 선정하였다. 이렇게 하면 연구 결과에 영향을 조금 미치는 사실을 피할 수 없지만 어쩔 수 없는 상황에서 상대적으로 좋은 결정인 것 같다. 따라서 앞으로 연구대상을 선정할 때 애매모호한 홈페이지가 나타나면 자세히 구분하여 논문의 연구 목적에 따라 신중하게 결정해야 할 필요가 있다.

셋째, 하이퍼링크 네트워크에 대한 종단 연구가 필요하다. 시간이 지나면서 URL 주소가 변경되거나 없어지는 경우가 있어서 식별 불가능한 웹사이트가 많았다. 또한 본 논문에서 데이터를 2015년 12월 12일에 수집하였는데 그때 당시에 미국은 대선을 앞두고 있어서 뉴스에 대한 수요가 그 어느 때보다 높았다. 그 점에서 볼 때 연구 결과에 대해 어느 정도 영향을 미치는 것 같았다. 그래서 각 방송사 홈페이지에 하이퍼링크된 네트워크의 다양한 상황과 시간의 흐름에 따라 변화되는 과정을 알아보기 위해서 장기적인 연구를 수행할 필요가 있다고 본다. 또한 특정 시기에 사회적인 사건이 일어날 때, 예를 들면 세월호 사건이 발생했을 때 단시간에 KBS를 방문하는 자의 수량이 급속히 늘어날 수도 있으므로 데이터를 분석할 경우 이러한 상황도 같이 고려해야 한다.

후속 연구에서 앞에 제시된 세 가지 한계점을 보완되어 더 다양한 분석을 실시하면 실증성이 더욱 강하는 연구가 될 것이라고 믿는다.

참고 문헌

김감민(2005).『웹2.0과 소셜 네트워크』, 정보통신연구진흥원학술정보.

김용학·박세웅·전소영(2006). 「온라인 사회 연결망의 구조 분석」,『정보화정책』13(4).

박치성(2010).『사회 네트워크 방법론과 행정/정책 연구에 있어서 함의」,『중앙대학교 춘계학술
    대회 발표논문집』.

배윤봉(2011). 「매개 중심성 분석을 이용한 콘텐츠 추천 방법」, 고려대학교대학원 컴퓨터정보학과.

서정주·김진일·김은상·김영호·정하웅·김성렬·박근수(2013). 「국내 웹 그래프의 링크 구조 분
    석」,『정보과학회논문지 : 컴퓨팅의 실제 및 레터』19(1), 7-14.

이재윤(2008). 「연구자의 투고 학술지 현황에 근거한 국내 학문분야 네트워크 분석」,『정보관리
    학회』25(4).

이재윤(2013). 「tnet과 WNET의 가중 네트워크 중심성 지수 비교 연구」,『정보관리학회지』
    30(4), 241-264.

이주호(2012). 「통계학 관련 학회지의 상호 인용 지수를 이용한 가중 네트워크 중심성에 관한 연
    구」, 동국대학교 대학원 통계학과 석사학위논문.

이창균·성민준·이윤배(2011). 「e-커머스 기업의 고객서비스 쿨트랜드 발견: 사회네트워크분석
    NodeXL 활용」, Information systems Review 13(1).

정영미(2007). 「국가 정보유통 활성화를 위한 학술적 웹 공간 특성 및 구조 분석」, 서울: 한국과학
    기술정보연구원.

최창현(2006). 「조직의 비공식 연결망에 관한 여구-사회연결망분석의 활용」,『한국사회와 행정
    연구』17(1), 1-23.

황경호(2015). 「방송사 홈페이지의 하이퍼링크 구조 분석: 지상파와 종합편성채널 비교분석을 중
    심으로」, 성균관대학교 언론정보대학원 박사학위논문.

A. Broder, R. Kumar, F. Maghoul, P. Raghavan, S. Rajagopalan, R. Stata, A. Tomkins, & J.
    Wiener (2000). Graph structure in the Web. In *Computer Networks*, Vol.33, Issues.1-6,
    309-320, Jun. 2000.

Björneborn, L. (2004). *Small-world link structures across an academic Web space: A library and
    information science approach.* Ph.D.Thesis. Royal School of Library and Information

Science, Copenhagen, Denmark.

Hansen D. L., Shneiderman B., & Smith A. M, (2011). *Analyzing Social Media Networks with NodeXL*. Amsterdam: Elsevier Inc.

Larsen, K. (2008). Knowledge network hubs and measures of research impact, science structure, and publication output in nonstructured solar cell research. *Scientometrics, 74*(1), 123-142.

Otte, E., & Rousseau, R. (2002). Social Network analysis: A powerful strategy, also for the information sciences. *Journal of Information Science, 28*(6), 441-454.

Park H. W., Barnett G. A., & Nam I. Y. (2002). Interorganizational Hyperlink Networks Among Websites in South Korea. *NETCOM: Network and Communication Studies 16(3/4)*, 155-173.

10

HyperLink
실습(Tutorial 10) ——

실습내용

실습교재 참고

지상파 유튜브

방송사 유튜브 채널 데이터 분석을 통한 구독자 모형연구

본 연구는 2005년부터 2021년까지 방송사의 유튜브(Youtube) 채널에 개설된 콘텐츠의 이용유형과 프로그램, 개설일, 방송사 유형에 따른 구독자 수와 이에 따른 반응경향을 분석하고 구독과 반응 유형 예측 모형을 제시하는 것이 목표이다.

본 연구는 한양대 빅데이터센터가 수집한 방송사 유튜브 채널 데이터(79, 436개의 데이터)를 바탕으로 R, Orange Data Mining과 Amos를 이용한 분석이다. 1차적으로 빈도분석을 한 후, 방송사 유형과 개설 시기에 따른 구독자 수 파악 및 이용자의 반응유형 분석에 따른 유튜브 이용자 모형을 제시하고자 한다. 분석 결과 방송사(지상파, 종편, EBS, OBS, 아리랑TV)는 2005년 이후 지속적으로 유튜브에 채널을 개설해왔다. 구독자 수는 프로그램 채널에 따라 실버, 브론즈, 골드, 다이아몬드 등에 정규분포 모양을 하고 있으며, 실버등급이 모드(mode)분포를 이루었다. 프로그램은 방송사 장르 프로그램을 포함 유튜브 자체용으로 제작한 프로그램 같은 새로운 장르가 등장하고 있다. 그러나 영상조회수와 구독자 수는 방송사 프로그램 특히 K-POP, Entertainment 프로그램에서 인기가 많았다.

더불어 제작방향 초점(해석수준)을 바탕으로 한 분석에서 유튜브 프로그램은 무엇(what)보다는 어떻게(how)를 제시하는 영상, 즉 얼마나 열심히 보여주는가에 조회 수가 늘어났다.

핵심어: 방송사 유튜브, 이용자분석, 영상조회 수 구독자수, 이용자 반응, 예측 모형제시

1. 문제 제기와 연구 목적

1) 들어가기

유튜브는 당신, 너(You)와 텔레비전(Tube)의 합성어이다. 유튜브는 페이팔 직원이었던 스티브 첸, 채드 헐리, 자베드 카림이 공동으로 차린 회사로 2005년 미국에서 첫 서비스를 개시했다. 소셜, 인공지능 차원의 시대변화는 전체 미디어 환경의 변화를 가져왔다.

유튜브 시대인 것은 부정할 수 없는 사실이다. 의미 있는 콘텐츠를 가진 개인 그리고 방송 및 전통(legacy) 미디어도 유튜브 채널 개설 및 유튜브 제작을 진행하는 것은 아주 합리적인 판단이다. 다만, 유튜브 채널 개설과 운영 과정에서의 노력이 어떠한지에 따라 성공여부가 결정된다.

이에 지상파를 비롯한 지상파, 종편, 지역, 교육, 해외 방송사들의 유튜브 진출이 활발해지고 있다. 방송사들은 단순히 TV에서 방송된 프로그램 영상을 쪼개 선보이는 수준에서 벗어나, '유튜브 퍼스트' 전략을 택하며 적극적으로 수익 다각화 전략을 펼치는 추세이다.

〈그림 1〉 유튜브 로고와 미디어 소비 변화

2. 방송사의 유튜브 진출

1) 미디어 생태환경의 변화

　방송 생태환경은 한쪽은 유튜브와 넷플릭스(Netflix)라는 2차원으로 진화하고 있다. 넷플릭스는 동영상 콘텐츠는 말 그대로 셋톱박스를 넘어(Over the top), 특히 월정액 요금으로 수익을 창출하는 유료 OTT 서비스 시장은 최근 스마트미디어 기기의 발달과 시청자 미디어 이용행태 변화 속에서 국내 동영상 유통시장을 빠른 속도로 잠식하고 있다. 넷플릭스는 2016년 국내 시장에 진출한 이래로, 구독형 모델과 맞춤형 추천, 오리지널 콘텐츠를 앞세워 새로운 시장을 개척했고, 〈오징어 게임〉에서 보듯이 제작과 배급에서 국내외적으로 성장 속도를 보인다.

　한편 유튜브는 다양한 콘텐츠를 제공함으로써 이용자들이 원하는 콘텐츠에 쉽게 접근할 수 있게 도와주고, 개인의 욕망을 충족시키거나 영상을 통해 타인과 교류하면서 개인의 인적 네트워크 강화를 가능케 하는 한편 비전문가에게 동영상을 제작하고 공유하는 공간을 제공해 개인의 자아 표출을 적극 장려하는 콘텐츠로 진화하고 있다.

　유튜브는 이용자에게 콘텐츠에 접근·참여·공유할 수 있는 공간을 제공한다. 유튜브는 개인의 욕구를 충족시키고, 개인 간 커뮤니티를 형성시키며, 자아 표현을 실현시킬 수 있다는 점에서 높은 수준의 개인화를 구현하는 미디어라 할 수 있다. 유튜브는 일반인이 자유롭게 제작한 다양한 콘텐츠를 인터넷 공간에 모아 놓고 소비자 개개인의 필요에 따라 달리 제공한다. 일상생활을 기반으로 제작한 브이로그(Vlog) 혹은 비디오로그(Video Log)부터 제품 리뷰, 게임 방송, 메이크업 튜토리얼 등 수많은 콘텐츠가 전통 미디어에서 체험할 수 없는 색다른 재미를 제공하고 있다. 더불어 댓글과 공유하기를 통해 이용자들의 의사 표출이 가능해지면서 개개인을 중심으로 색다른 온라인 커뮤니티가 형성되고 있다. 뉴미디어 환경에서 이용자는 수동적으로 콘텐츠를 수용하는 것보다 자신의 취향에 맞거나 필요에 부합하는 콘텐츠를 직접 찾아 소비하는 개별적 존재이다. 유튜브는 이러한 콘텐츠 선택권을 인정하며 적극적 상호작용을 통해 필요와 취향에 따라 개개인을 만족시키고 있다. 이처럼 영상 소비에 있어 개인의 가치를 부각하는 유튜브는 수많은 이용자의 발길을 이끌어 내고 있다.

유튜브에 의한 동영상 소비 변화는 유튜브 개인화 서비스에 고스란히 반영되었다. 유튜브는 2005년 2월 "Broadcast Yourself(스스로를 방송하라)"라는 슬로건을 기치로 설립되었다. 유튜브는 창립된 이래 전 세계에서 가장 큰 규모의 동영상 공유 플랫폼으로 자리 잡고, 현재 10억 명이 넘는 소비자를 보유하고 있다. 한국에서도 가장 많이 사용한 동영상 플랫폼 1위를 차지할 정도로 그 영향력이 막강하다(Youtube Homepage 2020).

2) 방송사의 유튜브 콘텐츠

유튜브의 성장 속도와 시장 규모가 커질수록 기성 방송제작사들이 유입되는 것은 당연하다. 광고 수익을 창출할 수 있는 기간만큼의 투자 여력만 확보된다면 기성 방송제작사가 시장의 주류가 될 가능성이 높다. 폭발적인 인기를 끈 크리에이터 '와썹맨'을 JTBC 디지털스튜디오 '룰루랄라'가 본격적으로 제작에 나섰다. MCN(다중채널네트워크)인 '비디오빌리지'도 크리에이터를 관리하는 영역에서 벗어나 스튜디오V라는 자체 채널을 만들어 순항하고 있다.

기성 방송제작사의 유튜브 채널 성장 속도는 일반 크리에이터와는 전혀 다르다. 대중

매체에 버금가는 출연진의 수준, 기획력, 압도적인 콘텐츠 경쟁력에 탁월한 홍보 능력, 광고수주 능력, 섭외 능력이 더해져 매우 짧은 기간 내 인기 채널로 안착한다. 또 양질의 콘텐츠라면 꼭 유튜브만이 아니라 케이블TV방송, 버스와 엘리베이터 광고 영상, 심지어 대중매체에도 쓸 수 있다. 방송제작사 처지에서 유튜브는 비교적 성공하기 쉬운 시장이다.

반면에 미디어 연구자들이 방송사들의 유튜브 진출 현황과 그 성과를 분석하고 조망할 수 있는 데이터에 접근하기가 현실적으로 쉽지 않다. 이에 관련 연구의 중요성에도 불구하고 논의가 미진한 상황이다.

3) 유튜브 이용자 수 측정

이에 한양대학교 빅데이터연구소가 보유한 방송사의 공식 유튜브 채널 데이터 자료의 활용과 이를 통한 미디어 연구 성과 공유를 데이터인 '방송사 유튜브 채널 데이터 활용 연구' 자료는 매우 유용하다고 판단한다.

유튜브로 애드센스 광고수익을 얻는 1인 미디어와 기존 방송사들이 많아지면서 유튜버 크리에이터를 도전하는 1인 제작자와 방송사가 크게 늘어났다. 성공 여부에 따라 유튜브 등급은 크게 유튜브 구독자수에 따라 7가지 등급으로 나눈다. 유튜브 구독자수별 등급의 순서는 그래파이트, 오팔, 브론즈, 실버, 골드, 다이아몬드, 루비로 이루어져 있으며 각 등급을 얻기 위해서는 구독자를 일정 이상 채워야 한다. 유튜버 등급 및 구독자수 혜택은 그래파이트(Graphite) 1명 ~ 999명, 오팔(Opal) 1,000명 ~ 9,999명, 브론즈(Bronze) 10,000명 ~ 99,999명, 실버(Silver) 구독자 100,000명 이상(실버 플레이 버튼 제공), 골드(Gold) 구독자 1,000,000명 이상(골드 플레이 버튼 제공), 다이아몬드(Diamond) 구독자 10,000,000명 이상(다이아몬드 플레이 버튼 제공), 루비(Ruby) 구독자 50,000,000명 이상(50 million을 기념하는 award로 커스텀 제작 로고 플레이 버튼 제공)이다. 실버 등급부터 유튜브에서 전담 파트너 관리자를 배정해주며, 관리자와 함께 채널을 관리하여 성장시킬 수 있다. 루비 등급은 50 million Awards로 수여받는 채널 아이덴티를 본따서 만들기 때문에 아주 영광스럽고 유니크한 트로피다.

3. 연구문제와 연구방법

1) 연구문제

한양대 빅데이터센터가 제공한 방송사 유튜브 채널 데이터(https://bit.ly/3m6icIs)를 바탕으로 연구문제를 수행하기 위해 다음과 같이 총 네 개의 연구문제를 설정하였다.

[연구문제1]: 유튜브 채널데이터에 나타난 방송사 유튜브 유형, 유튜브 개설일, 내용(contents)에 따른 구독자 수(기술통계)는 어떠한가?

[연구문제 2]: 1차 유튜브 이용자들의 이용자수(채널 이용 수, 구독자 수 등급, 영상 개수)의 특성은 어떠한가?

〈연구문제 2-1〉: 2차 유튜브 이용반응(좋아요, 싫어요, 댓글)에 나타난 특성은 어떠한가?

[연구문제 3]: 유튜브 이용 구독자 수와 이용 예측 모형은 어떠한가?

2) 방송사 유튜브 채널 분석데이터 변인 정의

빅데이터센터가 수집한 방송사 유튜브 채널 데이터(79, 436개의 데이터)를 바탕으로 분석하였다. 수집된 79435개의 유튜브 데이터를 재구조화 코딩을 통해 변인을 정의하고 분석하였다 . 독립변인, 종속변인, 반응변인에 대한 분류는 다음과 같다.

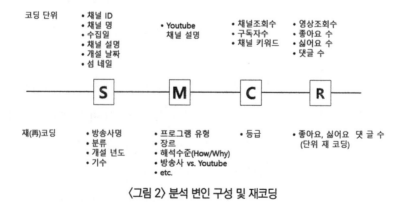

〈그림 2〉 분석 변인 구성 및 재코딩

(1) 방송사 유형

방송사 유형은 다음과 같이 분류한다.

      1 = 지상파: KBS, MBC, SBS

      2 = 종합편성채널: TV조선, 채널A, JTBC, MBN

      3 = 교육/지역/해외: 교육(EBS), 지역(OBS), 해외(Arirang TV)

(2) 유튜브 개설 시기

2005년~2019년 사이에 개설되고 운영 중인 채널 기본 데이터를 유튜브 발달 단계에 따라 재코딩(re-coding)을 하였다. 시기는 2005년부터 2021년까지 연도별로 개설 추이를 분석하고 이를 바탕으로 3개의 시기로 분류, 코딩한다.

1시기 = 2005년 1월 1일 ~ 2009년 12월 31일

2시기 = 2010년 1월 1일 ~ 2016년 12월 31일

3시기 = 2017년 1월 1일 ~ 2019년 12월 31일

(3) 구독과 채널 조회 수 변인

① 채널 조회 수: 방송사가 개설한 유튜브 채널 조회 수를 1차 구독 변인으로 한다.

② 구독자 수: 채널을 정기적으로 이용하는 숫자로 이는 방송의 정기성을 의미하고 유튜브 이용자 측정의 중요한 변수로 이용된다.

③ 구독자 수에 따른 1~7단계 재분류

④ 등급 변인: 구독자 수의 크기에 따라 유튜브에서는 채널 구독자 수별 유튜브 등급과 혜택을 제공하기도 한다.

      1 = 그래파이트(Graphite): 1명 ~ 999명

      2 = 오팔(Opal): 1,000명 ~ 9,999명

      3 = 브론즈(Bronze): 10,000명 ~ 99,999명

      4 = 실버(Sliver): 100,000명 이상

(실버 크레이이터 어워드부터 플레이 버튼 지급*)

5 = 골드(Gold): 1,000,000명 이상

(골드 크리에이터 플레이 버튼)

6 = 다이아몬드(Diamond): 10,000,000명 이상

(다이아몬드 크리에이터 플레이 버튼)

7 = 루비(Ruby): 50,000,000명 이상

(루비 플레이 버튼이라 불리는 50 Million Awards를 제공**)

* 실버 플레이 버튼과 함께 유튜브 채널에 크리에이터 명예의 전당 입성, 특별 이벤트 참여, 전담 파트너 관리자 배정 등의 혜택이 주워진다.

** 루비 등급 플레이 버튼은 다른 등급들과 다르게 유튜브 재생 버튼처럼 생기지 않고 수여받는 해당 유튜브 채널의 프로필 아이콘을 본떠 제작된다.

⑤ 영상 개수: 방송사 유튜브에 등록한 총 제작된 유튜브 비디오 개수이다.

(4) 이용자 반응변인

① 장르: 방송사의 장르를 바탕으로 하고 이를 다시 유튜브 장르로 재분류한다.

② 영상 조회 수: 개별 유튜브 영상 개수는 반응 변수로 사용한다. 이는 객관적인 이용 빈도를 나타낸다.

③ 좋아요 수: 이용자의 긍정반응 숫자를 변인으로 사용한다. 감정변수이다.

④ 싫어요 수: 이용자의 부정적인 숫자를 변인으로 사용한다. 감정변수이다.

⑤ 댓글 수: 이용자의 적극적인 관여(involvement)로 유튜브에 대한 이용자의 상호작용적인 참여 인덱스(index)이다.

(5) 제작유형

재(재)코딩화를 통해 5w1H를 기준으로 해석수준 이론을 적용하여 수용자 반응과 상관관계와 유형화를 진행한다. 방송사 콘텐츠와 유튜브 콘텐츠 등으로 재유형화 한다.

4. 분석 과정

유튜브 구독자 데이터를 분석하기 위하여 R, Amos, Orange Data Mining, SPSS (Statistical Package for the Social Science) 등의 데이터 처리 패키지들을 이용한 기초 통계와 시각화를 바탕으로 유튜브 이용 현상을 분석하였다.

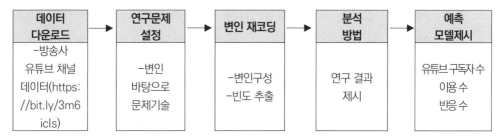

〈그림 3〉 방송사 유튜브 이용자 분석 세부 과정

유튜브 데이터를 분석하는 패키지란 통계 기술, 예측 모형을 수행하는 여러 단계들에 대한 각종 소프트웨어들의 역할을 담당하는 통합 소프트웨어를 말하며, R, AMOS, Orange Software 등 여러 가지가 있다.

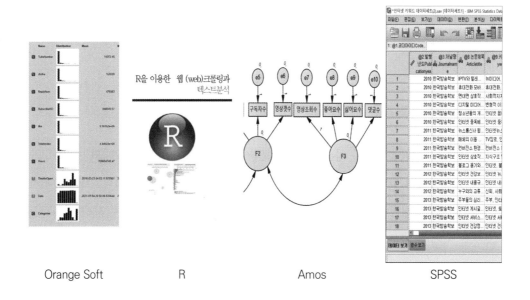

특정한 함수의 적용 및 작성이 가능하고 자체의 입출력방식이 고유한 방식으로 자체 문법을 사용하여 정의된다. 또한 수행속도도 빠르고 기초통계량의 산출에서 다변량 분석까지 거의 모든, 통계적 분석방법을 지원한다. 결론적으로 데이터 처리 패키지는 데이터를 이용하여 결과를 산출하는 모든 작업에 활용된다.

본 연구에서 사용하는 Orange Software, R, AMOS는 광범위한 분야에 대한 데이터입력과 데이터 관리 및 통계분석을 목적으로 전문 프로그래머가 아닌 일반 사용자들도 쉽게 사용할 수 있도록 개발된 빅데이터와 모형예측 통계소프트웨어이다. Orang Software(Python 알고리즘), R과 Amos, SPSS 특징을 살펴보면 그래픽 환경 하에서 작동되는 통계분석 및 자료처리 시스템이며 처리 메뉴와 대화상자의 내용을 마우스를 이용하여 분석 처리한다. 그리고 스프레드시트 형태의 데이터 입력과 데이터 시각화, 그래픽의 효율적인 지원 다양한 통계, 분석절차 설명이 있다. 마지막으로 프로그램의 크기도 비교적 작고 설치도 매우 쉬운 데이터처리 소프트웨어이다.

5. 분석 결과

방송사 유튜브 채널 데이터(https://bit.ly/3m6icIs)를 활용한 실증적 학술논문 자료를 바탕으로 기본 변인을 확인한 결과는 아래와 같다.

1) 기초 데이터에 대한 결과

유튜브의 구독자가 점차 젊은 층에 한정되지 않고 전 연령층으로 확대되며, OTT와 유튜브 방송시장이 고성장함에 따라 방송사들은 위협을 느끼는 시대이다. 이에 유튜브에 영상을 올리고 채널을 개설하는 등의 행동을 취하기 시작하고 있다. 지상파 방송사들이 유튜브 시장에 적극적으로 뛰어드는 자세를 보이고 있다.

방송사의 유튜브 채널자료를 분석한 결과 지상파와 종합편성, 그리고 EBS, OBS, 아리랑 TV가 유튜브에 채널을 개설하고 개별 프로그램별 채널운용과 유튜브 영상을 업로

드하고 있다. KBS, SBS, MBC가 대체로 구독자와 영상 조회 수가 높게 나타나고 있다.

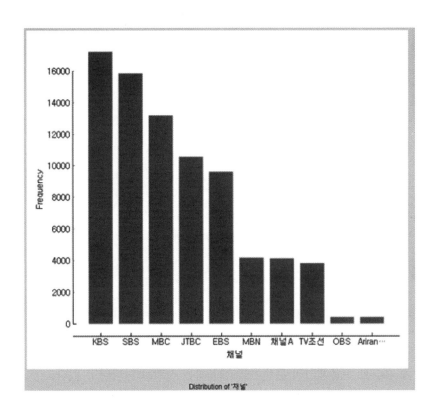

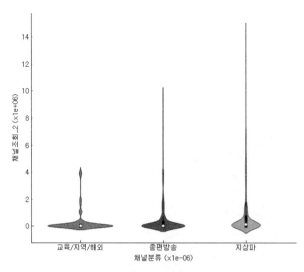

〈그림 4〉 방송사별 채널 개설 수량

2) 채널 개설 시기

방송사의 유튜브 채널 개설 시기는 미디어 흐름에 따라 2차례에 걸쳐 붐을 이루고 있다. 1차 붐이 2009~2010이며 2차 대급격기는 2017~2019이다. 2차 대급격기에 방송사별 자체 유튜브 전용채널과 콘텐츠를 제공하는 시기로 나타나고 있다.

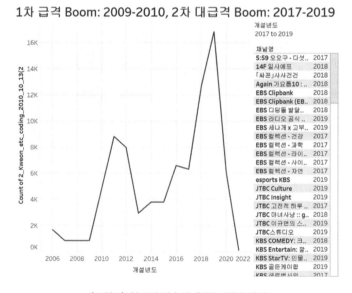

〈그림 5〉 연도별 방송사 유튜브 채널 개설

3) 방송사의 유튜브 콘텐츠

채널별 구독자 수는 지상파의 K-pop 관련 콘텐츠가 강세를 보였다. 조회 수도 구독자와 상관성이 높게 나타났다. 당연히 구독자의 증가는 그 채널의 영상의 조회 수가 폭증한 것으로 평가한다.

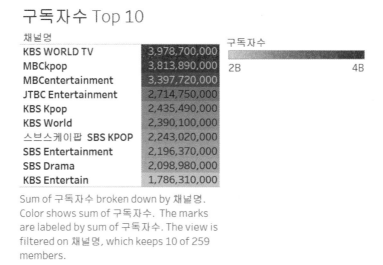

<그림 6> 주요 방송사의 채널별 구독 수

4) 구독자 수 분류

구독자 수와 영상업로드 수, 영상 조회 수 간에는 상관관계가 높게 나타났다. 한 사람이 동영상을 30초 이상 시청하면 조회 수 1회로 계산된다. 동영상의 성공 여부는 일반적으로 조회 수를 기준으로 계산된다. 조회 수에는 동일한 시청자의 반복 조회수도 포함한다. 시청 시간은 사람들이 동영상을 보는 데 소비하는 시간이다. 시청 시간이 높으면 시청자가 콘텐츠를 거의 즐기고 있다는 것이다.

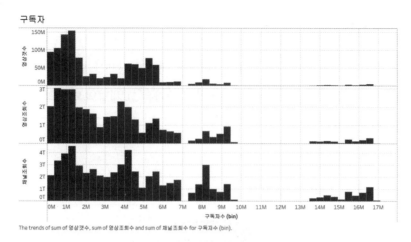

<그림 7> 영상 개수, 영상 조회 수, 채널 조회 수

유튜브에서 순위를 매기는 가장 중요한 요소 중 하나다(본 데이터에서는 측정이 되어 있지 않다. 시청 시간 ÷ 조회 수 = 평균 시청 시간). KBS는 여느 방송사보다 빠르게 유튜브 시대의 문을 열었다. 특히 2007년 개설된 KBS 'World TV'는 구독자 139억만 명을 보유하며 다른 방송사의 월드 채널보다 월등히 앞섰다.

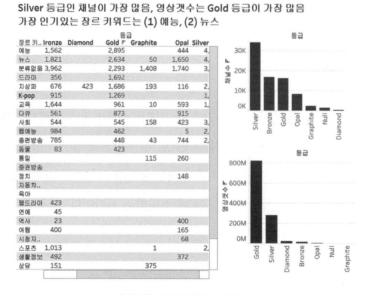

<그림 8> 장르별 유튜브 등급 수

그러나 유튜브 자체 콘텐츠 제작은 다소 뒤쳐진 상황이다. MBC는 K-Pop과 예능 프로그램인 'MBC Entertainment'가 단연 두각을 나타내고 있다. SBS는 'SBS Entertainment', 시사교양 프로그램은 'SBS Culture(Culture)' 채널에 모여 있는데, 그중에서도 특히 인기 있는 '런닝맨', 'K팝스타' 등은 개별 채널로 운영된다.

5) 구독자와 프로그램 장르

방송사 프로그램 중 유튜버들에게 인기 있는 프로그램은 연예와 음악 장르채널이 높은 순위를 차지하며 방송사의 K-Pop 채널이 중복적으로 높다. 연예와 엔터테인먼트 프로그램이 높게 나타났다.

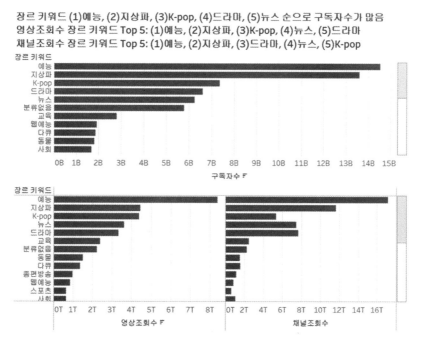

〈그림 9〉 방송프로그램별 구독자, 영상 조회 수 그리고 채널조회 수

6) 수용자 반응

수용자의 반응은 전통 미디어와 달리 유튜브는 동영상에 대한 반응을 직접 남기는 '싫어요' 버튼은 댓글달기나 '좋아요' 버튼과 함께 동영상 사용자들의 피드백을 확인할 수 있는 창구 역할을 하고 있다.

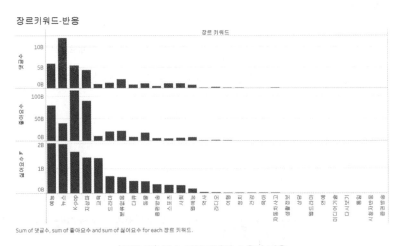

〈그림 10〉 방송 프로그램별 수용자 반응

댓글 수는 뉴스 장르가 가장 높다. 좋아요 수는 K-pop 장르가 높다. 싫어요 수는 예능과 뉴스가 높다.

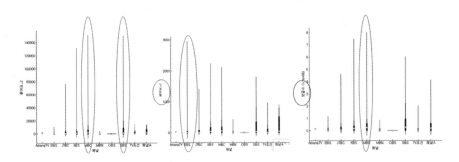

장르 별 방송사별 좋아요, 싫어요 그리고 댓글 수를 기술통계적으로 제시하면 좋아요는
MBC, SBS, "싫어요"는 EBS가 상대적으로 많았다.

〈그림 11〉 방송사별 수용자 반응

방송사 프로그램을 유튜브에 그대로 (재) 사용한 경우와 유튜브를 대상으로(유튜브용 프로그램 재작) 한 프로그램 경쟁력은 데이터 상으로는 지상파의 TV콘텐츠가 우세하다. 예를 들면 SBS의 '스브스뉴스'(개설일: 2015년 1월 26일, 구독자 수: 57만 명) 는 대표적인 유튜브 성공 프로그램이다. '스브스뉴스'는 다양한 자체 제작한 별도의 유튜브 콘텐츠를 만들어내면서 지상파 방송사 중 유튜브의 선두주자로 자리매김 했다.[19]

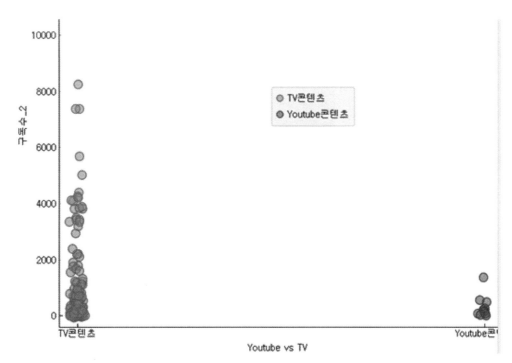

〈그림 12〉 TV 프로그램과 유튜브용 제작 프로그램별 구독자 수

---

19   〈문명특급〉은 홈 카페, 다이어리 꾸미기, 숨어듣는 명곡 등 온라인상에서 화제가 된 '신문물'을 체험하며 재미와 정보를 동시에 제공한다. 특히 기획자 겸 진행자인 재재(이은재 PD)는 타인을 비하하거나 약자를 희화화하지 않으면서도 웃음을 이끌어내는, 새로운 예능 문법을 제시하고 있다. '제티의 스쿨버스'는 로봇고, 애니고 등 대입에 일원화되지 않는 학교와 학생들의 다채로운 모습을 조명하고, '학교 성폭력 OUT'은 아직 끝나지 않은 '스쿨미투'를 집중 고발한다. '스브스뉴스' 출범 당시 소개말인 'SBS가 자신 있게 내놓은 자식들'은 중의적이다. SBS의 자신감이 담겨 있는 동시에 지상파 방송 안에서는 다루기 어려워 밖으로 내놓았다는 의미이기도 하다. '뉴스에는 위아래가 없다'는 슬로건처럼, 스브스뉴스가 지향하는 평등하고 '안 가는 곳 없는' 뉴스를 지상파에서도 볼 수 있기를 기원한다.

7) 프로그램 유형과 구독자 수와 영상 조회 수

코딩을 주제 유형에 따라 How 와 Why 중심의 분류를 재구성하였다. (이 부분은 코딩 신뢰도가 낮을 수 있다.)

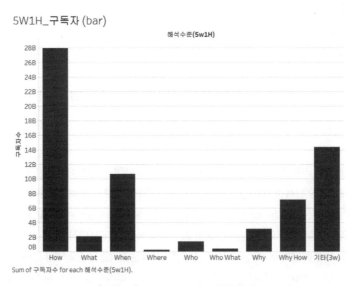

5W1H_구독자

해석수준(..	
How	27,949,863,520
What	2,060,210,440
When	10,659,160,551
Where	235,205,860
Who	1,404,253,887
Who What	386,443,918
Why	3,136,500,352
Why How	7,139,173,733
기타(3w)	14,393,687,870

구독자수
235,205,860   28B

Sum of 구독자수 broken down by 해석수준(5w1H). Color shows sum of 구독자수. The marks are labeled by sum of 구독자수.

〈그림 13〉 제작 시각의 해석 수준에 따른 구독자 수

5W1H_구독자 (bar)

해석수준(5w1H)

Sum of 구독자수 for each 해석수준(5w1H).

〈그림 14〉 How vs. What 구독자 수

8) 이용자 수와 이용자 반응 예측 모델

방송사의 유튜브 채널 현황을 채널 개설 제공자, 개설일, 그리고 프로그램 유형, 구독자수와 반응을 바탕으로 그 유형을 정리 분류 하였다.

(1) 지상파가 구독자와 채널 조회 수에서 종편과 EBS/OBS/ 아리랑 TV보다 수월성에서 높게 나타났다.

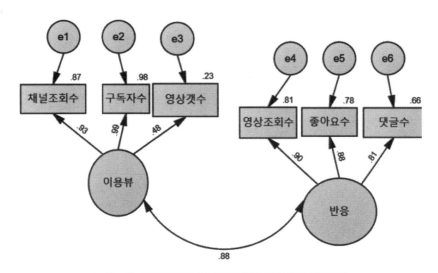

〈그림 15〉 유튜브 이용뷰와 수용자 반응 변인 간의 상관관계

(2) 이는 콘텐츠의 유형과도 연관 관계가 있는 것으로 실증적으로 보여주고 있다. 유튜브 콘텐츠의 구독자 수, 그리고 조회 수에서 예능, 특히 K-POP이 국내외에서 구독을 하는 것으로 나타났다, 특히 유튜브의 해석 수준 차원에서 How 관련 내용이 (예능, 음악, 콘텐츠)에서 높은 조회 수를 기록하는 것으로 나타났다.

(3) 유튜브 독자를 위한 콘텐츠보다는 기존 TV 방송 내용 중 K-POP, K-드라마적인 내용을 다시보기 또는 이 내용을 재구성한 것이 가장 골드, 다이아몬드급을 형성하는 것을 알 수 있었다.

(4) 유튜브도 방송의 정기성이 작용하여 정기적으로 업로드 하는 영상 개수와 구독자

수, 수용자 반응(좋아요, 싫어요, 댓글 수) 그리고 조회 수의 균등성을 유지하는 것으로 분석 되었다.

그림은 분류덴드로그램과 나무모형 분류 체계를 보여주고 있다.

<표 1> 채널개설, 구독 영상 조회 수 간 상관관계

		개설일	구독자 수	영상 개수	조회 수
채널개설일	Pearson 상관	1	-.487**	-.476**	-.496**
	N	79435	79435	79435	79281
구독자 수	Pearson 상관	-.487**	1	.463**	.813**
	N	79435	79435	79435	79281
영상 개수	Pearson 상관	-.476**	.463**	1	.363**
	N	79435	79435	79435	79281
영상 조회 수	Pearson 상관	-.496**	.813**	.363**	1
	N	79281	79281	79281	79281

** 상관관계가 0.01 수준에서 유의하다(양측).

6. 연구 결과 및 함의

1) 연구 결과

유튜브 구독자에 대한 다양한 변인을 바탕으로 변인 간의 기초통계와 상관관계 제시를 통해 방송사 유튜브의 현상을 기술하고 설명할 수 있었다. 방송사 유튜브는 유튜브 플랫폼이 가지는 플랫폼의 소셜 미디어와 방송 프로그램의 특성이 상호작용하는 구독자 수나 조회 수와 댓글 반응과 같은 이용자의 적극적 관여를 통해 인기도와 사회적인 유명세에 나선형을 이룬다고 할 수 있다.

이는 전통 방송 수용자나 시청률 측정 모델로 설명될 수 없는 새로운 모델로 기술될 수 있다.

2) 함의로서 빅데이터로서 추가 변인

(1) 지리적인 변인: 이 측정 항목은 그들이 속한 국가를 기준으로 시청자를 분류다. 채널이 특정 국가 (또는 국가)를 단위를 측정하여 보여주고 있다. 이는 문화, 특히 K-POP 등 한류 관련 커뮤니케이션 연구에 중요한 변인이 된다. 지리정보는 더불어 이용 자료와 언어적인 고려를 할 수 있는 변인이다. 관련 콘텐츠에 해시 태그 또는 키워드를 국가, 지역이름으로 추가한 내용을 측정할 수 있다.

(2) 총 이용 시간에 대한 측정이다. 이는 구독자 수, 조회 수와 함께 이용 정도를 측정하는 중요한 벡터 변인이다.

(3) 이용자의 연령대와 성별을 파악하는 것은 인구 통계적으로 마케팅, 콘텐츠 제작에 반영할 수 있는 변인이다.

(4) 사용 디바이스: 장치 유형에서는 휴대폰(스마트 폰 및 핸드 헬드 게임 장치), 컴퓨터(노트북 및 데스크톱 컴퓨터), 태블릿 및 TV(스마트 TV 및 셋톱박스)를 사용하여 콘텐츠를 시청하는 사람들의 비율을 확인할 수 있다.

유형은 사람들이 유튜브에서 보는 콘텐츠 유형에 영향을 미칠 수 있다. 모바일 사용자는 일반적으로 이동 중에 동영상을 시청하므로 더 짧고 작은 크기의 동영상을 선호한다. 데스크톱 또는 태블릿 사용자는 긴 동영상과 재생 조회하는 경향이 있다.

(5) 방송사 유튜브의 추천 알고리즘이 전체 유튜브 동영상에서 어느 방향으로 작동하는가에 대한 연구가 필요해 보인다. 더불어 채널 섬네일과 유튜브 채널디자인에서 효과적인 커뮤니케이션을 위해서 사용되는 채널아트와 채널아이콘 데이터를 수집하여 분석하는 것이다.

참고 문헌

강미선(2018). 「유튜브는 어떻게 '갓튜브'가 됐나」, 『신문과 방송』 6, pp.6-10.

김경달·씨로켓리서치랩(2019). 『유튜브 트렌드 2020』, 서울: 이은북.

나스미디어(2021). http://www.nasmedia.co.kr/ko/pr/pr_report.do. 2021년 10월 참고.

유튜브 공식 사이트(2019). https://www.youtube.com/intl/ko/yt/about/press/.

이수진(2018). 「유튜버의 일, 수익성, 자율성」, 서울대학교 일반대학원 석사학위논문.

KISDI(2019). 『온라인 동영상 제공 서비스(OTT)이용 행태 분석』, 서울: KISDI.

Pew Research Center(2019). A Week in the Life of Popular YouTube Channels.

Reuters Institute(2019). Reuters Institute Digital News Report 2019

Welbourne, D, J., & Grant, W. J.(2016). Science communication on YouTube: Factors that affect channel and video popularity, *Public Understanding of Science*, 25(6), pp.706-718.

Wikipedia. 독일 소셜네트워크에서의 법집행개선을 위한 법률 NetzDG, URL: http://en.wikipedia.org/wiki/Netzwerkdurchsetzungsgesetz.

첨부 1

유튜브 구독자 모형

〈그림〉 예측 모형

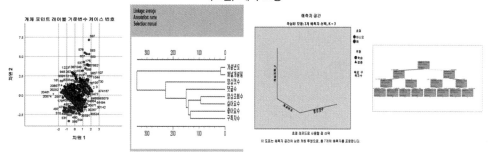

〈표〉 변환된 변수 간 상관관계

	채널 조회 수	구독자수	영상 개수	영상 조회 수	좋아요 수	싫어요 수	댓글 수	채널명
채널 조회 수a	1	0.933	0.694	0.988	0.922	0.934	0.922	0.34
구독자 수a	0.933	1	0.671	0.924	0.919	0.902	0.9	0.274
영상 개수a	0.694	0.671	1	0.637	0.6	0.658	0.578	0.381
영상 조회 수a	0.988	0.924	0.637	1	0.93	0.942	0.93	0.322
좋아요 수a	0.922	0.919	0.6	0.93	1	0.936	0.942	0.258
싫어요 수a	0.934	0.902	0.658	0.942	0.936	1	0.932	0.323
댓글 수a	0.922	0.9	0.578	0.93	0.942	0.932	1	0.238
채널명b	0.34	0.274	0.381	0.322	0.258	0.323	0.238	1
차원	1	2	3	4	5	6	7	

a 결측값을 수량화된 변수의 최빈값으로 대체함

b 추가변수

c 추가변수를 제외한 상관행렬의 고유값

11

Youtube
실습(Tutorial 11) ——

실습교재 참고

12

이미지 영상
– 인스타그램/유튜브

메르스 질병 프레임 분석
– 인스타그램(Instagram)의 텍스트, 이미지 분석을 통하여[*]

본 연구는 인스타그램에 게시된 메르스 관련 텍스트와 이미지를 대상으로 프레임 분석을 실시했다. 분석기간은 2015년 5월 20일부터 7월 28일까지다. 주요 분석 결과는 다음과 같다. 1시기의 경우 메르스에 대한 조심, 예방 등 메르스에 대한 불안 프레임이 작용하였다. 이 시기의 이미지 프레임 또한 언어 프레임과 비슷한 양상으로 새로운 감염병에 대한 공포 프레임이 형성되었다. 한편 2시기에 경우 메르스 주변으로 일상생활에 표현에 대한 형성이 1시기보다 많이 형성된 것을 발견할 수 있었다. 2시기의 이미지 프

---

[*]   박단비·권상희(2018), 「텍스트와 이미지에 나타난 메르스 감염병 프레임 분석: 인스타그램(Instagram) 내용 분석을 중심으로(A Study of Frame Analysis of MERS Disease: Using Text and Photo Image in Instagram), 한국소통학보 17(3), p. 123~156.

레임의 경우 일상에 비치는 정체성 프레임이 형성되었다. 제3시기의 경우에는 감기 시작 예방 등이 나타나고 있고, 이미지 프레임 또한 극복을 이미지를 프레임 형성하는 것을 알아 볼 수 있었다. 위의 결과로 알아볼 수 있듯이 이미지 프레임과 언어 프레임은 비슷한 양상을 보이며 프레임 형성을 한다고 발견할 수 있었다.

본 연구를 통해 인스타그램 사용자들이 메르스 이슈에 대해 어떤 이미지 프레임을 형성하고 어떤 텍스트 프레임을 형성하였는지를 분석했다는 것이 본 연구의 의의라 할 수 있다.

주제어: 메르스 , 인스타그램 , 의미연결망분석 , 이미지 , 해시태그

1. 들어가며

본 연구는 인스타그램에 나타난 메르스의 이미지를 텍스트와 사진의 연관성을 통해 나타난 병의 프레임을 분석한 연구이다. 디지털 시대 사람들은 SNS(Social Network Service, 사회 관계망 서비스)와 밀접한 관계를 맺고, SNS를 통해 다양한 정보를 접하며 하루를 보내고 있다. SNS 상에서 공유되는 정보들은 나와 직접적인 관계가 없는 사람이나 기관 또는 단체가 만든 정보일 수 있으며, 나와 직접적인 관계가 있는 사람이 만든 정보일 수도 있다. SNS 상에서 공유되는 정보는 정치 경제와 같은 뉴스일 수도 있고, 나와 관련된 사람들이 먹은 것, 쇼핑한 것, 본 것과 관련된 일상적인 정보일 수도 있다(김유정, 2011; 김은미·이주현, 2011; 홍석경·오종환, 2015; Java, Song, Finin & Tseng, 2007). 이처럼 현대 사회에서는 모든 정보들이 시·공간의 제약 없이 공유되고, 확산된다. 또한 SNS는 이를 사용하는 누구나 자신의 의견을 제시하고 타인의 의견에 대해 반박할 수 있는 실시간적 상호작용이 이루어지는 구조를 가지고 있다. 이를 통해 여론을 형성하는 공론장의 기능을 수행하며 영향력을 키워가고 있다(최진호·한동섭, 2011). 일방향적으로 정보를 제공하는 전통적인 미디어 환경에서 다수의 매체가 다양한 의견을 전달할 수 있는 새로운 매체 환경으로 발전함에 따라, 인터넷을 기반으로 하는 새로운 매체가

사람들의 인식에 영향을 미칠 수 있다는 사실이 많은 연구를 통해 검증되었다(윤태일·심재철, 2003; 이건호, 2006; 이동훈, 2007).

그러나 기존의 프레임 연구들은 텍스트 연구가 중점적으로 이루어졌다(이준웅, 2001; Coleman, 2010). 하지만 기틀린(Girlin, 1980)이 연구한 바와 같이 미디어는 다양한 언어적, 시각적 장치를 사용하여 현실의 특정한 측면을 부각 혹은 배제함으로써 어떤 대상에 대한 의미를 형성한다. 따라서 이러한 인지적 정서적 효과를 고려할 때 프레임 효과 연구에서는 언어적 차원뿐만 아니라 시각적인 차원이 통합적으로 연구되어야 한다(Rodriguez, 2011).

이러한 논의에 기초하여 본 연구는 인스타그램 내에서 프레임을 구성하는 시각적 이미지와 언어적 의미의 중요성에 주목하여 사회적 이슈인 메르스에 대해 의미를 구축함에 있어 시각적 장치와 언어적 장치가 어떠한 상관관계를 가지는지를 알아보고자 한다.

따라서 본 연구는 2015년 당시 메르스라는 신종 바이러스의 출현으로 이에 관한 새로운 이슈들이 확대·재생산 되고 있는 한국 사회에서 프레임 형성과정을 인스타그램을 통해 연구하고자 한다. 인스타그램 내에 게시된 이미지와 게시글 분석을 이미지 프레임과 언어 프레임 간의 관계를 통해 초기 의견형성과정의 의미화 과정을 분석하고자 한다.

2. 이론적 배경

1) 인스타그램의 특성

Instagram(이하 인스타그램)이란 모바일 이미지 또는 동영상을 캡처 또는 공유하는 서비스로 최근 일 년 동안 빠르게 급성장한 매체로 주목 받고 있다. 인스타그램은 사용자가 자신의 생활의 이미지나 동영상을 공유하는 서비스로 여러 가지 필터 효과를 사용자 자신이 선택하여 게시하는 특징을 가진 매체이다(Hu & Kambhampati, 2014). 인스타그램은 2010년 10월에 시작 된 이후에 하루에 3억 건 이상의 이미지가 공유되고 있으며 하루에 평균적으로 7천만 개 이상의 게시물이 게시되고 있다(Instagram press,

2015). 다른 SNS 매체와 구별되어 지는 점은 이미지나 동영상을 캡처 또는 공유할 때는 모바일 기기로만 가능하다는 것이다. 다시 말해 데스크톱이나 노트북으로는 인스타그램을 볼 수는 있지만 이미지나 동영상을 캡처하거나 공유할 수 없다. 인스타그램은 텍스트 기반의 매체가 아닌 이미지를 기반으로 하는 매체이다. 인스타그램을 사용하는 사용자들은 일상생활에서 발생되는 사건을 사진기나 스마트폰을 이용해 촬영하고 이른 자신의 인스타그램 계정에 게시한다. 게시한 이미지는 매체 내에서 댓글을 통해 의견을 공유한다(남민지·김정인·신주현, 2014). 본 연구에서는 인스타그램에서 사용자가 게시한 이미지와 이미지에 작성된 댓글을 함께 분석하여 인스타그램 사용자들의 메르스에 관한 프레임을 연구하고자 한다.

2) 역사적 질병 이미지

서양미술을 살펴보면 병에 관련한 이미지와 사람들이 느끼는 감정을 알 수 있다(한성구, 2015). 결핵, 페스트, 나병에 대한 이미지는 다음과 같이 나타난다. 결핵은 질병특성상 병에 걸린 후 죽음까지 시간이 많이 걸리는 병이다. 따라서 환자는 자신의 병의 이해도가 다른 질병보다 높다. 따라서 이 병에 걸린 사람들의 표정은 우수적 표정이다. 결핵의 이미지 정의는 '연민'이다(한성구, 2015). 결핵에 관련한 대표적인 작품으로는 들라크루아(Delacroix)의 〈쇼팽 초상화〉, 뭉크의 〈봄〉, 세이어(Thayer)의 〈천사〉가 있다.

다음으로 알아 볼 질병은 나병이다. 나병의 특성상 병이 진행되면 진물과 눈썹이 빠지고 손가락과 발가락이 떨어진다. 이 질병에 관해 대중이 느끼는 감정은 혐오와 공포이다. 나병에 대표적인 이미지로는 몬네알레 대성당 모자이크 나병환자 이미지, 소로야의 〈슬픈 유전〉, 귀스타브 모로의 〈나병환자를 안는 성 프란체스코〉다.

다음은 페스트이다. 위의 병들과 달리 짧은 기간 내에 마을을 초토화 시키는 급성 전염병이다. 멀쩡한 사람이 한꺼번에 죽어가는 공포의 재난이다. 따라서 사람들이 이 이미지를 보고 느끼는 감정은 공포이다. 페스트의 대표적 이미지는 뵈클린의 〈페스트〉, 토겐부르크 성서의 페스트, 그로의 〈자파의 페스트병동을 방문한 나폴레옹〉이 있다.

현대로 넘어오면서 새로운 급성 전염병인 사스가 등장하였다. 사스의 대표 이미지에서는 마스크와 함께 공포에 질린 얼굴을 이미지로 사용함으로써 일반 사람들에게 공포를 강조하고 있다. 역사적인 질병 이미지들을 살펴보면 연민, 공포, 혐오의 감정들을 이미지 프레임을 형성하고 있다. 따라서 본 연구에서는 언론이나 작품에서의 이미지 프레임 형성이 아닌 일반 사람들이 인스타그램에서 형성하는 메르스 이미지 프레임 형성에 대해서 알아보고자 한다.

3) 메르스

대한민국 메르스 포털의 자료에 따르면 메르스란 메르스 코로나 바이러스(Middle East Respiratory Syndrome Coronavirus ; MERS-CoV)에 의한 호흡기 감염증이다. 2013년 5월 국제 바이러스 분류위원회(ICTV, International Committee on Taxonomy of Viruses)에서는 신종 코로나 바이러스를 메르스 코로나바이러스(MERS-CoV)라 명명하였다. 임상적인 특성으로는 대부분의 환자들이 중증급성기도질환(폐렴)이나 일부는 무증상을 나타내거나 급성상기도질환을 나타내는 경우도 있다. 주 증상으로는 발열, 기침, 호흡 곤란 등이 있으며 그 외에도 두통, 오한, 인후통, 콧물, 근육통, 식욕부진, 구토, 복통, 설사 등이 있다. 합병증으로는 호흡부전, 폐혈성 쇼크, 다발성 장기부전 등이 있으며 신부전을 동반하는 급성신부전 동반 사례가 사스보다 높다. 당뇨, 만성폐질환, 암, 신부전 등의 기저질환이 있는 경우와 면역기능 저하자는 메르스 바이러스의 감염이 높고 예후도 불량하다. 일반적인 검사 소견은 백혈구 감소증, 림프구감소증, 혈소판 감소증, LDH 상승하며 잠복기는 5일(최소 2일에서 최대 14일)로 보고 있다. 치명률은 30~40%(사우디아라비아의 경우)에 이르고 있다. 역학적 특성으로는 기저질환을 가진 사람에게서 중증의 급성 호흡기 질환을 일으키며 모든 환자들에게서 직·간접적인 중동 지역과 연관이 되어있다. 지역사회에서의 전파에 대한 근거는 없으며 가족 간 전파와 의료기관에서의 제한적 전파로 인한 유행이 보고되고 있다. 1차 감염자 보다는 2차 감염자의 증세가 더 경하다고 보고되고 있다. 아직까지 정확한 감염경로는 밝혀지지 않았지만 사람 간 밀접접촉에 의한 전파로 보고되고 있다. 밀접접촉자는 가운, 장갑, N95마스크, 고글 또는 안면보호구등을 착용하지 않고 환자와 2미터 이내에 머물거나 같은 방 또는 진료/처치/병실에 머문 경우, 환자의 호흡기 분비물과 직접 접촉한 경우이다.

위와 같은 메르스의 설명과 같이 정확한 감염 경로와 예방 방법을 일반인들은 알 수 없어서 다른 전염병보다 더 큰 공포감을 주었다. 그렇기 때문에 본 연구에서 뉴스 매체가 아닌 일상생활에서 사용하는 인스타그램 내의 메르스 관련 프레임 형성을 알아보고자 하였다.

4) 텍스트 프레임과 이미지 프레임

우선 텍스트 프레임을 알아보고자 한다. 프레임 이론의 대표적인 학자인 리프만 (Lippmann, 1922)은 인간의 행동은 그들의 머릿속에 형성된 상에 따라 이루어지는 의사환경(pseudo-environment)에 대한 반응이라고 주장했다. 사람들은 어떤 이슈에 대해 각자 자신의 의사환경 관점을 가지고, 이를 바탕으로 글을 쓰게 된다는 것이다. 이후 커뮤니케이션 연구는 사회적으로 구성된 현실과 수용자들이 인식한 현실관의 상관관계를 고찰하는 것에 집중되었다. 다수의 커뮤니케이션 학자들은 뉴스란 사실을 그대로 보도하는 것이 아니라, 언론이 구성한 현실을 제공하는 것이라고 밝혔다(이효성, 1990; 정서영, 2004; Boorstin, 1961; Lippmann, 1922). 이렇듯 다수의 학자에 의해서 프레임이 정의되었고 대표적인 관점은 다음과 같다. 프레임을 최초로 언급한 고프만 (Goffnam, 1974)은 특정 사건에 대해 개인들은 모두 자신의 관점을 가지고 있기 때문에 자신만의 견해를 나타난다고 하였다. 즉, 사람들은 자신의 관점에 영향을 받아 판단을 내린다는 것이다. 이러한 관점에서 터크만(Tuchman, 1978/1995)은 뉴스 제작자나 뉴스 조직이 보도한 현실은 실제 현실을 재구성하여 제공한다고 언급했다. 같은 입장에서 기틀린(Gitlin, 1980)은 1960년에 미국에서 일어난 학생운동을 매스미디어가 어떻게 해석하는가를 보여주기 위해 뉴스 프레이밍을 연구하였다. 기틀린은 수많은 현상을 분류하고 조직한다는 고프만식 프레이밍 개념에서 발전하여 조직화의 구체적 방식을 정의하였다. 엔트만(Entman, 1993)의 프레임 이론에서도 확인할 수 있다. 엔트만의 프레이밍 이론은 사건 이슈들의 특정 측면을 선택하고 강조함으로 해석하고 평가하고 해결책을 부각시키는 것이라고 정의하였다. 위의 연구들은 주로 개인 사고과정의 프레임을 설명하는 것이 아니라 뉴스 및 매스커뮤니케이션 현상을 이해하기 위해 도입된 개념이라고 설명할 수 있다(주영기·유명순, 2011). 이를 종합하면, 프레임은 이슈의 특정 측면에 집중함으로써 수용자들을 인도하는 것에 그 목적이 있다. 갬슨(Gamson, 1989)은 여론의 방향을 제시함으로써 프레임이 수용자에게 관련 이슈를 이해하고, 어떤 것이 중요한지를 알려주는 중심 견해라고 정의하였다. 이들의 관점은 다음의 예로 설명될 수 있다. 메르스 바이러스가 안전하다는 것을 수용자에게 전달하기 위해서는 메르스 바이러스의 안전한 측면을 중심 견해로 강조하는 프레임을 사용할 것이고, 메르스 바이러스가 위험하다는 것을 수용자에게 알리고자 한다면 메르스 바이러스의 위험성 측면을 중심 견해로 강조하는 프레임을 사용할 것이다. 즉, 언론 보도의 프레임은 이슈에 대해 특정한 방향을 제시함으로써 수용자들을 동일한 방향으로 향하게 하는 힘이라고 할 수 있다.

다음으로 이미지 프레임에 관해 알아보고자 한다. 2015년 9월 익사한 세 살짜리 시리아 난민 어린아이가 튀르키예 해변에서 발견되어 세계를 충격에 빠뜨린 사건이 있다. 시리아 난민 사진은 이후 시리아 난민 사건에 대해 전 세계적인 관심을 모았으며 이후 유럽 국가의 난민 수용 정책에도 영향을 주었다. 또한 언론보도에 그치는 것이 아니라 인스타그램 내에서는 '인류의 표류 #KıyıyaVuranİnsanlık' 의 해시태그와 함께 빠르게 확산되었다.

위와 같이 이미지는 언어보다 현실과 더 밀접하게 수용자에게 전달된다. 이미지는 문자보다 수용자로 하여금 재현된 인공물이 아니라 실제로 존재하고 있는 것으로 믿게 한다. 그렇기 때문에 시각적 프레이밍은 언어적 프레이밍보다 훨씬 더 쉽고 당연하게 받아들여지며, 눈에 띄지 않게 효과적으로 영향을 미친다(이동훈·김원용, 2012).

즉, 미디어 제작자가 언어적 혹은 시각적인 방법을 통해서 지속적인 인식, 해석, 표상, 선택, 강조, 배제함으로써 사람들이 세상을 해석하는 의미 구성의 중요한 역할을 한다는 것이다(오종택, 2015). 그의 실제 사례로 2014년 9월 17일 밤 김병권 전 희생자 유가족 대책위 위원장 등 세월호 유가족 5명, 김현 새 정치 민주연합 비례대표 의원과 대리운전 기사 이모(52)씨, 행인 2명의 폭행 사건이 벌어졌다. 이에 대한 경찰 취재팀의 정보 보고가 있었지만 중앙일보에서는 기사에 반영하지 않았다. 하지만 보수성향의 신문들은 1면과 종합 면에 자료 사진들과 함께 자세히 보도했다. 다음 달 중앙일보도 도덕적으로 문제가 있다는 사건으로 판단하여 후속보도를 계속 했지만, 한겨레는 사건 당일은 물론 사진도 게재하지 않았다. 위 사례와 같이 보도를 하지 않음으로 해서 의미가 없는 것으로 만들기도 하거나 반대로 더욱 부각하여 특정 사건이나 이슈에 프레임이 작용하는 것을 알 수 있었다(김홍매, 2013). 즉 이미지 프레임도 언어 프레임과 동일하게 사회적 논점이나 문제에 대해 크게 부각하거나 축소, 배제하는 해석의 차이가 존재한다. 엔트만(Entman, 1993)이나 갬슨과 스튜어트(Gamson & Stuart, 1992) 또한 시각적 이미지의 상징성에 주목하고 프레임을 구성하는 한 부분으로서의 이미지의 중요성을 밝힌 바 있다.

메사리스(Messaris, 1996)는 이미지의 특성을 이론화하여 미디어 프레임 연구에 시각적 차원을 확장시키는 데에 크게 기여했다. 먼저 의미론적 속성을 보면 이미지는 언어나 다른 커뮤니케이션 방식과는 달리 뚜렷한 지표성을 가지고 현실을 가장 유사하게 재현하는 기호이다. 구문론적 특성을 살펴보면 이미지는 시간적 혹은 공간적으로 상호 결합되는 과정에서 규칙이나 관습이 상대적 다른 커뮤니케이션 방식에 비해서 덜 관찰된다. 위와 같은 특성으로 이미지는 설득이나 프레이밍에서 차별적인 역할을 담당할 수 있다(Messaris, 1996, Messaris & Abraham, 2001). 이미지를 수용하는 수용자들이 이미지를 해석함에 있어서 문법이나 관습에 거의 의존하지 않고 선행학습도 필요하지 않다(김정선·민영, 2012). 하지만 이미지가 개인에 의해 선택되고 구성된 결과물이라는 사실을 잊는다. 그렇기 때문에 이미지 프레임 연구는 다방면으로 이루어져야 할 필요성이 존재한다.

또한 캐서린 브라운(Catherine Corrigall-Brown)의 연구에서 알 수 있듯이 이미지는 다른 매체들보다 더 현실적이며 시각정보를 사용함으로써 감각적으로 인식할 수 있어 인간의 전 인지적으로 체험할 수 있게 한다. 그렇기 때문에 의사소통에 있어서는 잠재적으로 언어보다 더 효율적일 수 있다(2012, p. 132).

로드리게즈와 디미트로바(Rodiriguez & Dimittrova, 2011)는 다음의 세 가지 분석 수준을 통해 이미지 프레임 연구방법을 제시했다. 첫 번째 분석 수준은 '지시적 체계로서 시각적 이미지(visuals as denotative systems)'이다. 이 방법은 이미지가 구체적으로 누구 혹은 어떤 것을 묘사했는가를 분석하는 것이다. 특정 이미지에 동반된 제목이나 사진 설명 등과 같은 텍스트적 묘사 역시 분석 대상이 된다. 두 번째로는 '스타일 기호학적 체계로서의 시각적 이미지(visuals as stylistic-semiotic systems)'이다. 이는 시각적 프레임을 구성하는 스타일적 요소로서 조명, 색 등과 같은 이비지 재현에서 나타나는 스타일의 관습과 기술적인 형태를 분석하는 것이다. 세 번째로는 '함축적 체계로서의 시각적 이미지(visuals as denotative systems)'이다. 이는 지시적 의미를 넘어 이미지가 가지는 상징성과 암시적인 의미를 분석할 필요가 있다는 것이다. 본 연구는 이러한 분석수준에 주목하여 '메르스'에 대한 어떤 의미를 함축적으로 구성해 내고 있는지를 탐색하고자 한다.

5) 명도와 채도

컬러의 3속성은 색상, 명도, 채도가 있다. 인간의 색에 대해서 3가지 요소로 구별하는 이 기초이론을 정의한 사람은 독일의 헤르만 그라스만(Hemann Grassmann)이다. 본 연구에서는 명도와 채도를 사용하여 이미지를 분석하고자 한다. 따라서 명도와 채도에 관한 논의를 이어가고자 한다.

명도(Brightness)는 컬러의 어둡거나 밝은 정도를 의미하는 것이다. KS A 0064(2005)에 따르면 광원 또는 물체 표면의 명암에 관한 시감각적 속성이라고 정의한다. 명도란 빛 자체에서 나오는 세기가 강하고 약함과의 관계를 나타내는 용어이다. 다시 정의하면 밝기에 대한 열량의 세기를 의미한다(문은배·오경선, 2014). KS A 0064(2005)에서는 명암을 의미하는 밝기와 명도를 구분하여 정의하고 있다. 엄밀하게 말하면 이미지에서는 명도보다는 밝기라는 용어를 사용하는 것이 정확하다. 이미지는 빛으로 만들어지는 결과물이기 때문이다. 감성적인 측면을 중심으로 살펴보면 밝기는 대체로 이미지의 전체적인 인상이나 분위기에 영향을 미친다(노연숙, 2015). 또한 헤르만 그라스만(Hemann Grassmann)에 따르면 명도는 3속성 중 색을 구별하는 데 있어 가장 민감하다. 명도가 높은 이미지에서는 긍정적 인상을 받고 어두운 이미지에서는 우울하고 조화롭지 못하며 부정적 인상을 받는다(노연숙, 2015).

채도(saturation)는 색이 밝고 탁한 정도를 의미하는 것이다. 채도가 높다고 하는 것은 원색에 가까운 순수한 색을 의미한다. 채도가 낮다고 하는 것은 중성색에 가까운 탁한 색을 의미한다. KS A 0064(2005)에서는 채도를 지각되는 색깔의 강도에 관한 속성으로 개념 정의하고 있다. 채도는 컬러가 주는 시각적인 즐거움과 높은 관련성을 지니고 있다. 높은 채도의 경우 사람들의 이목을 끌며 활기차고, 화려하고, 강렬하고, 즐거운 인상을 가져온다(노연숙, 2015).

3. 연구문제 및 연구방법

1) 연구문제

본 연구는 인스타그램에서 게시된 메르스 관련 텍스트와 이미지가 어떤 의미의 메시지를 담고 있으며, 어떤 프레임을 형성하는지 구조를 탐색하기 위해 이미지 분석과 의미연결망 분석을 시도했다. 연구문제 1에서는 어떤 단어들이 반복적으로 선택되었는지를 분석하고자 하며 연구문제 2에서는 어떤 이미지들이 주로 사용되었는지를 밝혀낼 것이다.

　　[연구문제 1]: 인스타그램이 '#메르스'와 관련해 중요하게 다루는 텍스트는 각 시기별로 어떻게 다른가?

　　[연구문제 2]: 인스타그램이 '#메르스'와 관련해 중요하게 다루는 이미지는 어떠한가?

연구문제 1과 연구문제 2에서 도출한 단어들의 관계를 토대로 군집분석을 하여 텍스트 프레임을 관찰할 수 있다. 또한 이미지를 시기별로 분석하여 이미지 프레임도 도출할 수 있다. 인스타그램에 게시된 텍스트 프레임과 이미지 프레임을 도출하기 위해 연구문제 3은 다음과 같이 설정하였다.

　　[연구 문제 3]: 인스타그램 메르스와 관련된 언어 프레임과 이미지 프레임의 구성은 어떠한가?

〈연구문제 3-1〉: 제1시기 인스타그램 메르스와 관련된 언어 프레임과 이미지 프레임의 구성은 어떠한가?

〈연구문제 3-2〉: 제2시기에 인스타그램 메르스와 관련된 언어 프레임과 이미지 프레임의 구성은 어떠한가?

〈연구문제 3-3〉: 제3시기에 인스타그램 메르스와 관련된 언어 프레임과 이미지 프레임의 구성은 어떠한가?

2) 분석기간

분석기간은 최초 메르스 언론 보도 시점인 2015년 5월 20일부터 1차 종식 보도일인 7월 28일까지다. 위의 기간을 총 3개 시기(① 2015년 5월 20일부터 6월 12일; ② 6월 13일부터 7월 5일; ③ 2015년 7월 6일부터 7월 28일)로 구분하여 시기별 메르스 관련 인스타그램의 게시글을 중요 단어 분석과 의미연결망 및 특징 그리고 관련된 이미지를 분석하고자 했다.

3) 분석대상

분석대상은 인스타그램에 '#메르스' 해시태그와 함께 게시된 이미지와 해시태그를 분석하였다. 수집된 게시된 글은 총 105,787개의 게시된 글 중 중복된 글 삭제 처리 후 게시물 97,042개를 분석하였다. 이미지 수집은 이미지 검색 플랫폼을 통해 수집하였다. '#메르스' 해시태그와 함께 게시된 이미지 중 층화표본 추출을 통해 1,004개를 수집하여 분석하였다.

4) 분석방법

(1) 언어의미 연결망 분석 방법

언어의미 연결망 분석을 활용한 본 연구에서는 다음과 같은 분석 절차를 수행하였다.

먼저, 수집된 글에 대한 정제화(Cleaning) 작업을 실시하였다. 첫 번째로 수집된 글에 대한 특수기호를 삭제하는 작업이 이루어졌다. 두 번째로 중복 글에 대한 삭제 과정이 이루어졌다. 세 번째로는 명사와 함께 쓰인 조사에 대한 분리작업이 이루어졌다. 마지막으로는 독립적으로 의미가 없는 단어(관형사, 접미사, 접속사 등)와 문장 부호 등을 제거하였다(박지영·김태호·박한우, 2013; 심홍진·김용찬·손해영·김지영, 2011; 정수영·황경호, 2015).

다음 단계로는 일차 정체 작업 후 텍스톰 사이트에서 이차 정제작업이 이루어졌다. 정제 작업 후 텍스트에 등장하는 모든 단어들에 대해 빈도 분석을 실시였다. 빈도 분석 결과를 바탕으로 본 연구 분석에 사용할 상위 빈도의 단어를 추출하였다.

다음으로 빅데이터 생산 프로그램을 공동 출현 빈도행렬 매트릭스를 도출하였다. 출현 빈도가 높은 핵심 단어들에 근거하여 정제단어 빈도수, 매트릭스 데이터, 유클리드언 계수, 코사인계수, 자카트 계수를 추출할 수 있다. 이중 본 연구에서는 '메시지 X 단어 행렬 데이터'(matrix)를 사용하여 단어 간 동시 출현 빈도를 토대로 구성된 매트릭스를 통해 단어 간의 의미연결망 관계를 파악 할 수 있다.

위에서 도출된 공동 출현 매트릭스를 기반으로 연결망 구조와 연결 강도의 특성을 파악하고 사회 연결망 분석 소프트웨어인 노드엑셀을 활용하여 동시 출현 단어들의 연결망을 시각화였다. 먼저 밀도(density)를 계산하였다. 밀도는 한 네트워크가 얼마나 완벽하게 구축이 되어 있는가를 표현하는 수치이다. 밀도는 '포괄성'(inclusiveness)과 '연결정도'(degree) 개념을 토대로 측정된다. 포괄성은 한 네트워크 내에서 서로 연결된 단어의 수를 의미한다. 연결 정도는 단어와 단어를 연결하는 선의 수가 많고 적음으로 판단된다(손동원, 2002). 다음으로 중심성 분석을 실시하였다. 중심성 분석이란 각 단어의 구조적 위치를 계량화하여 분석하는 것이다. 중심성은 한 단어가 다른 단어들과의 네트워크를 구축하는 데 이 단어가 전체 연결망에서 얼마나 중심에 위치하고 있는지를 나타내는 지표이다. 이를 위해서 사용되는 지표는 다음의 세 가지 지표이다. 첫 번째로 사용되는 지표는 '연결 중심성'(degree centrality)이다. 연결 중심성은 한 단어에 직접 연결된 다른 단어의 수로 측정된다. 두 번째로 사용되는 지표는 '매개 중심성'(betweenness centrality)이다. 매개중심성은 한 단어가 다른 단어들과의 네트워크를 만드는데 매개자 역할을 얼마나 수행하는지 측정하는 개념이다. 잠재적 중개 역할이 클수록 전체 연결망을 제어하는 힘도 커지게 되는 것이다. 이 때문에 단어의 등장 빈도가 낮더라도 매개중심성이 높으면 단어들 간 의미 부여 역할이 커지기 때문에 해당 단어를 제외하면 문장의 소통이 어려워진다. 세 번째로 사용되는 지표는 '근접 중심성'(closeness centrality)이다. 근접 중심성은 한 단어가 다른 한 단어에 얼마나 가깝게 있는지를 측정하는 개념이다. 두 단어 사이의 거리가 핵심이다. 연결 중심성이 직접 연결된 단어를 중심으로 측정되는 것이라면 근접 중심성은 직접 연결뿐만 아니라 간접적으로 연결된 모든 단어들 사이의 거리도 측정하는 것이다. 근접 중심성이 높을수록 전체 네트워크의 중심적 위치에서 다른 단어들과 가까이 위치한다고 분석할 수 있다. 다른 단어와 가깝게 있다면 그들과 쉽게 관계를 맺을 수 있는 것으로 해석할 수 있다(박지영·김태호·박한우, 2013; 정수영·황경호, 2015). 위의 세 가지 중심성을 종합적으로 파악하여 특정 단어가 전체 네트워크의 어떤 위치에서 어떤 역할을 하는지를 분석할 수 있다. 마지막으로 인스타그램 게시글의 의미연결망을 구성하는 하위군집(community)을 분류했다. 군집 분석을 위해 노드엑셀에서 제공하는 Clauset-Newman_Moore 알고리즘을 활용하여 분석했다. 군집 분석 알고리즘은 단어별 연결 정도의 밀도를 기준으로 하는 분류 기법이다(Clauset, Newman & Mooore, 2004). 각 단어별 연결 정도의 밀도를 토대로 병합한 결과 생산되는 최적화된 모듈성(modularity)에 따라 최종 군집이 결정된다.

(2) 이미지 플랏 분석 방법

수집된 이미지는 선행연구를 기준으로 분류 분석 하였다. 다음으로는 이미지 플랏 소프트웨어를 사용해 색채 이미지를 추출하여 메르스 이슈 이미지를 시각화하였다. 이미지 플랏은 'ImageJ'라는 사진 정보를 읽고 분석과 편집을 하는 소프트웨어 프로그램에서 이용하는 이미지 틀이다. Software Studies Initiative에서 개발한 문화 분석 기술 소프트웨어이다.

본 연구에서는 이미지 플랏 소프트웨어를 가지고 사진의 명도 중간 값과 채도 중간 값을 기준으로 분류하는 방식을 선정하였다. 원 형태의 이미지 플랏 결과에서는 원 아래에서 시계 방향으로 점차 명도가 낮아지며 원의 중심부로 갈수록 채도가 낮아지는 방식으로 배열된다. 따라서 여러 종류의 이미지들 상의 여러 패턴들과 이미지들 간의 관계를 시각화하여 연구할 수 있다.

4. 분석 결과

1) 인스타그램 메르스 주요 텍스트와 이미지

연구 문제1은 인스타그램이 메르스 이슈 해석을 위해 어떤 단어를 주로 선택하였는지에 관한 것이다. 인스타그램의 프레임 설정을 위해 어떠한 정보를 전달하려는지 분석하는 것으로 주요 언급단어 빈도 순위를 조사한 것이다. 제 1시기에 인스타그램에 메르스와 함께 게시된 게시물은 총 62,023개이다. 텍스톰 자연어 정제 서비스에서 정제된 단어는 총 165,325개의 단어가 분류되었다. 의미를 가진 단어 재 정제 작업을 수행하였다. 그 후 분석한 상위 20개의 단어는 다음과 같다. 가장 많이 언급된 단어는 '메르스'로 총 81,159회 언급되었으며 다음으로는 '마스크(22,914회)', '조심(12,078회)', '일(11,909회)', '셀스타그램(10,325회)', '맞팔(7,384회)', '셀카(7,171회)', '오늘(6,705회)', '소통(6,178회)', '사람(5,495회)', '얼스타그램(4,830회)', '데일리(4,718회)', '나(4,515회)', '선팔(4,339회)', '셀피(3,834)', '예방(2,800)', '인스타그램(2,685회)', '먹스타그램(2,550회)', '건강(2,504회)'로 언급되었다. 위에 나타난 바와 같이 메르스와 직접적으로 조심, 무섭, 예방, 건강 등 이 시기에는 메르스는 조심해야 하는 것이며 무섭고, 예방해야 하는 존재로 인스타그램을 사용하는 사람들이 인식했다고 할 수 있다. 2시기에 인스타그램에 메르스와 함께 게시된 게시물은 총 33,605개이다. 텍스톰 자연어 정제 서비스에서 정제된 단어는 총 58,142개의 단어가 분류 되었다. 의미를 가진 단어 재 정제 작업을 수행하였다. 그 후 분석한 상위 20개의 단어는 다음과 같다. 가장 많이 언급된 단어는 '메르스'로 총 29,424회 언급 되었으며 다음으로는 '마스크(7,229회)', '일(4,299회)', '셀스타그램(3,793회)', '조심(3,535회)', '셀카(2,695회)', '맞팔(7,384

회)', '소통(2,260회)', '오늘(2,238회)', '사람(2,175회)', '얼스타그램(1,704회)', '무섭(1,704회)' '데일리(1,691회)', '대구(1,681회)', '선팔(1,579회)', '셀피(1,350)', '부산(1,208)', '집(1,073회)' '인스타그램(1,047회)', '주말(980회)'로 언급되었다. 위에 나타난 바와 같이 메르스와 직접적으로 조심, 무섭 이 시기에는 메르스는 조심해야 하는 것이며 무서운 존재로 인스타그램을 사용하는 사람들이 인식했다고 할 수 있다. 또한 1시기와 다른 점은 메르스에 대한 직접적인 언급 단어보다는 일상생활을 표현하는 단어들이 주요 상위 20개의 단어에 다수를 차지하고 있다는 점이다. 3시기에 인스타그램에 메르스와 함께 게시된 게시물은 총 1,386개이다. 텍스톰 자연어 정제 서비스에서 정제된 단어는 총 11,197개의 단어가 분류되었다. 의미를 가진 단어 재정제 작업을 수행하였다. 그 후 분석한 상위 20개의 단어는 다음과 같다. 가장 많이 언급된 단어는 '메르스'로 총 1,496회 언급되었으며 다음으로는 '마스크(236회)', '셀스타그램(170회)', '맞팔(143회)', '셀카(124회)', '소통(116회)', '얼스타그램(115회)', '오늘(115회)', '사람(97회)', '나(97회)', '병원(93회)', '선팔(58회)', '조심(83회)', '데일리(77회)', '낙타(76회)', '셀피(61회)', '비(53)', '인스타그램(53회)', '팔로우(51회)' '부산(50회)'로 언급되었다. 위에 나타난 바와 같이 메르스와 직접적으로 병원과 조심이 있다. 이 시기에는 메르스는 조심해야 하는 인스타그램을 사용하는 사람들이 인식했다고 할 수 있다. 또한 2시기와 마찬가지로 메르스에 대한 직접적인 언급 단어보다는 일상생활을 표현하는 단어들이 주요 상위 20개의 단어에 다수를 차지하고 있다는 점이다.

다음으로 인스타그램에 메르스 관련 이미지는 다음과 같다. 메르스 해시태그와 함께 게시된 이미지를 분석한 결과, 2가지의 공통된 주제의 이미지들이 주로 게시되는 것을 발견할 수 있었다. 그 이미지는 마스크와 낙타와 관련된 이미지였다. 언론에서 보도된 예방 수칙 중 사람들이 쉽게 따라할 수 있는 것이 마스크 착용이었다. 또한 언론에서는 마스크 착용을 강조하였다. 그렇기 때문에 사람들의 인스타그램 메르스 관련 수집 이미지에서 마스크 이미지가 차지하는 비중은 높았다. 다음의 이미지들은 인스타그램의 메르스 관련 이미지를 바탕으로 하여 이미지 군집 분류한 것이다. 메르스 이미지, 메르스 전파 이미지, 메르스 예방 이미지, 메르스 치료 이미지로 분류하였다.

<표 1> 메르스 대표 이미지

분류	대표이미지			
메르스 이미지				
메르스 전파 이미지				
메르스 예방 이미지				
메르스 치료 이미지				

2) 메르스 텍스트 프레임과 이미지 프레임

1시기의 경우에는 메르스 노드 중심으로 무섭, 걱정, 바이러스, 병원, 메르스 조심, 면역력 등의 단어들이 위치하여 이 시기에는 공포 프레임이 작용한 것을 발견할 수 있었다. 2시기에는 메르스 노드 중심으로 여향, 운동, 주말, 걱정, 내일 등의 노드들이 위치하여 일상적 정체성 프레임이 작용하였다고 할 수 있다. 마지막으로 3시기에는 감사, 예방, 환자, 끝 등의 노드들이 메르스 노드 주변에 위치하여 메르스를 극복하고자 하는 극복 프레임이 형성된 것을 발견 할 수 있었다.

〈표 2〉 메르스 시기별 텍스트 프레임

텍스트 프레임

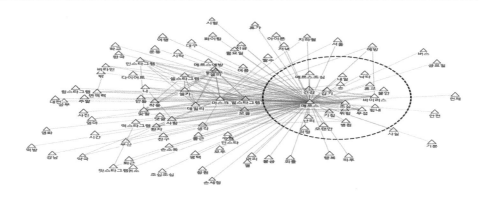

1시기 공포 프레임

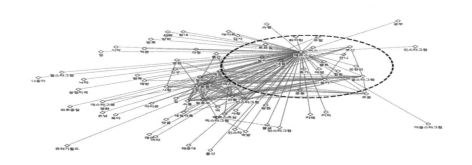

2시기 정체성 프레임

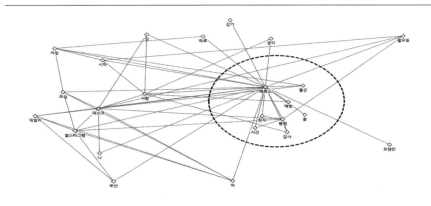

3시기 극복 프레임

다음으로 이미지 프레임을 종합 분석하고자 한다. 1시기의 이미지는 2시기와 3시기에 비해 전체적으로 어둡고 탁한 이미지를 많이 게시한다는 사실을 발견할 수 있었다. 앞에서 서술한 바와 같이 이 시기에 인스타그램을 사용하는 개인의 메르스에 대한 이미지 인식은 새로운 감염병이 나타난 것에 대한 공포를 이미지 프레임으로 형성했다고 설명할 수 있다. 2시기의 경우에는 마스크 착용 사진과 1시기에 비해 명도가 밝은 이미지를 사용하여 사람들이 일상적인 보통 생활로 돌아가고자 하는 프레임을 이미지를 통해 나타냈다. 마지막으로 3시기의 경우에는 1시기와 2시기에 비해서 좀 더 다양한 물건, 제품 등이 나타나고 특징적으로는 낙타 이미지가 다수 발견되는 것을 발견할 수 있다. 이 시기에는 사람들이 메르스를 극복하고자 하며 투쟁하고자 하는 이미지 프레임을 형성한다고 설명할 수 있다.

〈표 3〉 메르스 시기별 이미지 분류

분류	대표이미지			
1시기 공포 이미지				
2시기 일상의 이미지				
3시기 극복 이미지				

다음은 이미지 플랏 종합 분석 결과이다. 1시기는 명도와 채도가 모두 낮게 분포되어 메르스에 대한 부정적인 감정과 우울한 감정을 이미지에 도출하였다고 판단할 수 있다.

2시기는 1시기 보다 명도와 채도가 높아져 메르스에 대한 긍정적 감정이 형성되었다고 판단할 수 있다. 다음으로 3시기는 명도와 채도가 특징적으로 분포되어 있지 않다. 따라서 메르스에 대한 감정적 표현보다는 일상적인 이미지 게시를 하고 메르스 극복에 대한 의지를 이미지 프레임을 통해 형성했다고 할 수 있다.

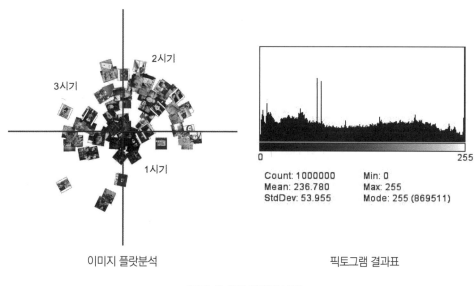

이미지 플랏분석   픽토그램 결과표

〈그림 1〉 종합 이미지 분석

5. 결론 및 함의

본 연구는 인스타그램 내 메르스 이슈를 '#메르스'를 해시태그를 통해 인스타그램 사용자들이 메르스에 관해 어떤 인식을 가지고 있는지를 살펴보자 했다. 분석을 위해 '#메르스' 해시태그와 함께 게시된 이미지와 2015년 5월 20일부터 7월 28일까지 '#메르스' 해시태그와 함께 게시된 게시글을 분석하였다. 이미지 분석은 이미지 플랏 분석 프로그램을 중심으로 연구하였다. 게시글 분석은 언어 의미연결망 방법을 활용하여 분석하였다. 메르스는 중동 지역에서 발생한 바이러스지만 한국에서 많은 사람이 메르스 바이러스에 감염되면서 정신적 물질적 피해를 입었다. 따라서 메르스에 대한 현대 사회를 살아

가는 사람들의 인식을 분석하고자 했다. 따라서 이미지 기반 소셜 미디어인 인스타그램에서 '#메르스' 해시태그와 함께 게시된 이미지와 게시글의 의미구조를 분석하여 인스타그램 사용자들의 이미지 프레임 형성과정과 언어 프레임 형성 과정을 알아보고자 했다. 시기는 총 3시기로 구분했으며 초기시기 2015년 5월 20일부터 6월 12일까지의 기간을 제1시기로 분류하였으며, 2015년 6월 13일부터 7월 5일 까지시기를 제2시기로 분류하였다. 제3시기는 2015년 7월 6일부터 7월 28일까지를 분석하였다. 각 시기별 주요 단어와 언어 네트워크 구조 분석을 실시하였다. 분석대상은 인스타그램에 '#메르스' 해시태그와 함께 게시된 이미지와 해시태그를 분석하였다. 수집된 게시된 글은 총 105,787개의 게시된 글 중 중복된 글 삭제 처리 후 게시물 97,042개를 분석하였다. 이미지 수집은 이미지 검색 플랫폼을 통해 수집하였다. '#메르스' 해시태그와 함께 게시된 이미지 1,004개를 수집하여 분석하였다.

연구문제 1에 대한 결과는 다음과 같다. 1시기에 인스타그램에 메르스와 함께 게시된 게시물은 총 62,023개이다. 텍스콤 자연어 정제 서비스에서 정제된 단어는 총 165,325개의 단어가 분류 되었다. 의미를 가진 단어 재 정제 작업을 수행하였다. 그후 분석한 상위 20개의 단어는 다음과 같다. 가장 많이 언급된 단어는 '메르스'로 총 81,159회 언급되었으며 다음으로는 '마스크(22,914회)', '조심(12,078회)', '일(11,909회)', '셀스타그램(10,325회)', '맞팔(7,384회)', '셀카(7,171회)', '오늘(6,705회)', '소통(6,178회)', '사람(5,495회)', '얼스타그램(4,830회)', '데일리(4,718회)', '나(4,515회)', '선팔(4,339회)', '셀피(3,834회)', '예방(2,800회)', '인스타그램(2,685회)', '먹스타그램(2,550회)', '건강(2,504회)'로 언급되었다. 위에 나타난 바와 같이 메르스와 직접적으로 조심, 무섭, 예방, 건강 등 이 시기에는 메르스는 조심해야 하는 것이며 무섭고, 예방해야 하는 존재로 인스타그램을 사용하는 사람들이 인식했다고 할 수 있다.

2시기에 인스타그램에 메르스와 함께 게시된 게시물은 총 33,605개이다. 텍스콤 자연어 정제 서비스에서 정제된 단어는 총 58,142개개의 단어가 분류 되었다. 의미를 가진 단어 재정제 작업을 수행하였다. 그 후 분석한 상위 20개의 단어는 다음과 같다. 가장 많이 언급된 단어는 '메르스'로 총 29,424회 언급 되었으며 다음으로는 '마스크(7,229회)', '일(4,299회)', '셀스타그램(3,793회)', '조심(3,535회)', '셀카(2,695회)', '맞팔

'(7,384회)', '소통(2,260회)', '오늘(2,238회)', '사람(2,175회)', '얼스타그램(1,704회)', '무섭(1,704회)' '데일리(1,691회)', '대구(1,681회)', '선팔(1,579회)', '셀피(1,350)', '부산(1,208)', '집(1,073회)' '인스타그램(1,047회)', '주말(980회)'로 언급되었다. 위에 나타난 바와 같이 메르스와 직접적으로 조심, 무섭 등 이 시기에는 메르스는 조심해야 하는 것이며 무서운 존재로 인스타그램을 사용하는 사람들이 인식했다고 할 수 있다. 또한 1시기와 다른 점은 메르스에 대한 직접적인 언급 단어보다는 일상생활을 표현하는 단어들이 주요 상위 20개의 단어에 다수를 차지하고 있다는 점이다. 3시기에 인스타그램에 메르스와 함께 게시된 게시물은 총 1,386개이다. 텍스콤 자연어 정제 서비스에서 정제된 단어는 총 11,197개의 단어가 분류 되었다. 의미를 가진 단어 재정제 작업을 수행하였다. 그 후 분석한 상위 20개의 단어는 다음과 같다. 가장 많이 언급된 단어는 '메르스'로 총 1,496회 언급 되었으며 다음으로는 '마스크(236회)', '셀스타그램(170회)', '맞팔(143회)', '셀카(124회)', '소통(116회)', '얼스타그램(115회)', '오늘(115회)', '사람(97회)', '나(97회)', '병원(93회)', '선팔(58회)', '조심(83회)', '데일리(77회)', '낙타(76회)', '셀피(61회)', '비(53)', '인스타그램(53회)', '팔로우(51회)' '부산(50회)'로 언급되었다. 위에 나타난 바와 같이 메르스와 직접적으로 병원과 조심이 있다. 이 시기에는 메르스는 조심해야 하는 인스타그램을 사용하는 사람들이 인식했다고 할 수 있다. 또한 2시기와 마찬가지로 메르스에 대한 직접적인 언급 단어보다는 일상생활을 표현하는 단어들이 주요 상위 20개의 단어에 다수를 차지하고 있다는 점이다.

1시기의 경우 메르스와 관련하여 인스타그램 사용자들은 자신의 인식을 적극적으로 게시하였으나 2시기와 3시기에 거치면서 인스타그램 사용자들은 메르스에 관련된 자신의 인식보다는 자신의 일상 경험을 주로 게시물에 언급하고 있다는 것이 발견 되었다.

연구문제 2에 대한 분석 결과를 살펴보면 다음과 같다. 메르스 해시태그와 함께 게시된 이미지들을 종합적으로 분석한 결과 다음과 같이 2가지의 이미지들이 게시되는 것을 발견할 수 있었다. 첫 번째 이미지는 마스크에 관련된 이미지였다. 질병관리본부와 보건복지부, 언론은 마스크의 착용이 메론를 예방하는 데 도움이 된다고 여러 보도 자료들을 통해서 발표하였다. 이로 인해 사람들은 마스크를 착용한 사진이나 마스크를 찍은 사진 등은 인스타그램에 게시하였다. 또한 질병관리본부에서 발표한 낙타와의 접촉을 피하고 낙타고기 섭취를 피하는 문구에 반하는 사진으로 인스타를 사용하는 사람들은 낙타 사진과 낙타인형, 낙타와 관련된 이미지를 중점적으로 게시하는 것을 발견할 수 있었다. 전체적 이미지 분석에서도 알 수 있듯이 인스타그램을 사용하는 개인들은 언론과 보도 자료의 영향을 받지만 그에 반하는 이미지들도 게시한다는 것을 발견할 수 있었다.

연구문제 3 결과는 다음과 같다. 분석 형태는 의미 연결망 군집 분석을 통해 어떠한 프레임으로 단어들 간의 관계가 형성되고 이미지 프레임과 어떤 관계가 있는지를 분석하였다. 언어 프레임과 이미지 프레임을 알아보도록 하겠다. 1시기, 2시기, 3시기 모두 2가지의 군집으로 이루어졌다. 1시기의 경우 메르스에 대한 조심 예방 등 메르스에 대한 불안 프레임이 작용하였다. 이 시기의 이미지 프레임 또한 언어 프레임과 비슷한 양상으로 새로운 감염병에 대한 공포 프레임이 형성되었다. 또한 2시기에 경우 메르스 주변으로 일상생활에 표현에 대한 형성이 1시기보다 많이 형성된 것을 발견할 수 있었다. 2시기의 이미지 프레임의 경우 일상에 비치는 정체성 프레임이 형성되었다. 제3시기의 경우에는 감기 시작 예방 등이 나타나고 있고, 이미지 프레임 또한 극복을 이미지를 프레임 형성하는 것을 알아 볼 수 있었다. 위의 결과로 알아 볼 수 있듯이 이미지프레임과 언어 프레임은 비슷한 양상을 보이며 프레임 형성을 한다고 발견할 수 있었다. 이미지 기반의 소셜 미디어인 인스타그램은 이미지 자체로도 프레임을 형성하며 이미지 프레임과 언어 프레임 간에도 밀접한 영향력이 있음을 본 연구를 통해 알 수 있었다.

참고 문헌

김유정(2011). 「소셜 네트워크서비스에 대한 이용과 충족 연구」, 『미디어, 젠더 & 문화』 20, 71-105.

김은미·이주현 (2011). 뉴스 미디어로서의 트위터. <한국언론학보>, 55권 6호, 152-180.

김정선·민영(2012). 「동성애에 대한 한국 영화의 시각적 프레임 (visual frames)」, 『미디어, 젠더 &문화』 24, 89-117.

김홍매(2013). 「보도프레임과 수용자 스키마가 위험지각과 안전추구행동에 미치는 영향」, 중앙대학교 대학원 석사학위논문.

남민지·김정인·신주현(2014). 「인스타그램 기반 이미지와 텍스트를 활용한 사용자 감정정보 측정」, 『멀티미디어학회논문지』 17(9), 1125-1133.

노연숙(2015). 「색의 속성 변화에 따른 이미지의 감성 반응 분석 연구」, 『한국색채학회논문집』, 29(2), 49-60.

문은배·오경선(2014). 「디지털 색채를 위한 색의 3 속성의 개념과 정의에 대한 연 구」, 『한국색채학회논문집』 28(1), 208-218.

박지영·김태호·박한우(2013). 「의미연결망 분석을 통한 셀러브리티의 SNS 메시지 탐구」, 『방송통신연구』 82, 36-74.

빅데이터 일괄처리 솔루션 텍스콤(2015). URL: http://www.textom.co.kr/

손동원(2002). 『사회 네트워크 분석』, 서울: 경문사.

심홍진·김용찬·손해영·임지영(2011). 「언어 네트워크 분석을 통한 스마트폰과 소셜 미디어 이용자의 미디어 이용행태에 관한 탐색적 연구」, 『한국방송학보』 25(4), 82-138.

오종택(2015). 「세월호 침몰 사고 보도에 관한 비주얼 프레임 연구」, 한국외국어 대학교 정치행정언론대학원 석사학위논문.

윤태일·심재철(2003). 「인터넷 웹사이트의 의제설정 효과」, 『한국언론학보』 47(6), 194-219.

이건호(2006). 「디지털 시대 의제 설정 효과로서의 점화 이론」, 『한국언론학보』 50(3), 367-392.

이동훈(2007). 「뉴스수용자에 대한 포털뉴스의 의제설정효과 연구」, 『한국언론학보』 51(3), 328-357.

이동훈·김원용(2012). 『프레임은 어떻게 사회를 움직이는가』, 삼성경제연구소.

이준웅(2001). 「갈등적 이슈에 대한 뉴스 프레임 구성방식이 의견형성에 미치는 영향」, 『한국언론학보』 46(1), 441-482.

이효성(1990). 『정치언론』, 서울: 이론과 실천.

인스타그램 프레스(2015). URL : https://instagram.com/press/

인스타넷(2015). URL: http://instanet.kr/search/

정서영(2004). 「사회 갈등적 이슈에 대한 보도프레임 연구: 행정수도 이전관련 신문보도를 중심으로」, 이화여자대학교 대학원 신문방송학과 석사학위논문.

정수영·황경호(2015). 「한·일 주요 일간지의 한류 관련 뉴스 프레임과 국가 이미지」, 『한국언론학보』 59(3), 300-331.

주영기·유명순(2011). 「한국 언론의 신종플루 보도 연구」, 『한국언론학보』 55(5), 30-54.

지식경제부 기술표준원 산업표준심의회(2005). 『한국산업표준 KS A 0064 색에 관한 용어』, 경기: 지식경제부 기술표준원.

최진호·한동섭(2011). 「정치인 트위터와 신문·방송뉴스의 의제 상관성에 관한 연구」, 『언론과학연구』 11(2), 501-532.

한성구(2015). 「그림으로 보는 질병의 문화」, 『대한내과학회 추계학술발표논문집』 2015년 2호, 355-355.

홍석경·오종환(2015). 「SNS를 통한 현실인식 가능성에 대한 고찰」, 『커뮤니케이션 이론』, 11(1), 46-93.

Boorstin, D. (1961). *The image: A guide to pseudo-event in America*. New York Vintage Books.

Clauset, A., Newman, M. E., & Moore, C. (2004). Finding community structure in very large networks. *Physical review E, 70*(6).

Coleman, R. (2010). Framing the pictures in our heads. *Doing News Framing Analysis: Empirical and Theoretical Perspectives* (eds.), Paul D'angelo and Jim A. Kuypers (NY: Routledge, 2010), 233-61.

Corrigall-Brown, C. (2012). The Power of Pictures Images of Politics and Protest. *American Behavioral Scientist, 56*(2), 131-134.

Entman, R. M. (1993). Framing: Towards clarification of a fractured paradigm. *McQuail's reader in mass communication theory*, 390-397.

Gamson, W. A., & Stuart, D. (1992, March). Media discourse as a symbolic contest: The bomb in political cartoons. In *Sociological Forum, 7(1)* (pp. 55-86). Kluwer Academic Publishers-Plenum Publishers.

Gitlin, T. (1980). *The whole world is watching: Mass media in the making &unmaking of the new left.* Univ of California Press.

Goffman, E. (1974). *Frame analysis: An essay on the organization of experience. cambridge.* MA, US: Harvard UniversityPress.

Hu, Y., Manikonda, L., & Kambhampati, S. (2014). What we instagram: A first analysis of instagram photo content and user types. *Proceedings of ICWSM. AAAI.*

Java, A., Song, X., Finin, T., & Tseng, B. (2007, August). Why we twitter: understanding microblogging usage and communities. In *Proceedings of the 9th WebKDD and 1st SNA-KDD 2007 workshop on Web mining and social network analysis* (pp. 56-65). ACM.

Lippman, W. (1922). *Public opinion.* New York: Free.

Messaris, P. (1996). *Visual persuasion: The role of images in advertising.* Sage Publications.

Messaris, P., & Abraham, L. (2001). The role of images in framing news stories. *Framing public life: Perspectives on media and our understanding of the social world*, 215-226.

Rodriguez, L., & Dimitrova, D. V. (2011). The levels of visual literacy. *Journal of Visual Literacy, 30*(1), 48-65.

Tuchman, G. (1978). *Making news: A study of construction ofreality.* New York: Free Press. 박흥수 역(1995). 『메이킹 뉴스현대사회와 현실의 재구성』, 서울: 나남.

12

Instagram
실습(Tutorial 12) ——

실습내용

실습교재 참고

13

사이버 미디어텔링
Media Telling

제1절. 미디어텔링(Media-telling)의 인식 연구:
로봇(AI), 드론(Drone), UHD, 3D, VR, AR저널리즘

1. 들어가기

모든 사람이 글을 일고 쓰는 P2P 뉴스 세상에 참여한 세상은 어떤 세상일까? 수천 명의 시민들이 보고 들은 것을 모두 디지털 플랫폼에서 방송한다면 여론에 어떤 영향을 미칠 것인가? 이제 미디어텔링 시대(media telling age)에 살고 있다. 원하든 원하지 않든 로봇 저널리즘, 빅데이터, 드론, 인공지능, IoT, 블록체인(Block Chain)이 이야기를 생산하는 시대로 접어들었다. 21세기에 뉴스에 대한 정의가 변하고 있다. 주요 원인은 미

디어가 텔링(telling)하기 때문이다. 보여주는 스펙타클(spectacle)의 규모와 시각에서도 변하고 있다. VR, AR 그리고 3D 등은 프레임 방식을 바꾸어 놓았다. 이것이 가능한 것은 기술(technology telling, 미디어의 소프트웨어화)이 발전하여 가능해졌기 때문이다. 맥루한은 이미 오래 전에 넘쳐나는 정보 과잉에 대처하고 뉴스를 조직화하기 위한 신화(myth)의 필요성을 강조하고 있다.

1) 뉴스 기술의 제작 방식

우선 우리 현실을 이야기해 보자. 우리의 소비자 접점에 있는 우리나라 TV뉴스 프로그램은 어떻게 변천이 되어왔는가? 1960년대 텔레비전 뉴스프로그램은 라디오에서 방송된 뉴스가 되풀이 되었고, 화면도 그림보다는 글씨가 많았다. 즉, 이 시기 텔레비전 뉴스프로그램은 라디오 뉴스와 같이 기사를 읽어주는 아나운서 중심으로 진행되었다. 그후 본격적인 방송 3사(KBS, MBC, TBC) 경쟁 체제로 돌입되는 1970년대 이후 텔레비전의 미디어적 특성을 살리기 위해 뉴스 보도의 현장감을 극대화하고 뉴스 프로그램의 다양한 구성을 가능하게 하는 새로운 포맷이 시도되었다. 또한 ENG 카메라(Electronic News Gathering Camera) 등 발전된 테크놀로지를 이용하면서 현장성을 더욱 강화하여, 본격적인 텔레비전 보도 프로그램을 정착시켜 나갔다. 1980년대에는 뉴스쇼 포맷이 더욱 발전되었고 현장감도 크게 높아졌다. 취재 기자 등이 전화로 기사를 송고하거나 보이스 리포트로 하는 초보적인 단계를 벗어나 ENG 카메라를 활용한 뉴스 제작이 확대되었다.

이와 같은 우리나라 텔레비전 뉴스프로그램의 변천은 어떤 요인의 영향을 받아 왔는가? 뉴스 프로그램의 변천은 정치적 환경, 방송제도, 방송 기술, 제작 방식, 제작 인원, 조직 구조 등과 깊은 관련이 있다. 방송 기술은 프로그램 제작에 있어서 가장 기본이 되는 하드웨어이다. 따라서 새로운 방송 기술로 인해 뉴스가 수집, 작성, 편집, 표현되는 방식이 바뀌었으며 프로그램 제작에도 영향을 주었다. 이스트먼은 이와 같은 기술의 발전이 텔레비전 뉴스 운영을 변형시켰다고 설명한다(Eastman, 1993, p. 380). 1980년대부터 대부분의 방송사들은 화상 조작과 그래픽 효과를 위한 디지털 처리 장비와 함께 ENG

카메라를 사용했으며, 1990년도부터는 휴대용 위성장비를 사용함으로써 지구상 모든 곳으로부터의 즉각적인 위성전송이 가능해졌다.

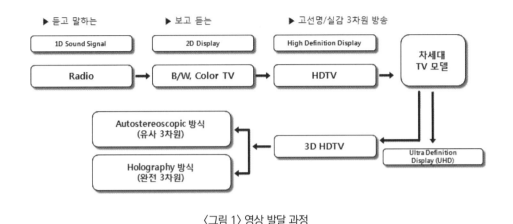

〈그림 1〉 영상 발달 과정

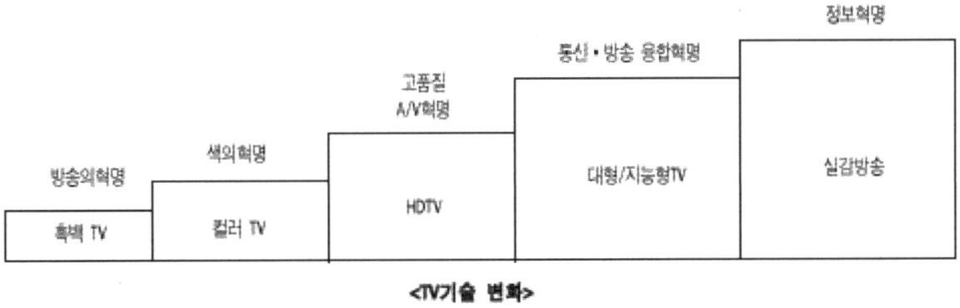

〈그림 2〉 TV 기술의 진화

　디지털 시대를 맞이하여 1997년 한국은 미국식 D-TV 방송시스템을 결정, 2000년 시험방송, 2001년 본방송, 2005년 전국단위 디지털 방송을 거쳐 2010년 아날로그 방송의 완전 중단을 목표로 TV 방송의 완전 디지털화를 이루었다. 기술적인 특성은 프로그램의 대형화를 이루어 냈고, 취재시스템에도 영향을 주었다. 최근 들어 이러한 요인의 변화에 따라 소비방식에도 영향을 미쳤다.

　디지털과 IT의 융합과 컴퓨터 그래픽 등 디지털 제작 기술이 만들어 내는 디지털 영상은 현실과 허구 사이의 경계가 모호해지며 더 나아가 현실이 허구에 종속되는 상황도 전개되고 있다. 그리고 디지털 영상이 아날로그식 영상과 차별화되는 가장 큰 속성은 과잉 현실(hyper reality)과 가상현실(virtual reality)을 만들어내는 일이다. 이런 맥락에서 보드리야르는 탈현대사회에서 시뮬레이션 과정이 지배적 현실이 됨으로써 새로운 종류의 '과잉실재적(Hyper-real)' 또는 '가상실재적(Virtual-real)' 질서를 구성하게 된다고 주장한다. 그 의미는 오늘날의 모든 실재(reality)가 정밀한 복제(repetition) 속에서 분해·재생된다는 것이고, 이러한 시뮬레이션 과정이 비현실의 모습을 취하기보다 오히려 '현실보다 더 실재적인 대상물과 경험' 즉 '하이퍼리얼'한 외양을 띤다는 것이다. 여기서 재현과 실재 사이의 기존 관계가 역전되고, 실재와 가상, 원실재와 모사의 구분과 대립이 소멸된다.

콘텐츠로서 스토리텔링

미국 드라마 〈하우스 오브 카드〉를 제작한 미디어라이트캐피털(MRC) 부사장 조 힙스(Joe Hipps)가 방한해 의미심장한 말을 남겼다. 누군가가 "〈하우스 오브 카드〉는 (넷플릭스의) 빅데이터 기반으로 만들어진 작품이 아닌가?"라고 묻자 조 힙스는 "빅데이터가 먼저 온 게 아니고 스토리가 먼저였다."고 답했다. 뉴미디어 캠페인을 잘하기 위해서도 자신만의 스토리를 갖는 것이 먼저다.

2) 뉴스 소비 방식

뉴스 소비는 분명 수용자가 이용 가능한 미디어와 플랫폼의 종류와 수에 밀접한 관련이 있다. 당연히 종이신문[20]으로 대표되는 오프라인 중심의 전통 뉴스미디어 환경보다는 인터넷 중심의 온라인 뉴스미디어 환경에서 수용자가 이용할 수 있는 미디어와 플랫폼이 더 다양하고 많다. 뉴스콘텐츠 이용 역시 온라인 뉴스미디어 환경에서 훨씬 많다.

---

20   종이신문의 구독률은 2002년 52.9%에서 2013년 20.4%로, 열독률 2002년 82.1%에서 2013년 33.8%로 급감했다(한국언론진흥재단, 2013, 28~29쪽).

이로 인해 뉴스미디어로서 인터넷의 이용은 종이신문을 뛰어넘은 지 오래다. 그럼에도 불구하고 뉴스미디어로서 텔레비전의 이용은 여전하다(〈표 1〉). 하지만 최근 '제로 TV'[21]와 관련된 논의에서 확인할 수 있듯이 텔레비전 수상기를 이용하지 않는 세대가 점점 늘어날 것이기 때문에(김민철, 2013), 뉴스미디어로서 인터넷의 이용은 더욱 증가할 것이 분명하다.

〈표 1〉 미디어별 뉴스 이용

구분	이용자 비율(%)	미디어 이용		뉴스 이용		미디어 이용 중 뉴스 이용 비율(%)
		시간(분)	비율(%)	시간(분)	비율(%)	
종이신문	33.8	12.0	3.6	12.0	11.4	100.0
종이잡지	11.1	2.3	0.7	0.7	0.7	30.4
라디오	28.6	26.8	8.0	6.0	5.7	22.4
텔레비전	96.8	176.9	52.9	56.5	53.6	31.9
고정형 인터넷	64.4	62.6	18.7	16.0	15.2	25.6
이동형 인터넷	68.0	53.7	16.1	14.3	13.6	26.6
전체	100.0	334.3	100.0	105.5	100.0	31.6

주: 전체 사례수는 5,082명임. 이용 시간은 하루 평균임.
출처: 한국언론진흥재단, 2013, 재구성.

최근 스마트폰을 중심으로 한 스마트 미디어의 도입과 일상화는 뉴스콘텐츠에 대한 접근성을 극대화하는 동시에 뉴스콘텐츠 이용을 도구적인(instrumental) 것에서 의례 적인(ritualized) 것으로 변화시키고 있다.

---

21 텔레비전 수상기가 아니라 퍼스널 컴퓨터, 스마트 미디어 등을 통해 텔레비전 프로그램을 보는 것을 의미한다.

<표 2> 평일 하루 뉴스 장르별 이용 정도

구분	전통 뉴스미디어				인터넷 뉴스미디어							
	종이신문		TV 뉴스프로그램		언론사닷컴		인터넷신문		포털 뉴스서비스		전체	
	평균 (점)	표준 편차	평균 (점)	표준 편차	평균 (점)	표준 편차	평균 (점)	표준 편차	평균 (점)	표준 편차	평균 (점)	표준 편차
정치	2.95(5)	2.21	4.78(5)	1.56	2.98(6)	2.12	3.03(5)	2.06	4.81(5)	1.44	3.61(5)	1.42
경제	3.15(2)	2.37	4.94(2)	1.57	3.12(3)	2.20	3.13(4)	2.14	4.99(4)	1.49	3.75(4)	1.45
사회	3.16(1)	2.37	5.06(1)	1.53	3.14(2)	2.19	3.19(2)	2.15	5.08(3)	1.34	3.80(3)	1.42
문화·생활	3.07(3)	2.30	4.91(3)	1.51	3.14(1)	2.22	3.17(3)	2.14	5.12(2)	1.36	3.81(2)	1.44
국제	2.92(6)	2.18	4.62(6)	1.52	3.00(5)	2.11	2.95(6)	1.98	4.69(6)	1.42	3.55(6)	1.39
과학·IT	2.81(7)	2.07	4.41(7)	1.48	2.89(7)	2.02	2.92(7)	2.00	4.64(7)	1.47	3.48(7)	1.39
연예·스포츠	3.04(4)	2.31	4.84(4)	1.62	3.10(4)	2.21	3.19(1)	2.23	5.27(1)	1.51	3.85(1)	1.48

주: 사례수는 700명이고, 7점 척도(① 전혀 보지 않는다 ~ ⑦ 항상 본다)로 측정함. 평균 뒤 괄호는 평균의 순위임.
출처: 김위근·이동훈·조영신·김동윤, 2013, 112쪽.

뉴스미디어 이용이 텔레비전과 인터넷을 중심으로 재편되면서 3 스크린(3 Screen)에 대한 논의가 본격적으로 시작되고 있다. 다른 콘텐츠와 마찬가지로 뉴스콘텐츠에서도 3 스크린, 즉 텔레비전, 퍼스널 컴퓨터, 스마트폰을 통한 이용이 절대적으로 많다. 최근 싱글소스 데이터(single-source data)로 객관적인 측정이 가능해지면서 언론사들은 3 스크린을 통한 뉴스 유통과 소비에 큰 관심을 기울이고 있다. 일반적으로 3 스크린 이용자의 뉴스 콘텐츠 이용은 다른 콘텐츠에 비해 상대적으로 많은 편으로 볼 수 있다. 텔레비전에서는 보도 콘텐츠 영역의 이용이 많고, 퍼스널 컴퓨터와 스마트폰에서는 포털사이트의 뉴스서비스 이용이 많을 것으로 추정되기 때문이다. 또한 최근 '소셜 미디어'를 통한 뉴스 이용이 확산되고 있기 때문에, 스마트폰의 커뮤니케이션 콘텐츠 영역에서도 뉴스콘텐츠의 이용이 적지 않을 것으로 보인다(〈표 3〉).

<표 3> 3 스크린 이용자의 콘텐츠 이용(2013년 11월)

구분		총 패널		1일 평균 패널 (명)	1일 평균 이용률 (%)	총 체류시간			1인 1일 평균 체류시간			1인 평균 재방문 일
		사례수 (명)	비율 (%)			시간 (분)	비율(%)		시간 (분)	비율(%)		
							전체 기준	미디어 기준		전체 기준	미디어 기준	
TV	오락	858	99	469	55	1,391,867	12	27	89	20	35	16
	드라마·영화	850	98	458	54	1,214,231	11	24	75	17	29	16
	보도	824	95	386	47	616,928	5	12	40	9	16	14
	정보	822	95	367	45	491,455	4	10	35	8	14	13
	어린이·유아	657	76	141	21	200,120	2	4	31	7	12	6
	스포츠	603	69	114	19	122,494	1	2	24	5	9	6
	교육	283	33	17	6	5,371	0	0	10	2	4	2
	기타	819	94	343	42	466,863	4	9	34	8	13	13
	전체	868	100	586	68	5,087,554	45	100	255	57	100	20
PC	포털사이트	852	98	311	37	269,331	2	24	21	5	27	11
	전자상거래	660	76	146	22	104,464	1	10	18	4	23	7
	커뮤니티	527	61	72	14	15,789	0	1	5	1	7	4
	게임	345	40	62	18	14,942	0	1	8	2	10	5
	뉴스	510	59	84	16	11,940	0	1	3	1	4	5
	동영상	358	41	36	10	7,972	0	1	6	1	8	3
	음악	70	8	5	7	710	0	0	6	1	7	2
	전체	868	100	350	40	1,103,397	10	100	80	18	100	12
스마트폰	게임	682	79	440	65	1,170,257	10	22	67	15	31	19
	커뮤니케이션	868	100	783	90	951,373	8	18	39	9	19	27
	포털사이트	853	98	597	70	642,120	6	12	28	6	13	21
	커뮤니티	814	94	522	64	441,137	4	8	22	5	10	19
	전자상거래	547	63	196	36	80,640	1	2	8	2	4	11
	뉴스	321	37	71	22	16,653	0	0	4	1	2	7
	동영상	282	32	30	11	3,326	0	0	3	1	1	3
	음악	49	6	3	6	113	0	0	1	0	1	2
	전체	868	100	801	92	5,237,959	46	100	214	48	100	28
전체		868	–	852	98	11,428,910	100	–	444	100	–	30

주: 포털사이트에는 뉴스서비스가 포함돼 있음.

자료: 닐슨코리아.

출처: 김위근·황용석, 2013, 49쪽, 재구성.

3) 콘텐츠로서 스토리텔링에서 미디어텔링으로 변화

뉴스 스토리텔링 방식은 매체의 특성에 따라 다양하게 발현되고 있다. 영화, 비디오, 3D, VR, 등으로 진화해오고 있다. 지금까지는 텍스트 중심에서 이제는 SNS, 유튜브, 인스타그램 등으로 새로운 서사 형태가 등장하고 있다.

스토리텔링은 문학, 방송, 영화 등에서 표현되는 구성방식이다. 스토리텔링은 매체 특성에 따라 다양하게 등장 한다. 영화, 비디오, 애니메이션, 만화, 게임, 광고 등의 원체적인 소스에 콘텐츠를 구성한다.

완벽한 스토리텔링 구성요소는 공감이다. 재현형식보다는 '스토리의 재구성'이 중요한 이슈로 떠오른다. 어떻게 재구성하는가가 중요하다.

과거 미디어는 스토리 진행에 현실적인 영상만으로 구성했다면 이제는 비현실적인 영상으로 그 한계가 넓어지고 있다. 오늘날의 미디어 생산에서 말의 공연 형태나 문자의 기록 형태인 인쇄 매체보다 음성과 문자와 화상을 통합하는 영상 미디어가 대중에게 폭넓은 영향력을 미치고 있다. 영상은 소리와 문자와 화상을 통합하여 전달하고자 하는 대상을 보다 직접적이고 감각적이고 전체적으로 전달하는 장점을 가지고 있기 때문이다. 서사의 시대에서 스토리텔링의 시대로 미디어 창작의 중심이 영상으로 옮겨오면서 기존 창작의 학술용어로 정착된 서사(narrative) 개념은 스토리텔링(storytelling)으로 대체되었다. 기존의 서사학이 텍스트의 이야기구조에 집중되었기 때문에 게임이나 애니메이션과 같은 현재의 디지털 매체에 적용하기 힘든 부분이 있기 때문이다. 인과관계가 잘 짜여진 이야기 혹은 이야기의 시작과 끝이 있다는 서사미학은 성립되지 않는다. 이러한 모순점 때문에 좀 더 원형적인 개념에서 스토리텔링이라는 용어가 등장하게 된 것이다. 스토리텔링이란 용어 그대로 이야기(story) + 나누기(telling)의 합성어로 이야기를 지닌 모든 서사 장르를 의미한다.

스토리텔링의 사전적 의미는 '이야기를 들려주는 활동, 이야기가 담화로 변하는 과정'이다. 스토리텔링의 구조는 스토리(story)와 담론(discourse), 텍스트(text)로 구성되어 있다. 예를 들면 영화나 드라마를 만들 때 제일 먼저 필요한 것이 스토리이다. 이야기가 만들어지면 그 이야기를 어떻게 전개해 나갈 것인가 하는 부분이다. 여기에는 감독, 배우, 소품과 장비, 카메라 촬영, 편집, 음향 등이 필요한데, 이 모든 것들이 협력하여 영화를 만드는 행위가 담론에 해당된다. 이렇게 해서 제작된 영상물이 텍스트(Text)가 된다.

기계화된 스토리텔링이란 무엇인가

그렇다면, 디지털 시대 휴먼커뮤니케이션, 매스커뮤니케이션, 방송, 뉴스의 스토리텔링이란 무엇인가? 스토리텔링은 인간의 창의력(이성)과 상상력(감성)의 생활공간의 활동과정을 보여주는 것이기 때문이다. 인간은 커뮤니케이션의 한 방법으로 스토리텔링을 통해, 인간 상호간에 감성과 이성을 교류한다. 그리고 그 과정 가운데 인간의 문명이 만들어졌다. 인간의 정치 경제 사회 문화 예술 모든 분야에 스토리텔링이 존재한다. 스토리텔링은 문화콘텐츠 산업이라는 이름으로 대두되고 있다.

스토리텔링은 이제 기계가 대신하고 있다. 알고리즘은 데이터(인간행위)를 읽고, 쓰고, 전달해주는 소위 문화적 객체(cultural objects)를 제공하고 있다. 기존의 미디어 생산과 소비는 자동화된 미디어로 급격하게 질적·양적인 변화를 맞이하고 있다. 이러한 알고리즘은 자동화된 미디어(automated media)이다. 알고리즘이 작동하는 방식은 일종의 매트릭스(matrix)이다. LAT(Los Angeles Time)의 퀘이크봇, 구글의 페이지랭크, 넷플릭스의 협력적 시네매치는 일종의 매트릭스이다. 이제 이 알고리즘은 거의 모든 사회의 미디어에 침투하여 새로운 형태의 알고리즘 미디어를 만들고 문화를 만든다. 넷플릭스는 TV 알고리즘, 로봇 저널리즘 신문 알고리즘, 페이스북은 일기, 개인 사적대화의 알고리즘이다. 로봇과 드론이 만들어 내는 저널리즘의 특성과 수용자 인식을 측정하는 것이 본 연구의 목적이다. 기계가 이야기하는 스토리에 대한 인간의 상상과 표현의 욕구를 드러내는 개념은 지금 여기에서 생겨난 것이 아니라 인간의 역사와 함께 생겨났다. '나'와 '너'를 넘어 '그'를 대상으로 하며, 그 '그'와 소통하기 위해 자신의 입장이나 태도를 정한다.

미디어텔링: 과학(science)과 예술(arts), 기술 (technology)의 스토리텔링(storytelling)

급증하는 알고리즘 미디어에 의한 미디어텔링은 알고리즘 문화(algorithmic culture) 라기보다, 미디어 진화에 따른 거시적인 사회적 변화를 예고하는 현상이다. 청동기시대에 서 철기시대로의 진화 같이 미디어텔링의 핵심인 알고리즘 미디어는 거의 모든 사회 영역에 침투하여 제도를 바꿀 것이다. 이것을 용이하게 하는 도구가 20세기 말에 등장하기 시작한 인터넷이다. 인터넷은 개인의 사고와 생각을 유기적으로 연결하는 통로이다. 그리고 그 인터넷 덕분에 다시금 재조명을 받게 된 것이 집단지성이다. 그리고 그 집단지성을 가속화 하기 위해 인터넷은 지금 진화에 진화를 거듭하고 있는데, 그것이 바로 IT(information technology) 산업이며, 바로 IT 융합 기술인 것이다. 뿐만 아니라 지식과 지식의 연결의 필연적으로 창의성을 불어오므로 가히 기술혁명이라는 산업의 발전을 가져오고 있으며, 이는 융복합 산업이라는 이름으로 21세기 새로운 산업시대를 열어가고 있다.

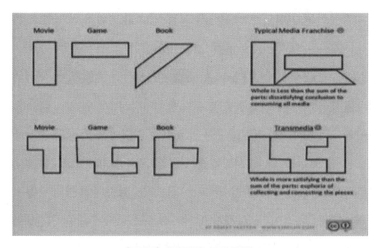

〈그림 3〉 융합적인 스토리텔링

<그림 4> 드론 스토리텔링

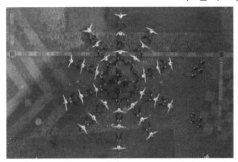

융복합 산업의 한 분야인 ICT(Information and Communications Technology) 산업은 스토리텔링의 관점에서 볼 때 과학(science)과 예술(기술, arts)의 스토리텔링 (storytelling)이라 할 수 있다. 왜냐하면 ICT(Information and Communications Technology)의 약자 속에 그 의미가 함축되어 있기 때문이다. 앞서 언급한 것처럼 과학 (science)의 기본 개념이 관찰을 통해 자료를 수집하고, 수집한 자료를 창의적 연결을 통해, 정보를 만들고, 그 정보를 체계화 하는 것이라면 자료(data)와 정보(information) 를 파편화된 개념이 아닌 체계적 지식으로 만든 기술(arts)이 바로 ICT 산업이기 때문이 다. 그리고 또 앞서 언급하였듯이 커뮤니케이션(communications)의 한 방법으로 첨단 의 스토리텔링 도구를 통해, 인간 상호 간에 감성과 이성을 교류하여 인간의 상상력과 창 의력을 증폭하는 것이다.

특히나 스토리텔링이 핵심인 문화콘텐츠 산업은 날로 발전하는 ICT 기술 즉, 소셜네 트워크 플랫폼과 모바일 디바이스 등으로 인해 개인의 상상력과 창의력이 전 지구적으 로 네트워킹 되는 기반을 마련하고 있다.

2. 사회적 장치(appratus)로서 미디어텔링과 알고리즘텔링

미디어 플랫폼 상의 미디어 알고리즘과 미디어텔링, 생산, 수신 기능은 전통적인 매스 미디어 제도 기능이 유사하다는 것을 강조한다. 미디어텔링, 알고리즘텔링은 커뮤니케이터 차원에서의 콘텐츠 기능을 하고, 알고리즘이 검색과 추천하는 것은 콘텐츠 기능을 한다. 콘텐츠를 집성하는 것은 플랫폼, 그리고 연결하는 알고리즘은 네트워크 기능을 하고 최적의 보기 서비스를 하는 기능은 단말기화 협력하는 융합적인 미디어 플랫폼은 사회적 장치(apparatus)로 기능하도록 진화한다.

소위 미디어텔링의 시작은 제작단계에서 전달 표현 수용단계에 이르는 소위 전통적인 S-M-C-R에 따라 뉴스스토리 제작단계에서 미디어텔링이 나타나는 로봇 저널리즘, 빅데이터, IoT가 있고, 전달 단계에서는 인터넷, 모바일, 등의 전달 방식의 혁신을 이야기할 수 있다. 마지막 수용단계에서는 VR, AR, 3D, UHD 등으로 분류할 수 있다. 그러나 이러한 S-M-C-R유형의 전통적인 분류 방식이 C-P-N-D 형태로 변화하면서 더욱더 미디어텔링으로 변화하는 것을 확인할 수 있다.

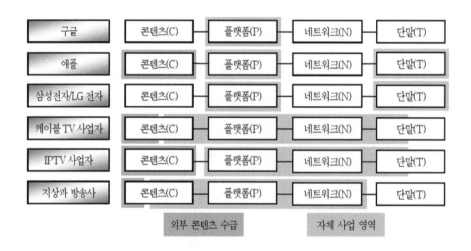

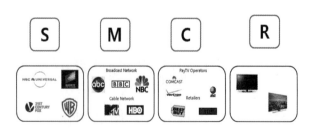

본 연구는 미디어텔링, 알고리즘텔링이 가져온 커뮤니케이션 양식에 대한 소개와 수용자의 인식에 대한 연구를 하고자 한다.

1) 콘텐츠형의 미디어텔링

로봇 저널리즘

2013년 월 평균 로봇이 생산한 1만 5천 개의 기사를 미국 주요 언론사에 판매했다. 내러티브 사이언스(Narrative Science)는 한발 더 나아가 스포츠 기사뿐 아니라 경제 전문 미디어기업 포브스(Forbes)에 알고리즘으로 만들어낸 금융 기사를 판매하고 있다. 또한 영국의 가디언(Guardian)은 2013년 11월부터 종이신문을 사람이 아닌 알고리즘으로 생산하는 프로젝트를 시작했다. "길지만 좋은 읽을거리(The Long Good Read)"라는 이름의 알고리즘에 의해 자동 생산되는 주간신문은, 가디언 뉴스사이트에서 길이가 긴 기사를 댓글, 소셜 공유 등의 기준에 따라 선별하여 자동으로 편집하여 24쪽의 타블로이드 판형으로 인쇄한 종이신문이다. 사람의 편집을 거치지 않는 최초의 종이신문인 것이다. 바야흐로 알고리즘에 기반한 자동 기사생산은, 종이신문이든 디지털 뉴스든 2013년을 통과하면서 영미권을 중심으로 빠른 속도로 퍼져나가고 있다.

로봇 (AI) 저널리즘	AI 저널리즘
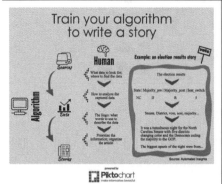	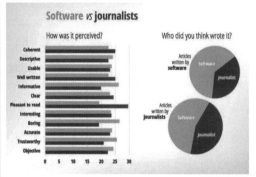

로봇 기자가 인간 기자를 대체하는가가 아니라 로봇 혹은 알고리즘은 저널리즘에 어떤 영향을 미치는가에 관심을 가져야 한다. '로봇 저널리즘: 가능성과 한계'[1]라는 연구는 이 질문에서 시작됐다. 로봇이 기자를 대체할 것인가의 문제는 자칫 저널리즘 영역에서의 기술 발전, 혹은 기술 채택 문제와는 별도로 불필요한 논쟁이나 오해를 불러일으킬 수 있다.

그러나 로봇 저널리즘이 기자, 미디어 산업, 저널리즘, 이용자 차원에서 어떤 영향을 미치고 있으며 앞으로 어떠한 변화를 가져올 것인지에 대해서는 연구가 필요한 영역임에 분명하다. 로봇 저널리즘은 저널리즘 행위 과정 전반에서 컴퓨팅 기술에 의한 알고리즘이 개입되는 저널리즘으로 넓은 의미에서 정의내릴 수 있다.

로봇 저널리즘의 유형은 알고리즘이 개입해 대체하는 저널리즘 행위를 기준으로 구분할 수 있다. 뉴스 가치 판단, 뉴스 배열, 뉴스 가공, 뉴스 작성 등 전통적으로 사람이 주체로 수행해오던 저널리즘 행위를 알고리즘이 자동화하여 대체하고 있다. 알고리즘 저널리즘이라는 용어가 더 정확한 표현이나, 이 각각의 알고리즘들은 넓은 의미에서 로봇 저널리즘의 현재까지의 유형이라고도 할 수 있다. 이들 유형 중에서 협의의 로봇 저널리즘은 알고리즘에 의한 데이터 기반의 뉴스 자동 작성에 해당된다고 볼 수 있다.

자동으로 뉴스를 작성하기 위해서는 무엇보다 정제되고 포괄적인 데이터가 필요하다. 날씨, 스포츠, 금융 등의 뉴스가 가장 먼저 자동으로 작성되는 이유다. 뉴스를 사람이 아닌 로봇이 자동으로 작성하는 이유는 예측 가능한 어떤 사안이 발생할 경우에 어떻게 뉴스를 빠르게 작성할 것인지, 일정한 형식으로 반복되어 발생하는 뉴스를 어떻게 쉽게 작성할 것인지, 많은 양의 뉴스를 어떻게 큰 노동력 투입 없이 빠르게 작성할 것인지 등의 문제를 해결하기 위한 것이다.

이를 위해 알고리즘은 기존 뉴스들을 분석하고 패턴을 파악하며 그 틀에 맞는 데이터를 수집하고 분석한 후 일정한 시각에 따라 최종 뉴스를 작성한다. 캐나다의 경제정보 업체인 톰슨 파이낸셜은 지난 2006년 신속한 정보 전달을 위해 일부 기사를 컴퓨터로 자동 생성했다. 기업의 수익과 관련된 기사를 자동으로 생성해 독자들에게 전달하는 데 걸린 시간은 0.3초였다. AP통신은 오토메이티드 인사이트의 '워드스미스(Wordsmith)' 플랫폼을 활용해 매분기 3,000여 개의 금융 관련 뉴스를 자동으로 작성하고 있다.

포브스는 주요 기업의 실적 발표 전 내러티브 사이언스의 '퀼(Quill)' 플랫폼을 활용해 자동으로 뉴스를 작성해 내보내고 있다. 실적에 대한 분석이 아닌 그간의 데이터를 통한 실적 예측 뉴스다. LA타임스는 '퀘이크봇' 알고리즘을 활용해 LA 지역의 진도 3.0 이상 지진 발생 소식을 자동으로 작성해 전달한다. 국내에서도 온라인 IT 전문 미디어 테크홀릭은 '테크봇' 알고리즘을 활용해 조회 수와 소셜 반응 등 다양한 지표를 기준으로 매주 핫이슈 기사를 자동으로 작성해 제공하고 있다. 서울대 hci+dlab 이준환 교수팀은 한국 프로야구 경기 결과를 자동으로 요약 및 정리해서 뉴스로 제공하는 실험을 진행 중이다. 로봇이 쓰는 기사들이 아직은 금융, 스포츠 등 일부 분야에 머물고 있지만 로봇이 작성하는 뉴스의 양과 분야는 급속도로 늘어날 것이라는 전망이다. 내러티브 사이언스의 최고 기술 책임자(CTO)였던 크리스티안 해몬드가 지난 2012년 "앞으로 5년 내에 로봇이 쓴 기사가 퓰리처상을 탈 것이며, 15년 후에는 전체 기사의 90% 이상을 로봇이 작성하게 될 것"이라고 말할 정도다.

전체적으로 인터넷은 2가지 모델로 진화한다.

① CAM(Computer as Medium) 모델: 컴퓨터는 인간과 인간을 연결해주는 매개체로 작용한다. 이 모델은 기계 너머에 있는 인간 간의 커뮤니케이션을 중시한다.

② CAS(Computer as Source) 모델: 컴퓨터를 독립된 정보원으로 간주하며, 사회적 규칙에 기반하여 컴퓨터에 반응한다. 이 모델은 컴퓨터가 정보의 주요 출처로 기능한다고 본다.

2) 빅데이터

(표 2) 엔터테인먼트 분야의 빅데이터 활용 사례
(Table 2) Big Data use cases for entertainment

영역	사업자	빅데이터 활용 방법
영화/영상	넷플릭스	이용자 행동 분석 및 콘텐츠 제작의 가이드라인.
소셜뉴스	버즈피드	콘텐츠가 전파되는 형태를 추적하고 지속적으로 최적화시킴
온라인 저널리즘	블로터	아쿠아라는 자체 툴 개발, 콘텐츠의 공유 조건 파악
모바일 콘텐츠	메이크어스	소셜미디어 내 고객 반응을 토대로 스토리텔링 매뉴얼 작성
모바일 콘텐츠	네오터치 포인트	각종 데이터를 피드백 삼아 연제물 내용에 반영
영화/내러티브 콘텐츠	에파고긱스, 피지올로이, 릴 펄스	시나리오 분석으로 박스오피스 예측
음악	뮤직 엑스레이 (Music Xray), 스포티파이 (Spotify)	대중적 성공 예측

3) 드론 저널리즘

-드론을 이용한 스토리텔링
-로봇을 이용한 뉴스 스토리텔링
관객의 감성을 불러일으키는 원리를 이용해야 한다.

▲ CNN의 태풍 하이옌 보도사진

306 카메라	드론

드론에 사용된 VR 차원의 영상 수집에 이용되는 360도 카메라이다. VT 개념이 360도의 전방위로 정보를 실시간으로 수집할 수 있는 원격 카메라이다(Biocca & Levy, 1995). 글자 그대로 원격 카메라는 원격자동으로 뉴스를 수집하는 기능을 가진다.

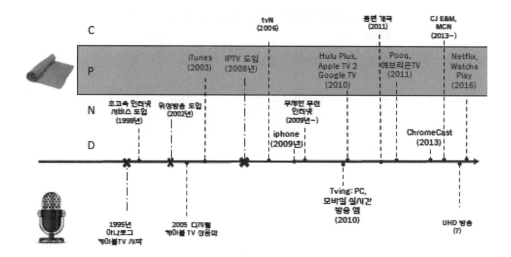

〈그림 5〉 미디어텔링으로서 OTT 플랫폼 진화

4) 디바이스와 단말기의 미디어텔링

(1) UHD

UHD는 Ultra High Definition의 약자로 초고화질을 의미한다. 기존 HD(720P, 1080i) 또는 FHD(Full HD: 1080P)의 뒤를 있는 3840*2160 해상도를 가진 방송 또는 TV를 의미하기도 한다. 또한 해외에서는 UHD란 용어 대신에 4K 용어를 많이 쓰는 경우도 있는데 4K는 기존 FHD해상도(1920*1080)의 4배 해상도를 가지고 있다는 뜻에서 UHD와 같은 의미로 사용되고 있다. 예를 들어 2k란 1920 가로 화소수를 뜻하니 4k는 그 두 배이다. 만약 4배의 기준이면 1920hd는 1k로 불려야한다. 다음 쪽의 〈그림 6〉에서 왼쪽 상단의 가장 작은 이미지는 FHD 해상도(1920*1080)를 보여주고 있으며, 두 번째로 작은 이미지는 UHD 해상도(3840*2160)를 보여주고 있는데, 〈그림 7〉에서 눈을 확대한 각각의 이미지를 보면 UHD 해상도가 현재 우리가 일반적으로 TV에서 보고 있는 FHD 해상도에 비해 얼마나 정교하고 생생한 해상도를 보여주는 지를 쉽게 알 수 있다. 그렇다면 우리가 흔히 접하는 대부분의 국내 TV방송의 해상도는 어떻게 될까? 아쉽지만 8월 현재 국내 대부분의 방송 해상도는 FHD 방송이다.

추가로 제공되는 영상 진화는 홀로그램(Hologram)이다. 홀로그램은 그리스어로 '완전한'이라는 의미의 'holos'와 '정보, 메시지'라는 의미의 'gramma'의 합성어다. 흔히 우리가 영화관에서 보는 3D영화나, 3D TV 등 3D 디스플레이 원리는 스테레오스코피라고 한다. 두 개의 서로 다르게 편광된 빛을 한 TV화면에서 쏘아 두 빛을 각기 상쇄시켜주는 두 개의 편광렌즈로 이루어진 안경을 쓰게 해 입체감을 주는 것이다. 그냥 착시, 홀로그램도 아니고, 어느 각도에서 보나 같은 정면만 보인다.

〈그림 6〉 HDTV와 UHDTV의 해상도 비교

※ HDTV(2K:1920×1080)보다 4배에서 16배 선명한 초고화질(4K:3840×2160~8K:7680×4320)과 다채널(10채널 이상)의 오디오로 사실감과 현장감을 체감할 수 있는 실감방송.[22]

---

22   출처 : KCA, PM Issue Report, '13년.

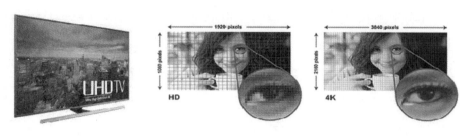

UHD

〈그림 7〉 HDTV와 UHDTV의 해상도 비교

UHD 방송 규격은 UHD 방송의 화소수는 HDTV의 4~16배로 화소당 비트수는 8~12 비트, 오디오 채널은 최대 22.2까지 가능하다.

〈표 4〉 HDTV와 UHDTV의 규격 비교

구 분	HDTV	UHDTV		비 고
		4K (UHD-1)	8K (UHD-2)	
해상도(pixels/frame)	1,920×1,080 (2K)	3,840×2,160(4K)	7,680×4,320(8K)	4K: 4배 8K: 16배
프레임률 (frames/sec)	30	30, 60, 120		최대 4배
화소당 비트수[23] (bits/pixel)	8	8 ~ 12		1 ~ 1.5배
컬러샘플링 (chroma format)	4:2:0	4:2:0, 4:2:2, 4:4:4		1 ~ 2배
가로세로 화면비 (aspect ratio)	16 : 9	16 : 9		동일
오디오 채널 수 (audio channels)	5.1	10.2 ~ 22.2		2 ~ 4.4배

• 지상파, 위성 대비 광대역 전송폭(40M~70M) 확보, 기존 망 활용 UHD방송 즉시 가능
• IPTV 대비 방송 신호 분리, 인터넷 트래픽에도 안정적 송출 가능
• UHD 위한 세계 최초 채널 본딩 기술 개발, 추후 8K 전환 시에도 효율적 대응 가능
• UHD 관련 유맥스 통한 콘텐츠 투자, 가전사 협업 등을 통해 C-P-N-D를 갖춰가고 있으며 선순환 생태계 조성 중

---

23   화소당 비트수: 화소당 총 2^n개의 색을 표현, 화소당 비트수가 높을수록 표현할 수 있는 색의 종류가 많아짐.

(2) 3D

3D영상 발달: 3D 영상 분야에서 킬러 콘텐츠로 불리는 〈아바타〉와 〈이상한 나라의 엘리스〉〈드래곤 길들이기〉는 성공한 새로운 영역의 3D 킬러 콘텐츠이다. 이후 촬영부터 3D로 하는 영화가 점점 많아지고 있다. 〈아바타〉 제작진이 사용했던 카메라들은 지금 현장에서 3D 영화를 찍는 데 쓰이고 있으며, 드림웍스의 제프리 카젠버그는 앞으로 모든 애니메이션을 3D로 제작하겠다고 한다. 3D는 새로운 것을 발견해 낸 것이 아니라 이전 영상 표현방식을 미디어와 장르를 재구성하여 새롭게 표현한 것이다.

과거 1920년대 말 유성영화가 도입되면서 소리를 찾았고 1930년대 말엔 컬러를 찾았으며, 이제야 잃어버렸던 3D의 시대가 열린 것이다. 3D 기술은 2, 3년 안에 가정으로 들어갈 것이다. 하지만 문제는 이런 기술에 담아낼 킬러 콘텐츠(Killer Content)가 없다는 것이다. 결국 기술이 아무리 발전한다 해도 콘텐츠가 가장 중요하다.

3D영상의 상용화는 최근의 일은 아니다. 초기 영화 산업이 시작되면서 영상구현을 현실과 같은 형태로 구현하려는 노력과 시도는 오래전부터 있었다. 3D 입체영화는 영상역사 초기를 거슬러 올라가는 것과 같이 오랜 역사를 자랑한다. 기록상으로는 1903년 뤼미에르 형제가 실험으로 촬영했다는 필름이 최초의 입체영화로 이는 현실을 재현하기위해 2대의 카메라를 사용했다는 것이다.

1910년대에서 1930년대까지 입체영상에 대한 기술 개발은 활기를 띤다. 그림에서와 같이 1950년대에 3D 영화 69편이 쏟아져 나올 정도로 붐을 이뤘다. 그러나 대형스크린이 도입되며 3D에 대한 열정은 빠르게 식었다.

1970년에서 80년대 들어서면서 3D 입체 영화의 새로운 등장을 가져왔다. 3D 입체영화는 기술과 장비의 제약으로 인해 1990년대 들어서는 놀이공원 등지나 아이맥스 극장에서 주로 활용되다가, IT, 디지털 그리고 장비의 획기적인 발달로 2000년 이후 입체영화는 획기적인 변신과 진화를 거듭한다. 〈치킨 리틀〉이 3D로 이식되는 데 성공했고, 테크놀로지의 신봉자 로버트 저메키스는 〈폴라 익스프레스〉〈베오울프〉로 3D 입체영화의 상업적 성공은 3D 입체영화가 미래 영화산업의 핵심이 될 것임을 증명했다. 이 영화는 최초로 2D 상영보다 3D 상영관의 수익이 더 높은 영화로 기록되었고, 그 성공에 고

무된 할리우드 메이저 스튜디오의 적극적인 참여와 3D 상영관이 폭발적으로 늘어나면서(2010년 기준으로 7천여 개에 이를 것으로 전망한다) 입체영화의 미래에 청신호가 켜졌다. 그리고 2009년 12월 제임스 카메론의 〈아바타〉가 '이모션 퍼포먼스 캡처' 기술을 활용해, 3D 입체영화의 미래를 제시했다. 즉 3D 영상에 적합한 영역과 장소를 파악해서 제작과 수용과정에 적용하는 것이 매우 필요해 보인다.

5) 융합형 미디어텔링

(1) VR: 가상현실

(2) AR: 증강현실은 페퍼스 고스트와 스테레오스코피가 만나 업그레이드 된 방식이라 봐야 한다. 마이크로소프트 홀로렌즈도 이름은 홀로그램과 렌즈의 합성어지만, 그냥 증강현실에다가 HMD를 더한 것. 비현실적인 영상 VR제공이 가능해야 한다. 현실적인 영상: 모션캡처(Motion Capture), 프로모션(flow motion) 한 차원 높은 영상을 제공했다. 미디어가 생산해 내는 혁신적인 이야기 구성방식이 미디어텔링이다.

(3) MR(Mixed Reality): Net Locality

3. 과잉인지로서 가상현실, 증강현실

시뮬라크르는 원래 플라톤에 의해 정의된 개념이다. 플라톤에 의하면, 사람이 살고 있는 이 세계는 원형인 이데아, 복제물인 현실, 복제의 복제물인 시뮬라크르로 이루어져 있다. 여기서 현실은 인간의 삶 자체가 복제물이고, 시뮬라크르는 복제물을 다시 복제한 것을 말한다.

포스트구조주의 대표적인 철학자 프랑스의 들뢰즈(Gilles Deleuze)가 확립한 철학 개념이다. 들뢰즈가 생각하는 시뮬라크르는 단순한 복제의 복제물이 아니라, 이전의 모델이나 모델을 복제한 복제물과는 전혀 다른 독립성을 가지고 있다. 이는 모델의 진짜 모습을 복제하려 하지만, 복제하면 할수록 모델의 모습에서 멀어지는 단순한 복제물과는 다르다는 것을 의미한다. 들뢰즈의 시뮬라크르는 모델과 같아지려는 것이 아니라, 모델을 뛰어넘어 새로운 자신의 공간을 창조해 가는 역동성과 자기정체성을 가지고 있기 때문이다. 따라서 단순한 흉내나 가짜(복제물)와는 확연히 구분된다.

들뢰즈가 시뮬라크르를 의미와 연계시켜 사건으로 다루면서 현실과 허구의 상관관계 밝힌 이후, 시뮬라크르는 현대철학의 중요한 개념으로 자리 잡았다.

결국 이미지와 실재의 관계가 역전돼 실재는 연기처럼 사라지고, 시뮬라크르들이 더욱 실재 같은 극실재(하이퍼 리얼리티) 현상이 벌어진다. 이를테면 고도로 발달된 미디어는 전쟁도 '파생실재화'(시뮬레이트)한다. 컴퓨터의 센서로 조정되는 화면상의 미사일 궤도는 실제 탄의 궤도가 아니다. 적은 사람이 아니라 모니터에 떠 있는 상징 이미지, 픽셀이나 단순한 숫자에 불과하다. 버튼 하나를 눌러 미사일을 발사하는 미군 병사도, CNN 위성방송을 통해 전쟁뉴스를 보는 시청자도 이라크전쟁을 월드컵처럼 관람한다. 클레이 셔키가 "인지잉여", 즉 우리들이 우리에게 있는 여분의 사고능력을 통해 함께 공유하는 온라인 작업들에 대해 살펴본다. 우리가 위키피디아를 편집하고, 우샤히디에 포스트를 올리며, 고양이 짤방을 만드느라 바쁘다는 것은, 더 낫고 협력적인 세상을 만들어나가고 있다는 것이다.

4. 연구문제 및 연구방법

1) 연구문제

(1) 적소 연구문제

본 연구는 기존 연구를 바탕으로 적소이론을 적용하여 CPND 차원에서 이용 충족 적소를 측정할 수 있다. 문자메시지 서비스 그리고 모바일 인스턴트 메신저인 QQ와 Wechat 간의 경쟁 관계를 살펴보고자 한다. 앞서 논의한 이론적 배경을 기반으로 다음과 같은 연구문제를 설정하였다.

[연구문제 1] C-P-N-D 단계별서비스 이용에 있어서 충족요인은 무엇인가?

[연구문제 2] 이용자 충족 차원에서 C-P-N-D 단계별 적소 폭, 적소중복 및 경쟁적 우위는 어떠한가?

(2) 연구문제_ 가치사슬 연구

본 연구는 수단-목적 사슬이론을 적용, 시청자가 뉴스, 드라마, 교양 프로그램을 이용할 때 C-P-N-D 단계별 중요하게 고려하는 항목과 항목 간의 연결 관계를 고찰하고, 최종적으로 이들 프로그램 시청에 대한 가치단계도를 도출하는 데에 있다. 이를 위해 본 연구는 다음과 같이 연구문제를 설정하고 검증해 보고자 한다.

[연구문제 1]: 콘텐츠 수용과정에서 C-P-N-D 단계별 (속성, 기능적 혜택, 심리적 혜택, 가치) 단계별로 어떠한 항목을 중요하게 고려하는가?

[연구문제 2]: 콘텐츠 수용과정에서 C-P-N-D (속성, 기능적 혜택, 심리적 혜택, 가치) 어떠한 항목 간 연결 관계를 중요하게 고려하는가?

[연구문제 3]: 콘텐츠 수용과정에서 C-P-N-D 시청자의 가치단계도(HVM)는 어떻게 구성되는가?

이러한 연구문제 해결을 통해 본 연구는 콘텐츠 수용과정에서 C-P-N-D 수용에 대한 내적 욕구와 이를 충족하는 프로그램의 기능 간의 관계를 단계적으로 밝히고자 한다. 이러한 연구 결과는 CPND 과정에서 이들 특정 미디어텔링 선택하는 요인을 인과적으로 밝히게 될 것이며, 현재 미디어텔링 이용의 가치 변화와 CPND 성격 간의 관계를 밝혀주게 될 것이다.

[연구방법 1] 적소 측정

적소이론 관점에서 미디어는 유한자원에 의존해 살아가는 환경 속의 유기체와 같은

존재로서 환경에 대한 적응을 위해 생태적 과정을 겪게 된다. 이러한 생태적 과정은 가용
자원을 이용하는 데 있어 다른 유기체인 미디어와의 경쟁을 포함한다. 따라서 새롭게 등
장하는 미디어는 기존의 미디어와 서로 우위를 차지하려는 경쟁관계가 불가피해지는 것
이다(Dimmick & Rothenbuhler, 1984a, 1984b).

적소이론에서는 적소 폭(breadth), 적소 중복(overlap), 적소 우위(superiority)가
핵심적 하위 개념이다. 구체적인 적소 폭, 적소 중복, 적소 우위의 공식은 다음과 같이 정
리될 수 있다(Dimmick & Rothenbuhler, 1984a, 1984b; Dimmick, 2003/2005).
먼저 적소 폭은 미디어 자원 활용이 전문적인지 일반적인지를 나타내주는 지표이다. 높
은 적소 폭 값은 그 모집단이 다양한 미디어 자원을 활용함을 의미하고, 낮은 적소 폭 값
은 미디어 자원의 활용이 주요 특정 영역에서만 이루어진다는 것을 의미한다.
적소 폭을 구하는 공식은 다음과 같다.

$$\text{적소폭} = \frac{\sum_{n=1}^{N} \left[\dfrac{\left(\sum_{k=1}^{K} GO_n \right) - Kl}{K(u-l)} \right]}{N}$$

u = 문항의 최고 점수

l = 문항의 최저 점수

GO = 각 문항의 충족치

N = 각 미디어를 이용하는 응답자의 수

n = 응답자

K = 각 하위 차원에 포함된 문항의 수

k = 문항

다음으로 적소 중복은 미디어 자원 활용에 있어서 두 집단 간의 유사성을 측정하는 것
이다. 이를 통해서 두 집단 간의 경쟁 정도를 측정할 수 있는 것이다. 적소 중복 값이 0에

가까울수록 두 모집단 간의 관계는 높은 경쟁의 관계이다.

적소 중복을 구하는 공식은 다음과 같다.

$$\text{적소중복} = \frac{\sum\limits_{n=1}^{N} \sqrt{\sum\limits_{k=1}^{K} \frac{(GO_i - GO_j)^2}{K}}}{N}$$

i = 미디어 i

j = 미디어 j

GO = 각 문항에서 미디어 i와 미디어 j의 획득된 충족 점수

N = 미디어 i와 미디어 j 모두 이용하는 응답자의 수

n = 응답자

K = 각 하위 차원에 포함된 문항의 수

한편, 적소 우위는 어떤 미디어가 경쟁에 있어서 더 우월한 입장에 있는가를 측정하는 것이다. 즉 경쟁의 정도를 나타내는 적소 중복과 경쟁 우위가 높게 나타나는 경우 경쟁하는 두 모집단, 즉 경쟁하는 미디어 중 하나가 탈락하게 되는 것으로 본다.

적소 우위를 구하는 공식은 다음과 같다.

$$\text{우월성} S_{A>B} = \frac{\sum\limits_{n=1}^{N} \sum\limits_{k=1}^{K} m_{A>B}}{N}$$

$$\text{우월성} S_{B>A} = \frac{\sum\limits_{n=1}^{N} \sum\limits_{k=1}^{K} m_{B>A}}{N}$$

A = 미디어 A

B = 미디어 B

mA〉B = 미디어 A보다 B가 더 높게 평가된 문항들의 점수 총합

mB〉A = 미디어 B보다 A가 더 높게 평가된 문항들의 점수 총합

N = 미디어 A와 B를 둘 다 이용하는 응답자의 수

n = 응답자

K = 각 하위 차원에 포함된 문항의 수

k = 문항

2) 연구방법

(1) 래더링(laddering) 기법

본 연구에서 활용하는 수단-목적 사슬이론은 〈속성 – 기능적 혜택 – 심리적 혜택 – 가치〉 간의 관계를 분석하기 위해 '래더링(laddering)'이라는 방법을 활용하고 있다. 래더링은 속성에 해당하는 미디어의 특성이 "왜 당신에게 있어 중요합니까(Why is that important for you?)"라고 묻고, 이에 대한 해답에 또 그것이 중요하게 고려되는 이유를 연속적으로 질문하여 최종적으로 시청자의 내면 깊은 곳에 중요하게 고려되는 항목을 도출한다. 이를 통해 미디어의 속성부터 시청자 내면 가치까지의 인과관계 사다리(ladder)를 밝힐 수 있다. 그리고 각 단계별 중요하게 고려되는 항목 내용과 항목 간의 사슬(chain)을 만들며 시청 행동 전체의 맥락 파악이 가능하다(Reynolds & Gutman, 1984).

래더링은 면접(interview) 방법인 '소프트 래더링(soft laddering)'과 설문지(survey)를 이용하는 '하드 래더링(hard laddering)'으로 나뉜다. 소프트 래더링은 위의 질문을 응답자에게 계속 던짐으로써 응답자의 행동과 내면 간의 관계를 밝힌다. 그러나 소프트 래더링은 질문자의 면접 기법에 의존하여 진행하므로 매우 숙련된 질문자를 필요로 하며, 장시간의 면접 시간과 많은 조사비용이 소요되는 문제가 있다(송기인, 2012). 하드 래더링은 이러한 소프트 래더링의 질문을 설문지로 구조화시킨 것이다. 하

드 래더링은 양적 방법을 이용하는 만큼 많은 표본 수를 대상으로 조사하여 신뢰도를 높일 수 있으며, 시간과 비용을 절약할 수 있다는 장점이 있다.

하드 래더링 방법에는 여러 가지가 있는데, 'APT(association pattern technique) 래더링'이라는 조사방법이 가장 정교하게 개발된 하드 래더링으로 제시되고 있다(송기인, 2012; Ter Hofstede, et al., 1998). APT 래더링은 표의 가로와 세로 매트릭스에 속성, 기능적 혜택, 심리적 혜택, 가치의 세부 항목을 서로 교차되어 놓고, 가로와 세로에 공통적으로 교차되는 셀의 빈칸에 표시하여 답을 표시한다. 설문은 먼저 가로와 세로 매트릭스에 '속성'과 '기능적 혜택'의 항목을 서로 교차되어 놓아 중요하게 고려되는 항목의 셀에 표시라는 것으로 시작한다. 이어 '기능적 혜택'과 '심리적 혜택'의 항목을 교차시켜 놓아 답하게 하며, 마지막으로 '심리적 혜택'과 '가치' 항목을 서로 교차시켜 놓는다. 이러한 연속적인 과정을 거쳐 〈속성 – 기능적 혜택 – 심리적 혜택 – 가치〉 각 하위 항목이 서로 연결되고, 다수의 설문지를 통해 미디어 소비에 대한 전반적인 가치 사슬을 파악할 수 있다.

이렇게 파악된 연결 관계 중 다수의 응답을 기록한 의미 있는 연결 관계만을 골라, 이를 다이어그램으로 표현한다. 가치단계도(hierarchial value map, HVM)라고 하는 이 다이어그램은 속성, 기능적 혜택, 심리적 혜택, 가치의 하위항목과 항목 간 연결 관계를 지도를 그리듯 연결해 줌으로써 소비자들의 의사결정 과정을 좀 더 구조적으로 파악할 수 있도록 지원하고 있다. 이를 통해 방송 프로그램의 시청자의 프로그램에 대한 욕구를 읽을 수 있으며 이것이 프로그램의 특성과 어떻게 연결되고 충족되는지 단계적으로 분석할 수 있다.

(2) 측정 항목의 추출과 설문지의 완성

본 연구는 하드 래더링 방법 중 비교적 정교하게 고안된 APT 래더링 기법을 활용해 자료를 수집한다. 설문지를 구성하기 위해 먼저 방송 뉴스, 드라마, 교양 프로그램의 속성, 기능적 혜택, 심리적 혜택, 가치 단계의 세부 항목을 추출할 필요가 있다. 특히 하드 래더링은 항목을 미리 추출하여 제시하므로 응답 범위를 제한하는 한계가 있다. 따라서 학자들은 하드 래더링을 위해 속성, 혜택, 가치의 매트릭스에 들어갈 항목에 대한 충분한 사전 조사를 권장하고 있다(Ter Hofstede, et al., 1998).

이에 본 연구는 세부 항목 추출을 위해 뉴스, 드라마, 교양 프로그램 시청과 시청자의 가치, 혜택에 대해 연구한 폭 넓은 기존 문헌을 분석한다. 이를 통해 1차 추출한 항목은 3차에 걸친 전문가 검증 과정을 거쳐 수정하고 추출한다. 가치 항목의 경우, 다수의 수용자 연구에 활용되는 로키치(Rokeach, 1973)와 카일(Kahle, 1983)이 개발한 '가치 측정 지표'를 참고한다(김흥규, 1998; Gutman, 1982; Reynolds & Gutman, 1984). 본 연구는 카일(Kahle, 1983)의 이론을 기초로 하여 가치 항목을 구성하였으며 일부 로키치(Rokeach, 1973)의 가치 척도 항목을 필요에 따라 적용하여 가치 항목을 구성한다. 이렇게 추출된 항목을 통해 구조화 된 설문지 형태로 초안을 완성한다. 그 후 예비 조사를 실시 다시 검증하였으며, 이 과정의 내용을 다시 반영하여 설문지를 확정한다. 이러한 과정을 통해 추출한 가치체계도 하위항목은 다음과 같다.

설문 조사는 2016년 11월에 약 3주간 진행한다. 조사는 사전에 응답 방법에 대한 간단한 설명 후 실시하였는데, 이는 APT 래더링 기법이 그다지 일반적이지 않아 응답자들이 혼란스러워함을 방지하기 위함이었다. 설문 조사 결과, 응답을 완전히 마치지 않았거나 불성실하게 작성한 설문지를 제거하고 총 251개의 설문지가 분석에 사용한다.

연구 분석은 APT 래더링 연구에서 분석방법으로 많이 활용되는 '빈도 분석'을 활용한다. 분석은 SPSS 23.0을 통해 진행한다. 빈도 분석을 통해 도출된 연구 결과는 '함축 매트릭스'로 작성하였고, 이 중 그리고 의미 있는 연결 관계만을 추출하기 위해 '절단수준(cut-off level)'을 결정하여 연구 결과를 축소한다. 이렇게 결정된 절단 수준에 따라 연구 결과는 가치단계도(HVM)로 표현, 속성-기능적 혜택-심리적 혜택-가치 관계를 이해할 수 있었다.

<표 5> 뉴스 콘텐츠 수용과정에서 C-P-N-D 단계별 항목 추출

속성(A)	기능적혜택(FC)	심리적혜택(PC)	가치(V)
A1) 콘텐츠 수용과정에서 C-P-N-D 에 대한 이미지/특성(지상파, 케이블, 종편 등) A2) 미디어텔링의 이미지 A3) 뉴스 프로그램의 정치적 성향 A4) 뉴스 프로그램의 시간 A5) 뉴스 프로그램의 시청각적 효과(영상, 표, 음악, 특수효과 등) A6) 심층적 내용 전달 A7) 다양한 내용 전달 A8) 생활밀착형 내용 전달 A9) 빠르게 정보/지식을 전달함	F1) 호기심 충족 F2) 참신함/신선함 F3) 일상생활에 유익 F4) 전문적 지식 확대 F5) 이해하기 쉬움 F6) 시간 절약 F7) 공감대 형성 F8) 대인관계 향상 F9) 시청 선택용이	P1) 만족감 P2) 자랑스러움 P3) 자기계발 P4) 신뢰감 P5) 편안함 P6) 행복감 P7) 친밀감 P8) 개성추구 P9) 신선함 P10) 감동적임 P11) 희망	V1) 자아실현 V2) 활기찬 삶 V3) 성취감 V4) 자아존중 V5) 소속감 V6) 존경받고 싶음 V7) 안전한 생활 V8) 재미와 즐거움 V9) 타인과의 우호관계 V10)아름다운 세계
총 9개	총 9개	총 11개	총 10개

<표 6> 드라마 콘텐츠 수용과정에서 C-P-N-D 단계별 항목 추출

속성(A)	기능적혜택(FC)	심리적혜택(PC)	가치(V)
A1) 드라마의 주제/설정 A2) 주역 배역 캐릭터의 특징(성격, 직업, 배경 등) A3) 출연 배우에 대한 호감도 A4) 감독/연출에 대한 호감도 A5) 작가에 대한 호감도 A6) 제작사/방송사에 대한 호감도 A7) 드라마의 줄거리 A8) 주제가, 배경 음악 A9) 드라마 장르 A10) 드라마의 제작 규모 A11) 주변사람의 작품에 대한 선호도 A12) 작품의 미학적 완성도, 분위기(예 : 세련됨, 서정적임 등)	F1) 호기심 충족 F2) 기분전환 F3) 일상생활 탈피 F4) 지식/경험 확대 F5) 작품의 완성도 보증 F6) 작품의 오락성 보증 F7) 유행선도 F8) 공감대 형성 F9) 대인관계 향상 F10) 시청 선택용이	P1) 만족감 P2) 자랑스러움 P3) 자기계발 P4) 신뢰감 P5) 편안함 P6) 행복감 P7) 친밀감 P8) 개성추구 P9) 신선함 P10) 감동적임 P11) 희망	V1) 자아실현 V2) 활기찬 삶 V3) 성취감 V4) 자아존중 V5) 소속감 V6) 존경받고 싶음 V7) 안전한 생활 V8) 재미와 즐거움 V9) 타인과의 우호관계 V10) 아름다운 세계
총 12개	총 10개	총 11개	ㅋ총 10개

〈표 7〉 방송 교양 프로그램 시청의 수용과정에서 C-P-N-D 단계별 항목 추출

속성(A)	기능적혜택(FC)	심리적혜택(PC)	가치(V)
A1) 프로그램의 명성 A2) 프로그램의 형식/주제/설정 A3) 프로그램의 장르 (콩트. 리얼리티, 토크쇼, 시트콤 등) A4) (주요/고정)출연진 A5) 게스트 A6) 감독/연출 A7) 작가진 A8) 제작사/방송사 A9) 주변사람의 작품에 대한 선호도	F1) 호기심 충족 F2) 기분전환 F3) 일상생활 탈피 F4) 간접 경험 확대 F5) 작품의 완성도 보증 F6) 작품의 오락성 보증 F7) 유행선도 F8) 공감대 형성 F9) 대인관계 향상 F10) 시청 선택용이	P1) 만족감 P2) 자랑스러움 P3) 자기계발 P4) 신뢰감 P5) 편안함 P6) 행복감 P7) 친밀감 P8) 개성추구 P9) 신선함 P10) 감동적임 P11) 희망	V1) 자아실현 V2) 활기찬 삶 V3) 성취감 V4) 자아존중 V5) 소속감 V6) 존경받고 싶음 V7) 안전한 생활 V8) 재미와 즐거움 V9) 타인과의 우호관계 V10)아름다운 세계
총 9개	총 10개	총 11개	총 10개

※ 아래 매체에 대한 적소 측정 질문이다.

문항 3-1) TV에 적절한 미디어이다.

	①	②	③	❹	⑤	⑥	⑦
1) UHD	①	②	③	❹	⑤	⑥	⑦
2) VR	①	②	③	❹	⑤	⑥	⑦
3) AR	①	②	③	❹	⑤	⑥	⑦
4) 3D	①	②	③	❹	⑤	⑥	⑦
5) 홀로그램/Hologram	①	②	③	❹	⑤	⑥	⑦
6) 360°웹캠	①	②	③	❹	⑤	⑥	⑦
7) 드론	①	②	③	❹	⑤	⑥	⑦
8) 로봇/AI	①	②	③	❹	⑤	⑥	⑦
9) Big Data	①	②	③	❹	⑤	⑥	⑦

문항 3-2) 영화 장르에 적절한 매체이다.

	①	②	③	❹	⑤	⑥	⑦
1) UHD	①	②	③	❹	⑤	⑥	⑦
2) VR	①	②	③	❹	⑤	⑥	⑦
3) AR/ MR	①	②	③	❹	⑤	⑥	⑦
4) 3D	①	②	③	❹	⑤	⑥	⑦
5) 홀로그램/Hologram	①	②	③	❹	⑤	⑥	⑦
6) 360°웹캠	①	②	③	❹	⑤	⑥	⑦
7) 드론	①	②	③	❹	⑤	⑥	⑦
8) 로봇/AI	①	②	③	❹	⑤	⑥	⑦
9) Big Data	①	②	③	❹	⑤	⑥	⑦

문항 3-1) Web에 적절한 미디어이다.

	①	②	③	④	⑤	⑥	⑦
1) UHD	①	②	③	❹	⑤	⑥	⑦
2) VR	①	②	③	❹	⑤	⑥	⑦
3) AR	①	②	③	❹	⑤	⑥	⑦
4) 3D	①	②	③	❹	⑤	⑥	⑦
5) 홀로그램/Hologram	①	②	③	❹	⑤	⑥	⑦
6) 360°웹캠	①	②	③	❹	⑤	⑥	⑦
7) 드론	①	②	③	❹	⑤	⑥	⑦
8) 로봇/AI	①	②	③	❹	⑤	⑥	⑦
9) Big Data	①	②	③	❹	⑤	⑥	⑦

문항 3-2) 뉴스 장르에 적절한 매체이다.

	①	②	③	④	⑤	⑥	⑦
1) UHD	①	②	③	❹	⑤	⑥	⑦
2) VR	①	②	③	❹	⑤	⑥	⑦
3) AR	①	②	③	❹	⑤	⑥	⑦
4) 3D	①	②	③	❹	⑤	⑥	⑦
5) 홀로그램/Hologram	①	②	③	❹	⑤	⑥	⑦
6) 360°웹캠	①	②	③	❹	⑤	⑥	⑦
7) 드론	①	②	③	❹	⑤	⑥	⑦
8) 로봇/AI							
9) Big Data							

문항 3-1) 모바일(Mobile)에 적절한 미디어이다.

	①	②	③	④	⑤	⑥	⑦
1) UHD	①	②	③	❹	⑤	⑥	⑦
2) VR	①	②	③	❹	⑤	⑥	⑦
3) AR	①	②	③	❹	⑤	⑥	⑦
4) 3D	①	②	③	❹	⑤	⑥	⑦
5) 홀로그램/Hologram	①	②	③	❹	⑤	⑥	⑦
6) 360°웹캠	①	②	③	❹	⑤	⑥	⑦
7) 드론	①	②	③	❹	⑤	⑥	⑦
8) 로봇/AI	①	②	③	❹	⑤	⑥	⑦
9) Big Data	①	②	③	❹	⑤	⑥	⑦

문항 3-2) 드라마 장르에 적절한 매체이다.

	①	②	③	④	⑤	⑥	⑦
1) UHD	①	②	③	❹	⑤	⑥	⑦
2) VR	①	②	③	❹	⑤	⑥	⑦
3) AR	①	②	③	❹	⑤	⑥	⑦
4) 3D	①	②	③	❹	⑤	⑥	⑦
5) 홀로그램/Hologram	①	②	③	❹	⑤	⑥	⑦
6) 360°웹캠	①	②	③	❹	⑤	⑥	⑦
7) 드론	①	②	③	❹	⑤	⑥	⑦
8) 로봇/AI							
9) Big Data							

문항 3-3) 다큐멘터리장르에 적절한 매체이다.

	①	②	③	④	⑤	⑥	⑦
1) UHD	①	②	③	❹	⑤	⑥	⑦
2) VR	①	②	③	❹	⑤	⑥	⑦
3) AR	①	②	③	❹	⑤	⑥	⑦
4) 3D	①	②	③	❹	⑤	⑥	⑦
5) 홀로그램/Hologram	①	②	③	❹	⑤	⑥	⑦
6) 360°웹캠	①	②	③	❹	⑤	⑥	⑦
7) 드론	①	②	③	❹	⑤	⑥	⑦
8) 로봇/AI	①	②	③	❹	⑤	⑥	⑦
9) Big Data	①	②	③	❹	⑤	⑥	⑦

문항 3-4) 뉴스 장르에 적절한 매체이다.

	①	②	③	④	⑤	⑥	⑦
1) UHD	①	②	③	❹	⑤	⑥	⑦
2) VR	①	②	③	❹	⑤	⑥	⑦
3) AR	①	②	③	❹	⑤	⑥	⑦
4) 3D	①	②	③	❹	⑤	⑥	⑦
5) 홀로그램/Hologram	①	②	③	❹	⑤	⑥	⑦
6) 360°웹캠	①	②	③	❹	⑤	⑥	⑦
7) 드론	①	②	③	❹	⑤	⑥	⑦
8) 로봇/AI							
9) Big Data							

5. 연구 결과

본 연구 결과는 2016년 가을학기 강의와 연구진행을 하면서 2차원으로 측정하여 제공한다. 본 연구 기대 효과는 미디어텔링의 주체 자원에서 미디어텔링이 SMCR 차원에서 정보원의 신뢰도, 수용자의 공간인식, 메시지의 이해도, 다양성을 측정하고자 한다.

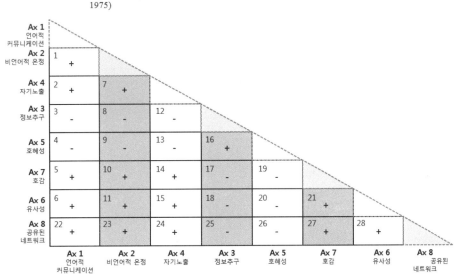

Figure 1. Berger's Axiom Combination Matrix (Berger & Calabrese, 1975)

그림과 같이, 미디어텔링이 버거(Burger) 공식과 같은 불확실성 감소 이론을 적용할수 있는가 하는 질문이다. 버거가 소개한 지 10년 후 버거는 연구 초점을 사람들이 메시지를 생산하는 과정에서 더 나아가 온라인상, 그리고 사이버상의 소통과정에서 거치는 사고와 소통과정으로 전환했다. 그는 사회적 상호 작용의 대부분이 목표지향적(goal-driven)이라고 결론지었다. 버거는 이를 전략적 커뮤니케이션에 기반한 이론(a plan-based theory of strategic communication)으로 명명했다.

버거는 여덟 가지 공리를 조합하는 방식으로 산출해 낼 수 있는 모든 시도를 했고 이를 토대로 28가지의 논리적 명제(theorem)를 생성했다. 이러한 혼합으로 생성되는 공리가 이전에는 없었던 전혀 새로운 것은 아니다. 그럼에도 불구하고 이러한 연역적 혼합과 논리적 확장을 통하여 수립한 28가지 명제는 대인 간 관계 발전에 대한 설득력 있는 이론을 표방하고 있으며, 이들 대부분은 인간 상호작용에서의 불확실성 감소의 중요성에 기반을 둔다. 이렇게 제시된 28가지의 논리적 명제는 버거의 공리인 위 버거 그림과 같다. 여기서 '+' 기호는 두 대인 간 공리 변인이 동일한 방향으로 증가하거나 감소함을 의미하며, '−' 기호는 한 공리 변인이 증가할 때 다른 변인이 감소함을 의미한다. 이러한 버거의 공리를 온라인 및 미디어텔링에 적용할 수 있는가 하는 문제이다.

　미디어텔링은 인터넷 환경으로 인해 뉴스뿐만 아니라 일반적인 콘텐츠, 스토리텔링 생산과 소비는 크게 변화했다. 최근에는 스마트폰 이용의 도입과 일상화로 인해 뉴스와 콘텐츠 소비가 또 한 번 출렁였다. 생산, 유통, 소비의 전 과정에 대한 반성과 대안을 검토하고 마련해야 할 시점이다.

참고 문헌

김민철 (2013). 『제로TV가구의 현황과 이슈』(KISDI Premium Report 13-07). 과천: 정보통신정
책연구원.

김위근·이동훈·조영신·김동윤 (2013). 『한국의 인터넷 뉴스: 언론사닷컴, 인터넷신문 그리고 포
털 뉴스서비스』(연구서 2013-04). 서울: 한국언론진흥재단.

김위근·황용석 (2013). 『젊은 세대의 뉴스미디어 이용: 현황과 전망』(연구서 2013-09). 서울: 한
국언론진흥재단.

이재현(2004). 『멀티미디어와 디지털 세계-뉴미디어란 무엇인가』. 서울: 커뮤니케이션북스.

한국언론진흥재단 (2013). 『2013 언론수용자 의식조사』(조사분석 2013-05). 서울: 한국언론진
흥재단.

Baudrillard, J. (1988). *Jean Baudrillard: Selected Writings*. Poster, Mark.(ed.) Stanford,
California: Stanford University Press. 1988.

Baudrillard, J. (1993). *Symbolic Exchange and Death*. Sage. London.

Bolter, J., & Grisin, R. (1999). *Remediation: Understanding New Media*, Cambridge, MA: The
MIT press

Jenkins, H. (2006) *Convergence Culture: Where old and new media collide,* New York and
London: New York Univ. Press, pp.1-10.

13

Media Telling
실습(Tutorial 13) ——

실습내용

실습교재 참고

네트워크 아젠다 세팅
Network Agenda Setting

제1절. 기계학습(AI)을 통한 방송 콘텐츠와 수용자 감성의제(sentimental agenda) 상관 모형 및 분류 자동화 예측연구

1. 연구 목적 및 필요성

본 융합 연구 과제는 방송프로그램(영화 포함) 내용 텍스트를 분석하여 프로그램 콘텐츠의 감성 구조가 수용자의 반응(마인드맵, 소셜 미디어 상의 반응) 간의 영향 관계를 측정하는 연구이다. 이를 위하여 감성단어 분류 사전을 바탕으로 감성단어와 행동단어를 분류하고 이를 바탕으로 방송과 수용자 감성구조간의 감성의제 상관관계(sentimental agenda correlation)를 분석하고 그 반응 유형을 분류(classification) 하는 것이다. 이에 본 융합 과제는 프로그램의 서사 구조를 분석하여 방송콘텐츠의 내러티브 유형 분류를 자동으로 만들 수 있게 하는 연구를 기본 단위로 한다. 제1주제연구로 방송 콘텐츠 장르 구조에 나타난 감성단어(Matrix)를 분석 연구한다. 제2주제는 수용자의 프로그램 반응에 대한 공감 지수로서 반응 감성단어(Matrix)를 분석하는 것이다. 제3주제는 1주제의 방송 단어 매트릭스와 2주제 시청자 반응 감성단어를 바탕으로 공유되는 감정의제(network agenda) 상관관계를 분석하여 기계학습을 통한 분류하는 연구이다.

이론적인 배경으로는 수용자의 태도형성에 감정이 독립변인으로 영향을 측정을 하여 매트릭스 데이터베이스를 구축하는 것이다. 방송의 내러티브는 수용자들이 내용을 이해할 수 있는 수준에서 설명해주고 사건행동과 감정의 구조의 형태를 보여주고 몰입하게 해 주는 상호 연관성에 기반하는 감정의 의제 상관성에 바탕을 둔다. 방송과 수용자 사이의 감정적인 공감이 현실인지와 문제의식에 공감차원에 몰입하는 것이 소위 미디어 효과가 검증이고 시청률과 시청효과 변인간의 연관성을 측정하는 것이다.

제1 세부 주제인 방송의 내러티브 구조 자동 분석 기법 연구는, 방송 프로그램 텍스트(대본)속에 나타난 인간행위 및 표정에 관한 이야기의 구조(structure)를 파악한다. 하부 단위로 어휘 빈도, 감성 표현 단어 연구, 행동단어 구성 요소 간의 연관 매트릭스를 분류하여 프로그램의 중층적 감성 표현 텍스트 분석 연구를 수행한다.

제2 세부 주제인 수용자 반응 버즈(소셜 미디어, 댓글, 평가 webcrawling 적용)에 나타난 단어를 중심으로 하는 감성단어와 행동단어 자동분류 알고리즘 개발 및 체계화를 한다.

제3 세부 주제인 방송내러티브와 감성단어 행렬과 수용자 단어 행렬 간의 QAP 통계적 상관 회귀모형을 바탕으로 방송의 공감 및 효과 연구이론을 바탕으로 이론적인 모형을 구한다.

위의 3단계 분석 과정을 통해 프로그램 텍스트의 감성구조 매트릭스(Matrix)와 수용자 감정구조 매트릭스 간의 네트워크의 상관과계를 실증적으로 분석하는 과정이다. 이를 기계학습을 통한 방송 프로그램 구조와 장르별로 모형화(modelization)를 통해 의제간의 영향 상관관계를 도출한다. 그리고 프로그램과 수용자 간의 감성 의제상관성 및 모형분류 체계성 연구를 한다. 최종 결과물로서 프로그램 콘텐츠를 자동으로 유형화하고, 수용자의 감성이 전이되는 상관관계 예측 모형과 기계학습을 통한 AI자동화 알고리즘 개발이 목적이다. 이후 산업적인 적용이 가능한 시제품(MVP) 구현이 목표이다.

〈표 1〉 사회적 커뮤니케이션에서 감정 분류(대표감정과 세부감정 유형)

대표 감정	세부감정	대표 감정	세부감정	대표 감정	세부감정
기쁨	반가움	슬픔	억울함	미움(상대방)	반감
	통쾌함		외로움		경멸
	즐거움		후회		비위상함
	신명남		실망		치사함
	자신감		허망		불신감
	감동		그리움		시기심
	만족감		수치심		외면
	편안함		고통		냉담
	고마움		절망	욕망	욕심
	신뢰감		무기력		궁금함
	안정감		아픔		아쉬움
	공감	두려움	위축감		불만
	자랑스러움		놀람		갈등
사랑	호감		공포		기대감
	귀중함		걱정	싫어함 (상태)	답답함
	매력적		초조함		불편함
	두근거림	분노	원망		난처함
	아른거림		불쾌		서먹함
	너그러움		사나움		심심함
	열정적임		날카로움		싫증
	다정함		타오름	수치심	부끄러움
	동정(슬픔)		발열		죄책감
					미안함

2. 연구내용 및 범위

본 연구는 보도프로그램(뉴스)의 언어, 시사 교양프로그램의 언어, 오락프로그램의 언어, 드라마의 언어 이렇게 4종류로 분류한 뒤, 각각의 언어에 해당하는 예를 제시하고,

이것의 각각의 특징을 분석하는 방법을 사용한다. (내용에 의한 분류: 프로그램이 담고 있는 내용물이나 주제가 무엇인가에 따라 분류 / 형식에 의한 분류: 프로그램의 내용이나 기능보다는 주로 프로그램의 구조나 전달방식에 초점을 맞춘 것으로 일종의 장르에 의한 분류 / 대상에 의한 분류: 대상으로 하는 시·청취자의 특성에 따라 프로그램을 분류 / 기능에 의한 분류: 대체로 보도, 교양, 오락으로 3등분하거나 정보나 교육을 첨가시켜 4등분하는 방법 등이 있으나 여기서 연구 목적에 맞게 뉴스, 교양, 오락 드라마를 샘플링 하여 모형 테스트에 적용하고자 한다.)

장르 구분	프로그램 2013년 1월-3월 30일	정의	데이터 저장
시사	SBS 〈그것이 알고 싶다〉	시사에 관한 속보 또는 해설을 목적으로 하는 프로그램	
오디션	KBS 〈불후의 명곡2〉	오디션 방식을 도입한 오락이나 흥미 위주의 프로그램	
드라마	MBC 〈백년의 유산〉	서사(narrative)구조를 지니는 허구적 구성물(fiction)	
교양	KBS 〈VJ특공대〉	논픽션의 정보 전달을 목적으로 하는 프로그램	
드라마2	SBS 〈야왕〉	SBS에서 2013년 1월 14일부터 동년 4월 2일까지 방영된 월화 드라마	4개 장르가 모두 방송된 동일한 기간의 자료이기 때문이다. (2013년 1월 1일부터 3월 31일까지 방영된 프로그램)
오디션	MBC 〈위대한 탄생〉	MBC에서 제작, 방송했던 가수 오디션 프로그램 줄여서 '위탄'으로 부르기도 한다.	
다큐멘터리	SBS 〈생활의 달인〉	SBS에서 방영하는 시사교양, 다큐멘터리 프로그램.	

본 과제는 세 가지 연구 주제를 가지고 각 주제별로 세분화 하여 연구를 진행한다. 각 주제별 연구 아젠다(agenda)는 다음과 같다.

-제1 세부 주제인 방송의 내러티브 구조 자동 분석과 방송 프로그램 텍스트의 감정 단어 분류를 위해 국어의 감정 표현 단어와 행동 표현 단어를 총 망라하여 대사와 텍스트에

서 나오는 표현을 추출할 수 있는 단어 데이터베이스(DB)를 기존 분류체계에 방송 영상에 적용하도록 재구성한다.

또한 자동 감성 텍스트 분석을 위해 일정한 기계학습 단어 분석 훈련 데이터와 테스트 데이터를 바탕으로 자동분류 알고리즘을 개발하도록 초기형태의 알고리즘을 개발한다.

1) 자동 분류 플롯 서사구조 분석 유형 : 방송프로그램 장르는 방송사와 방송 통신위원회의 기준유형에 따라 다양하다. 본 연구에서는 유형을 크게 보도프로그램(뉴스)의 언어, 시사 교양프로그램의 언어, 오락프로그램의 언어, 드라마의 언어 이렇게 4종류 유형화 샘플링 프로그램을 테스트한다.

Table 1. 방송 감성단어 매트릭스

	A	B	C	D	E	F	G	H	I
A		11	8	0	3	1	1	2	6
B	11		29	17	25	11	4	3	24
C	8	29		9	12	5	1	4	14
D	0	17	9		7	2	1	1	6
E	3	25	12	7		5	2	1	11
F	1	11	5	2	5		1	0	7
G	1	4	1	1	2	1		0	2
H	2	3	4	1	1	0	0		3
I	6	24	14	6	11	7	2	3	

Table 2. 수용자 감성단어 매트릭스

	A	B	C	D	E	F	G	H	I
A		6	12	2	1	3	0	3	5
B	6		31	5	1	7	2	9	29
C	12	31		6	6	7	2	7	20
D	2	5	6		2	5	2	1	8
E	1	1	6	2		2	1	0	3
F	3	7	7	5	2		1	4	9
G	0	2	2	2	1	1		0	3
H	3	9	7	1	0	4	0		3
I	5	29	20	8	3	9	3	3	

Note: A=기쁨; B=슬픔; C=욕망; D=미움; E=사랑; F=두려움; G=분노; H=희망; I=수치심

〈그림 1〉 방송과 수용자 감성단어 매트릭스와 기계학습 DB구성

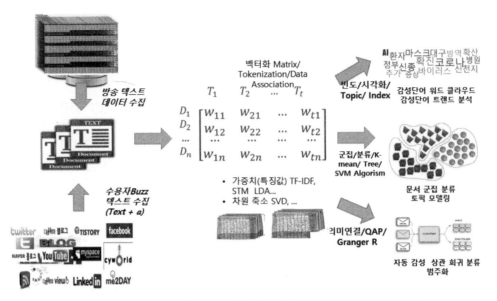

〈그림 2〉 방송텍스트와 수용자 버즈 감성, 매트릭스, 연관성 분류 모형화 연구과정

제2 세부 주제인 수용자 반응 버즈(소셜 미디어, 댓글, 평가 webcrawling 적용)에 나타난 단어를 중심으로 하는 감성단어와 행동단어 자동분류 알고리즘 개발연구이다. 수용자 반응 감성기반 행동 표현 모델 연구팀에서는 수용자의 반응으로서 감정 표현을 하기 위한 텍스트 분석이다. 연구 결과로서 수용자 반응으로서 인공적으로 감정을 분석하는 연구이다. 생성하여 표현하는 알고리즘을 정의하였다. 또 제3세부 주제는 3단계 융합 분석 과정이다. 제3연구 주제는 프로그램 텍스트의 감성 구조 매트릭스와 수용자 감정 구조 매트릭스 간의 네트워크의 상관관계(회귀, 상관관계)를 실증적으로 분석한다.

- 방송 감정 표현과 수용자 반응 연계모델 연구팀에서는 자동으로 대본을 분석하기 위한 Python, R 스크립트를 통해 텍스트 DB를 구축한다. 자동 텍스트 분석이 가능한 언어 알고리즘의 개발과 텍스트에서 감성단어 매트릭스 구현을 위한 알고리즘을 개발한다.

상관분석 단계는 방송 텍스트와 수용자 반응 텍스트(Python, R을 이용한 반응 텍스트 수집) 후 감성단어 네트워크, 단어 연관 그래프 추출 후 QAP 등을 통한 통계적 상관관계 회귀관계(자동 연관관계, 분류 유형)를 검증한다. 상관 지수가 검증되면 기계학습을 통한 자동분류 알고리즘 생성이 목적이다.

연구예상 결과물은 방송프로그램과 수용자반응 감성 DB와 MVP 이다.

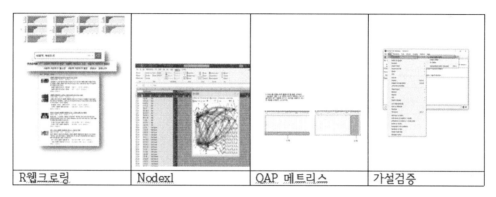

| R웹크로링 | Nodexl | QAP 메트릭스 | 가설검증 |

〈그림 3〉 상관성 검증 구현

　　첫째, 샘플링 방송프로그램 내러티브 장르 유형을 나타내는 모델링 데이터, 둘째, 수용자의 감정을 표현해 주는 매트릭스 데이터이다. 셋째, 1주제와 2주제 데이터를 바탕으로 방송과 수용자 효과로서 상관 유형 모델링 데이터는 미디어 효과를 구성하는 내러티브 구조와 감성단어 구성유형이 수용자의 멘탈 모형의 상관성을 분류, 자동화 알고리즘을 구현하는 것이다. 방송 단어의 감성 형성 구조, 수용자의 반응으로서 감성단어 매트릭스 DB, 방송의 효과로서 분류와 사회적 커뮤니케이션 효과 구성 알고리즘 MVP(시제품)을 구현하는 것이다.

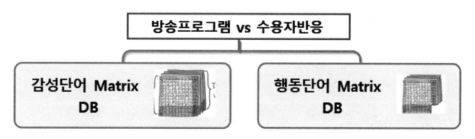

〈그림 4〉 방송프로그램과 수용자 반응 텍스트 분류 Matrix DB 구축

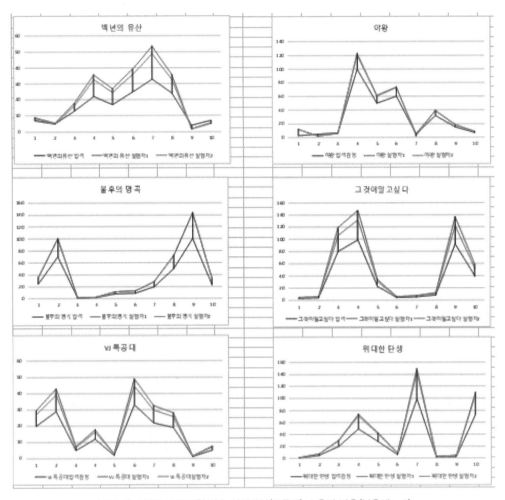

〈그림 5〉 시뮬레이션 모형 방송 감성단어(푸른색) 수용자 반응(붉은색1, 2)

최종 연구 구현 목표는 방송프로그램과 수용자 반응 매트릭스 데이터베이스(matrix DB)를 바탕으로 프로그램, 영상 내러티브 유형에 따른 감성단어의 공감 측정으로서 감성의제 상관관계를 기계학습(AI)을 통해 효과 검증과 산업적으로 활용할 수 있는 자동화 모형, 분류 모형제공이 가능한 알고리즘 생성(MVP)이 최종 연구 목표이다.

3. 분석 결과

- 상관관계 분석, 데이터 분포, 데이터 샘플 등

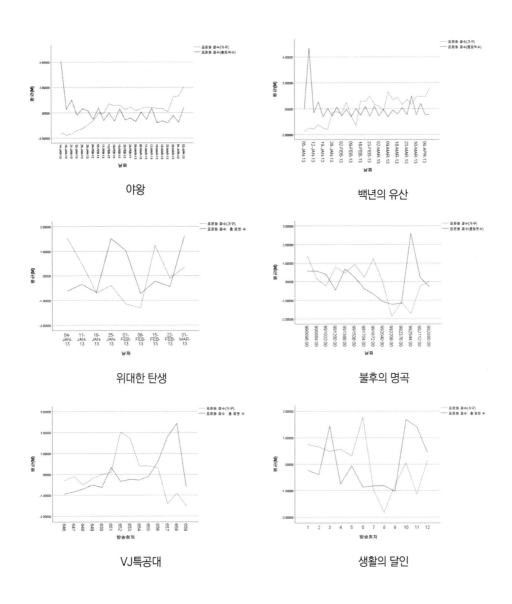

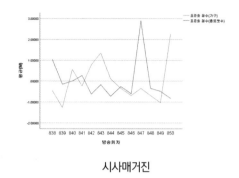

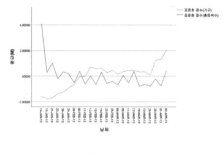

시사매거진   그것이 알고 싶다

(3) 데이터 전처리

ㅇ 정규화, 결측치 처리, 이상치 처리 등

4. 인공지능 모델

1) 모델 개요

• 모델 설명 및 특징

- 다중 선형 회귀(Multiple Linear Regression Model): 여러 개의 독립변수(x)들을
가지고 종속변수(y)를 예측하기 위한 회귀 모형 모델

2) 모델 구조

• 모델 구조, 구현 세부 정보 등

- 모델 구조: 근사적으로 구하려는 해와 실제 해의 오차의 제곱의 합이 최소가 되는 해
를 구하는 방법인 최소제곱법(Least Square Method)를 사용하여 다중 선형 회귀 모델
개발

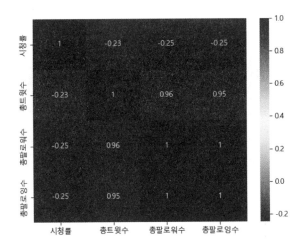

- 데이터

번호	날짜	요일	시작시간	종료시간	방송회차	가구	개인 (4세 이상)	남자	여자	4-9세	10대	20대	30대	40대	50대	60세이상	남자 4-9세	
1	2013-01-06	일요일	23:19:02	0:04:16		5.3	2.4	2.0	2.9	2.5	1.1	1.2	3.1	3.1	2.7	2.9	3.4	
2	2013-01-13	일요일	23:17:47	0:02:58		4.6	2.2	1.9	2.6	1.4	1.2	1.0	2.6	2.6	3.6	2.2	1.3	
3	2013-01-20	일요일	23:15:15	0:01:12		6.2	3.0	2.4	3.5	1.1	1.4	1.3	2.5	3.8	4.6	4.2	1.6	
4	2013-01-27	일요일	23:17:42	0:01:45		5.5	2.8	2.3	3.4	0.8	1.2	2.4	2.9	3.3	3.6	3.8	0.8	
5	2013-02-03	일요일	23:14:03	23:58:50		6.4	3.0	2.4	3.7	1.2	1.0	2.2	3.4	3.6	4.0	4.0	0.2	
6	2013-02-17	일요일	23:12:52	23:55:26		6.9	3.5	3.0	4.0	3.6	2.5	1.3	4.2	4.8	4.1	3.5	2.9	
7	2013-02-24	일요일	23:13:05	23:58:44		5.8	2.9	2.4	3.4	1.5	2.2	1.1	3.0	4.2	3.9	3.0	1.6	
8	2013-03-03	일요일	23:12:42	0:01:07		5.4	2.6	2.4	2.8	1.1	1.5	0.8	3.3	3.4	3.3	3.4	1.1	
9	2013-03-10	일요일	23:11:57	23:56:35		5.1	2.3	1.8	2.8	1.1	1.0	1.9	2.6	3.0	3.4	3.4	0.8	
10	2013-03-17	일요일	23:12:42	23:59:24		5.4	2.3	1.9	2.7	1.5	1.3	1.0	1.3	2.8	3.6	3.5	0.6	
11	2013-03-24	일요일	23:18:05	23:59:45		5.1	2.1	2.1	2.1	1.1	1.3	1.0	2.1	2.7	3.1	2.6	1.6	
12	2013-03-31	일요일	23:11:18	23:57:30		4.8	2.1	1.9	2.3	0.6	0.7	1.1	1.8	2.4	3.8	2.9	0.5	
13	2013-04-07	일요일	23:13:16	0:00:36		7.7	3.6	2.8	4.3	1.9	1.8	1.9	3.7	4.5	5.5	3.9	1.7	

학습에 사용된 시청률 데이터 (시사매거진)

* 여러 개의 독립 변수(x): 남자, 여자, 4-9세(여자), 10대(여자), 20대(여자), 30대(여자), 40대(여자), 50대(여자), 60세이상 (여자), 4-9세(남자), 10대(남자), 20대(남자), 30대(남자), 40대(남자), 50대(남자), 60세 이상(남자)

- 종속 변수(y): 가구(시청률)

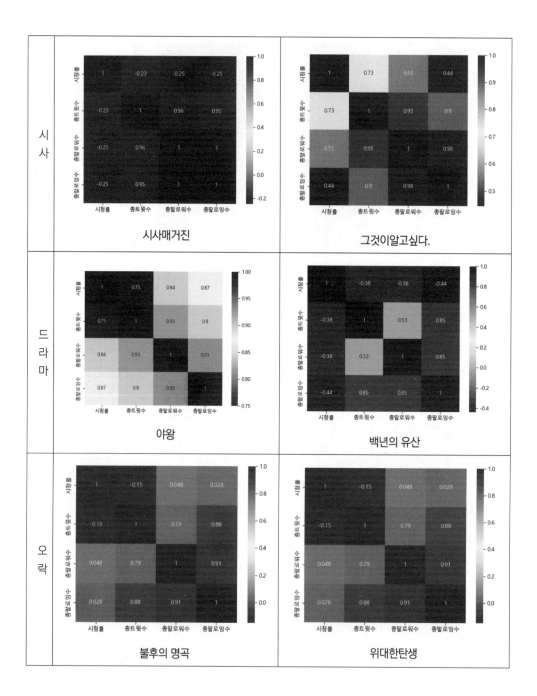

시
사 / 시사매거진 / 그것이알고싶다.

드
라
마 / 야왕 / 백년의 유산

오
락 / 불후의 명곡 / 위대한탄생

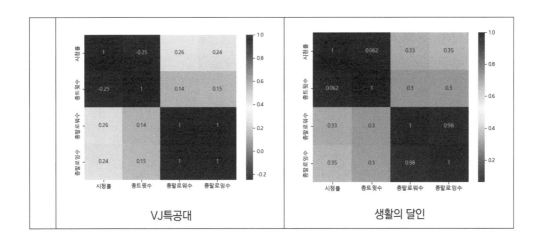

VJ특공대   생활의 달인

감성단어 분류에 따른 토픽 분석

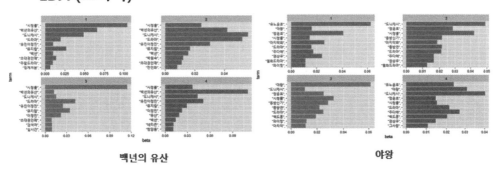

백년의 유산   야왕

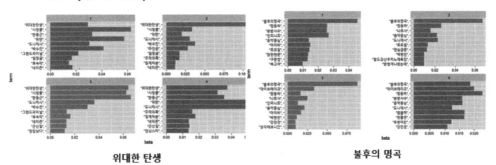

위대한 탄생   불후의 명곡

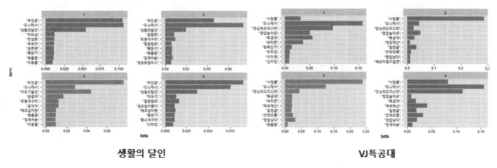

LDA (생활정보)

생활의 달인   VJ특공대

5. 기대성과 및 활용방안

• 미디어 효과 이론의 기계학습을 적용한 검증이다

현재 방송 텍스트 분석 연구는 국내의 방송 분석과 수용자 반응 감정에 초점이 맞추어져 있다. 따라서 분석 대신 텍스트 데이터베이스와 감정 분류 체계는 한국어를 기준으로 DB화를 한다. 이를 바탕으로 문화적 다양성을 확보하기 위해 문화권에 따른 감정 표현과 수용자 반응지수화를 위한 표현에 관한 연구의 기초 자료로 활용될 수 있다.

• 네트워크 의제설정 이론의 정교화 및 인공지능 시뮬레이션 분류

인공지능을 활용한 기계적인 자동화를 통한 시청률과 연동한 활동이다.

참고 문헌

곽해운·이창현·박호성·문수복(2011). 「트위터는 소셜 네트워크인가」, 『언론정보연구』 48(1), pp.87-113.

마경란(2013). 「SNS 빅 데이터 분석을 통한 텔레비전 프로그램 시청률 예측에 대한 연구: 국내 드라마 사례 중심」, 한양대학교 정보시스템학과 석사학위논문.

박승헌·송현주(2012). 「영화의 주별 흥행성과에 미치는 영향: 온라인 구전을 중심으로」, 『한국언론학보』 56(4), pp.210-234.

박정훈·이현주·연승호·손진수·전병우(2009). 「Social Network Platform을 위한 TV SNS 서비스」, 『정보통신설비 학술대회 논문집』, pp.268-271.

박현수(2011). 「SNS를 이용한 5가지 유형별 커뮤니케이션 효과의 실증적 연구」, 2011 Interactive Communications & Engagement Forum.

방송위원회(2004). 『텔레비전 프로그램 장르설정 기준에 관한 연구』.

배진아·조연하(2010). 「디지털 미디어와 가족 커뮤니케이션: 모자간 소통을 중심으로」. 『사이버커뮤니케이션학보』 27(1), pp.53-91.

배진아·최소망(2013). 「TV 시청과 SNS 상호작용」, 『사이버커뮤니케이션 학보』 30(1), pp.47-92.

윤해진·박병호(2013). 「소셜 TV: 트윗 게시자의 유명도와 트윗 반복유형이 프로그램 시청의사에 미치는 영향」, 『한국언론학보』 57(1), pp.364-365.

이태민·박철(2006). 「온라인 구전정보의 방향성과 유형이 구매영향력에 미치는 효과: 한국과 미국의 국제비교」, 『마케팅연구』 21(1), pp.29-56.

장덕진·김기훈(2011). 「한국인 트위터 네트워크의 구조와 동학」, 『언론정보연구』 48(1), pp.59-86.

조인호·박지영·박한우(2011). 「한국에서 나타난 마이크로 블로깅과 정치현상 사이의 상호작용: 서울시장 예비후보 토론회를 중심으로」, 『동아인문학』 19, pp.323-359.

차진용·이광형(2012). 「TV 뉴스 트위터 계정의 활성도와 시청률의 관계」, 『한국스피치커뮤니케이션학회 학술대회 자료집』, pp.169-187.

홍주현(2011). 「소셜네트워크서비스상의 담론 분석을 통한 인지적, 정서적 측면의 여론 변화 연구」, 『커뮤니케이션학연구』 19(3), pp.5-29.

Berger, A. (1992). *Popular Culture Genres: Theories and Texts*. Thousand Oak: Sage.

Berkman, H., & Gilson, C. (1986). *Consumer Behavior: Concepts and Strategies*. Boston, MA:

Kent Publishing Co.

Brown, M. E. (1994). *Soap Opera and Women's Talk: The Pleasure of Resistance*. London: Sage.

Chan, K. K., & Misra, S. (1990). Characteristics of opinion leaders: A new dimension. *Journal of Advertising*, 19, pp.53-60.

Dellarocas, C., Awad, N. F., & Zhang, X. (2007). Exploring the value of online product reviews in forecasting sales: the case of motion pictures. *Journal of Interactive Marketing*, 21(4), pp.23-45.

Dumenco, S. (2012). Wait, who's actually making money off social TV? Beyond metrics: How networks are getting marketers to pony up for viewer engagement?. Advertising Age.

Guo, L. (in press). Toward the third level of agenda setting theory: A network agenda setting model. In M. McCombs & T. Johnson (Eds.), *Agenda setting in a 2.0 world: New agendas in communication*. New York, NY: Routledge.

Guo, l., & McCombs, M. (2011a). *Network agenda setting: A third level of media effects*. Paper presented at the ICA, Boston.

Guo, l., & McCombs, M. (2011b). Toward the third level of agenda setting theory: A network agenda setting model. Paper presented at the AEJMC, St. Louis. *International Journal of Human-Computer Interaction*, 24(2), pp.136-154.

Ishikawa, S. (1997). *Quality assessment of television*. Luton, UK: University of Luton Press.

Lin, C. A. (1993). Modeling the Gratification-Seeking Process of Television Viewing. *Human Communication Research*, 20(2), pp.224-244.

Mangold, W. G., & Faulds, D. J. (2009). Social Media: the New Hybrid Element of the Promotion mix. *Business Horizons*, 52, pp.357-365.

Neale, S. (1980). *Genre*. London: British Film Institute.

Paul Smaldino, Ph.D., joins us from the University of California, Merced,(2021) Modeling Social Behavior: Mathematical and Agent-Based Models of Social Dynamics and Cultural Evolution,

Schmidt, S. J. (1994). Kognitive Autonomie und Soziale Orientierung: konstruktivistische Bemerkungen zum Zusammenhang von Kognition, Kommunikation, Medien und Kultur. 박여성 역(1996). 『미디어 인식론: 인지-텍스트-커뮤니케이션』, 서울: 도서출판 까치.

Tagtmeier, C. (2010). Facebook vs. Twitter: Battle of the social network stars. *Computers in Libraries*, 30(7), pp.6-10.

14

Network
Agenda Setting
실습(Tutorial 14) ——

실습내용

실습교재 참고

찾아보기

사이버커뮤니케이션

© 권상희, 2024

1판 1쇄 인쇄__2024년 09월 10일
1판 1쇄 발행__2024년 09월 20일

지은이__권상희
펴낸이__홍정표
펴낸곳__컴원미디어
　　　　등록__제25100-2007-000015호

공급처__(주)글로벌콘텐츠출판그룹
　　　　대표_홍정표　이사_김미미　편집_임세원 강민욱 남혜인 홍명지 권군오　기획·마케팅_이종훈 홍민지
　　　　주소__서울특별시 강동구 풍성로 87-6
　　　　전화__02) 488-3280　팩스__02) 488-3281
　　　　홈페이지__http://www.gcbook.co.kr
　　　　이메일__edit@gcbook.co.kr

값 35,000원
ISBN 979-11-90444-34-7 93300